21世纪海上丝绸之路协同创新中心智库丛书
广东外语外贸大学中拉研究创新团队成果系列

2020～2021年
拉丁美洲蓝皮书

——拉美发展与中拉合作关系

隋广军 / 主编　朱文忠 李永宁 / 副主编

2020–2021 BLUE BOOK OF LATIN AMERICA
El Libro Azul de América Latina 2020–2021

经济管理出版社
ECONOMY & MANAGEMENT PUBLISHING HOUSE

图书在版编目（CIP）数据

2020~2021 年拉丁美洲蓝皮书：拉美发展与中拉合作关系／隋广军主编 . —北京：经济管理出版社，2022. 3

ISBN 978-7-5096-8372-9

Ⅰ. ①2… Ⅱ. ①隋… Ⅲ. ①中外关系—国际经济关系—研究报告—拉丁美洲—2020-2021 ②国际合作—经济合作—研究报告—中国、拉丁美洲—2020-2021 Ⅳ. ①D822. 373 ②F752. 773

中国版本图书馆 CIP 数据核字（2022）第 057562 号

组稿编辑：赵亚荣

责任编辑：赵亚荣

责任印制：黄章平

责任校对：王淑卿

出版发行：经济管理出版社

（北京市海淀区北蜂窝 8 号中雅大厦 A 座 11 层 100038）

网　　　址：www. E-mp. com. cn

电　　　话：（010）51915602

印　　　刷：唐山玺诚印务有限公司

经　　　销：新华书店

开　　　本：710mm×1000mm ／16

印　　　张：21. 75

字　　　数：490 千字

版　　　次：2022 年 4 月第 1 版　　2022 年 4 月第 1 次印刷

书　　　号：ISBN 978-7-5096-8372-9

定　　　价：88. 00 元

序　言

　　2021 年 9 月 18 日，拉美和加勒比国家共同体第六届峰会在墨西哥首都墨西哥城举行。国家主席习近平受邀向峰会作视频致辞。习主席指出，10 年前，在拉美和加勒比国家追求独立自主、联合自强努力下，拉共体应运而生，这是地区一体化进程中的里程碑事件。10 年间，拉共体为维护地区和平稳定、促进共同发展发挥了重要作用。中方高度重视发展同拉共体关系，支持拉共体协调地区国家开展合作、应对挑战。2020 年以来，面对突如其来的新冠肺炎疫情，中拉守望相助，开展全方位抗疫合作。中方将继续向拉美和加勒比国家提供力所能及的帮助，助力地区国家早日战胜疫情，恢复经济社会发展。中国愿同拉美和加勒比国家一道，共克时艰、共创机遇，携手推动构建中拉命运共同体。

　　2020 年以来，"百年未有之大变局"叠加新冠肺炎疫情冲击，造成世界大多数主要经济体经济同步衰退。拉丁美洲和加勒比地区也难以独善其身，该地区正在遭遇 120 年以来最严重的危机。2021 年以来，拉美疫情依然严峻。联合国拉丁美洲和加勒比经济委员会（简称"拉加经委会"）执行秘书巴尔塞纳说，疫情对拉美公共卫生、经济、社会和政治的影响将长期存在。然而，面对疫情危局，中拉经贸合作仍显现出蓬勃生机。据相关部门统计，2021 年 1~5 月，中拉贸易额取得了 45% 的大幅增长，中国对拉直接投资达 103.8 亿美元，同比增长 40%。与此同时，中拉守望相助，开展全方位抗疫合作。中国已援助包括拉美国家在内的 80 多个国家和地区超过 3 亿剂疫苗，成为抗疫主力。在中拉命运共同体理念指引下，中拉全面合作伙伴关系将变得更加美好。本系列蓝皮书的实时编写和出版旨在服务于中拉全面合作伙伴关系的持续提升，助力推动中拉命运共同体建设不断跃上新台阶。

　　《2020~2021 年拉丁美洲蓝皮书》是由教育部备案国别和区域研究中心"广东外语外贸大学拉丁美洲研究中心"的学术团队精心组织编写的系列年度蓝皮书的第五本。本系列蓝皮书的总体编写思路是：始终秉承广东外语外贸大学"学贯中西、明德尚行"的校训，积极发挥广东外语外贸大学外语和非外语的"双轮驱动"学科优势，整合广东外语外贸大学商学院、西方语言文化学院等学院的学术平台和专家资源，并联合拉丁美洲国家合作院校的知名专家学者，充分发挥学校专家团队的西班牙语、葡萄牙语语言优势，积极强化中外协同研究，呈现特色鲜明的国别与区域研究成果。

《2020～2021 年拉丁美洲蓝皮书》共计收录了广东外语外贸大学拉丁美洲问题研究团队专家学者精心撰写的 20 篇文章。全书共分为拉美经济社会发展与中拉合作态势、拉丁美洲国别社会与教育研究、中拉合作发展趋势与案例研究三个主要部分。第一部分主要从新冠肺炎疫情影响和拉丁美洲宏观问题的视角诠释拉美经济社会发展与中拉合作态势，例如拉美主要国家经济及产业发展、拉丁美洲政府债务、拉美国家碳中和政策、后疫情时代中拉合作发展态势等热点问题。第二部分主要从新冠肺炎疫情影响和国别中观问题的视角探讨拉丁美洲主要国家国别社会与教育问题，例如墨西哥突发性公共卫生事件及其治理、委内瑞拉基本局势、巴西结构性种族主义、智利食品市场安全监管、墨西哥基础教育模态、巴西中小学教育危机等问题。第三部分主要从新冠肺炎疫情影响和行业企业微观问题的视角阐释中拉合作发展趋势与案例，例如疫情下中巴经贸合作发展趋势、中国在厄瓜多尔投资环境与前景、中国 B2C 跨境电商在巴西的现状/问题及对策、中国铁建国际联合体在墨西哥高铁项目中的合法性、滴滴出行在巴西市场的战略优化、巴西基督山国际旅游景区游客凝视行为、广东凉茶商品属性在阿根廷的翻译与传播等问题。

《2020～2021 年拉丁美洲蓝皮书》涵盖拉丁美洲、国别和行业企业三个层面或维度的具有原创性、前沿性和时效性的研究成果。本年度蓝皮书的编写力求凸显如下一些变化或特色：一是将年份改为 2020～2021 年，凸显蓝皮书成果编写和出版周期跨越年度的现实。二是将研究问题重点聚焦新冠肺炎疫情对拉美发展与中拉合作关系的影响，如疫情下中巴经贸合作发展现状与趋势、疫情下巴西中小学教育危机等问题，努力做到研究问题贴近时效，与时俱进，瞄准时代发展和社会热点。三是重点关注中国特定行业在拉美市场的现实发展问题，例如中国 B2C 跨境电商在巴西的现状、问题及对策——以速卖通为例，中国铁建国际联合体在墨西哥高铁项目中的合法性分析，后疫情时代滴滴出行在巴西市场的战略优化策略，广东凉茶商品属性在阿根廷的翻译与传播等问题，旨在形成一些具有针对性、时效性、可行性的行业企业案例报告或对策建议，增强蓝皮书研究成果直接服务经济社会和行业发展的能力。

《2020～2021 年拉丁美洲蓝皮书》是在主编隋广军教授的亲自指导和带领下总体策划和实施完成的。副主编朱文忠教授修订编审了 10 篇文章近 13 万字，副主编李永宁教授修订编审了 10 篇文章近 15 万字。本书的文章内容及摘要、目录的翻译工作分别由广东外语外贸大学商学院拉丁美洲研究中心朱文忠教授和李永宁教授、西语学院陈宁教授以及中心兼职行政秘书梁妍老师组织、审核和校对，并由我校高级翻译学院硕士研究生朱思达，以及西方语言文化学院硕士研究生秦缘、郭优、张渝、李琳和周洋等同学合力翻译完成。当然，本书的顺利编写和出版得益于所有作者的辛勤努力和无私奉献，也得益于经济管理出版社有关工作人员的精心指导、编辑和出版。在此，编者团队谨向所有参与者付出的辛勤劳动表示我们最衷心的感谢！

最后，编者团队深知本年度蓝皮书的编写还可能存在不尽完善之处，敬请广大读者批评指正，多提宝贵意见。盼望在广大读者的关心、指导和帮助下，未来的系列年度蓝皮书的编写能够日臻完善，百尺竿头更进一步。谨此致谢！

编　者

于广东广州

广东外语外贸大学北校区

2021 年 9 月

Preface

On September 18, 2021, the sixth summit of the Community of Latin American and Caribbean States (CELAC) was held in Mexico City—the capital of Mexico. President Xi Jinping was invited to give a video speech to the summit. He pointed out that a decade ago, with the joint efforts of Latin American and Caribbean countries to pursue independence and self-reliance, the CELAC was established, which was a milestone in the process of regional integration. Over the past decade, the CELAC has played an important role in maintaining regional peace and stability and promoting common development. China attaches great importance to the development of its relations with CELAC and supports CELAC to promote cooperation among countries in the region to overcome challenges. Since 2020, in the face of the unexpected COVID-19 pandemic, China and Latin America have helped each other, and carried out all-around cooperation against the pandemic. China will continue to provide assistance within its capacity to Latin American and Caribbean countries, helping them overcome the pandemic sooner and restore socioeconomic development. China is willing to work together with Latin American and Caribbean countries to overcome difficulties, create opportunities, and jointly promote the building of China-Latin America community with a shared future.

Since 2020, "Great changes unseen in a century" plus the impact of the COVID-19 pandemic have resulted in simultaneous recession of most major economies in the world. Latin America and the Caribbean is not an exception. The region is experiencing its worst crisis in 120 years. Since 2021, the pandemic in Latin America is still severe. Barsena, executive secretary of the United Nations Economic Commission for Latin America and the Caribbean (ECLAC), said that the impact of the pandemic on Latin America's public health, economy, society and politics will exist for a long time. However, since the beginning of 2021, China-Latin America economic and trade cooperation has still been growing robustly despite the pandemic. According to relevant statistics, from January to May, China-Latin America trade volume increased substantially by 45%, and China's direct investment in Latin America reached $ 10.38 billion, an increase of 40% year-on-year. At the same time, China and Latin America have been helping each other and carrying out all-around cooperation against the pandemic. China has provided more than 300 million doses of vaccine to more than 80 countries and regions, including Latin American countries, representing an important force against the pandemic in Latin America. Guided by the vision of China-Latin America community with a shared future, China-Latin America comprehensive partnership will see better development. The timed compilation and publication of this series of blue book aims to advance the comprehensive partnership between China and Latin America and promote the construction of China-Latin America community with a shared future.

The 2020-2021 Blue Book of Latin America is the fifth in a series of annual blue books meticulously edited and published by the academic team in the "Centre for Latin America Studies of Guangdong University of Foreign Studies (GDUFS)"—a research centre for countries and regions filed by the Ministry of Education. The general guidelines for writing this series of blue book are: Firmly adhering to the motto of GDUFS— "Pursuit of Integrity, Practice and Cross-cultural Learning"; proactively exploit GDUFS' discipline advantage of being driven by two wheels—both "foreign and non-foreign languages"; integrate the academic platforms and expert resources of the School of Business, Faculty of European Languages and Cultures, and other schools of GDUFS; associate with well-known experts and scholars from cooperative universities in Latin American countries; give full play to the language advantages of our university's expert team in Spanish and Portuguese; actively strengthen collaborative research with foreign counterparts; present countries and regions research results with distinctive characteristics.

The 2020-2021 Blue Book of Latin America includes 20 articles written by experts and scholars from GDUFS research team of Latin American issues. The book is divided into three main parts: Socioeconomic development of Latin America and China-Latin America cooperation; research on Latin American countries' society and education; the development trend of China-Latin America cooperation and case studies. Part I —socioeconomic development of Latin America and China-Latin America cooperation: This part mainly illustrates the socioeconomic development of Latin

America and China-Latin America cooperation from the perspective of the COVID-19 pandemic's impact and the continent's macroeconomic issues, such as hotspot issues like the economic and industrial development of major Latin American countries, government debt of Latin American countries, Latin American countries' carbon neutrality policies, and the development trend of China-Latin America cooperation in the post-pandemic era, etc. Part II—research on Latin American countries' society and education: This part mainly discusses the social and educational issues of major Latin American countries from the perspective of COVID-19 pandemic's impact and the country-specific issues, for example, Mexico's public health emergency and its responses, Venezuela's basic condition, structural racism in Brazil, food market safety supervision in Chile, Mexico's basic education model, Brazil's elementary and secondary education crisis and other issues. Part III—the development trend of China-Latin America cooperation and case studies: This part mainly explains the development trends and cases of China-Latin America cooperation from the perspective of COVID-19 pandemic's impact and industries & enterprises micro-issues. For example, issues like the development trend of China-Brazil economic and trade cooperation during the pandemic, China's investment environment and prospects in Ecuador, problems and counter-measures of China's B2C cross-border e-commerce in Brazil, the legitimacy of the China Railway Construction International Consortium in Mexico's high-speed rail project, Didi Travelling's strategic optimisation in Brazilian market, tourists' gaze behaviour at the international tourist attraction of Monte Cristo in Brazil, the translation and dissemination of Guangdong herbal tea's commodity property in Argentina.

The 2020-2021 Blue Book of Latin America covers original, cutting-edge and time-based research results on three aspects of Latin American continents, countries, and industries & enterprises. This issue of the blue book attempts to highlight some of the following changes or features: First, the year in the title of the past issues has been changed to 2020-2021, stressing the reality that the compilation and publication cycle of the blue book spans the whole year. Second, focus the research issues on COVID-19 pandemic's impact on the development of Latin America and China-Latin America cooperation. For example, the development trend of China-Brazil economic and trade cooperation during the COVID-19 pandemic, the education crisis in Brazil under the pandemic, etc. , trying to make research issues keep pace with the times and aim at recent developments and social hot spots. Third, also pay attention to the actual development of specific Chinese industries in Latin American market. For example, the status quo, problems and countermeasures of China's B2C cross-border e-commerce in Brazil—taking AliExpress as an example, China's Didi Travelling's strategic optimisation in Brazilian market, the legitimacy of China Railway Construction International Consortium in Mexico's high-speed rail project, translation and dissemination of Guangdong herbal tea's commodity property in Argentina, etc., aiming to produce some targeted, time-sensitive, and feasible industries & enterprises case reports or strategic suggestions so as to enhance the ability of the this blue book's research results to directly serve economic, social and industrial development.

In addition, *The 2020-2021 Blue Book of Latin America* was planned and completed under chief editor Professor Sui Guangjun's personal guide and lead. The deputy editor Professor Zhu Wenzhong reviewed and revised 10 articles with nearly 130000 words, while the deputy editor Professor Li Yongning reviewed and revised 10 articles with nearly 150000 words. The translation work of the content, abstract and catalogue of the book's manuscript was organised, reviewed, and proofread by Professor Zhu Wenzhong and Professor Li Yongning of Center for Latin America Studies of School of Business of GDUFS, Professor Chen Ning of the Faculty of European Languages and Cultures, Liang Yan, the part-time administrative secretary of the centre, and with the help of Zhu Sida, Qin Yuan, Guo You, Zhang Yu, Li Lin and Zhou Yang, postgraduate students from the School of Interpreting and Translation Studies and the Faculty of European Languages and Cultures. Of course, the successful compilation and publication of the book should be attributed to the hard work and selfless contribution of all participants as well as the careful guidance, editing and publication of all staff concerned at the Economy & Management Publishing House. Here, the editorial team would like to express the utmost gratitude to all participants for their hard work!

At last, the editorial team is well aware that this year's Blue Book of Latin America is not perfect, so criticism and suggestions from readers are much welcomed. We hope that with your readers' concern, guidance and help, future series of blue books would become better and better.

Thank you.

Editor

North Campus of Guangdong University of Foreign Studies

Guangzhou, Guangdong

September 2021

Prefacio

El 18 de septiembre de 2021, se celebró en la Ciudad de México, capital de México, la VI Cumbre de la Comunidad de Estados Latinoamericanos y Caribeños (CELAC). El presidente Xi Jinping fue invitado a pronunciar un discurso en la Cumbre y señaló: "Diez años atrás, la CELAC nació en medio de los esfuerzos de los países de América Latina y el Caribe (ALC) por la independencia y el autofortalecimiento mediante la unidad, que marcó un hito en el proceso de la integración regional. Durante este decenio, la CELAC ha jugado un importante papel en la salvaguardia de la paz y la estabilidad, y la promoción del desarrollo compartido de la región. Atribuyendo suma importancia a las relaciones con la CELAC, China apoya a los esfuerzos de la comunidad por coordinar a los países de la región a desarrollar la cooperación y afrontar los desafíos. A partir del año pasado, frente a la inesperada pandemia de COVID-19, China y ALC nos solidarizamos y nos ayudamos mutuamente, desplegando una cooperación antiepidémica en todos los aspectos. China seguirá ofreciendo ayuda dentro de nuestro alcance a los países de la región, para contribuir a su pronta superación de la pandemia y su recuperación socioeconómica. China está dispuesta a trabajar junto con los países latinoamericanos y caribeños para superar las dificultades coyunturales y crear oportunidades, impulsando mancomunadamente la construcción de una comunidad de destino compartido China-CELAC".

A lo largo del año 2020, la combinación de "cambios trascendentales nunca vistos en el centenario" y el impacto de la pandemia ha provocado una recesión económica sincronizada en la mayor parte de las principales economías del mundo, incluida la región de ALC, que está atravesando la crisis más grave durante los últimos 120 años. Desde 2021, sigue siendo muy drástica la situación en América Latina. "La influencia sanitaria, económica, social y política de la pandemia en la región será duradera", indicó Bárcena, Secretaria Ejecutiva de la Comisión Económica para

América Latina y el Caribe（CEPAL）de las Naciones Unidas. Sin embargo, este año la cooperación económica y comercial entre China y América Latina ha florecido frente a la crisis epidémica. Según las estadísticas pertinentes, el volumen de comercio entre China y América Latina registró de enero a mayo un crecimiento significativo del 45%, y la inversión directa de China en América Latina alcanzó los 10. 380 millones de dólares, con un aumento interanual del 40%. Al mismo tiempo, China y América Latina se han ayudado mutuamente en una cooperación integral antiepidémica. China han asistido a más de 80 países, incluidos los latinoamericanos, con más de 300 millones de dosis de vacunas, convirtiéndose en la principal fuerza en la lucha contra la pandemia en América Latina. Bajo la guía del concepto de una comunidad de destino compartido China-CELAC, el mañana de la Asociación Integral de Cooperación entre las dos partes será aún mejor. Esta serie de libros azules se prepara y publica en tiempo real a fin de servir al continuo fortalecimiento de la Asociación Integral de Cooperación China-CELAC y a llevar la construcción de la comunidad de destino compartido a un nuevo nivel.

El Libro Azul de América Latina 2020-2021 es el quinto de una serie de libros azules anuales, minuciosamente editados y publicados por el equipo académico del Centro de Estudios de América Latina de la Universidad de Estudios Extranjeros de Guangdong（GDUFS, por sus siglas en inglés）, un centro de Estudios por Países y Regiones registrado en el Ministerio de Educación de China. La idea general que subyace a la redacción de esta serie de libros azules consiste en hacer valer la ventaja de "doble ruedas" de GDUFS, a saber, "asignaturas de lenguas extranjeras y las demás", ateniéndose firmemente al lema de la Universidad, "Búsqueda de virtudes y aprendizaje intercultural"; movilizar las plataformas académicas y recursos de expertos de la Escuela de Negocios y la Facultad de Lenguas y Culturas Europeas de GDUFS, entre otras, así como combinando expertos y académicos de renombre de las instituciones y universidades de cooperación en los países latinoamericanos, y poner en pleno juego las ventajas lingüísticas del español y portugués de nuestro equipo de expertos con el objetivo de fortalecer la sinergia de la investigación china y extranjera y, de este modo, presentar logros con peculiaridades de los Estudios por Países y Regiones.

El Libro Azul de América Latina 2020-2021 contiene un total de 20 artículos redactados por expertos y académicos del equipo de investigación sobre América Latina de GDUFS. El libro se divide principalmente en tres partes: El desarrollo económico y social de América Latina y la situación de la cooperación entre China y América Latina, estudios sociales y educativos de los países latinoamericanos, tendencias y estudios de casos en el desarrollo de la cooperación entre China y América Latina. La primera parte intenta explicar el desarrollo económico y social de América Latina y la situación de la cooperación entre China y la región desde perspectivas del impacto de la pandemia y las macro cuestiones en el continente, con temas candentes como el desarrollo económico e industrial de los principales países latinoamericanos, la deuda pública de los gobiernos, las políticas de neutralidad de carbono y la situación de cooperación entre China y América Latina en la era post-pandemia. La segunda parte investiga los problemas sociales y educativos de los países latinoamericanos desde puntos de vista del impacto de la pandemia y meso cuestiones de los países, tales como emergencias de salud pública en México y su gestión, la situación general de Venezuela, el racismo estructural brasileño, la supervisión y control de la seguridad del mercado alimentario de Chile, el modelo de la educación básica en México y la crisis en la educación primaria y secundaria de Brasil. La tercera parte analiza las tendencias y los casos en el desarrollo de la cooperación entre China y América Latina centrándose en perspectivas del impacto de la pandemia y micro cuestiones de las empresas de industria, con temas como tendencias del desarrollo de la cooperación económica y comercial entre China y Brasil en medio de la pandemia, el entorno y las perspectivas de inversión de China en Ecuador, problemas y soluciones del comercio electrónico transfronterizo B2C de China en Brasil, la legitimidad del Consorcio Internacional de CRCC en un proyecto de tren de alta velocidad en México, la optimización estratégica de DiDi en el mercado brasileño, la mirada turística en la zona turística internacional de Cristo Redentor de Brasil, la difusión y traducción de *Liangcha* de Guangdong en Argentina, entre otros.

El Libro Azul de América Latina 2020-2021 abarca resultados de investigación originales, de vanguardia y oportunos en tres niveles o dimensiones: el continente en su conjunto, los países y las empresas de industria de América Latina. La redacción del presente libro procura destacar algunos de los siguientes cambios o características. En primer lugar, se ha cambiado el año de referencia de los títulos anteriores a 2020-2021, lo que pone de manifiesto el hecho de que la redacción del libro y el ciclo de su publicación traspasen los años. En segundo lugar, los temas de estudio se centran en el impacto de la COVID-19 en el desarrollo de América Latina y en las relaciones de cooperación sino-latinoamericanas, como la situación actual y tendencias del desarrollo de la cooperación económica y comercial entre China y Brasil en medio de la pandemia, la crisis en la educación primaria y secundaria de Brasil ante la pandemia, entre otros problemas. Nos esforzamos por mantener actualizados los temas de investigación, ajustarnos a las tendencias y apuntar al desarrollo de la era y a los focos sociales. En tercer lugar, los temas de estudio se enfocan en el desarrollo real de las industrias chinas específicas en el mercado latinoamericano, tales como la situación actual, problemas y soluciones del comercio electrónico transfronterizo B2C de China en Brasil: El caso de AliExpress, la optimización estratégica de DiDi en el mercado brasileño, la legitimidad del Consorcio Internacional de CRCC en un proyecto de tren de alta velocidad en México, y la difusión y traducción de *Liangcha* de Guangdong en Argentina, con el objetivo de producir algunos informes de casos o sugerencias de respuesta específicos, oportunos y viables para las empresas de la industria, mejorando la capacidad de los resultados de este libro para servir directamente al desarrollo económico, social e industrial.

Además, *El Libro Azul de América Latina* 2020-2021 se planificó y ejecutó bajo la instrucción y el liderazgo del editor jefe y catedrático Sui Guangjun. El catedrático y editor jefe adjunto Zhu Wenzhong, revisó y editó 10 artículos con casi 130000 caracteres chinos, y el profesor y editor jefe adjunto Li Yongning, revisó y editó 10 artículos con casi 150000 caracteres. La traducción del contenido, el índice y los resúmenes del presente libro fue organizada, revisada y corregida respectivamente por el catedrático Zhu Wenzhong y el catedrático Li Yongning del Centro de Estudios de América Latina de la Escuela de Negocios de GDUFS, la catedrática Chen Ning de la Facultad de Lenguas y Culturas Europeas de GDUFS, y Liang Yan, secretaria administrativa a tiempo parcial del Centro, y fue llevada a cabo conjuntamente por Zhu Sida, estudiante de máster de la Escuela de Estudios de Interpretación y Traducción de GDUFS, Qin Yuan, Guo You, Zhang Yu, Li Lin y Zhou Yang, estudiantes de máster de la Facultad de Lenguas y Culturas Europeas de la Universidad. Por supuesto, la buena redacción y publicación de este libro se beneficia del duro trabajo y la dedicación desinteresada de todos los autores, así como de la cuidadosa orientación, edición y publicación por parte del personal de la Editorial de Gestión Económica. El equipo de redacción desea expresar el más sincero agradecimiento a todos los participantes por su excelente trabajo.

Por último, el equipo de redacción es altamente consciente de que en la edición del *Libro Azul de América Latina* de este año pueden existir algunas imperfecciones, y agradeceríamos mucho las críticas y valiosos comentarios planteados por los queridos lectores. Esperamos poder mejorar la redacción de futuras ediciones de esta serie de libros azules anual con el interés, la orientación y el apoyo de nuestros lectores. ¡Muchas gracias!

Redactor
En el campus norte de GDUFS
En septiembre de 2021

目　录

第三部分　中拉合作发展趋势与案例研究

附　录

Contents

Part I Socioeconomic Development of Latin America and China-Latin America Cooperation

Part II Research on Latin American Countries' Society and Education

Part Ⅲ　The Development Trends of China−Latin America Cooperation and Case Studies

Appendix

Contenidos

Parte I El desarrollo económico y social de América Latina y la situación de la cooperación entre China y América Latina

Parte II Estudios sobre la sociedad y la educación de los países latinoamericanos

Parte Ⅲ   Tendencias y estudios de casos en el desarrollo de la cooperación entre China y América Latina

Apéndice

第一部分
拉美经济社会发展与中拉合作态势

导论：拉丁美洲对外关系及其资源环境报告

张 拓[*]

摘 要：本报告根据张拓大使 2020 年在中国广东公共外交研修班的讲座录音整理编辑而成。全文凝聚了作者在拉丁美洲从事多年外交工作的经验积累以及对于拉美外交事务从历史到现实出现演变的独立见解。报告通过对拉美主要大国，特别是那些对拉美整体外交走势产生影响的要素的宏观分析，以及对拉丁美洲在发展资源和地缘构成上有关特征的梳理，将拉丁美洲的外交和资源环境的相关性问题做出了精辟的阐述和合理的推导。报告在结尾处提出，中国和拉美的关系、中国和美国的关系、拉美和美国的关系，它们之间没有交互，现在实际上已经形成三种关系，所以拉丁美洲的发展问题也必将是我们国家对外关系长期稳定发展的关键支撑点。

关键词：国际格局；拉丁美洲外交；拉丁美洲资源；美拉关系

各位领导、各位学员，非常高兴也非常荣幸能够同广东省公共外交研修班的各位学员一起聚会，共同交流。这些年来，我在拉丁美洲四个国家担任过大使，现在主要继续从事拉丁美洲的研究工作，借此机会，我也非常愿意就自己的工作经历、工作体验和研究的结果，同大家分享拉丁美洲当前的形势和中拉关系。

今天的主题主要就是当前拉丁美洲的形势，包括其对外关系和资源特质。然后讲一下大家非常关注的美国和拉丁美洲的关系。拉丁美洲任何一件事情的发生或者存在与美国都不无关系，所以说要讲一下它们的关系。接下来我再介绍一下拉丁美洲的两个大国——巴西和墨西哥，有没有可能在未来成为超级大国，成为

* 张拓，中华人民共和国驻古巴共和国前特命全权大使、中国外交部前欧洲司大使。本文根据张拓大使 2020 年中国广东公共外交研修班讲座录音整理编辑而成。

具有世界性意义的大国，成为能够影响世界发展进程的大国，并做一个自己的评论。接着再讲一讲委内瑞拉。最后介绍一下中国同拉丁美洲的关系。主要围绕这几个方面介绍一下，希望读者能够对拉丁美洲有一个大致的初步的印象，以方便未来的公共外交工作和研究工作。

当前的国际格局正处在一个百年未有的大变局，那么拉丁美洲在这种形势当中怎么样呢？我觉得也是毫无例外卷入了这个演变的进程中，特别是新冠肺炎疫情之前的一段时间，拉丁美洲可以说在政治、经济、公共外交以及社会各个领域都出现了深刻复杂的变化，并可能对未来几十年的发展轨迹产生重大影响。这个问题很重要，实际上现在也已经发生。随着右翼政府在拉丁美洲政坛上开始逐渐占据主导地位，风靡二十年，从1999年委内瑞拉总统查韦斯上台以后，整整二十年的拉丁美洲，左翼进步思想和各种类型的社会主义运动可以说遭受了比较严重的挫败，但是仍然保持着较强的政治实力和社会基础。

拉丁美洲持续四十多年的右翼新自由主义和左翼进步主义的经济发展模式，经过相互替代之后，到目前为止，可以说仍然没能够找到什么是最适合拉丁美洲发展的道路，现在还在痛苦的磨合和过渡之中，而且在持续的探索之中。

拉丁美洲一体化历来是拉丁美洲国家所追求的，如由东盟发起的《区域全面经济伙伴关系协定》（RCEP）。非洲也有非洲同盟的可能。拉丁美洲那么长时间就没有整体的一体化的素质，这是拉丁美洲的一个失败之处。

经过十几年的努力，我们依旧在拼命推动一体化，但是现在处于一种意愿不足、推进乏力的状态，特别是一些带有浓郁的意识形态色彩的一体化统治。

拉丁美洲资源富足，它的资源是人类发展的要素或者某一个国家发展的要素：第一个要素是土地要素。拉丁美洲有效国土非常广阔。目前，拉丁美洲已经是全世界最重要的粮食出口地区之一。但拉丁美洲只使用了10%的可耕地，还有90%的土地没有使用。所以说，拉丁美洲如果大力发展农业，使用先进的科技，加上充裕的可耕地，可以保证全球的粮食安全。

在水资源方面，拉丁美洲只占全球8%的人口，但是它的水资源占全球的30%，每年降雨量占全球的30%。所以，从淡水资源方面讲，拉丁美洲很有优势。在矿产资源方面，中国数亿吨的铁矿进口来源国一个是澳大利亚，另一个就是巴西——世界上最大的铁矿商之一。巴西80%的铁矿石是运往中国的，智利80%的铜是销往中国的。在新兴的战略资源里，拉丁美洲占全世界的75%。

下面讲一下美拉关系。

美国的发展，坦率地说，主要是靠拉丁美洲的原料支撑而形成一个强大的工业国家。

拉丁美洲是美国的核心利益。美国为了对拉丁美洲维持绝对力量优势、占据绝对主导地位和实行绝对的掌控，历史上曾经用各种手段对拉丁美洲进行欺凌、掠夺和干预，甚至多次出兵对拉丁美洲国家进行武装侵略或者吞并，给拉丁美洲国家带来了无穷无尽的灾难和损失。但是，由于力量对比悬殊，拉丁美洲对美国的作为无可奈何，因为其经济依靠的是美国。

事实上，美国是拉丁美洲独立以来影响其所有内外进程的决定性因素。这是判断拉美未来发展走向的关键参考点。美国决定了拉丁美洲朝哪个方向发展，是拉丁美洲政府在自己治国理政和对外交往中所需认真对待的最优先方向。原因就在于美国在拉丁美洲长期积累的各方面优势。

第一，美国的意识形态和价值观几乎对拉丁美洲的所有国家都有影响。

第二，美国对国际和地区金融机构的掌控，使拉丁美洲不得不屈从于美国的意志，美国的一票否决权往往在很大程度上决定了一个拉美国家的前途和命运，这是一个非常关键的金融撒手锏。

第三，美国的大宗商品交易所和庞大的战略物资储备，可以随意地操控拉丁美洲主要出口的产品价格并成为对拉丁美洲施压的掌控。

另外，美国是拉丁美洲最大的投资国，长期的巨额投资储量渗透到了拉丁美洲经济的各个方面和各个关键领域，对拉丁美洲经济运行构成不可替代的影响。美国在拉丁美洲投资，很多的汽车厂都是美资的，以及很多工厂、军政的工业和制药企业也是美资的。另外，拉丁美洲所用的所有高档的设备产品、先进的生产技术、管理经验以及众多的知识产权、耕地也很大一部分来自美国，稍有失控将会给拉丁美洲经济造成严重的冲击。

美国长期以来是拉丁美洲国家重要的出口国，美国和拉丁美洲之间的贸易合作超过了世界上所有的国家。许多拉丁美洲发展中国家从美国实施的关税减项当中获利。拉丁美洲对美国市场的严重依赖使其没办法脱离美国的轨道。美国文化在拉丁美洲也有极大的影响。美国的生活方式、消费产品、时尚潮流，还有美国的游客在拉丁美洲无所不在，这对拉丁美洲民众产生了潜移默化的文化影响。这种文化软实力大概其他国家根本无法企及。

美国对拉丁美洲政策的总目标是什么呢？维护美国在该地区的绝对霸权并保持必要威慑。21世纪以来，美国根据国际形势变化和拉丁美洲地区形势的变化，不断对拉丁美洲政策进行调整并设置了政治红线和政策红线。第一，绝对不允许美国在拉丁美洲的主导地位和操控能力受到逼迫和替代。第二，绝对不允许美国受到来自拉丁美洲的传统和非传统的安全威胁。第三，绝对不允许强大的非美认可的域外国家的进入。非美认可的强大的域外国家或集团过深地进入拉丁美洲会同美国形成竞争的态势。第四，绝对不允许拉丁美洲出现联合持强形成一体化，一体化进程要拼命地破坏。第五，绝对不允许美国在处理拉丁美洲事务上预设前提，美国要拥有绝对的自主裁量权和行动权。这几个不允许是美国对拉丁美洲的几个政策底线，从现在看很多政策已经在采取甚至是在预热，而且已经收到了一定的效果。

最后讲一下中国和拉丁美洲的关系。

21世纪20年代开始，中国同拉丁美洲的关系出现了爆发式和跨越式发展。随着中国在拉丁美洲政治、经济领域影响的不断深化，中国因素已经成为拉动拉丁美洲国家政治、经济、社会和国际关系发展的最重要的变量。拉丁美洲的形势发展、拉丁美洲同美国的关系、美国对中国在拉丁美洲的作为所采取的政策，坦率来说，都是由于中国的发展而造成的。进入21世纪，中拉关系不仅实现了新突破，取得了新成就，而且也面临着新转折。中拉关系现在面临六个"前所未有"：

第一，中国对拉美的重要性认识已经给予了前所未有的关注。习近平主席六年五次出访拉丁美洲，在过去中国历史上，包括改革开放以后的历史上，从来没有过这样的事情。还有就是所有同中国建交的拉丁美洲国家的领导人都不止一次同习主席会面，这在过去中国对拉丁美洲的交往史上从来没有过。这说明了中国对拉丁美洲事务的重视性。

第二，双方在各领域务实合作方面取得了前所未有的成果。一个例子是"一带一路"走进拉美，第一次实现了"一带一路"的全球互带，过去"一带一路"没有到拉丁美洲西南部，到拉美后全球纽带就形成了。拉丁美洲的发展倡议从来都是美国提出来的，而"一带一路"走进拉美是中国——世界上唯一一个域外国家对拉丁美洲提出的发展倡议。

第三，中拉双方过去想做、不敢做或者做不成的，现在办成了。这次中拉论坛，过去没有举办过，现在借这个机会，我们中国有了发展的空间，中国和拉丁美洲也建立起了一定的关联。这是非常重要的。

第四，在对拉工作机制体制上做出了前所未有的完善。现在，中拉形成了对于共同体制度和中拉关系的最终目标。我们对拉政策的主导是注重"一带一路"。

第五，其他的机制，如习主席的一些重要讲话、对拉美的一些政策，包括计划和管理这些日常的机制等，这些机制从最高目标到具体怎么做，我们全都有章可循，这也是过去前所未有的。

第六，中拉在经济利益交流方面实现了前所未有的融合。中国和拉丁美洲贸易额已经超过了3000亿美元，而且连续五年超过3000亿美元。拉丁美洲的很多国家，如巴西、智利、秘鲁的最大贸易伙伴不是美国而是中国。巴西对中国的贸易占其总体贸易的30%，其中出口占35%；智利占总体贸易的32%。巴西所有的外汇顺差全部来自中国，顺差额超过几百亿美元。我们现在对拉丁美洲的投资达 3000 亿美元，利益可以说是前所未有的。中拉关系在未来发展前景中呈现出前所未有的潜力。

但必须指出，我们在发展同拉丁美洲的关系时，也面临着前所未有的挑战。中国作为全球性大国，利益遍及世界各地，中国需要以和平的方式拓展更多的未来发展空间，在这种情况下，我们必须要对拉丁美洲的重要作用和地位给予高度重视，并尽快落实在实际行动上。拉丁美洲是"一带一路"倡议中不可或缺的一部分。西半球历来都是我们国际交往的经济伙伴，加强在拉美的政治存在、完成对拉整体布局对扩大我国地位和全球影响具有重要意义。拉丁美洲在深空、极地、海洋、网络和生物多样化方面有独特的优势，但自身能力有限。加强同拉美在上述领域的合作和引导，可使我国在未来国际竞争中占据非常有利的地位。

拉丁美洲是我们实现对外关系的基础，是发展中国家主要的合作对象，加强合作有利于我国的未来发展。拉丁美洲是我们国家对外关系长期稳定发展的关键支撑点，是企业"走出去"的重要方向、大宗商品的主要来源及商品资本输出的重要区域和基地。

新冠肺炎疫情时期拉美主要国家经济及产业发展报告

陈思婷　李永宁[*]

摘　要：2020~2021 年新冠肺炎疫情大流行对全球经济造成巨大冲击，世界多国经济发展面临停顿或萎缩。作为这些年备受关注的新兴经济体区域，拉丁美洲及加勒比地区新冠肺炎疫情的流行更是对整个区域的经济和民生造成灾难性的影响，有学者认为，新冠肺炎疫情对拉美地区经济造成的影响可能会比亚洲、中东、欧洲等地区更为深远。本文将梳理过去一年拉美主要国家的新冠肺炎疫情的情况，通过观察对比这些国家疫情前后的经济波动和相关产业情况来阐述疫情对拉美主要经济体的影响程度。文章主要涵盖以下四部分内容：①回顾拉美地区新冠肺炎疫情情况及政府的相关应对措施；②分析比较疫情前后五个主要经济体的经济增长情况、失业率、通胀率和政府负债率；③观察拉美地区三大主要产业在疫情期间所受的影响；④总结拉美地区发生新冠肺炎疫情后所面临的经济社会问题以及危机之后有可能出现的转机。

关键词：新冠肺炎疫情；拉美经济；产业观察；发展机遇

一、导　言

2020 年，受新冠肺炎疫情影响，世界各国经济面临严峻挑战。拉美地区是受新冠肺炎疫情影响最为严重的地区之一，困顿多年的拉美经济在疫情影响下更

* 陈思婷，加拿大西三一大学 MBA 项目硕士研究生；李永宁，博士，广东外语外贸大学拉丁美洲研究中心副主任、教授。

是雪上加霜。拉美经济何去何从成为国内外投资者热切关注的命题之一。作为中国近些年来最紧密的经贸与投资合作地区之一，拉美地区过去这些年与中国的经济往来越来越密切，疫情时期拉美经济所受到的影响及其未来发展也将成为中拉企业合作方密切关注的热点。

首先，从投资的角度看，拉美地区经济发展形势将影响接下来中国在拉美地区的直接投资以及投资回报率。虽然在 2015～2019 年中国在拉美地区的直接投资总额逐年减少，但是投资的产业组合在不断调整变化中①；在新冠肺炎疫情暴发后，在拉美地区的直接投资将面临更多挑战，政府及企业有需要就后疫情时期拉美经济发展前景做更慎重的评估，并为中国与拉美地区之间的经济及贸易合作寻求更多的机遇。其次，受 2019 年特朗普对外政策的影响，拉美地区与美国之间的关系有所倒退，拉丁美洲急需扩大贸易伙伴来重振经济及摆脱美国的影响。与此同时，随着中国在该地区影响力的提升，拉丁美洲对中国贸易投资的兴趣将会比以往更强烈。然而，新冠肺炎疫情把原本的发展节奏打乱，为经济和贸易合作添加了许多不明朗因素。一方面，拉美经济恢复前景不明，主要取决于疫情何时结束、疫情反弹风险、各国疫苗普及范围以及政府刺激经济的能力等因素。另一方面，由于新冠肺炎疫情对拉美经济的冲击比世界其他地区都要严重，因此疫情导致的经济和社会危机持续时间也较长，拉加经委会执行秘书甚至认为拉美的经济可能要到 2024 年才能恢复到疫情前水平②。

新冠肺炎疫情对拉美的经济打击究竟有多大？对拉美的产业结构又造成了什么影响？原本经济发展已经疲软的主要拉美经济体在遭遇新冠肺炎疫情这场全球大灾难之后有没有能力转危为机，躲过可能一触即发的经济危机？对这些谜题的解答都需要我们对拉美在过去这一两年的经历有大致的了解。本文主要选取了巴西、墨西哥、阿根廷、秘鲁及智利五个主要拉美国家为观察对象，了解这些国家受疫情影响程度和面对这场大危机时其经济表现出来的不同的抗击能力，以及拉美重要产业在疫情中受影响的严重程度，从而更有利于把握拉美地区经济在后疫情时期的走向。

---

① Dussel Peters, Enrique. （2019）. Monitor de la OFDI de China en América Latina y el Caribe 2018. México：Red ALC-China.

② 新华社：拉加经委会预计拉美和加勒比经济今年萎缩 7.7%，http：//www.xinhuanet.com/world/2020-12/17/c_1126872791.htm。

二、拉美主要国家新冠肺炎疫情严重性概述

自新冠肺炎疫情在拉美地区暴发以来，拉美多国的抗疫持久战已长达一年多。为控制新型冠状病毒的扩散，疫情初期拉美各国政府先后采取一系列紧急措施，其中包括关闭学校和机场、停止大部分商业活动等。虽然部分国家的抗疫措施在初期颇有成效，新增确诊病例的增长有所减缓，但还是没能完全控制住疫情的蔓延。其中巴西疫情最为严重，是继美国和印度之后第三个累计确诊病例人数最多的国家，确诊病例数高达 1500 多万[①]，而且巴西的确诊病例数也远远高于拉美其他主要国家。智利的确诊病例数在主要的六个国家中是最低的，侧面说明了其抗疫措施在拉美主要国家中比较成功。由于拉美各国国情不同，新冠肺炎疫情对各国的威胁和影响程度也有所差异。比如，在一些经济比较落后的国家，呼吸机的数量可能不到一百个；而在墨西哥，肥胖症、高血压和糖尿病患者比例较高，新冠病毒可能会使这些患者产生严重的并发症。另外，由于经济发展不均衡，各国医疗资源也有巨大的差别，多数国家对医疗资源的投入并不高，脆弱的医疗系统无法应对来势汹汹的疫情，面临医疗系统崩溃的风险。

1. 巴西

巴西是拉美最早暴发新冠肺炎疫情的国家。2020 年 2 月 26 日第一例患者在巴西的圣保罗州确诊，之后疫情在巴西迅速蔓延。3 月中旬已经出现社区传播，但是巴西政府直到 3 月底才关闭边境。2020 年 5 月，巴西累计确诊病例已经突破 41 万例，仅次于美国。巴西成为疫情重灾区有多方面原因。首先，政府对疫情形势反应迟钝，等确切发布抗疫紧急措施的时候病毒已经在国内蔓延，错过控制疫情扩散的最佳时机。其次，由于抗疫缺乏协调，各自为政，导致抗疫措施没法很好地在各州落实。再次，由于担忧关闭商场和各种消费场所等封锁措施会拖累经济，各州政府在疫情没有完全控制住的情况下就迅速解封，导致疫情多次起伏。最后，民众抗疫意识不强，没有自觉遵守社会隔离令，多地出现人群聚集的情况。这些都使抗疫措施的执行难上加难。与此同时，疫情的暴发也对巴西医疗系统造成巨大的冲击，测试剂供应不足导致确诊病例数不够准确，无法及时地反映疫情现状；地区贫富差距严重，医疗资源匮乏，也导致新冠肺炎患者死亡率较高[②]。步

---

① 此数据截至 2021 年 5 月中旬。

② 新华财经：巴西何以成为疫情新"震中"，http://www.xinhuanet.com/2020-05/28/c_1126045006.htm。

入 2021 年，巴西出现变异病毒，更是令这一局面雪上加霜。

2. 墨西哥

墨西哥第一波疫情高峰发生在 2020 年 7~8 月，单日新增确诊病例达数千人；在疫情平缓回落后，12 月疫情反弹，单日最高新增确诊病例数超过 1 万人。2021 年 1 月疫情急剧恶化，单日最高新增确诊病例超过 2 万人，是自疫情暴发以来最严重的时候。墨西哥的疫情中心在墨西哥城，这是墨西哥人口最密集也是经济最发达的城市。2021 年 5 月，随着疫情逐步好转，墨西哥城首次将疫情风险指数降为中级①。虽然墨西哥的累计确诊病例数远远低于巴西，却是病死率（case fatality ratio）最高的国家，高达 9%。同时也是医护人员确诊死亡人数最高的国家②。有分析认为，墨西哥前期确诊病例数低主要是由于测试率低，有许多感染人口因为缺乏检测而没有被纳入确诊病例中③。墨西哥政府在抗疫举措上也是备受争议，其采用了比较传统的哨点流行病学检测系统，而不是大范围的试剂检测，导致确诊病例数远远低于实际预估的病例数。检测方式的落后以及数据缺乏透明度，让民众和政府低估了疫情的影响，以至于没能及时有效地应对疫情的扩散。

3. 阿根廷

阿根廷本是最早一批采取了严格防疫措施的拉美国家之一，但是由于经济萎缩严重带来的压力以及民众不满情绪的高涨，后期防疫措施逐渐松懈，从而导致疫情多次起伏。阿根廷政府从 2020 年 3 月 20 日开始"封城"，实行全民强制性隔离政策，禁止非必要商业活动，公共交通也都停止运营。与此同时，为了应对疫情对医疗系统造成的重大负担，阿根廷不仅建了"方舱医院"，而且对各省各地的医疗资源分配也相对及时。阿根廷自主研发了成本低、操作简单的新冠病毒检测试剂，可以快速获得检测结果。在严格的抗疫管控下，阿根廷的疫情很快得到了控制。但是从 2020 年中后期开始，由于南半球进入冬季更有利于病毒传播，加上部分行业的复工复产，疫情又开始反弹，10 月单日新增确诊病例突破 1 万人，出现第一波疫情高峰，累计确诊病例数突破百万关口。由于民众难以忍受长达数月的社会隔离政策以及对于复工的迫切需求，阿根廷的隔离措施在后期几乎名存实亡，这也是疫情在 2020 年下半年开始反弹的原因。由于 2020 年前期严格的防疫措施导致经济萎缩，迫于多方压力，阿根廷政府不得不解除部分管制，带疫解封，公共交通也逐渐恢复运营。这种一边防疫一边恢复社会经济活动的状态使阿根廷的疫情在进入 2021 年后又开始恶化，2021 年 4 月单日新增确诊病例数

① 新华网：《墨西哥首都疫情传播风险首次降至中级》，http://www.xinhuanet.com/2021-05/08/c_1127422697.htm。

② UCSF Institute for Global Health Science.（2021）. A Case Study：Mexico's Response to COVID-19.

③ Ibarra, I., Garza, J., Ruiz-Lozano, R., Salazar-Montalvo, R.（2020）. Mexico and the COVID-19 Response.

突破 2 万人，5 月单日新增确诊病例数更是突破 3 万人[①]。而截至 2021 年 5 月底，阿根廷只有 6% 左右的人口完成了疫苗接种。

4. 秘鲁

秘鲁是全球新冠肺炎疫情死亡率最高的国家，截至 2021 年 5 月 31 日，该国每 10 万人就有 551 人因感染新冠病毒而死亡[②]，其中，有接近 44% 的死亡病例来自首都利马。秘鲁是拉美最早实施新冠肺炎疫情预防措施的国家之一。秘鲁总统早在 2020 年 3 月 15 日就宣布全国进入紧急状态，与此同时实施严格的隔离政策，封锁边界，实行宵禁等，但是在 2020 年 5 月的时候其疫情严重程度已经仅次于巴西。有分析指出[③]，秘鲁的社会经济发展不平衡是造成抗疫政策无法有效执行的原因。在秘鲁，只有一半的家庭有冰箱，这意味着疫情时期许多家庭不得不频繁外出购置食物，造成人群聚集。而且，秘鲁有约 30% 的家庭生活环境拥挤，一人感染病毒就很容易传播。另外，虽然秘鲁政府出台了福利政策补助疫情期间的弱势家庭，但是由于接近 62% 的成年人没有银行账户，这些受助者不得不去银行领取救济金，反而加重了群众聚集的情况。"居家令"执行期间，有 3000 多人因违反规定被逮捕。2021 年 4 月秘鲁疫情又开始恶化，并逐步失控。为遏制疫情，秘鲁政府计划加大疫苗购买量和提高接种率，到 2021 年 7 月底全国有约 500 万人接种疫苗[④]。

5. 智利

智利也是拉美最早一批实行防疫措施的国家之一。智利第一波疫情高峰出现在 2020 年 6 月，最高单日确诊病例数达 5000 例，之后回落到日均上千的确诊病例数。智利不仅是拉美地区防疫成果表现最好的国家，也在全球范围内提供了良好示范。然而，11 月智利政府开始放松了旅行限制，重新开放边境，与此同时也放宽了对企业生产和学校、商场的限制，2021 年 1 月甚至允许民众外出度假旅行。智利政府和民众放松警惕，致使新冠肺炎疫情反弹。为遏制新冠肺炎确诊病例的增长，智利政府在 2021 年 2 月开始大范围为民众接种疫苗，然而令人意外的是，确诊病例数不降反升。智利当局一边积极地推行疫苗政策，一边放松管制，越来越多的公共场所重新开放。政府和民众以为接种了疫苗就会安全，却没想到抗疫的松懈让疫情加速蔓延[⑤]。到 2021 年 4 月中旬和 5 月又出现了两波疫情

---

① GitHub-CSSEGIS and Data/COVID-19：Novel Coronavirus（COVID-19）Cases, provided by JHU CSSE.

② 人民网：《数据显示秘鲁新冠死亡率全球最高》，http：//world. people. com. cn/n1/2021/0601/c1002-32119631. html。

③ 澎湃新闻：《秘鲁似乎做对了一切，为何仍然成为南美疫情第二严重的国家》，https：//www. thepaper. cn/newsDetail_forward_7580943。

④ 中新网：《秘鲁预计 7 月底为 500 万人接种疫苗，专家称疫情已失控》，https：//www. chinanews. com/gj/2021/05-03/9469703. shtml。

⑤ 新华社：《智利疫情缘何迅速恶化》，http：//www. xinhuanet. com/2020-05/15/c_1125991429. htm。

高峰，单日确诊病例最高分别达 7431 例和 5353 例，超过 2020 年第一波高峰时的数据。由于疫情反弹，智利政府不得不重新封锁大部分地区，有接近 1400 万智利民众受到影响。虽然如此，智利已经算是拉美国家中抗疫表现得较好的国家，除了在社会民生政策上推出有效的补助措施外，政府也积极购买疫苗并向民众宣传接种疫苗的益处，疫苗的普及率较高。截至目前，智利有将近一半的人口接种了疫苗，成为拉美地区疫苗接种率最高的国家①。

三、拉美主要国家经济现状对比分析

相比其他发展中国家和新兴市场，拉美地区在过去这些年的经济发展比较低迷。从 20 世纪 80 年代开始算起，2003~2013 年是拉美经济发展最蓬勃的时期，有分析指出，主要原因是中国的快速发展拉动了全球商品市场的繁荣②。疫情暴发前，拉美地区的实际国民生产总值增速已经在 2% 的低位徘徊，近年世界各地区经济增速预测如图 1 所示。

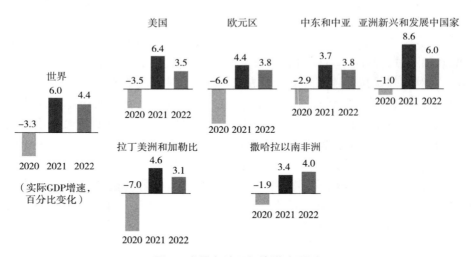

图 1 世界各地区经济增速预测

注：每组的柱状顺序（从左到右）表示 2020 年、2021 年和 2022 年预测值。
资料来源：国际货币基金组织于 2021 年 4 月发布的《2021 年世界经济展望报告》。

---

① Mathieu, E., Ritchie, H., Ortiz-Ospina, E. et al.（2021）. A Global Database of COVID-19 Vaccinations. Nat Hum Behav.

② 国际货币基金组织：《2021 年世界经济展望报告》，https://www.imf.org/zh/Publications/WEO/Issues/2021/03/23/world-economic-outlook-april-2021。

2020 年全球疫情大暴发更是让该区域经济雪上加霜，2020～2021 年也因此成为拉丁美洲近些年经济发展最困难的一个时期。在疫情暴发后，世界银行和国际货币基金组织对该区域的经济增速预测大幅下调至-8.1%，甚至对巴西和墨西哥两个国家 2020 年的经济增长预期分别下调至-9.4%和-10.5%。还好，2021 年全球经济并没有预期的那么悲观，在国际货币基金组织最新一期的《2021 年世界经济展望报告》中，拉美地区在 2020 年的国民生产总值实际增长率为-7%，其中巴西为-4.1%，墨西哥为-8.2%，均稍微好于 2020 年的预期。除此之外，该报告还指出，全球经济经过 2020 年的大衰退后，2021 年有可能开始回涨，拉美地区经济增长也上调到 4.6%，但是不同经济体发展失衡的情况可能依然会比较明显。根据预测，2021 年委内瑞拉实际国民生产总值增长为-10%，是拉美地区唯一负增长的国家。实际国民生产总值增长表现最好的国家是圭亚那，这个拉美小国以 16.4%的预期增长速度或许将成为拉美地区经济增长表现最为亮眼的国家。另外，秘鲁、阿根廷及巴西等国家的实际国民生产总值预期增长率则分别为 8.5%、5.8%及 3.7%[①]。总体而言，拉美主要国家的经济概况，包括增长率、通胀率、失业率和政府负债率通过图 2 至图 6 可以做出较为详尽的比较。

1. 巴西

巴西在疫情前的经济增长已经呈现颓势，在 2017～2019 年每年实际国民生产总值增速不到 2%。2020 年新冠肺炎疫情暴发，经济陷入大衰退，实际国民生产总值以-4.2%的负增长成为近三十年的历史新低[②]。2021 年，随着疫情的回落以及疫苗的逐渐普及，各国经济重新启动，国际货币基金组织对巴西实际国民生产总值的预期上调至 3.7%。在通胀率方面，2020 年巴西的通胀率下降到 3.2%，但是 2021 年通胀率可能会上涨至 4.6%。在失业率方面，疫情前，巴西的失业率本来有所回落，但 2020 年失业率高达 13.2%。由于疫情对传统劳动密集型行业的重创在短期内难以恢复，2021 年此项数据预估会继续攀升至 14.5%，这也是自 1998 年和 1999 年以来巴西出现的第二次高失业率峰值[③]。与此同时，由于疫情期间政府不得不加大各项社会公共服务的开支，政府债务也从 2019 年的87.7%急速攀升至 2020 年的 98.9%。

---

① 国际货币基金组织：《2021 年世界经济展望报告》，https://www.imf.org/zh/Publications/WEO/Issues/2021/03/23/world-economic-outlook-april-2021。

② 根据 IMF 数据，巴西实际国民生产总值增速最低点分别是 1981 年的-4.4%和 1990 年的-4.2%，参见 https://www.imf.org/en/Countries/BRA。

③ 根据 IMF 的记载，巴西失业率最高峰值是 1998 年和 1999 年的 14.7%。

图 2　巴西经济概况

注：2021 年为预测数据，下表同。

资料来源：根据国际货币基金组织数据整理。

2. 墨西哥

墨西哥在疫情暴发前的经济增长也同样疲弱，2019 年甚至出现负增长。疫情暴发后，墨西哥的实际国民生产总值增速为-8.4%，突破历史新低。另外，由于近些年经济萎缩，通货膨胀率在逐步下降，2019~2020 年通胀率分别为 3.6% 和 3.4%，预计 2021 年通胀率也会维持在 3.5% 的水平。在失业率方面，墨西哥在 2017~2019 年把失业率控制在 3.3%~3.5%，2020 年失业率上涨至 4.4%，但 2021 年随着各行业逐渐复工，失业率有望逐步回落到疫情前的水平。政府债务问题在疫情期间也非常突出，虽然过去这些年墨西哥政府的负债率一直在上涨，但 2016~2019 年有回落的趋势。2020 年疫情暴发使政府开支急速上升，负债率也上升至 60.6%，这也是墨西哥有史以来政府负债率最高的时候①。

3. 智利

智利在疫情前的经济表现也非常普通。除了 2018 年经济增速达到 3.7% 外，2017 年和 2019 年的经济增速都在 1% 附近徘徊。疫情影响下智利的经济也陷入困境，萎缩了 5.8%，这也同样是近 30 年来历史最低位。根据国际货币基金组织的预估，2021 年智利的经济增速有望回升至 6.2%。在通货膨胀方面，近几年智利的通胀率相对稳定，但在 2020 年经济低迷的情况下却轻微上涨至 3.0%。与此

---

① 国际货币基金组织从 1996 年开始统计墨西哥政府负债率。

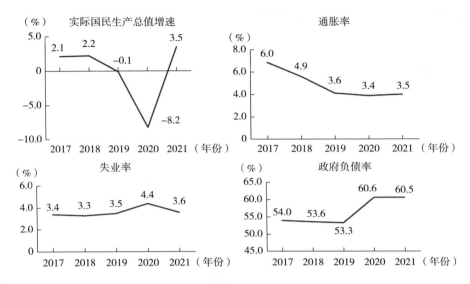

图3　墨西哥经济概况

资料来源：根据国际货币基金组织数据整理。

同时，新冠肺炎疫情也同样拉高了智利的失业率，高达 10.8%。2021 年失业率有望下降至 9%，但短期内很难恢复到疫情前的水平。智利的政府负债率的涨幅并没有像巴西和墨西哥那样明显，2020 年的政府负债率只比 2019 年涨了 4.3%。

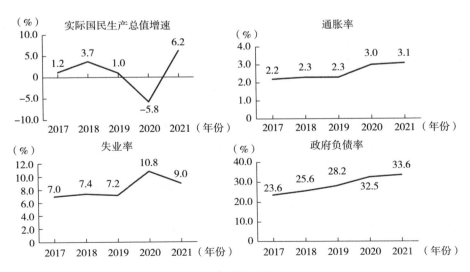

图4　智利经济概况

资料来源：根据国际货币基金组织数据整理。

面对新冠肺炎疫情对经济的威胁，智利政府采取了一系列比较全面的经济金融政策来缓解疫情造成的负面影响。例如，智利政府推出一套财政刺激方案来集中补助医疗卫生资源，保障国民收入和提供就业，总额约占国民生产总值的13%。与此同时，智利央行也推出一系列特殊时期的针对性措施来保证社会资产的流动性和偿债能力，包括资产购买计划和扩大担保品的架构。国际货币基金执行委员会指出，虽然风险和不确定性仍在，但是得益于及时有效的抗疫措施和系统化的政策扶持，智利在这场危机前表现出很强的韧性。外部风险则大部分来源于全球新冠肺炎疫情的变动形势，包括疫苗普及的范围和成效。另外，由于智利最重要的出口产品是铜矿，铜矿初级产品价格的波动也会影响接下来的出口表现、财政收入以及投资和发展的前景等①。

4. 阿根廷

疫情前阿根廷的经济表现就已经非常差，2018 年甚至出现了-2.6% 的负增长。尽管 2019 年回升到 2.1% 的增速，但是新冠肺炎疫情让阿根廷 2020 年的经济萎缩了 10%，是 1980 年以来历史第二低点②。2021 年预计阿根廷的经济增速有望回升至 5.8%。另外，阿根廷近几年的通货膨胀问题一直很严峻，从 2013 年10.6% 的通胀率一直猛涨至 2019 年的 53.5%。2020 年通胀率终于下跌至 42%，这也是阿根廷近十年来通胀率第一次回落。但是，由于疫情期间的大规模社会援助，货币发行量上涨，所以阿根廷的通货膨胀以及货币贬值风险仍然高企。在失业率方面，2015 年开始阿根廷的失业率就一直在上升，2020 年在新冠肺炎疫情的打击下，失业率上涨到近十年的最高点 11.4%。随着 2021 年疫情的缓和和社会隔离令的逐步解除，失业率预计可降至 10.6%。疫情也加重了阿根廷政府的偿债压力，2020 年阿根廷政府负债率达到 103%，到 2021 年阿根廷政府需偿还总额约 100 亿美元的外币③。由于高额债务和有债务违约历史，阿根廷未来的国际融资将更加困难。高债务也给后疫情时期的政府管理提出了严峻的考验。

5. 秘鲁

秘鲁在疫情前三年的经济表现相对比较普通，2017 年有 2.1% 的增长，2018年表现较好，达到 4% 的增长率，但 2019 年又回落到 2.2%。2020 年新冠肺炎疫情暴发，经济萎缩了 11.1%。不过根据国际货币基金组织的预测，2021 年秘鲁的国民生产总值有望达到 8.5% 的增长率，是五个国家里面增速最高的。在通胀

---

① IMF Executive Board Concludes 2021 Article IV Consultation with Chile，https：//www.imf.org/en/News/Articles/2021/04/23/pr21113-chile-imf-executive-board-concludes-2021-article-iv-consultation-with-chile.

② 1980 年以来阿根廷经济增长历史最低点是 2002 年的-10.9%。

③ 新华社：《疫情令阿根廷经济雪上加霜》，http：//www.xinhuanet.com/2020-06/02/c_1126065352.htm。

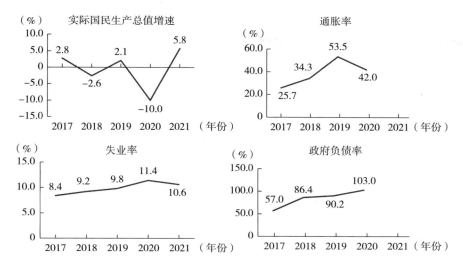

图 5　阿根廷经济概况

资料来源：根据国际货币基金组织数据整理。

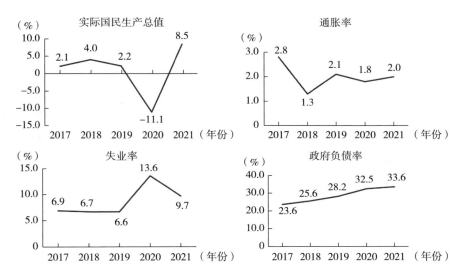

图 6　秘鲁经济概况

资料来源：根据国际货币基金组织数据整理。

率方面，近几年秘鲁的通胀率保持在 2% 上下，2017～2018 年有明显的下跌后，2019 年又涨回 2.1%，2020 年经济大衰退的情况下通胀率也只是下跌了 0.3%。与其他国家一样，秘鲁失业率问题在 2020 年也非常突出，高达 13.6%。在疫情前三年，秘鲁失业率从 2017 年的 6.9% 逐年缓慢减少到 2019 年的 6.6%，但在疫情的冲击下失业率翻了 1 倍。2021 年随着经济复苏，失业率有望降至 9.7%。政府负债率方面，秘鲁政府和智利政府是这五个国家里负债率偏低的，虽然这几年一直呈上涨趋势，但涨幅并不大。疫情前负债率保持在 30% 以下，疫情后政府负债率同比 2019 年只是微涨了 4.3%。由于秘鲁政府在疫情期间采取的金融财政措施得当，国际信誉也比较好，因此外界对其经济复苏前景也相对乐观。与此同时，矿业的复苏和铜矿石价格的上涨将有利于提振经济，表现突出的建筑业也将成为推动 GDP 增长的引擎之一。

四、疫情冲击下拉美地区基本产业现状分析

1. 矿业

拉美地区的采矿业拥有悠久的历史，是该地区非常重要的支柱产业之一。多年来，凭借丰富的矿产资源和优惠的投资政策，拉美的矿业备受国际投资者的青睐。拉美一些国家也跻身世界金属和矿产生产的前列。除了储备量惊人的贵金属外，铜矿更是成为拉美地区近些年来的"摇钱树"，拉美前十的采矿公司就有八家以铜矿生产为主。2019 年，智利更是贡献了世界 28% 的铜矿生产。由于这些拉美国家经济高度依赖矿业生产，所以即使在疫情暴发后，一些国家仍努力维持矿业生产[1]。例如，智利国家铜业公司（Codelco）在出现一些确诊病例后，除了暂停周边开发活动外，并没有立刻关闭矿区。2020 年 1～5 月，智利的铜产量甚至达到 236 万吨，高于前一年同期的 229 万吨。其中，2 月和 3 月的产量分别同比增长了 8% 和 4.5%。同年 6 月开始，智利的铜产量相较 2019 年同比才略下降了 2.6%[2]。相反，作为全球第二大铜矿生产国的秘鲁则是另一番情景。尽管在过去十年，秘鲁的铜矿年产量在稳步增长，但新冠肺炎疫情给了秘鲁的矿业沉重一击。由于矿山的关闭，2020 年前四个月的铜矿产量相比 2019 年同期有明显的下降，2020 年 9 月铜产量比 2019 年同期下降了 16%，连秘鲁最大的铜矿生产公司也受到沉重打击[3]。

事实上，新冠肺炎疫情对 2020 年的全球矿业造成诸多负面影响。行业咨询机构惠誉（Fitch Solution）就在其最新的行业报告中指出，由于政府的开采出口

---

① 标普全球：《新冠疫情对矿业的影响分析——产量受影响的采矿项目》，https：//www.spglobal.com/marketintelligence/zh/news-insights/blog/covid19-mining-impacts-mining-projects-with-at-risk-production。

② Alves，B.（2020）. Statista：Mining in Latin America-Statistics and Facts.

③ Alves，B.（2020）. Change in Copper Mine Production in Peru from August to October 2020.

管制和多种金属矿物价格受经济拖累导致增长受阻①，2020 年采矿业总值同比 2019 年下降了 6.2%，从 8020 亿美元降至 7520 亿美元。疫情对拉美国家矿业的影响也主要体现在 2020 年下半年，由于疫情反复和确诊病例的不断攀升，一些前期为保证矿物出口而坚持矿物开采的国家不得不下定决心关闭部分矿山。虽然拉美地区不同国家疫情表现不同，采矿公司关闭矿山的时间段也不一样，但矿业作为拉美一些国家的经济命脉，为了尽可能地保证重要金属矿物出口，这些国家在疫情缓和下来后都选择恢复矿业生产，或者在做好安全保护措施后保持矿业生产，因此在矿产量方面拉美一些国家还是获得了令人意外的业绩和效益。例如，2020 年巴西矿产产量为 10 亿吨，比 2019 年增长了 2.5%。而由于中国对铁矿石的强劲需求以及巴西货币贬值，巴西的矿产出口额达到了 370 亿美元，而前一年为 330 亿美元。这一年，铁矿石占了巴西矿产总收入的 66%，黄金占了 11%。铁矿石总出口量是 3.42 亿吨，而 2019 年是 3.4 亿吨②。根据惠誉的预测，2021 年全球采矿业价值同比将会小幅回升 0.5%，而无论从行业价值的绝对增长还是同比变化的比例来看，拉丁美洲和非洲矿产量的增长都将会超过预期。例如，秘鲁的采矿业将从限制措施中反弹获得增长。而且，由于铜矿价格的高涨，拉美对铜的出口量又比较大，这特别有利于秘鲁和智利这两个铜矿生产国③。

总体来说，虽然新冠肺炎疫情对拉美的矿业造成一定影响，但是却并未伤及筋骨。为了弥补疫情造成的经济损失，预计 2021 年拉美矿业生产还可能迎来一波强势增长。拉美主要的金属矿物出口国的经济都高度依赖矿业开采，因此在新冠肺炎疫情暴发后，即使面临着病毒大流行的威胁，但仍不敢像其他国家和地区一样全面关闭矿业。与此同时，借助全球铜矿和铁矿价格的上涨，拉美一些铜矿、铁矿出口国还能借此机会获利。

2. 农业

农业是拉美地区非常重要的产业之一，有将近 38% 的可利用土地用于农业生产。作为世界上重要的农产品出口地，拉美地区一些国家的经济常年依赖农作物出口。根据联合国数据，世界上有 14% 的农产品和渔业产品都来自拉丁美洲。新冠肺炎疫情暴发前，有分析曾预计，到 2028 年，拉美地区为世界贡献的粮食出口将在此基础上翻一番，达到 28%，成为世界上最大的粮食出口地区④。新冠肺炎疫情暴发后，由于多国消费市场受限制，经济停摆，许多产品的供应链上游备

①　根据惠誉国际的报告，只有铜矿和铁矿的价格稳定上涨。

②　Venditti, B. (2021). Brazil's 2020 Mineral Production Topped 1 Billion Tonnes, Up 2.5%. Mining.com.

③　Fitch Solution：Global mining industry report (2021).

④　OECD-FAO：Agricultural Outlook 2019-2028. http：//www.fao.org/3/CA4076EN/CA4076EN_Chapter2_Latin_American_Agriculture.pdf.

受打击，然而出乎意料的是，拉美的农业产品出口所受影响并没有很严重。根据联合国拉加经委会的报告，2020 年该地区的粮食出口增长率为 6%。相比之下，其他方面的出口则出现了明显的萎缩[1]。

事实上，不同的农业产品出口情况也一直是有所差异的。有些农产品的出口量即使在疫情期间也表现得非常突出，比如大豆、糖和它们的衍生品；其次是一些基本的农牧产品，如鸡蛋和奶制品。相比之下，活体动物、水果蔬菜和需要进行食品加工的产品则是受疫情影响最大的品类。由此可见，受新冠肺炎疫情影响明显的农产品贸易主要有两个特征：①生产模式主要属于劳动力密集型；②产品多属于易腐败食物。

另外，2020 年拉美农产品在国际贸易市场的表现比在区域内的表现要好，国际市场对拉美农产品的需求拉动了总体农产品贸易的增长。根据联合国数据，拉美地区农业和渔业产品出口量同比 2019 年增长了 5.8%，可是区域内的贸易却萎缩了 0.8%。区域内农产品贸易的萎缩主要归因于拉美地区一些主要经济体在 2020 年出现的经济危机，比如巴西和智利作为拉美地区两大农产品进口国，都在疫情期间面临经济衰退的威胁。而在国际市场上，拉美地区农产品进口方主要是美国、欧洲和中国。其中，美国由于疫情严重，经济也受到严重的打击，拉美地区生产的粮食对美国的出口量同比 2019 年轻微下降了 2.2%。除了中美洲对美国的出口出现 2.1% 的增长，其他区域对美国的粮食出口均出现负增长。曾经占据拉美总出口量 18% 的欧盟，2020 年从拉美地区进口的农产品同比 2019 年下降了 1.7%。但相比其他产品，农产品的出口量表现受新冠肺炎疫情的影响较轻微。不同国家之间的农产品出口表现也非常不同，墨西哥和阿根廷出口到欧盟的农产品出现明显的负增长，相反，智利却逆势增长了 6.9%（见图 7）。

中国作为最快结束疫情并恢复经济的国家，2020 年 5 月农产品总进口量同比增长了 11.1%。中国的进口增加直接推动了拉美农业商品出口量的增长。其中，咖啡、棉花、糖等拉美主要农业商品的出口总量均创历史新高。由此可见，中国对疫情期间拉美农产品出口的增长起到了非常关键的作用[2]。

拉美农产品出口量出现以上矛盾的原因有三：第一，虽然疫情期间拉美有些国家限制了粮食出口，但是这些禁令不存在于主要粮食出口国，因此拉美地区总体的农产品出口并没有受到很大的管制。第二，早期市场对食品价格会在疫情暴发后出现大幅度波动的预期并未出现，粮食价格的波动仍在合理范围内，在一定程度上缓和了对食品进口国和出口国的影响。第三，由于多国实施严格的边境和旅游管制，空运和陆运均受到严重影响。多条旅游航班取消，导致一些进出口产

---

①② United Nation ECLAC. Food systems and COVID-19 in Latin America and the Caribbean：Trade performance during the crisis.

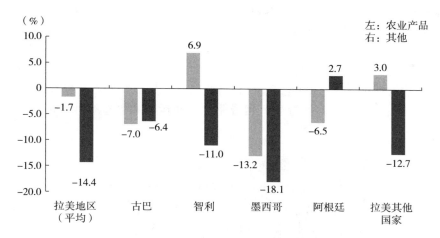

图7　2019～2020年欧盟从拉美地区进口产品数量变化对比（农产品与其他产品）
资料来源：联合国拉美和加勒比经济发展委员会。

品不得不依赖货运航班，从而也让空运价格水涨船高，一些进口国不得不从出口国一次性下大批量的订单，这也推升了部分产品的出口量，当然运输方面新的难度和成本也影响到一些易腐败产品的出口，如水果、蔬菜及海鲜。但总体上来说，拉美的农产品出口在疫情期间的表现好于预期，农业并没有因为疫情而受到非常严重的冲击。随着全球经济复苏和对农产品的贸易恢复常态，拉美的农业有望迎来一波增长①。

3. 旅游业

全球旅游业是受新冠肺炎疫情影响最为严重的产业之一，拉美地区也不例外。在疫情前五年，拉美的旅游产业以平均每年10%的速度增长。截至2019年，加勒比地区旅游业贡献了接近11%的国民生产总值，这相当于货物和商品服务出口总额的42%②。2020年上半年，由于世界多国疫情暴发，边境关闭，旅游出行受限制，拉美地区的旅游业收入急降65%，受影响最大的是旅游业较为发达的地区和国家，比如加勒比地区。与旅游业息息相关的酒店业和航空业也备受影响，拉美多家航空公司申请破产。

①　United Nation ECLAC. Food Systems and COVID-19 in Latin America and the Caribbean：Trade Performance during the Crisis.

②　United Nation ECLAC. The Impact of the Covid-19 Pandemic on the Tourism Sector in Latin America and Options for a Sustainable and Resilient Recovery. Series 157.

与 2019 年相比，2020 年拉美主要旅游国接待国际游客的数量总体下降了 78%。阿根廷、危地马拉、智利、古巴等国跌幅超过 70%。相对来说，邻近美国的墨西哥已经是这些主要旅游国中跌幅较低的，但是游客数量也减少了将近一半（见图 8）。世界旅游观光理事会（WTTC）估计 2020 年新冠肺炎疫情让整个拉美的旅游业损失了 2300 亿美元①。与此同时，受影响的还有与旅游业联系紧密的行业，诸如农业、食品行业、建造业、交通运输和创意行业，涉及 1240 万个岗位。

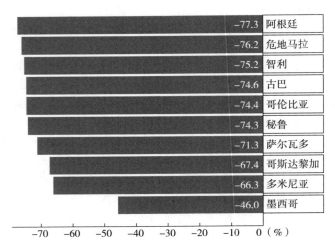

图 8　2019~2020 年拉美主要国家接待国际旅客数量变化

资料来源：美洲协会。

　　目前，随着疫苗接种进程的推进，拉美主要旅游国都在思考如何重整旅游业。比较乐观的是，随着疫苗接种率的提升、边境的开放以及入境隔离措施的逐步解除，被压抑许久的国际旅游将会迎来一波反弹，但是拉美旅游业的复苏仍挑战重重。2021 年 1 月，整个墨西哥的酒店入住率与上一年同比下降了 50%。在智利，2021 年 1 月接待的国际游客仅占上一年同月份的 5.4%。一般来说，拉美地区旅游旺季是 1~3 月，而 2021 年由于疫情复燃，拉美主要旅游国均错过了这个旅游黄金时段。疫情对拉美旅游业的打击不仅仅在于游客数量的减少，据联合国的数据，疫情也让拉美的旅游业生产力倒退 6%~15%。例如，玻利维亚就有接近一半的旅游相关企业在疫情的冲击下倒闭。拉美和加勒比地区的旅游业严重依赖中小型企业，这些小企业无法熬过如此漫长的旅游枯寂期。旅游业经历长时

---

　　① Reuters.（2020）. WTTC：Latin America's Battered Tourism Sector to See ＄230 Billion in Losses This Year.

间的沉寂后，存活下来的企业也同样面临着现金流短缺的问题，如果没有政府的支持，这些企业更是不得不接受破产倒闭的命运。目前，拉美和加勒比主要旅游国家已经在部署多项政策来重启旅游市场，吸引外来游客，例如，从 2020 年中期和后期开始，一些国家就逐步开放部分旅游景点，推出多种旅游优惠活动吸引国外游客。为了保证旅行安全，多国政府也严格规定入境要求，入境游客除了有规定的入境隔离期外，也需提交核酸检查结果、疫苗注射证明和购买健康保险。世界旅游及观光协会也推出了一套图章用于指定那些遵守卫生组织规定和卫生安全协议的旅游目的地①。然而，由于拉美地区整体疫苗接种率目前还偏低，加上新冠变异病毒也开始在大范围传播，旅游业要恢复到疫情前水平还需很长一段时间。

五、区域经济发展面临的挑战和机遇

疫情出现前，拉美地区已经面临较为严重的经济及社会民生问题。经济方面，拉美地区几个主要国家近些年来经济增长疲软，也有一些国家经济处于负增长状态。经济发展不力加上政府社会治理能力不足以及贪污腐败等问题，导致该区域面临着一些严峻挑战，最基本的诸如贫富差距严重、劳动力市场不规范、缺乏成熟的社会防护机制、公共卫生系统落后、农村地区基建服务匮乏等②。疫情使这些问题继续恶化，联合国和世界银行等国际组织一直担忧拉美社会和经济在这场疫情中会面临摧毁性的伤害。与此同时，由于不同国家的产业结构不同、疫苗覆盖率的差异以及政府对疫情治理能力的不同，拉美地区可能面临经济发展失衡加剧的问题。

1. 贫富差距加大

拉美地区的贫富差距一直以来都比较突出，新冠肺炎疫情的暴发无疑加剧了拉美贫富差距和社会不平等问题。在 2014~2019 年，拉丁美洲的贫困人口比例和极度贫困人口比例呈上升趋势。2019 年有将近 1.8 亿人口处于贫困线以下，约占总人口的 30.5%，而极度贫困人口则接近 7000 万，占总人口数的

---

① Harrison, C. (2021). Covid Check-in: Latin America's Tourism Sector Looks toward a Long Recovery.

② The Lancet. COVID-19 in Latin America: A Humanitarian Crisis. Lancet, 2020, 396 (10261): 1463.

11.3%①。2020年受疫情的冲击，这两项数据继续上涨，贫困率高达33.7%，极度贫困率也上涨至12.5%，有接近7800万人生活在极度贫困之中。联合国ECLAC秘书长声称，2020年贫困和极度贫困人口的比例是拉丁美洲过去二十年来前所未见的②。原先这些贫困人口主要分布在经济发展较落后的国家、农村边缘地区以及原住民部落，但新冠肺炎疫情对城市中的中低收入群体影响更为明显。首先，新冠肺炎疫情波及各行各业，经济陷入大衰退，失业率上涨，成千上万的民众失去工作，使很多原本收入不高的人在疫情后生活水准跌到贫困线以下。例如，在严格的隔离政策管控下，阿根廷一份民调显示，有接近30%的受访者为零收入③。其次，由于拉美许多国家在医疗资源方面投入较少，很多人口没能享受基础的医疗保障，所以疫情暴发后这些中低收入者在医疗药物方面的开支让原本困难的生活雪上加霜。另外，除了农村地区的儿童青少年人口、低教育水平人群和原住民的贫困程度较高外，拉美地区的贫富差距和社会不平等也体现出了明显的性别属性差异。由于拉美地区男女收入严重不均衡，导致贫困人口中女性比例较高④，疫情之后就业的岗位减少使这个问题更加突出。为缓解疫情造成的贫困人口问题，各国政府也实施了多项紧急补助措施，惠及3亿多人口。以巴西为例，巴西政府主要实施了两项援助措施，包括对贫困家庭和非正规职业者的大面积现金资助计划和劳工补助计划，其中前者覆盖了38.6%的家庭，约2630万人口⑤。拉加经委会执行秘书巴尔塞纳指出，如果没有援助措施，拉丁美洲的贫困率和极端贫困率会分别飙升到37.2%和15.8%。除此之外，世界银行也已经准备290亿美元来应对拉美地区接下来可能出现的经济危机⑥。

2. 失业率的拖累

新冠肺炎疫情暴发后，拉美各国都先后采取了相似的紧急措施，如停工停产、关闭消费场所和食肆、限制旅游活动、居家隔离政策等。许多行业都不得不

① United Nation ECLAC. (2021). Fiscal Panorama of Latin America and the Caribbean: Fiscal policy challenges for transformative recovery post-COVID-19.

② United Nation ECLAC. (2020). Social Panorama of Latin America, https://www.cepal.org/sites/default/files/presentation/files/ppt_socialpanorama2020_en.pdf.

③ 新华网：疫情令阿根廷经济雪上加霜，http://www.xinhuanet.com/world/2020-06/02/c_1126065352.htm。

④ United Nation ECLAC. (2020). Social Panorama of Latin America, https://www.cepal.org/sites/default/files/presentation/files/ppt_socialpanorama2020_en.pdf.

⑤ Diala Al Masri, Valentina Flamini and Frederik Toscani. (2021). IMF Working Paper: The Short-Term Impact of COVID-19 on Labor Markets, Poverty and Inequality in Brazil.

⑥ World Bank Group Mobilizes Over $29 Billion to Support Latin America and the Caribbean Region Respond to Pandemic, https://www.worldbank.org/en/news/press-release/2021/08/02/world-bank-group-mobilizes-over-29-billion-to-support-latin-america-and-the-caribbean-region-respond-to-pandemic.

通过大量裁员、降薪或者压缩工时来降低疫情带来的巨大损失。根据国际货币基金组织的报告，拉丁美洲和加勒比地区受疫情威胁最严重的行业主要是接触性行业和劳动密集型产业，如建造业、服务业、酒店旅游行业等①。在拉美，许多就业提供方主要来自中小型企业，而这些企业在疫情暴发后都遭受了巨大的冲击，纷纷倒闭。拉美一些经济大国，如巴西、智利、阿根廷等失业率都突破10%，哥伦比亚的失业率甚至高达20.1%。整个拉美地区2020年的失业率为10.7%。国际劳工组织的数据显示，2020年拉美和加勒比地区失业人口高达3100万，到2021年可能还将翻一番，达到惊人的数值②。高失业率除了拉大贫困差距外，也容易让社会陷入动荡不安的局面，犯罪率也会攀升，这些问题都将构成未来两三年拉美各国政府的挑战。由于不满意政府在疫情期间的政策，厄瓜多尔、智利、哥伦比亚等国已多次爆发民众抗议，玻利维亚和秘鲁也出现社会和政治动荡，这些都会影响国际投资者的信心，从而造成恶性循环，影响外部资金的流入，拖累经济增长③。

3. 债务危机严重

疫情期间，拉美经济负增长，政府税收大缩水的同时还要投入大量的资金用于公共卫生服务、医疗资源补助以及社会援助，导致一些国家的公共债务急剧攀升，有些国家的政府开支在国内生产总值中的占比甚至达到前所未有的比例。例如，如图9所示，2019~2020年有四个国家的公共支出增长突破20%，另有五个国家的公共支出增长超过10%。公共支出的增长导致了公共债务的攀升。2021年拉加经委会的报告显示，拉美和加勒比地区公共债务占国内生产总值的比重高达79.3%，成为负债率最严重的发展中地区④。其中，巴西和阿根廷的公共债务占国内生产总值比重是较高的。鉴于疫情后部分大宗商品价格上涨，对巴西的外贸有所利好，所以该国债务风险有所缓和。相比之下，阿根廷的债务情况就没那么乐观了。由于疫情对经济的巨大冲击以及原本国内通货膨胀严重，阿根廷的偿债能力有限。目前，阿根廷政府已经与债权人达成700亿美元的债务重组协议，以便暂缓债务危机的风险⑤。接下来阿根廷是否会爆发债务危机，还要看政府的财政空间以及经济恢复后政府营收能力。秘鲁、智利发生债务危机的风险较低。这两个国家都在疫情期间实施了大规模的财政刺激计划，例如，秘鲁通过发行债

①　IMF. The Short-Term Impact of COVID-19 on Labor Markets, Poverty and Inequality in Brazil.

②　COVID-19 Leaves a Trail of High Unemployment, Inactivity and Precarious Employment in Latin America and the Caribbean, https://www.ilo.org/caribbean/newsroom/WCMS_764678/lang--en/index.htm.

③④　United Nation ECLAC. (2021). Fiscal Panorama of Latin America and the Caribbean: Fiscal Policy Challenges for Transformative Recovery Post-COVID-19.

⑤　新华社：《疫情推升负债水平，拉美债务风险加大》，http://www.xinhuanet.com/2021-05/04/c_1127408658.htm.

券来融资，而智利则大力援助家庭及企业，确保实体经济的流动性。总体而言，拉美地区不同国家面对债务危机的受影响程度有所不同，接下来一两年是关键期。对于债务风险较高的国家，能否实施有效的经济重振计划以及对疫情的有效把控，将直接影响政府财政情况，否则债务危机的爆发可能会让该国面临政府破产和经济崩盘的巨大风险。

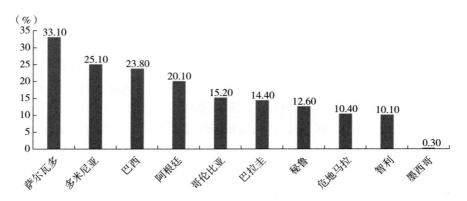

图 9　2019～2020 年拉美主要国家公共支出占比

资料来源：拉丁美洲和加勒比地区经济发展委员会。

4. 机遇

虽然疫情对拉美地区的经济和社会打击巨大，后疫情时期拉美的经济复苏面临着巨大的挑战，但与此同时也将出现一些转机。首先，拉美的能源产业或将迎来大增长。一方面，虽然疫情造成的全球能源需求萎缩，但是拉美的能源市场在 2020 年仍展现出良好的势头。拉美多国能源项目招标拍卖仍继续进行，可再生能源装机容量也在稳定增长，氢能、海上风电和电动公车等新能源领域也取得进展。因此，整体上拉美主要经济体在能源转型上依然具备良好的投资吸引力①。另一方面，一些政府也持续推出与能源开发相关的政策来推动能源产业的发展。例如，厄瓜多尔拥有丰富的矿产资源、可再生能源以及石油天然气，新冠肺炎疫情之后，厄瓜多尔政府也将会推出新的能源项目以吸引国际投资者②。另外，巴西也将致力于石油产业改革，国有的巴西石油公司（Petrobras）或将结束其在天然气和石油精炼方面的垄断地位。如果改革成功，巴西的石油产业将会从石油公司一家独大的垄断局面进入多家精炼油企共同发展的开放时代。巴西国家石油公

---

① 张锐．新冠疫情影响下的拉美能源转型［J］．拉丁美洲研究，2021（1）.

② 博玉．新华丝路：疫情重挫拉美经济，中拉合作危中有机［EB/OL］．https：//www.imsilkroad.com/news/p/417076.html.

司目前正在剥离 100 多个陆上和海上油田，为专注于振兴成熟地区的中小企业创造一个充满活力的市场。巴西的原油生产之前已经取得连续十年的增长，根据全球石油分析机构 Platts Analytics 的预测，2040 年巴西的原油生产量将增长到 400 万桶/天①（见图 10）。

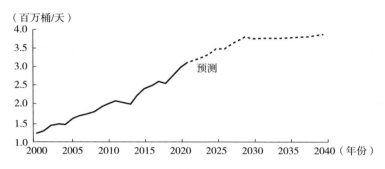

（百万桶/天）

图 10　巴西原油生产预期增长

资料来源：标普全球。

其次，2021 年大宗商品价格出现明显的上涨趋势，市场也看好未来大宗商品的走势，这对拉美许多依赖出口大宗商品的经济体来说无疑是个利好信息。随着后疫情时期多国经济重启，部分大宗商品的需求将会反弹。根据世界银行的数据，多种大宗商品的价格在 2020 年第一季度和第二季度出现明显下跌趋势之后，第三季度价格开始回涨。到 2021 年 5 月，多数大宗商品的价格实际已经超过 2019 年的水平②。作为重要的原材料出口地区，随着越来越多原材料价格上涨，拉美地区一些国家有望借助这些原材料的出口来扭转经济颓势。例如，铜矿在 2021 年涨幅明显，铜的价格已经明显超过疫情前的水平。有分析预计，全球铜的消费量将会远远超过供应的增加，智利作为提供了全球 1/3 铜矿产品的出口国，完全有望从铜矿出口中加大获利。拉美一些国家也将在 2021 年投产或者增加新的铜矿开采项目。厄瓜多尔和巴拿马都在加紧建设过去两年投产的新项目，只是由于疫情而推迟。而大豆作为巴西和阿根廷出口量最大的产品，其价格也在过去一年翻了一番。总而言之，不管是作为农产品贸易巨头的巴西和阿根廷，还是金属原材料重要出口国的秘鲁、玻利维亚和智利，都有望在这波大宗商品价格

① Fick，J.（2021）. S&P Global. Commodities 2021：Brazil Eyes More oil Industry Reforms to Lure Investors.

② World Bank Commodities Price Data（The pink sheet），https：//thedocs.worldbank.org/en/doc/5d903e848db1d1b83e0ec8f744e55570-0350012021/related/CMO-Pink-Sheet-June-2021.pdf.

上涨的走势中获利，为经济复苏赢得良好转机①。

六、结　语

　　本文是一个典型的描述分析性应用研究。因为研究是将拉丁美洲主要国家置于 2020~2021 年新冠肺炎疫情的背景下展开的，所以文章一开始就用了一个部分描述拉丁美洲主要国家的新冠肺炎疫情的严重性和抗疫的政策、措施及其效果。由于这场疫情给人类社会带来的灾难性后果，并不发达的拉丁美洲和加勒比地区与世界其他各地在共性和具体特征上存在差异的图景使我们一方面能够弄清楚拉美国家所遭遇的特大艰难和做出的非凡努力，另一方面也为全文展开拉美经济和产业发展态势研究，认识拉美国家在政策和市场历程上的差异，以及对未来进入后疫情时代的拉美发展做出展望做一定的背景铺垫。

　　长期以来，经济学界对拉美国家经济状况的研究有一个众所周知的结论，即所谓"中等收入陷阱"。虽然拉美主要国家的经济长期低迷的确与这个挥之不去的"魔咒"有一定的关联，但是拉丁美洲不同国家还是存在一定的国别和国情差异的，这种差异在本文分析拉美主要国家的经济态势时也得到了很大的印证。事实上，在甚于"中等收入陷阱"的新冠肺炎疫情的肆虐下和困境中，通过对国民生产总值、通胀率、失业率和政府负债率等指标的对比，拉美主要国家的经济政策、现实国情、产业发达程度和政府治理能力的差异从数据的走势上充分得以体现，虽然疫情导致各国政府负债率的上升是一个共同的特征。

　　2020~2021 年疫情下拉美主要产业的发展状况是本文研究的重点。虽然本文的描述性研究分析仅仅涉及矿业、农业和旅游业三大领域，研究也并没有分国别展开，但是这几个产业囊括了拉丁美洲和加勒比地区众多国家产业发展的共同根基。研究表明，由于疫情的影响，很多产品在国际市场的份额丢失了，很多企业倒闭了（比如旅游业和运输业），失业率高企不下……但也同样在疫情的冲击之下，有些产业，如矿业和农业，由于资源因素、传统实力以及政府的政策得到了基本的维持，甚至还有少数产业得到了长足的发展，成为了后疫情时代可能重新崛起的基础和突破口。

　　最后，新冠肺炎疫情也许还会继续，也许将成为历史。展望未来，后疫情时代必定会挑战与机遇并存。在对拉丁美洲和加勒比地区艰难困苦的经济社会状况

---

　　① 《大宗商品进入"新黄金时代"？铜和大豆成拉美"摇钱树"》，《参考消息》，http：//www.cankaoxiaoxi.com/finance/20210513/2443254.shtml。

进行了比较详尽的描述之后，本文认为在拉美国家人民的努力之下，在全球各国的通力合作中，尤其是在中国这样的经济大国的有力支持下，拉美地区的经济必将得到重振，资源开发、投资、贸易、旅游和各个经济领域将会以不同的整合方式、不同的合作模式和不同的发展活力开拓出全球新的市场前景。这是拉美人民的选择和福祉，也是全球各国特别是中国这样的长期合作伙伴的期望和机遇。

参考文献

［1］ Fick, J. (2021). S&P Global. Commodities 2021：Brazil Eyes More Oil Industry Reforms to Lure Investors.

［2］ IMF. The Short-Term Impact of COVID-19 on Labor Markets, Poverty and Inequality in Brazil.

［3］ United Nation ECLAC. (2021). Fiscal Panorama of Latin America and the Caribbean：Fiscal Policy Challenges for Transformative Recovery Post-COVID-19.

［4］ 张锐. 新冠疫情影响下的拉美能源转型［J］. 拉丁美洲研究，2021（1）.

［5］ Diala Al Masri, Valentina Flamini and Frederik Toscani. (2021). IMF Working Paper：The Short-Term Impact of COVID-19 on Labor Markets, Poverty and Inequality in Brazil.

［6］ Harrison, C. (2021). Covid Check-in：Latin America's Tourism Sector Looks toward a Long Recovery.

［7］ Venditti, B. (2021). Brazil's 2020 Mineral Production Topped 1 Billion Tonnes, Up 2.5%. Mining. com.

［8］ Fitch Solution：Global Mining Industry Report (2021).

［9］ OECD-FAO：Agricultural Outlook 2019-2028, http：//www. fao. org/3/CA4076EN/CA4076EN_Chapter2_Latin_American_Agriculture. pdf.

［10］ United Nation ECLAC. The Impact of the Covid-19 Pandemic on the Tourism Sector in Latin America and Options for a Sustainable and Resilient Recovery. Series 157.

［11］ 标普全球：新冠疫情对矿业的影响分析——产量受影响的采矿项目［Z］.

［12］ Alves, B. (2020). Statista：Mining in Latin America-Statistics and Facts.

［13］ Alves, B. (2020). Change in Copper Mine Production in Peru from August to October 2020.

［14］ IMF Executive Board Concludes 2021 Article IV Consultation with Chile, https：//www. imf. org/en/News/Articles/2021/04/23/pr21113-chile-imf-executive-board-concludes-2021-article-iv-consultation-with-chile.

[15] UCSF Institude for Global Health Science. (2021). A case study: Mexico's response to COVID-19.

[16] Ibarra, I., Garza, J., Ruiz-Lozano, R., Salazar-Montalvo, R. (2020). Mexico and the COVID-19 Response.

[17] GitHub-CSSEGISandData/COVID-19: Novel Coronavirus (COVID-19) Cases, provided by JHU CSSE.

[18] Dussel Peters, Enrique. (2019). Monitor de la OFDI de China en América Latina y el Caribe 2018. México: Red ALC-China.

[19] International Monetary Fund. (2021, April). World Economic Outlook. World Bank Commodities Price Data (The pink sheet). https://thedocs. worldbank. org/en/doc/5d903e848db1d1b83e0ec8f744e55570-0350012021/related/CMO-Pink-Sheet-June-2021. pdf.

[20] United Nation ECLAC. (2020). Social Panorama of Latin America, https://www. cepal. org/sites/default/files/presentation/files/ppt_socialpanorama 2020_en. pdf.

新冠肺炎疫情冲击下拉丁美洲政府债务研究报告
——以阿根廷和巴西为例

李翠兰*

摘　要： 在新冠肺炎疫情冲击下，因为无法按时偿还政府债务，阿根廷和巴西先后成为全球范围内宣布破产的国家。本文在回顾两国新冠肺炎疫情发展基础上，从经济增长速度、行业影响程度、国际收支规模、货币贬值情况和失业率水平五个方面分析了疫情对两国经济产生的影响；结合两国政府针对疫情采取的财政政策措施，分析得出新冠肺炎疫情后两国政府大规模财政支出增加是导致政府债务危机产生的直接原因；多年来阿根廷和巴西的经济结构不完整与社会福利支出过多是导致本次两国政府债务危机的深层原因，也是根源所在，最后总结得出本次两国债务危机给我们带来的启示。

关键词： 新冠肺炎疫情；政府债务危机；财政政策；财政空间

一、引　言

2020 年新冠肺炎疫情在全球肆虐，全球经济遭受重创，也给拉丁美洲经济带来前所未有的冲击。2020 年 6 月世界银行（WB）在《全球经济展望》① 报告中指出，疫情给拉丁美洲地区造成的冲击将比 2008～2009 年国际金融危机以及 20 世纪 80 年代拉美债务危机严重得多。巴西和阿根廷作为拉丁美洲的第一大和

---

* 李翠兰，广东外语外贸大学经济贸易学院讲师，经济学博士。
① 资料来源：世界银行。

第二大国家，两国人口总量约占拉美总人口的 40%（巴西为 32%，阿根廷为 7%），两国国土面积超过拉美地区总面积的一半（巴西为 41%，阿根廷为 13%）。此次新冠肺炎疫情对拉丁美洲各国经济产生影响和冲击时，阿根廷政府和巴西政府已先后宣布破产。

2020 年 4 月 19 日，阿根廷经济部长古斯曼表示，该国目前已经无力偿还债务，因此需要进行全面的债务重组。4 月 21 日，阿根廷债权人委员会（ACC）拒绝了阿根廷政府的 415 亿美元债务重组提案，并且宣布破产。这是全世界第一个因为疫情影响而宣布破产的国家。4 月 22 日，阿根廷政府公布了涉及近 700 亿美元的债务重组方案：要求减免 36 亿美元债务本金、379 亿美元债务利息，以及延长三年债务偿还宽限期。5 月 22 日，因未能偿付一笔 5 亿美元的到期债务利息，阿根廷政府第九次主权债务违约。2021 年 3 月 9 日惠誉评级公司将阿根廷的政府债务评级为"CCC"。巴西经济部长保罗·格德斯于 2020 年 6 月底表示，随着疫情给公共财政造成巨大冲击，巴西 2020 年债务总额可能超过 GDP 的 100%，财政赤字可能超过 GDP 的 15%。10 月 14 日，巴西财政秘书长丰沙尔表示：巴西预算赤字已达到 GDP 的 12%；总债务升至 GDP 的 94%，创下 1997 年以来最差纪录。2020 年 11 月 18 日，惠誉对巴西政府债务评级（IDR）为"BB-"，并将其展望定为负向影响。2021 年 1 月 8 日，巴西总统雅伊尔·博索纳罗宣布巴西破产。

回顾历史，阿根廷和巴西自 20 世纪 80 年代以来曾多次发生过债务危机，此次的新冠肺炎疫情再次将阿根廷和巴西两国置于债务危机中，这不禁让我们思考：这次新冠肺炎疫情到底对阿根廷和巴西的经济产生了什么影响？阿根廷和巴西屡次出现债务危机的根源究竟是什么？两国的经验与教训能给其他国家带来哪些启示？这正是本文意图讨论的核心所在。

二、阿根廷与巴西的新冠肺炎疫情态势回顾

阿根廷第一例确诊的新型冠状病毒患者（COVID-19）病例报告于 2020 年 3 月 3 日。在确诊病例刚过百例时，即从 3 月 20 日开始阿根廷政府就宣布实施关闭边境、暂停所有国际和国内商业航班、取消国内长途交通、实行全民强制性隔离等措施，以防止感染病例的迅速增长。政府根据疫情的传播速度，即报告病例数量翻倍所需的时间，将严格封锁转向逐步重新开放经济的政策。5 月 8 日，除布宜诺斯艾利斯市区外，政府宣布逐步重新开放，旨在恢复地区经济活动。5 月

23 日，布宜诺斯艾利斯市区因感染加速而收紧了限制措施；6 月初，强制封锁范围扩大到其他选定的大城市；7 月宣布放宽布宜诺斯艾利斯市区的限制，并分阶段重新开放活动。在新冠肺炎疫情暴发之初，阿根廷政府就迅速采取了严格的防疫措施，这让阿根廷的疫情一度得到了比较好的控制，但是由于在卫生条件和防疫能力薄弱的贫民社区传播较快，使 10 月 21 日全国单日新增确诊病例高达 18326 例，不断上升的感染率导致政府强制封锁延长至 11 月 7 日，一些内陆省份的执法力度更为严格。随着布宜诺斯艾利斯市区疫情趋于平稳，政府宣布进入社会疏远阶段。政府执行一系列的疫情控制措施后，阿根廷的新冠肺炎疫情总体上得到较好的控制，截至 2021 年 3 月 4 日，全国新冠肺炎确诊数为 213 万人，每百万人中有 47216 人确诊（见图 1），死亡率为 2.5%，死亡人数比率排名世界第六。

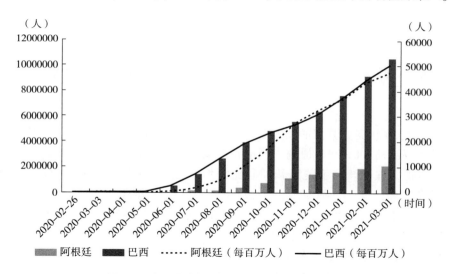

图 1　阿根廷与巴西的新冠肺炎确诊人数统计

资料来源：https：//ourworldindata.org/coronavirus/。

巴西的第一例确诊病例于 2020 年 2 月 26 日报告；3 月 27 日，巴西总统府民办主任、司法与公共安全部长、基础设施部长及卫生部长联合颁布第 152 号文件，决定自 3 月 30 日起 30 日内，暂停所有外国公民搭乘飞机入境巴西。但是与阿根廷政府不同的是，由于巴西国内围绕居家隔离措施分歧严重，巴西最高法院称，地方州市有权决定各自地区的防疫政策，总统无权干涉。巴西政府未实施严格的限制措施，而是采用"消极抗疫"政策。从巴西的疫情发展来看，确诊新冠肺炎患者病例数从 2020 年 6 月 19 日的 103.29 万人增加到 7 月 16 日的 201.21 万人，仅用时不到一个月；10 月 7 日确诊病例突破 500 万人，第一波疫情大流行在 8 月中旬达到第一个高峰，并在 11 月初稳步消退。仅有形势严峻的东南部圣保罗州政府在 12 月底和 2021 年 1 月初将防控等级提升至最严格的红色阶段，非必要商业活动场所均暂停营业。由于政府对疫情防控不力，2021 年 2 月 18 日已有累计超过 1000 万人被确诊为新冠肺炎患者，第二波疫情已使每日病例数回到峰值水平，为了防止疫情蔓延，各地政府收紧了管控措施。面对疫情加剧，巴西首都所在的联邦区以及皮奥伊州、巴拉那州、米纳斯州和里约热内卢州等全国其他 8 个州限制商业运行，限制人员往来，实行宵禁、关闭公立学校等措施，并号召民众居家隔离，将公共灾难状态期限由原先的 2020 年 12 月 31 日延长至 2021 年 6 月底。尽管如此，由于受国内公共卫生基础设施和医疗水平的限制，巴西近半年来仍有平均每月约 100 万新增确诊新冠肺炎患者。如图 1 所示，到 2021 年 3 月 4 日为止，新冠肺炎确诊人数为 1079 万人，每百万人中有 50780 人确诊，死亡率为 2.4%，仅次于美国，居全球第二、拉美第一。

三、新冠肺炎疫情对阿根廷与巴西经济的影响

面对 2020 年突如其来的新冠肺炎疫情，各国政府采取的防疫措施严重打击了世界经济活动。CEPAL 预测，当前拉丁美洲可能面临近一个世纪以来最严重的经济衰退，并预计拉丁美洲和加勒比海地区经济 2020 年萎缩 7.7%，2020 年出口下降 13%，进口下降 20%，为 2008 年国际金融危机以来最差表现[1]。阿根廷和巴西受新冠肺炎疫情影响，在经济方面的影响主要体现在经济增速、行业影响、国际收支规模、货币贬值情况与就业水平上。

（一）经济明显呈负增长

从阿根廷多年的经济发展来看，2011~2018 年经济增长率呈波浪式起伏变化，2019~2020 年则呈现断崖式下降，且为多年来最低值，如图 2 所示。自疫情扩散以来，阿根廷采用了严格的防疫手段，这决定了其经济将面临更大的衰退规模。2020 年底，CEPAL 预测[2]，当年阿根廷经济将衰退 10.5%。从实际情况来看，阿根廷经济在 2020 年第四季度有所回升，使全年的国内生产总值的年增长率控制在-10%以内（-9.2%），但经济仍表现为严重下滑，国内生产总值下降百分比排名全球第三（仅次于秘鲁和西班牙）。巴西近十年来经济的发展仍不容乐观，在经历了 2013~2016 年经济严重下滑后，巴西经济有所回暖，但是这次疫情使其经济增长受挫严重。国际货币基金组织（IMF）于 2020 年 6 月 24 日发

---

①② 资料来源：拉美和加勒比经济委员会。

布的《世界经济展望》① 预期巴西 2020 年或将出现 120 年以来最大的经济衰退。
3 月 3 日巴西地理统计局（IBGE）发布数据显示，2020 年巴西国内生产总值下
跌 4.1%，终止了 2017~2019 年连续三年的增长势头，是数十年来的最低水平（见
图 2）。2020 年，巴西只有农牧业增长了 2.0%，而工业和服务业分别下跌 3.5%
和 4.5%，人均国内生产总值为 35172 雷亚尔，下跌了 4.8%。②

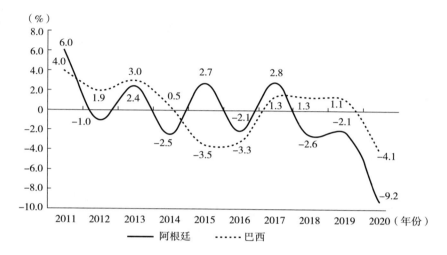

图 2　2011~2020 年阿根廷与巴西国内生产总值年增长率

资料来源：世界银行。

（二）服务业受影响程度最大

为控制疫情蔓延，防止病毒的传播，政府对社交距离进行限制，对制造业、
建筑业及以批发和零售为主的服务业三个部门产生直接的影响。从对这三个部门
的经济活动分析来看，如图 3 所示，总体来看，两国的服务业受到疫情的直接冲
击和影响程度最大。具体来看，阿根廷在 2019 年制造业与建筑行业总体增长较
为平稳且变化频率相当，服务业则出现了季节性波动，年中和年末的两个消费季
出现较高水平的增长，年末的指数③最高超过 50%，但是到 2020 年 3 月由于新冠
肺炎疫情在本国的扩散，这三个部门的经济活动受到明显的影响，增长水平开始
呈现明显的下滑，到 2020 年 4 月达到最低水平，制造业降低了约 20%，建筑业
降低超过 60%，影响最大的是服务业，下降超过约 100%；到了第三季度各项经
济活动均有所反弹，制造业、建筑业均已达到 2019 年初的水平，但是服务业仅

---

① 资料来源：国际货币基金组织。
② 资料来源：巴西地理统计局；国际货币基金组织。
③ 将 2019 年 1 月的数据以 100 作为基数进行计算。

为上年年初水平的1/4。

巴西制造业、服务业与建筑业三个部门的经济变动与阿根廷存在较大的差异，2019年1~11月，这三个部门的增长频率一直保持着制造业增长最多，其次是建筑业，再次是服务业的趋势，到2019年12月唯有服务业活动有所增加，且增长幅度较大，超过120%，同月建筑业与制造业都呈现负增长。从2020年第二季度开始，三个部门的经济活动同时大幅减少，并且各行业变动差异不大。第三季度由于外部环境的影响，主要部门的生产有所恢复，同时放松了对部分服务业经营的限制，建筑业、制造业和服务业均已超过2019年初的水平，且建筑业、制造业的增长超过了20%。[①]

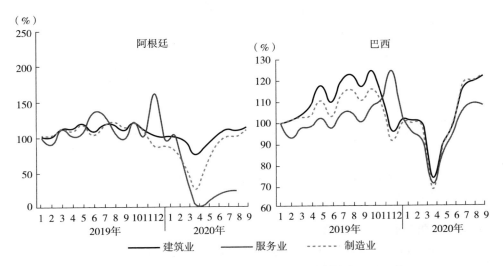

图3 2019~2020年阿根廷与巴西三大产业受影响差异比较

资料来源：世界银行。

（三）国际收支赤字

随着生产社会化与国际分工的发展，各国之间的贸易日益增多，由此使各国对外经济、政治、文化等各方面往来活动变得更为频繁，国际收支则能反映出一国在一定时期内全部对外往来的经济活动。伴随着国际交往的日益密切，国际间产生了货币债权债务关系，这种关系必须在一定日期内进行清算与结算，从而产生了国际间的货币收支。经常账户（又称现金账户）是一国国际收支的主要组成部分，主要包括商品贸易收支，即有形货物的进出口，以及服务贸易收支，诸如旅游、银行及保险等各种服务的往来。如图4所示，从阿根廷和巴西的经常账

---

① 资料来源：世界银行。

户变化可以看出自 2019 年至新冠肺炎疫情期间两国国际经济活动的变化情况。

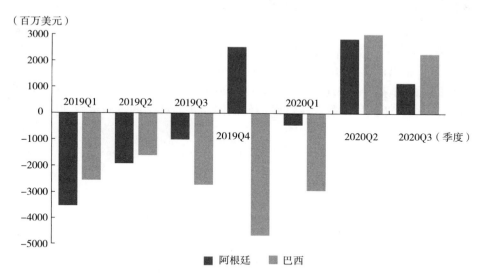

图 4 2019~2020（Q3）年各季度阿根廷与巴西的经常账户变化

资料来源：国际货币基金组织。

在 2019 年，除第四个季度阿根廷的经常账户余额为正，其他均为负值。这表明巴西和阿根廷两国的经常账户一直处于较庞大的赤字状态，两国储备资源不足，需要通过外汇或举借外债来维持国际收支的平衡。巴西在 2019 年前两个季度的账户赤字低于阿根廷，但是在后面两个季度则远高于阿根廷，且在第四个季度的账户余额为 -46.52 亿美元，达到近五年来的最低值。2019 年第四季度阿根廷经常账户由负转正，达到 25.18 亿美元，但到次年第一季度再次回到赤字状态，为 -4.44 亿美元，而巴西的账户赤字在 2020 年第一季度则有所减少。尽管阿根廷和巴西在 2020 年第二季度和第三季度的经常账户均为盈余，但第三季度均明显低于第二季度的水平。受外部环境新冠肺炎疫情的冲击，这些变化表明，随着外部经济环境的变化，两国国际收支有一定的改善，但是由于多年来持续的国际收支的不平衡，两国的国际收支仍为明显的赤字状态。

（四）货币贬值幅度大

由于经济的严重下滑，以及国际收支的不平衡，阿根廷和巴西两国货币都出现较为严重的贬值。阿根廷政府采取非正统的价格和资本管制来遏制经济的下滑与国际收支的失衡，使货币贬值更为严重，如图 5 所示，2019 年 8 月和 2020 年 6 月经历了两次汇率暴跌。在 2019 年 1 月 4 日、2020 年 1 月 3 日、2020 年 10 月 30 日这三个时间点上，美元兑阿根廷比索的汇率分别为 37.339、59.729 和

78.32。从 2019 年初到 2020 年初的贬值率为 59.96%，2020 年 10 月与 2019 年初和 2020 年初相比，贬值分别达到 109.75% 和 31.13%。自 2020 年 2 月中旬以来，巴西国家央行多次干预外汇市场（包括现货和衍生品合约销售），干预总额达 445 亿美元（约占外汇储备总额的 12%）。巴西央行后续向货币市场投放了 90 亿美元。美元兑巴西雷亚尔汇率在 2019 年 1 月 4 日为 3.715，一年后即 2020 年 1 月 3 日的汇率小幅升至 4.0667，但是到 2020 年 10 月 30 日则为 5.3646，较年初贬值 31.91%。两国货币的大幅度贬值使两国经济与社会的不确定性加剧。

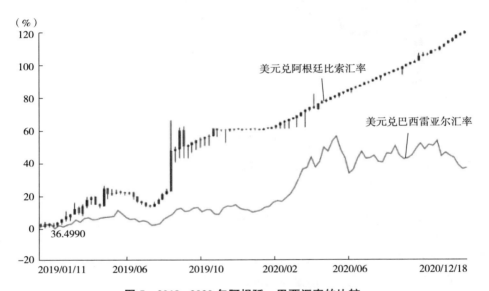

图 5　2019~2020 年阿根廷、巴西汇率的比较

注：上述汇率是美元兑阿根廷比索和美元兑巴西雷亚尔。

资料来源：https：//finance. sina. com. cn/money/forex/hq/USDARS. shtm。

（五）失业率高企

由于疫情对阿根廷和巴西经济的影响，随着对生活与生产活动的限制，两国经济发展速度降低的同时，居民的失业情况也有所加剧。巴西国家地理统计局（IBGE）发布的数据显示，受疫情冲击，该国在 2020 年四个季度的失业率分别为 12.2%、13.3%、14.6% 和 13.9%，均高于 2019 年的失业率最高水平。根据阿根廷国家统计局（INDEC）的数据，阿根廷 2020 年第一季度全国贫困人口上升到 40.9%，比 2019 年同期上涨 5.5 个百分点。阿根廷四个季度的失业率分别为 8.9%、10.4%、13.1% 和 11.7%。从两国失业率的变化情况来看，两国皆因疫情的影响，居民的失业率有所上升。由于受到政府对社交距离等方面的限制，第三季度是受影响最大的时期，随着限制的放松或取消，部分经济活动恢复，失业率在第四季度有所回升（见图 6）。

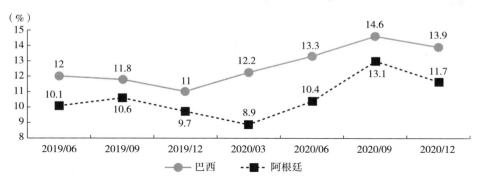

图 6　2019~2020 年阿根廷与巴西失业率对比

资料来源：世界银行官网。

四、新冠肺炎疫情下阿根廷与巴西政府的财政政策

　　面对新冠肺炎疫情的蔓延，国家公共安全受到威胁时，政府具有责无旁贷的义务对疫情进行有效的控制，以防止疫情继续扩散和蔓延。政府除了通过行政命令实行社交距离限制外，最直接而有效的干预社会与经济的方式就是通过财政政策给予需要帮助的个人或企业以财政补助或税收优惠。阿根廷和巴西政府均根据本国的实际情况实施了不同的财政帮扶政策，具体措施分别如下。

　　（一）阿根廷政府主要的财政政策措施

　　阿根廷国会于 2021 年 3 月 20 日宣布进入"公共灾难"状态，解除了政府在 2020 年遵守首要平衡目标的义务。政府还援引了宪法开支上限的免责条款，以满足特殊的开支需要。紧急措施被纳入一个单独的（所谓的"战争"）2020 年预算，不受阿根廷财政责任法和宪法黄金法则的约束。阿根廷政府财政政策措施主要包括两项计划，分别是家庭紧急收入计划（IFE）和工作与生产援助计划（ATP）。前者主要是向弱势家庭提供临时收入支助（帮助受疫情影响的非正式工作者和低收入工人等困难人群提供现金转移），提前向退休人员支付养老金，扩大家庭福利方案，向低收入工人预支工资奖金；后者是提供就业支持（对临时停工或缩短工作时间的工人给予部分补偿以及临时减税）。此外，阿根廷政府还降低基本医疗用品的税收和进口税，以及从联邦政府到州政府的新转移，以支持更高的医疗支出。家庭紧急收入计划在 2020 年 4 月至 2020 年 9 月分三期付款，每期 1 万比索，政府共分配 2700 亿比索援助失业者、子女普及津贴户主（AUH）、家政人员、非正式工人及类别 A 和类别 B 的单一纳税人，避免了约 900 万人陷入短期性贫困。根据疫情期间注册申请工作与生产援助计划的中小型企业和公司的所有数据，共有 53 万名劳工受益于政府推出的工作和生产援助计划，而同时还有 73 万家中小型企业为生产恢复计划（REPRO）受益方，通过这一计划，政府负责向企业支付最高为 50% 的工资。联邦公共税收管理局的数据显示，阿根廷政府通过推出家庭紧急收入计划和工作与生产援助计划极大地减少了私营部门的财政损失，让其累计的债务减少了 34%。家庭紧急收入计划和工作与生产援助计划这两项经济补贴计划已在 2020 年底结束。

（二）巴西政府的主要财政政策措施

2020 年 3 月 26 日，巴西经济部长保罗·盖德斯宣布，为了应对新冠肺炎疫情大流行造成的经济损失，巴西政府将实施实质性的财政刺激计划，总额达到 7500 亿雷亚尔，约合 1500 亿美元或 9000 亿元人民币，主要用于保护最脆弱人群，帮助薄弱产业部门和保就业。

首先是增加向贫困家庭的转移支付，增加社会保障福利（特别是向低收入受益人）、失业保险福利，以及向最低工资工人付款。在 2020 年 4 月时启动了相关的紧急救助计划，旨在为该国失业和自由职业者提供经济援助。在 4~8 月，政府共发放 5 期救助金，每人每期可获得 600 雷亚尔（约合 108 美元）的援助，从 9 月起，该数额降至 300 雷亚尔（约合 54 美元）。获得政府纾困援助的家庭比例从 10 月的 42.2% 下滑至 11 月的 41%，平均每户的受益金额为 558 雷亚尔。截至 12 月，全国已有 6790 万人，相当于全国人口的 1/3 获得了该项援助，总发放金额达到 2929 亿雷亚尔（约合 527.57 亿美元），确保对巴西居民的生活产生直接或间接的积极影响。巴西 2020 年 8 月的支出增长了 74%，达到 1981 亿雷亚尔。其中，453 亿雷亚尔用于向数千万巴西最贫困人口的紧急转移，这 453 亿雷亚尔是整个政策中最受人关注的部分，是直接给贫困人口发钱。政府同时还放宽劳动法，让现有社会职工可以减少失业的风险。其次是在帮助薄弱产业部门方面，延长缴税期限，减轻税负，发放超过 400 亿雷亚尔的针对个体经营者的补贴，以及同样数额对中小企业的补贴；还有对医疗用品零关税（持续到年底）；对于抗击新冠肺炎疫情用的进口及国产商品暂时免征工业产品税（IPI），给予医疗产品关税优惠，降低出口税税率，暂时免去反倾销税等，工时保障基金（FGTS）付款延期 3 个月。支持受灾严重的部门，包括免除社会保障缴款、用于支付工资费用的补助金；以及用于建筑相关活动的补贴贷款。最后是增加公共需求方面，包括改进病毒诊断方法、购买医院设备以及建设诊所和医院。

五、新冠肺炎疫情下阿根廷与巴西政府债务危机的原因比较分析

（一）政府债务危机的直接原因分析

阿根廷和巴西政府债务危机产生的直接原因均是政府的财政支出规模大于财政收入，无法偿还已有债务。由于本次新冠肺炎疫情的外部冲击，为了尽力保证人民生命安全与经济稳定，各国政府均采取积极干预的财政政策抗击疫情，阿根廷与巴西政府也不例外，为了抗击新冠肺炎疫情而实施的大规模财政刺激计划的直接后果就是持续地增加了本国政府财政支出压力，从而使政府的公共债务负担更加沉重。如图7所示，阿根廷和巴西政府多年来一直执行赤字财政政策，并保持在国际警戒线的3%以上。阿根廷2014年财政赤字占GDP的比例为4.3%，2016年和2017年达到6.7%的高位，2020年则从2019年的4.5%增长到8.5%。巴西近年来的赤字率总体保持较高的水平，均高于6%，2015年的赤字高达10.3%，2019年赤字率有所下降，但是由于2020年疫情的冲击，这一比重再次上升到10.8%，为历史最高水平。

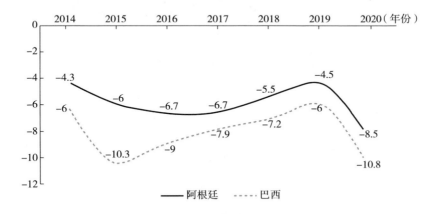

图7　2014~2020年阿根廷和巴西的财政赤字变化
资料来源：世界银行、巴西地理统计局、阿根廷国家统计局。

多年来，阿根廷和巴西政府在面对大规模的财政缺口时，特别是在疫情期间，为了弥补赤字最基本的做法就是向国内或国外市场发行政府债券，这也是公债的基本职能。政府债务负担率反映了整个国民经济对政府债务的承受能力。从

两国政府债务的发展来看（见图 8），2010~2017 年，阿根廷的政府债务占 GDP 的比重低于巴西（均低于国际警戒线），但是在 2018 年激增 29.4 个百分点，达到 86%，2020 年疫情期间的政府负债率比 2019 年增长了 15.2%，达到最高点 104.6%。阿根廷已积累公共债务 3240 亿美元，约为 GDP 的 104.6%。巴西的政府负债率 2015 年以前低于警戒线，此后一直保持约 4% 的增长速度，到 2019 年有小幅下降，至 75.79%，疫情期间的政府支出使政府债务占 GDP 的比重达到近 90%。巴西国库局于 2021 年 1 月 27 日公布，2020 年巴西公共债务达 5.01 万亿雷亚尔，比 2019 年增长 17.7%。根据巴西财政部的计算，如果想将 2021~2029 年末的总债务恢复到 2019 年的水平，则公共部门将不得不在 2021~2029 年平均每年产生 1.76% 的 GDP 增速。

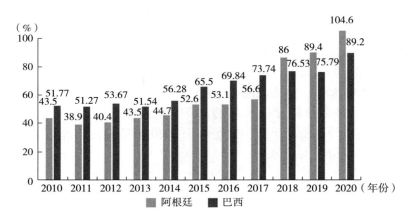

图 8　2010~2020 年阿根廷和巴西政府债务占 GDP 比重

资料来源：世界银行。

从图 8 中可以看出，由于在新冠肺炎疫情暴发以前两国的政府债务负担率就已经超过 60% 的国际警戒线，而这次由于财政收入受到冲击以及与流感大流行相关的大规模社会支出措施，政府债务规模陡增，已远超过国民经济可承担的能力范围，由此成为"压倒骆驼的最后一根稻草"，这也直接导致两国分别于 2020 年和 2021 年 1 月宣布破产。

（二）政府债务危机的深层次原因分析

纵观新冠肺炎疫情发展和对阿根廷、巴西经济的影响，结合两国多年的总体经济状况可知，本次阿根廷和巴西的政府债务危机本身就存在着其内在的根源或者深层次的原因。对比世界的其他国家，同样是受到新冠肺炎疫情的影响，各国政府也同样采取不同形式的抗击疫情的财政政策措施，财政支出规模也出现大规模增加，但无论是发达国家还是新兴发展中国家都没有出现政府债务危机。因此可以看出，阿根廷和巴西经济的内在问题近年来一直都存在，只是受到这次突发的新冠肺炎疫情的外部冲击后，政府债务危机得到再次突显。因此，真正导致政府债务危机爆发的主要原因有以下几个方面。

1. 经济结构不完整，发展动力不足

阿根廷和巴西都是具有优越的地理气候环境和矿产资源禀赋的国家。阿根廷拥有南美第二大河——巴拉那河，矿产资源丰富、成矿条件良好、未开发矿产多，为拉美主要矿业国之一，主要矿产资源有石油、天然气、铜、金、铀、铅、锌、硼酸盐、黏土等，其中石油和天然气是阿根廷较丰富的能源矿产之一。页岩气储量居全球第二，页岩油储量居全球第四，页岩气储量占全球总储量 10% 以上。阿根廷农牧业发达，是世界粮食和肉类重要生产和出口国，素有"世界粮仓和肉库"之称。巴西拥有世界上流域最广、流量最大的河流——亚马孙河，自然资源极其丰富，铁矿储量居世界第五，产量居世界第二。巴西其他矿产资源有铌（占世界 96.4%）、钽（占世界 46.5%）、石墨（占世界 28.3%）、锡（占世界 12.4%），锰、铝、镍、镁、石油等储量也居于世界前列，还有森林、淡水等都居世界前列。由于阿根廷和巴西都具有自然资源充足的特征，这使两国经济长期陷入"资源诅咒"，依靠初级产品出口作为主要的发展模式，这也导致两国对发展本国工业体系和产业升级转型动力不足，这些都在阻碍着两国的经济发展。初级产品出口和制成品进口的产业结构导致阿根廷和巴西经济易受气候因素和外部需求变动的冲击。

从图 9、图 10 中可以看出阿根廷和巴西两国多年来的主要产品的进出口变化。两国的制造业产品进口的比重过高，阿根廷近十年来比重相对有所降低，但仍高达 80%；近三十年来巴西制造业产品的进口比重则呈总体增长趋势，近几年约为 75%。与之相应的制造业产品的出口所占比重多年来均呈现下降的趋势，巴西较阿根廷更为明显，特别是 2005~2011 年变化尤为突出。再从食品的进出口比重来看，两国的食品出口占比相对较大，且呈小幅上升的态势。阿根廷食品出口多年来平均超过商品出口总量的 50%，巴西的食品出口额占比多年来也超过 30%。从上述的分析可以看出，两国的食品出口占商品出口总量较大，对食品等初级产品的出口依赖较大，同时也看到两国对制造业的进口依赖较强。

阿根廷和巴西的产业结构还可以从两国工业产值的贡献率来分析。从图 11 中可以清楚地看出两国工业对本国经济的贡献程度与变化情况。阿根廷和巴西两国工业贡献率近三十年来在逐年减少，20 世纪 80 年代，阿根廷和巴西制造业产值占 GDP 总量维持在 40% 以上，一直到 1995 年，巴西制造业产值占比已跌落至 20% 以下，2008 年阿根廷制造业产值的比重下降至 25% 以下。而且最近五年阿根廷和巴西两国工业增加值占 GDP 比重的最低水平分别为 21.78% 和 17.92%，这

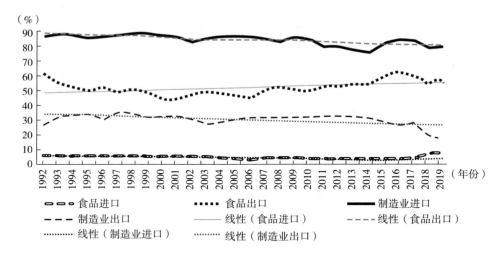

图 9　阿根廷食品与制造业产品进（出）口占商品进（出）口比重

资料来源：世界银行。

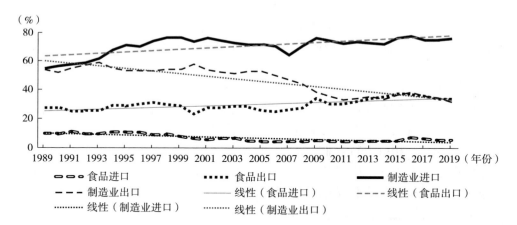

图 10　巴西食品与制造业产品进（出）口占商品进（出）口比重

资料来源：世界银行。

是多年来两国经济加速"去工业化"的结果（唐子林，2017）。与此同时，由于两国本土工业起步以及发展较晚，政府为了保护国内的"幼稚工业"实施了进口替代模式，这使两国的产品结构体系处在全球产业链的低端，最终的结果是两国经济只能被动地受外部影响，经济增长明显下降，并大起大落。初级产品出口繁荣，经济对初级产品出口的依赖明显增强，并导致本币升值压力加大，同时工业部门出口竞争力和对国民经济贡献度下降（黄琪轩，2013）。2020 年由于全球均受到新冠肺炎疫情的影响，过分依赖国际市场的阿根廷和巴西经济受到更为严重的影响，财政收入大幅缩水，政府债务危机重新出现。

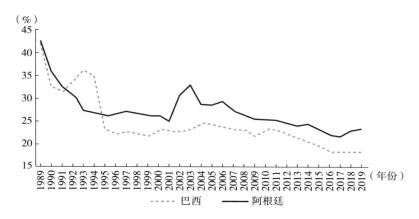

图 11　阿根廷和巴西工业产值占 GDP 比重

资料来源：世界银行。

2. 社会福利支出刚性，财政空间小

阿根廷和巴西实施的是高福利社会保障政策，由于社会保障支出具有刚性，这让两国的财政不堪重负，同时也抑制了社会劳动生产效率的提高，导致财政空间不断缩小（高庆波，2015）。目前，阿根廷和巴西拥有世界上最庞大的社会保障体系，涵盖免费医疗、免费教育、救济金和退休金等多个方面，两国民众均享受着发达国家的待遇。据不完全统计，从 2003 年到 2016 年，巴西的实际工资水平上涨 30%，但劳动生产率却没有提高。巴西的退休金相当于巴西平均工资税后收入的 97%，远远高于经济合作与发展组织（OECD）成员 69% 的水平。阿根廷和巴西社会保障支出占财政总支出的比重如图 12 所示，阿根廷近六年来尽管有所下降，但是却一直都保持在 64% 以上的水平；巴西的社会支出占比相对阿根廷低一些，但是最近五年仍呈现为增长的趋势，且 2019 年也已超过 60% 的水平。这就意味着政府将公共收入的大部分用于居民的社会生活保障方面，而并没有转为生产性投资用于促进产业结构转型等经济发展方面。

造成阿根廷和巴西两国社会保障支出占比居高不下的主要原因是民粹主义的盛行（陈颖，2017）。在这两个国家均存在着政府过分追求福利主义，缺乏基于长远发展考虑的经济政策，使经济丧失竞争力。两国政府为了获取民众的支持，均向民众承诺发放福利，导致福利开支给财政带来的负担日益变重，被民粹主义绑架的政治使社会非常不稳定。只要出现经济衰退、福利减少的现象，民粹主义

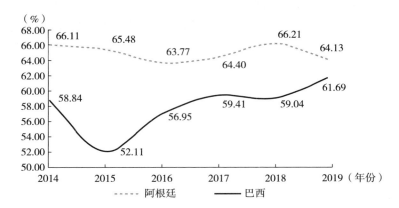

图 12　阿根廷和巴西社会保障支出占财政支出的比重

资料来源：世界银行。

团体就会开始大规模罢工活动，政变频发。比如在最近半个多世纪内，阿根廷政府更迭多达 29 次，新政府上台后一般是采取强力的压制政策，这种压制对稳定经济有一定的积极作用，但只注重短期福利的国内民粹主义，财政收入的大部分用在了保障社会公共开支等非生产性用途，使政府进一步推行有助于本国经济长期可持续发展的政策难度极大，同时由于不断加大的公共开支加重了财政赤字，推动了通货膨胀，使公共财政状况日趋恶化。因此，民粹主义政治影响了宏观经济政策，无法抑制的社会福利开支导致了经常性的财政赤字、沉重的外债负担、不断提高的通货膨胀以及经济长期增长乏力等问题。拉丁美洲是世界上人口最年轻的地区之一，但它正在以最快的速度老龄化，用于养老金的社会福利支出的增加，加之新冠肺炎疫情的冲击，使两国的经济下滑严重，财政负担加剧，财政空间急剧减少，从而导致政府债务危机的产生。

六、启　示

随着社会的发展与科技的进步，人类社会已经进入一个风险社会，未知的风险随时都有可能发生，财政不仅要应对现有的风险，还要预防将来可能发生的风险（刘尚希，2018）。政府债务危机的出现并不是突然产生，而且经过多年的积累而形成，通过对阿根廷和巴西两国政府债务危机的原因的探讨，特别是在受到类似于新冠肺炎疫情影响的特殊时期，为了减少和预防政府债务风险的累计，前面的分析给我们如下几方面的启示：

首先是应建立合理的产业结构体系，保证经济稳定增长。由于阿根廷和巴西片面依赖于初级产品出口，缺少对工业发展的全面认识，使产业结构失衡严重。受外部环境影响严重，需要通过采取扩张性财政政策和货币政策以及环境和工业政策，在战略部门促进就业密集型和环境可持续的投资，优先在经济和社会复兴与转型方面支出，实现区域所需的产业结构转型，增加促进本国经济发展的根本动力，并促进经济的可持续发展。政府应着重于强调经济发展来促进债务可持续。

其次是建立与经济发展相适应的社会保障体系。超越本国经济水平的社会保障制度不仅不能给民众带来舒服安稳的生活保障，还会由于国家财政支出负担的增加，直接导致政府债务增加，同时政府无法将资金用于促进资源最优配置的经济运行中，不利于国家内在经济效率的最优化，从而使财政空间保持在合理的水平上，以保证财政的可持续性（何德旭和张斌彬，2021；杨小波和郑联盛，2015）。因此，适度规模的社会保障支出不仅有利于社会公平的形成，还有利于经济的稳定发展。

再次是强化全球应对负外部冲击策略的协同性（王乔，2020）。宏观经济理论认为，实际经济增长率围绕潜在经济增长曲线上下波动。疫情属于一种对经济的随机性、不确定性的外部扰动，它会通过对供需两侧的影响而直接作用于经济系统的内部运行（刘安长，2020）。面对突发的外部冲击，地区经济复苏和转型还需要资金和国际合作。各国要加强沟通协调，强化支持与配合，优先保障全球供应链中有重要影响的重点企业和关键环节，保障全球供应链稳定，强化信用保险作用。同时需要利用国际货币基金组织对特别提款权的发行和重新分配等工具，加强该地区国家和区域协定的储备。另外，可以将脆弱的中等收入国家纳入G20的债务暂停倡议中，并制定相应的政策。还可以启动以债务换气候变化的办法，同时设立复原基金和多边、多区域国家信贷资本化等形式获得更多的资金以应对突出的外部冲击，尽量减少政府直接债务的形成，防范政府债务危机的出现。

最后是针对政府的债务应加强风险控制，构建金融预警机制（刘尚希，2020）。重视财政部和中央银行在债务中监管的核心地位，制定各种风险监督指标，设立相关监管部门，加强对政府债务内部风险监控，建立日常政府债务的监控制度，随时进行检查、评估以保证政府债务保持在一个合理和可持续的水平上。

参考文献

［1］何德旭，张斌彬. 全球四次债务浪潮的演进、特征及启示［J］. 数量经

济技术经济研究，2021，38（3）：43-63.

[2] 王乔. 新冠肺炎疫情下我国财政风险防范及建议 [J]. 税务研究，2020（6）：5-9.

[3] 刘尚希. 疫情冲击后的发展风险及其建议 [J]. 中国财政，2020（10）：11-13.

[4] 刘安长. "新冠"疫情对我国的经济冲击及财政的对冲政策——"非典"疫情下的对比分析 [J]. 兰州学刊，2020（4）：59-70.

[5] 刘尚希. 应对风险挑战的几点思考 [J]. 新理财（政府理财），2018（7）：55-56.

[6] 陈颖. 拉美及欧洲债务危机：成因及解决机制 [J]. 金融经济，2017（16）：102-103.

[7] 唐子林. 拉美国家债务问题对我国的启示 [J]. 当代经济，2017（21）：38-40.

[8] 高庆波. 阿根廷债务危机：起源、趋势与展望 [J]. 国际经济评论，2015（6）：7，92-105.

[9] 杨小波，郑联盛. 阿根廷债务重组：现实困局与制度反思 [J]. 经济与管理研究，2015，36（7）：19-28.

[10] 黄琪轩. 巴西"经济奇迹"为何中断 [J]. 国家行政学院学报，2013（1）：115-120.

[11] Buera Francisco, Vavarro Gaston, Nicolini Juan Pablo. The Argentine Economy after Two Centuries [J]. Latin American Journal of Economics, 2011（48）：133-156.

[12] Diaz-Roldan Carmen, Ferrari-Filho Fernando, da Silva Bichara Julimar. The Performance of Fiscal Policy under an Inflation Targeting Regime：What Can be Learned by the Brazilian Fiscal Rules? [J]. Metroeconomica, 2019（70）：98-118.

[13] Montes Gabriel Caldas, Souza Ivan. Sovereign Default Risk, Debt Uncertainty and Fiscal Credibility：The Case of Brazil [J]. North American Journal of Economics and Finance, 2020（51）：125-152.

挑战与对策：拉美国家碳中和政策和实践报告

黄　磊　宋辉豪　丁　浩*

摘　要： 随着碳补偿机制的日益完善、碳市场的逐步规范，碳中和作为一种有效的环境保护管控机制逐渐受到国际社会以及各国民众的支持，全球众多国家纷纷加入低碳减排的行动，签署了一系列温控环保协定，对全球减排目的的实现起到非常关键的促进作用。在实践中，很多发达国家和地区如欧盟等一直能够走在世界减排的前列，在政策和实践上均获得并积累了很好的经验和教训。拉美地区是第三世界的重要组成部分，拥有非常丰富的自然资源。地理位置邻近、文化基因相似、经济发展后劲足的拉美国家在碳中和领域也取得了一定的成绩，但是，与其他国家和地区相比，拉美国家还存在非常大的提高和发展空间。拉美国家在碳中和方面的表现将会对整个国际社会产生深刻的影响。本文通过梳理国际上最新的碳中和理念的相关文献和研究，对碳中和相关概念进行了辨析。在此基础上，文章分析了目前国际上尤其是欧盟和部分发展中国家在碳中和方面的实践和未来趋势，结合拉美地区碳中和政策和实践的进展与不足，试图为拉美国家在碳中和领域中的政策的制定和落实提供可行性建议。

关键词： 碳中和；低碳减排；碳交易；欧盟；拉美国家

---

* 黄磊，广东外语外贸大学商学院副教授，博士，富布赖特学者，硕士生导师；宋辉豪，广东外语外贸大学商学院研究生；丁浩，广东外语外贸大学商学院副教授，博士，硕士生导师。

一、导　言

近年来，随着碳补偿机制的日益完善、碳市场的逐步规范，碳中和作为一种有效的环境保护管控机制逐渐受到国际社会以及各国民众的支持，全球众多国家纷纷加入低碳减排的行动，签署了诸如《巴黎协定》《联合国气候变化框架公约》等一系列温控环保协定。表 1 是对这些具有代表性的公约缔约方会议的总结。

表 1　世界代表性温控环保协定

时间	会议/协定	地点	主要成果
1992 年 5 月	UNFCCC	巴西里约热内卢	明确"共同但有区别的责任"，是世界上第一部为全面控制温室气体排放和应对气候变化的具有约束力的国际公约，也成为气候方面全球合作的基本框架
1997 年 12 月	COP3	日本京都	通过了《京都协议书》，对工业化国家规定了量化减排目标：在 2008~2012 年，温室气体排放量要在 1990 年的基础上平均减少 5.2%，其中欧盟将 6 种气体的排放削减 7%，日本削减 6%。发展中国家没有规定减排义务；制定了三种灵活减排机制，催生出排放权交易市场
2007 年 12 月	COP13	印度尼西亚巴厘岛	着重商议《京都协议书》一期承诺在 2012 年到期后，如何进一步降低温室气体的排放。通过了《巴厘岛行动计划》，致力于在 2009 年底前完成后京都时期全球应对气候变化新安排的谈判并签署有关协议
2009 年	COP15	哥本哈根	商议《京都协议书》一期承诺到期后的后续方案
2012 年	COP18	多哈	对《京都协议书》的后续安排方案在政治上达成共识；明确 2013~2020 年全球减排总体安排；启动《巴黎协定》谈判授权
2015 年 12 月	COP21	法国巴黎	建立了"自下而上"设定行动目标与"自上而下"设定规则相结合的减排体系；引入"以全球为核心，以 5 年为周期"的升级更新机制。将在 2020 年取代《京都协议书》，确定后京都全球气候治理相关安排；延续了公约"共同但有区别的责任"原则，发出了"世界向低碳发展转型"的清晰信号

续表

时间	会议/协定	地点	主要成果
2018 年 10 月	IPCC	韩国仁川	联合国政府间气候变化专门委员会（IPCC）发布《IPCC 全球升温 1.5℃特别报告》，认为：与将全球变暖限制在 2℃相比，限制在 1.5℃对人类和自然生态系统有明显的益处，同时还可确保社会更加可持续和公平

资料来源：作者根据联合国官网、光大证券研究所资料整理。

1997 年的《京都协议书》建立了三种碳排放交易机制，即清洁发展机制［CDM：发达国家向发展中国家提供资金和技术支持，与发展中国家展开项目合作，通过该项目实现"经核证减排量"（CER），用于实现发达国家的减排承诺］、联合履行机制［JI：发达国家之间进行项目合作，将该项目实现的减排单位（ERU）转让于另一发达国家，同时转出方的配额做相应扣减］、国家排放贸易机制［ET：发达国家之间以贸易的形式转让配额指标］。碳排放权交易的时代由此开启。

上述三种交易机制中，ET 是总量控制下的配额交易体系，而 CDM 和 JI 是利用先进的技术开展清洁项目，从而核证减排量。与 ET、CDM 相对应，碳交易市场按照交易动机可以划分为强制履约市场和自愿减排市场。碳交易市场以配额交易为主导，辅以核证自愿减排量（CER）交易。

配额交易偏向于减排效率，配额价格受到减排成本的直接影响，代表了市场中愿意购买的外部减排指标的最高出价。而减排量交易本质上是用减排量换取资金的机制，其内部不能进行自我运转，是对配额交易系统的调节和补充。自愿减排交易市场一方面可以丰富碳市场交易品种，拓宽履约渠道，促进社会广泛参与减排；另一方面可以拓展重点控排主体的发展空间，适当降低履约成本。

《京都协议书》之后，各个国家、企业以及各种国际组织开始尝试碳排放交易。其中，欧盟的进展比较突出。2005 年 1 月，欧盟正式启动欧盟碳排放交易体系（EUETS）。

2018 年 10 月 8 日，联合国政府间气候变化专门委员会（IPCC）在韩国仁川发布了《IPCC 全球升温 1.5℃特别报告》。IPCC 在这份报告中表示，与将全球变暖限制在 2℃相比，限制在 1.5℃对人类和自然生态系统有明显的益处，同时还可确保社会更加可持续和公平。但是这 0.5℃的温控目标的变化，意味着需要各国共同努力在 2030 年实现全球净人为 CO_2 排放量比 2010 年减少约 45%，并在 2050 年左右达到净零。相对于 2℃的目标，1.5℃的目标对 21 世纪全球累计碳排放空间、关键时间点减排目标、中短期减排力度以及最终实现碳中和时间等都提出了更加严格的要求。

目前，世界上关于碳中和理念的相关研究进展如何？拉美国家或地区的碳中和实践取得了什么样的成果？最为重要的，是否能够从欧盟等发达国家的碳中和实践中获取经验，为拉美国家的碳中和之路提供借鉴？本文力图对碳中和相关概念进行辨析，分析目前国际上尤其是欧盟和部分发展中国家在碳中和方面的实践和未来趋势，并为拉美国家的碳中和政策的制定和落实提供有效建议。

二、碳中和理念和发展背景

碳中和（Carbon Neutrality）又称为净零碳排放（Net-zero Carbon Emissions），是指由于自然界或者人类活动而产生的温室气体排放在进入大气之前通过诸如森林吸收、海洋吸收等碳汇（Carbon Sink）途径达到动态零和平衡，从而使全球升温稳定在一个可控的范围内。目前，碳中和概念中所指的碳通常意义上指的是温室气体中的二氧化碳，但是不同国家在制订各自的碳中和计划时所涉及的具体范围有所不同。例如，不丹的碳中和计划中包含的温室气体为 CO_2、CH_4、N_2O，智利和葡萄牙的碳中和计划中包含的则是 GHGs（Greenhouse Gases，包括全温室气体：CO_2，CH_4，N_2O，F-gas）[①]。

当前各国提出的与中和有关的表述主要有四种，即气候中和（Climate Neutrality）、碳中和（Carbon Neutrality）、碳净零排放（Net-zero Carbon Emissions）和净零排放（Net-zero Emissions）。值得注意的是，气候中和与净零排放的定义并非完全等价。IPCC 的《全球升温 1.5℃特别报告》对此做了明确定义，气候中和是将人类活动碳排放对气候产生的影响作为出发点，而净零排放则是从碳排放根源角度进行定义。因此，零排放和零影响是不能够完全等同的。邓旭等（2021）认为，一方面，温室气体的净零排放并不完全等同于气候的零影响，温室气体的排放作为对气候变化影响的重要因素，但并非唯一因素，比如伴随人类活动而产生的城市化、植被减少等均会对气候系统产生一定的影响；另一方面，气候中和也并不必定要求温室气体净零排放，有研究表明，稳定的短寿命温室气体（如 CH_4 等）排放并不导致气候影响的加重[②]。

碳中和目标的实现时间是各个国家根据自身温室气体排放总量的实际情况，

---

① 邓明君，罗文兵，尹立娟. 国外碳中和理论研究与实践发展述评 [J]. 资源科学，2013，35（5）：1084-1094.

② 邓旭，谢俊，滕飞. 何谓"碳中和"？[J]. 气候变化研究进展，2021，17（1）：107-113.

制定出相应的碳中和行动和做出具体的承诺，它严格控制着各个国家的碳排放程度，是国家推进碳中和行动的时间表。截至 2020 年 10 月，共有 29 个国家和地区提出了具体的碳中和目标实现时间，这些时间以 2050 年为分界点，可以大致分为三类：2050 年以前、2050 年以及 21 世纪下半叶。除去已经实现碳中和目标的不丹和苏里南外，冰岛、芬兰、瑞典等北欧国家在碳中和行动中表现最为突出，它们把实现碳中和的时间表提前到了 2035～2040 年，另外，以英国、加拿大和欧盟为代表的发达国家和地区则普遍提出以 2050 年作为实现碳中和的目标年，而相比之下，中国和新加坡从自身的节能减排成本和现实等角度出发，制定了更符合自身情况的时间表，提出在 21 世纪下半叶实现碳中和目标。这些时间表的制定体现了各个国家对于《巴黎协定》等温控协议的重视，也体现了国家对于实现碳中和目标的勃勃雄心①。

三、碳中和的国际实践经验与前景

根据国际碳行动伙伴组织（ICAP）的报告，截至 2020 年末，正在运行的碳排放交易体系有 21 个，做出碳中和承诺的国家已经超过 120 个，这些国家的温室气体总排放量已经达到了全球的 50%，覆盖区域的 GDP 约占全球的 42%，覆盖人口约占世界人口总数的 1/6②。

但是就目前来看，各国在碳中和承诺的政策引导上有所区别。碳中和的政策引导大体可以分为三类：法律规定、提交协议和政策宣示。三者的约束力呈现递减作用。把碳中和承诺写进法律规定的国家大多已经具有较完善的气候变化应对机构，通过立法手段对碳中和愿景提供法律保障③，相关国家有瑞典、法国、丹麦、德国、匈牙利、西班牙 6 个欧盟国家以及英国，还有大洋洲的新西兰，都是发达国家。其中，瑞典明确将在 2045 年实现碳中和写进法律；法国和西班牙则成立了气候委员会，负责监督促进国内碳中和计划的实施；德国也在 2019 年颁布的气候法中提出要在 2050 年实现温室气体中和④。

欧盟的碳排放交易体系的市场稳定储备机制（Market Stability Reserve，

① 王灿. 碳中和愿景下的低碳转型之路 [J]. 中国环境管理，2021，13（1）：13-15.

② IPCC. Special Report on Global Warming of 1.5℃ [M]. Cambridge University Press，2018.

③ 王灿，张雅欣. 碳中和愿景的实现路径与政策体系 [J]. 中国环境管理，2020，12（6）：58-64.

④ 姜克隽，冯升波. 走向《巴黎协定》温升目标：已经在路上 [J]. 气候变化研究进展，2021，17（1）：1-6.

MSR）已经于 2019 年开始运行。在通过 2020 年后政策框架以后，欧盟的监管重心将会放在碳排放交易的下一个阶段（2021~2030 年）之前执行商定的条款，包括碳泄漏、免费分配和拍卖。

欧盟碳市场（European Union Emission Trading Scheme，EUETS）作为启动最早且目前规模最大的碳市场，也是欧盟实现其 2030 年减排 55%、2050 年达成气候中立目标的主要政策工具，一直受到全球各国和地区的高度关注。自 2005 年启动以来，参与 EUETS 的控排单位产生的碳排放下降了 35%，显著高于 EUETS 没有覆盖的行业。EUETS 也在推进与非欧盟国家的合作。2020 年 1 月 1 日，瑞士和欧盟正式实现碳排放交易体系连接，实现了碳配额的互认。

2020 年新冠肺炎疫情期间，EUETS 碳价的先降后升证明了市场稳定储备机制的有效性。疫情带来的经济活动放缓和电力需求、航空需求的减少导致欧洲碳排放量的降低，对排放配额需求下降，EUA 价格一度于 2020 年 3 月暴跌 40% 至 15.25 欧元/吨，但是随后在 MSR 减少过剩配额的作用下迅速回升，在两个月后回升至 22.10 欧元/吨，并于 2020 年 12 月达到 2005 年以来的历史高位。

2021 年开始，EUETS 的第四阶段即将启动，欧盟委员会在 2020 年 11 月对 2021 年的排放限额做了规定，并对配额使用设置了更严格的约束。例如，允许第三阶段的配额用于第四阶段履约，反之则不允许，而且不再允许所有国际抵消指标的使用，包括来自 CDM 项目的 CER 指标。

因为脱欧，英国从 2021 年 1 月 1 日开始不再参与 EUETS，但是英国建立了 UKETS 继续履行减排工具职能，为 2050 年实现"净零排放"这一目标服务。值得注意的是，UKETS 的覆盖范围和 EUETS 基本一致，2021 年的排放限额预计在 1.55 亿吨，约为 EUETS 的 10%，同时引入 15 英镑/吨的配额拍卖最低限价。但是，由于 2019 年英国在 EUETS 的经核查排放量仅为 1.18 亿吨，2021 年 UKETS 预计将出现约 0.37 亿吨的配额剩余。有专家分析指出，UKETS 的排放限额总量直到 2030 年才有可能会略低于 2019 年英国在 EUETS 的经核查排放量，因此，UKETS 在正式启动前可能需要对相关制度进行修改。

这一切表明，欧盟和英国在碳排放方面能够根据相关政策进行严格的监督，其政策和实践均能够根据自身的经济发展情况和各方面的变化与时俱进，随机更新和改进，以适应新的环境变化。

提交的协定包括向《联合国气候变化框架公约》（UFNCCC）提交在《巴黎协定》下的自主减排承诺以及中长期低排放发展战略（LTS），其中包括的国家不仅有对气候变化应对比较积极的欧盟成员国以及小岛国，也包括像拉美的乌拉圭这样的发展中国家。

根据乌拉圭提交 UFNCCC 的国家报告，加上减少牛肉养殖、废弃物和能源排放的政策，预计到 2030 年，该国将成为净碳汇国；值得注意的是，乌拉圭是唯一一个提出"净负排放"的国家。斐济作为 2017 年联合国气候峰会 COP23 的主席，为展现其领导力做出了额外努力。2018 年，这个太平洋岛国向联合国提交了一份计划，目标是在 2050 年在所有经济部门实现净碳零排放。政策宣示则主要是指相关国家领导人以在重要场合宣布或者把碳中和写进国家战略规划的方式正式承诺碳中和，虽相较于前两种约束力递减，但是也代表着国家政府在碳中和方面有强烈的决心，包括中国在内的 11 个国家就是以这种方式宣称实现碳中和。其中，挪威是全球最早参与讨论气候中和的国家之一，冰岛也在 2018 年公布了该国的碳中和计划，并且在 2019 年，冰岛和 4 个北欧国家（芬兰、瑞典、挪威、丹麦）在芬兰首都赫尔辛基签署了一份应对气候变化的联合声明。五国在声明中表示，将合力提高应对气候变化的力度，争取比世界其他国家更快实现碳中和目标。

在东亚地区，中国、韩国和日本作为东亚最大的三个经济体，也均在 2020 年 9~10 月正式承诺碳中和。2020 年 9 月 22 日，中国国家主席习近平在第七十五届联合国大会一般性辩论上发表重要讲话，并表示："中国将提高国家自主贡献力度，采取更加有力的政策和措施，二氧化碳排放力争于 2030 年前达到峰值，努力争取 2060 年前实现碳中和。"[①] 根据目前所能够收集到的信息，笔者将各国提出的碳中和目标及主要内容附在表 2 中。

表 2 各国（地区）碳中和目标及主要内容

国家（地区）	目标年份	承诺性质	主要内容
欧洲			
爱尔兰	2050	法律规定	2020 年 6 月，爱尔兰三个政党敲定一项联合协议，同意在法律上设定 2050 年的净零排放目标，承诺在未来十年内每年减排 7%
匈牙利	2050	法律规定	匈牙利在 2020 年 6 月通过的气候法中承诺到 2050 年气候中和
英国	2050	法律规定	英国议会于 2019 年 6 月 27 日通过了减排框架法修正案。苏格兰的议会正在制定一项法案，在 2045 年实现净零排放
挪威	2050	政策宣示	挪威议会是世界上最早讨论气候中和问题的议会之一，努力在 2030 年通过国际抵消实现碳中和，2050 年在国内实现碳中和。但这个承诺只是政策意向，而不是一个有约束力的气候法

① 习近平. 在第七十五届联合国大会一般性辩论上的讲话 [N]. 人民日报, 2020-09-23.

续表

国家（地区）	目标年份	承诺性质	主要内容
葡萄牙	2050	政策宣示	葡萄牙于2018年12月发布了一份实现净零排放的路线图，概述了能源、运输、废弃物、农业和森林的战略。葡萄牙是呼吁欧盟通过2050年净零排放目标的成员国之一
瑞典	2045	法律规定	瑞典于2017年制定了净零排放目标，根据《巴黎协定》，将碳中和的时间表提前了五年。至少85%的减排要通过国内政策来实现，其余由国际减排来弥补
瑞士	2050	政策宣示	瑞士联邦委员会于2019年8月28日宣布，打算在2050年前实现碳净零排放，深化了《巴黎协定》规定的减排70%～85%的目标。议会正在修订其气候立法，包括开发技术来去除空气中的二氧化碳
斯洛伐克	2050	提交协定	斯洛伐克是第一批正式向联合国提交长期战略的欧盟成员国之一，目标是在2050年实现气候中和
西班牙	2050	法律规定	西班牙政府于2020年5月向议会提交了气候框架法案草案，设立了一个委员会来监督进展情况，并立即禁止新的煤炭、石油和天然气勘探许可证
奥地利	2040	政策宣示	奥地利联合政府在2020年1月承诺，在2030年实现100%清洁电力，并以约束性碳排放目标为基础，在2040年实现气候中立。右翼人民党与绿党合作，同意了这些目标
冰岛	2040	政策宣示	冰岛已经通过地热和水力发电获得了几乎无碳的电力和供暖，2018年公布的战略重点是逐步淘汰运输业的化石燃料、植树和恢复湿地
芬兰	2035	提交协定	2019年6月，该国政党同意加强该国的气候立法。预计这一目标将要求限制工业伐木，并且逐步停止燃烧泥炭发电
丹麦	2050	法律规定	丹麦政府在2018年制订了到2050年建立"气候中性社会"的计划，该方案包括从2030年起禁止销售新的汽油和柴油汽车，并支持电动汽车。执政党在2019年12月通过的立法中规定了更严格的排放目标
德国	2050	法律规定	2019年12月，德国第一部主要气候法生效，这项法律声明德国将在2050年前追求温室气体中立
法国	2050	法律规定	2019年6月27日，法国国民议会投票将净零目标纳入法律。在2020年6月的报告中，新成立的气候高级委员会建议法国将减排速度提高3倍，以实现碳中和目标

续表

国家（地区）	目标年份	承诺性质	主要内容
南太平洋岛国			
斐济	2050	提交协定	2018年，斐济向联合国提交了一份计划，目标是在2050年让所有经济部门实现净碳零排放
马绍尔群岛	2050	提交协定	2018年9月提交给联合国的最新报告中提出了到2050年实现净零排放的愿望，尽管没有具体的政策来实现这一目标
新西兰	2050	法律规定	新西兰最大的排放源是农业。2019年11月通过的一项法律为除生物甲烷以外的所有温室气体设定了净零目标，到2050年，生物甲烷将在2017年的基础上减少24%~47%
北美洲			
加拿大	2050	政策宣示	2019年10月起，其政纲以气候行动为中心，承诺净零排放目标，并制定具有法律约束力的五年一次的碳预算
非洲			
南非	2050	政策宣示	南非政府于2020年9月公布了低排放发展战略（LEDS），概述了到2050年成为净零经济体的目标
亚洲			
不丹	已达成	提交协定	不丹人口不到100万，虽人均收入低，但周围有森林和水电资源，平衡碳账户比大多数国家容易。但经济增长和对汽车需求的不断增长，正给排放增加压力
韩国	2050	政策宣示	在2050年前完成经济脱碳，并结束煤炭融资。这是东亚地区第一个此类承诺。韩国约40%的电力来自煤炭，一直是海外煤电厂的主要融资国
日本	2050	政策宣示	日本政府于2019年6月在主办20国集团领导人峰会之前批准了一项气候战略，主要研究碳的捕获、利用和储存，以及作为清洁燃料来源的氢的开发
新加坡	21世纪下半叶	提交协定	与日本一样，新加坡也避免承诺明确的脱碳日期，但将其作为2020年3月提交联合国的长期战略的最终目标。到2040年，内燃机车将逐步淘汰，取而代之的是电动汽车
中国	2060	政策宣示	中国在2020年9月22日向联合国大会宣布，努力在2060年实现碳中和，并将采取更有力的政策和措施，争取在2030年之前达到排放峰值

从上述内容可以看出，各国对碳中和行动的态度和参与还是比较积极的，但是必须看到的是，目前全球距离碳中和的实现还存在相当长的差距。联合国环境署《2019 年排放差距报告》显示，即使当前《巴黎协定》的所有无条件承诺都得以兑现，全球气温仍有可能上升 3.2℃，从而带来更广泛、更具破坏性的气候影响。全球的整体减排力度须在现有水平上至少提升 5 倍，才能在未来 10 年中达成 1.5℃ 目标所要求的碳减排量①。联合国秘书长安东尼奥·古特雷斯（António Guterres）表示："10 年来，《排放差距报告》一直致力于引起人们的警觉，但 10 年了，全球碳排放量却始终处于上涨的趋势。从来没有哪个时刻比当前更紧急地要求我们重视这一科学报告。如果我们还不听从科学警告，不采取严厉措施扭转排放趋势，我们就只能继续目睹致命性、灾难性的热浪、风暴和污染的发生。"

2019 年，G20 国家的碳排放量占据全球总碳排放量的比例高达 78%，但是其中却有 15 个成员国没有确定具体的碳中和行动时间表。令人欣慰的是，在新冠肺炎疫情肆虐的 2020 年，情况却得到了极大的好转，在欧盟的领导下，G20 的一半成员国已经承诺到 2050 年实现碳中和。虽然美国上一任总统特朗普在执政期间令世人诧异地做出了退出《巴黎协定》的决策，但是现任总统拜登在就职首日就签署了重返《巴黎协定》的行政令，并于 2021 年 2 月 19 日正式再度成为《巴黎协定》缔约方②。

目前，碳中和行动的发展势头迅猛，在国际上的影响力逐渐扩大，占据全球碳排放达 70% 左右的国家已经公布或即将公布碳中和目标，并且这些国家中包括了大部分技术掌控国，因此可以判断，如果这些国家宣布碳中和的目标，也就意味着其他绝大部分国家也会实现碳中和目标，有了国际社会的同心协力，1.5℃ 的温控目标看起来不再是那么遥不可及③。

四、拉美国家的碳中和政策和实践现状

从目前的数据来看，拉美国家的碳中和行动仍然没有普及。拉丁美洲共计有

---

① 崔学勤，王克，邹骥.2℃和1.5℃目标对中国国家自主贡献和长期排放路径的影响 [J]. 中国人口·资源与环境，2016，26（12）：1-7.

② 中国碳交易网，http://www.tanjiaoyi.com/。

③ 张雅欣，罗荟霖，王灿.碳中和行动的国际趋势分析 [J]. 气候变化研究进展，2021，17（1）：88-97.

33 个国家和地区，但是目前却只有少部分国家公布了碳中和计划（见表3）。在公布了碳中和计划的国家中，智利已经于 2020 年 4 月向联合国提交中期承诺，争取在 2050 年实现碳中和；乌拉圭承诺到 2030 年成为净碳汇国；墨西哥、阿根廷、圭亚那和苏里南等国虽已经提出碳中和目标，但目前暂无目标详细信息来源。2020 年 12 月 8 日，巴西环境部长里卡多·萨列斯宣布，将在《巴黎协定》的框架内，努力争取在 2060 年实现碳中和；次日，巴西政府公布 9 项措施，包括到 2025 年将年排放量降至 2005 年水平的 37%，到 2030 年降至 2005 年水平的 43% 等。为实现相关目标，巴西政府决定 2030 年全面禁止非法毁林，并通过造林及可再生能源计划来协助碳中和目标的实现。此外，联合国绿色气候基金目前也正在帮助智利、阿根廷、尼泊尔、苏丹等国家在森林恢复方面采取积极行动。

表 3　部分拉美国家碳中和目标及主要内容

国家（地区）	目标年份	承诺性质	主要内容
智利	2050	政策宣示	皮涅拉总统于 2019 年 6 月宣布，智利努力实现碳中和。2020 年 4 月，政府向联合国提交了一份强化的中期承诺，重申了其长期目标。已经确定在 2024 年前关闭 28 座燃煤电厂中的 8 座，并在 2040 年前逐步淘汰煤电
乌拉圭	2030	提交协定	根据乌拉圭提交 UFNCCC 的国家报告，加上减少牛肉养殖、废弃物和能源排放的政策，预计到 2030 年，该国将成为净碳汇国
哥斯达黎加	2050	提交协定	2019 年 2 月，总统奎萨达制定了"一揽子"气候政策，同年 12 月向联合国提交的计划确定 2050 年碳净排放量为零
巴西	2060	—	在《巴黎协定》的框架内，努力争取在 2060 年实现碳中和；到 2025 年将年排放量降至 2005 年水平的 37%；到 2030 年降至 2005 年水平的 43%
苏里南	已达成	—	苏里南已经于 2014 年实现碳中和，进入负排放时代
墨西哥	—	—	墨西哥碳排放交易试点于 2020 年 1 月 1 日启动。该体系涵盖能源和工业部门的二氧化碳直接排放，占全国碳排放总量的 37%，碳排放交易体系将于 2023 年全面运行
哥伦比亚	—	—	政府已经制定政策，继续推进全国碳排放交易体系的设计工作
阿根廷	—	—	已经提出碳中和目标，但目前暂无详细信息来源
圭亚那	—	—	已经提出碳中和目标，但目前暂无详细信息来源
其余拉美国家	—	—	未能获得其余拉美国家（地区）碳中和相关信息

资料来源：作者根据相关资料整理。

拉美地区虽然苏里南已经实现了碳中和目标，但是由于苏里南是一个国土面积约 16 万平方公里、人口约 55.8 万人（2016 年数据）的小国家，相较来说碳中和难度不大，不具备拉美地区的代表性。大约仍有 2/3 的拉美国家没有提出碳中和目标。纵览当今国际社会，以欧盟为代表的发达国家以及部分小岛碳中和发展较快，已经制定了较为完善的碳中和计划以及相应的法律法规，而大部分发展中国家尚处于碳中和路径探索阶段。有经济学家分析，碳排放越过峰值，并走向碳减排阶段，需要具备三个要素：第一，人均 GDP 超过 1 万美元；第二，GDP 增长速度放缓；第三，加速减排对产业结构的影响。拉美地区普遍属于发展中国家，大部分国家人均 GDP 尚不足 1 万美元，而碳中和必然伴随产业变革，这无疑会进一步对这些国家的经济和产业结构造成一定程度的冲击。

目前，由于疫情的影响，拉美国家的经济增长在放缓（见表 4），在可以预见的未来，其经济发展和恢复应该成为一个重要的目标，这一点在短期内一定会给碳中和目标的设立和实现带来较大的冲击。因此，拉美国家仍然有很多方面需要持续努力。

表 4　IMF 预估测算的拉美地区 GDP 增长率　　　　单位：%

年份	墨西哥	阿根廷	巴西	智利	玻利维亚	哥伦比亚	厄瓜多尔	巴拉圭	秘鲁	乌拉圭	委内瑞拉	哥斯达黎加	拉美总体	世界
2016	2.6	-2.1	-3.3	1.7	4.3	2.1	-1.2	4.3	4.1	1.7	-17.0	4.2	-0.6	3.3
2017	2.1	2.8	1.3	1.2	4.2	1.4	2.4	5.0	2.5	2.6	-15.7	3.9	1.4	3.8
2018	2.2	-2.6	1.3	4.0	4.2	2.5	1.3	3.4	4.0	1.6	-19.6	2.7	1.1	3.5
2019	-0.3	-2.1	1.1	1.1	2.2	3.3	0.1	-0.03	2.2	0.2	-35	2.1	0.03	2.8
2020	-9.0	-11.8	-5.8	-6.0	-7.9	-8.2	-11.0	-4.0	-13.9	-4.5	-25	-5.5	-8.1	-4.4

资料来源：IMF. World Economic Outlook，October，2020。

碳中和行动在拉美国家未能得到普及的另一大原因，可能是近年来拉美多国时局不稳定。近年来，在美国单边主义、保守主义抬头以及世界经济普遍增长乏力的大背景下，拉美地区时局进入了敏感多变的时期[①]。2019 年，拉美多国爆发了大规模的社会抗议，甚至有暴力冲突。2020 年，在新冠肺炎疫情蔓延全球的情况下，拉美多国由于防疫不力使相关国家政府受到了更多的冲击甚至面临政治危机。委内瑞拉陷入了"一国两主"的局面；秘鲁因推行政治改革，激化了政党间的矛盾，让总统一度解散国会；厄瓜尔多的社会骚乱让总统莫雷诺不得不宣

---

① 袁东振. 理解拉美主要国家政治制度的变迁 [J]. 世界经济与政治，2017（10）：23-42，155-156.

布国家进入紧急状态，并临时迁都至瓜亚基尔；玻利维亚因大选分歧，使总统被迫辞职。在新冠肺炎疫情暴发后，各国将重心转向了防疫，但巴西等国由于防疫措施、复工时间分歧等原因，又进一步加剧了政治矛盾。拉美多国动荡的政治时局显然容易对碳中和相关计划的制订和实施造成负面的影响①。

　　毋庸置疑，拉美地区是第三世界的重要组成部分，在各个领域都对世界产生了巨大的影响力，长期以来为维护地区和平和促进经济发展做出了卓越的贡献。同时，拉美国家在碳中和方面的表现也将深刻影响整个国际社会。拉美地区拥有非常丰富的自然资源，不仅具有发展粮食作物和经济作物的巨大潜力，也因为地处低纬度和赤道线两侧，拥有丰富的林业资源。令人惋惜的是，2019 年，根据巴西国家太空署发布的数据，从 2019 年初至 9 月，巴西境内的森林火灾超过 8 万起，是 2013 年以来的最高数据，比 2018 年同期上涨 85%，其中 4 万余个着火点位于亚马逊盆地，同年 8 月亚马逊地区的森林大火更是持续了数月。碳中和目标的实现，不仅需要对碳源进行限制，在碳汇方面的加强也是非常关键的一步。拉美地区拥有得天独厚的林业资源优势，应该充分发挥其作用，在森林恢复、森林防火等方面多下功夫。此外，拉美地区还拥有相当丰富的地热资源，是全球地热产业的主要增长点，但是目前拉美各国对于地热能仍未进行充分利用。

五、启示和总结

　　全球参与碳中和是未来国际社会的发展趋势，也是实现碳中和目标的必要保证，为推动更好地促进、落实碳中和目标，需要拉美各国加强合作，加快研究制定符合自身情况的碳中和战略与实施路径，构建集宏观与微观于一体的政策体系。于此，笔者提出以下几点建议：

　　第一，呼吁更多的拉美国家加入碳中和计划中来。必须要认识到的一点是，碳中和作为一个气候控制的管理措施，只靠少部分国家的努力是难以有所成效的。拉美各国在地理位置上可谓唇齿相依，作为同一个大陆的关系紧密的利益相关者，一个国家的努力如果缺乏周边国家的配合，则所有的努力可能会前功尽弃。各国的发展目标和政策协调是赢得实效的重中之重。另外，碳中和作为温控措施的另外一面，它预示着未来的趋势，未来的世界必将是严控碳排放的世界，只有尽早地布局碳中和，加速相关产业的更新换代，大多数为发展中经济体的拉

---

① 孙洪波. 拉美地区局部动荡：表现、根源及前景［J］. 当代世界，2020（8）：66-73.

美国家才能够在下一轮的世界发展中获得主动权。

第二，加强顶层设计，从宏观上制定合理的碳中和战略规划。根据《巴黎协定》，世界距离实现碳中和目标的关键时间点 2050 年只有不到 30 年时间，而碳中和目标的实现需要经过碳达峰、碳下降、碳中和三个阶段，每一个阶段都将面临巨大的困难与挑战。面对这种时间紧、任务重的局面，要求拉美各国也必须加强战略规划，做好顶层设计，尽快研究制定出合理的碳中和战略，既要考虑到各个国家和地区的经济发展水平、资源禀赋、产业结构等因素，也要在行动中兼顾公平性、合理性、科学性、有效性等要求。

第三，以政策为纲，完善相应法律法规，规范碳中和市场。拉美各国应在宏观政策的引导下建立碳中和标准规范体系以及碳中和认证支持机制，并推动建立企业碳排放信息披露机制。标准体系的建立需要结合各国的实际情况，确保各行业能够健康持续发展；政府部门应当对行业加以引导，鼓励企业树立低碳发展理念，开展碳中和认证。碳排放信息的披露也是一大关键，政府需要倡导企业主动披露碳排放相关信息，构建全民监督机制，为碳中和行动的落地助力。近年来，责任投资概念越来越热，细分领域下的 ESG 投资在国际投资领域所占比重也越来越大，这意味着投资者越来越看重企业的环保理念以及社会责任感，拉美各国的企业应在与碳中和目标进行融合的过程中，同样融入 ESG 理念，秉持绿色可持续发展理念来经营企业，提高发展的起点。

总而言之，碳中和目标的提出将会对未来产生深刻的影响，对于世界各国而言，既是一个巨大的挑战，也是一个不可错过的重要机遇。在以欧盟等发达国家为代表的碳中和先锋队已经取得大量碳中和实践经验的基础上，拉美国家作为第三世界的主力军，应当充分吸取国际社会的实践经验，尽快走出一条属于自己的碳中和道路。身处百年未有之大变局的时代洪流中，拉美各国在需要克服国家之间的壁垒、强化合作共赢的同时，还需要找到自己国家在碳中和领域的定位，结合自身的经济发展和其他实际条件，克服自身的弱点并充分发挥自身的比较优势，积极探索和寻求抵达碳中和彼岸的航线，并及时有效地投入实践，为拉美地区的共同发展、为全球共同应对气候变化做出应有的贡献。

后疫情时代中拉共享繁荣合作发展报告

马里奥·昆特罗斯[*]

摘　要： 虽然中国和拉丁美洲之间的合作与贸易已经相当紧密和频繁（例如，中国已经是拉丁美洲的第二大贸易伙伴），但是双方特别是私营企业仍有很大的合作空间，双方的直接合作单位仍然极有可能实现互利互惠。双方的合作也无疑有助于构建和巩固人类命运共同体。

关键词： 贸易伙伴；合作空间；人类命运共同体

一、我们当前的处境

至 2021 年中，世界正面临一场重大危机，这场危机涉及多个方面：人道主义、经济、社会和政治。当前的情况是由某些趋势演变而成的，这些趋势早几年就已经出现了苗头，而新冠肺炎疫情的暴发进一步加快了其发展；新冠肺炎疫情就像催化剂，加快了危机的到来。

这场现代史上前所未有的国际危机给各国政府和人民带来了巨大挑战，如如何克服危机，如何在短期内维持稳定，如何尽快恢复经济增长。

就当前形势来看，很明显，应对这场挑战绝非易事，更不是几个月就能完成的任务。尽管如此，在这一艰难时期，也别忘了每一次危机的到来也伴随着新的机遇。

拉丁美洲之前就有的经济问题，现在被疫情进一步放大，这使通过恢复经济来维持政治、社会稳定的任务显得尤为紧迫，要知道拉美地区不少国家的稳定已经受到了威胁。

---

　* 马里奥·昆特罗斯（Mario Quintros），阿根廷驻广州总领事馆前副总领事，现任易咨询有限公司总裁。本文的写作和完善得到了《2020~2021 年拉丁美洲蓝皮书》副主编李永宁教授的大力支持，特此鸣谢。

不过，当前严峻的世界疫情形势也为中国和拉丁美洲私营企业之间的互利合作创造了机会。对此本文将努力展开，并进行探讨。

二、拉丁美洲的现实

（一）拉丁美洲：它是什么，它在哪里

拉丁美洲，顾名思义，指美洲所有使用源自拉丁语的语言（即西班牙语、葡萄牙语、法语和克里奥尔语——当地方言）的国家和地区；或者，从历史的角度来看，指美洲所有曾属于西班牙、葡萄牙或法兰西帝国的地区。

"拉丁美洲"一词也常用于泛指美洲大陆上美墨边境以南的所有地区，包括20个国家以及主要位于加勒比盆地的一些附属领土。

（二）拉丁美洲：国家和地区——从基本数字看发展

1. 人口要素

巴西（人口约2.1亿人）和墨西哥（人口约1.26亿人）是拉美地区人口最多的国家。阿根廷、哥伦比亚、秘鲁和委内瑞拉（居民数量在2800万～5000万人）人口中等（见表1），而其他国家和地区则属于小型社会（马尔维纳斯群岛只居住着约3400人，是人口最少的地区）。迄今为止，巴西（850万平方公里）、阿根廷（270万平方公里）和墨西哥（190万平方公里）是拉美地区领土面积前三位的国家（见表1）。

表 1 拉丁美洲主要国家和地区的基本数据

国家	人口 （人，2018 年）	面积 （平方公里）	人口密度 （人/平方公里）
阿根廷	44361150	2780400	16
玻利维亚	11353142	1098581	10
巴西	209469323	8514877	25
智利	18729160	756102	25
哥伦比亚	49661048	1141748	43
哥斯达黎加	4999441	51100	98
古巴	11338134	109884	103
多米尼加共和国	10627141	48192	221
厄瓜多尔	17084358	256369	67

续表

国家	人口 （人，2018 年）	面积 （平方公里）	人口密度 （人/平方公里）
萨尔瓦多	6420746	21041	305
法属圭亚那*	282938	83534	3
瓜德罗普岛*	399848	1705	235
危地马拉	17247849	108889	158
海地	11123178	27750	401
洪都拉斯	9587522	112492	85
马提尼克*	375673	1128	333
墨西哥	126190788	1964375	64
尼加拉瓜	6465501	130373	50
巴拿马	4176869	75417	55
巴拉圭	6956066	406752	17
秘鲁	31989260	1285216	25
波多黎各*	3039596	8870	343
圣巴赛洛缪*	9816	25	393
圣马丁*	35334	54	654
乌拉圭	3449285	176215	20
委内瑞拉	28887118	912050	32

注：＊表示非主权领土。

2. 次区域

拉丁美洲在地理上通常分为四个地区：墨西哥（北美的一部分）、加勒比盆地（主要是岛国和属地）、中美洲（墨西哥南部边界到哥伦比亚北部边境之间的地峡）和南美洲（从北部的哥伦比亚到南部的南极洲）。

由此可见，整个拉美地区面积辽阔，从南方遥远的南极洲一直延伸到北方的美墨边境，总共约 1900 万平方公里，占地球陆地总面积的近 13%。

3. 人文要素

拉丁美洲还非常多元化，其人口来自五湖四海，有原住民、非洲、欧洲、亚洲，数百年来，所有社群和谐共处，相互通婚。

多元化的人口使用的语言也多种多样。西班牙语（约 60% 人口的母语）是最受欢迎、地理分布范围最广的语言，其次是葡萄牙语，使用人数约占总人口数的 30%（主要在巴西）。

秘鲁、玻利维亚、墨西哥、巴拉圭和其他文化融合较少的地区则使用当地语言（盖丘亚语、瓜拉尼语、纳瓦特尔语和其他语言）。

拉美地区使用的其他语言还有：主要使用于加勒比地区的各种克里奥尔方言——帕皮亚门托语等；同样也使用于部分加勒比地区的法语；主要使用于圭亚那及其他地区的英语；另外，加勒比地区甚至还有部分人使用荷兰语和荷兰克里奥尔语。

尽管地域辽阔、文化多样，拉美地区各国之间仍有许多共性：大多数拉美国家在 19 世纪初才实现了独立（海地于 1804 年第一个独立建国）；所有拉美国家都有着殖民地历史，因而都极为重视自身的民族自决权，绝不允许任何君主专制制度的存在。

作为历史和移民的产物，拉美地区的民族文化表现出不同程度的融合，墨西哥和巴西就是最好的例子。

最重要的是使拉美地区真正有别于世界其他地区的特点：拉美地区的所有国家对待移民和外国人都非常开放。移民现象已经存在了 500 多年，成为了社会传统的一部分，时至今日也非常普遍。在整个拉美地区，外国人通常都被当作未来公民来看待。

4. 经济要素

（1）概览。据国际货币基金组织估算，拉丁美洲的 GDP 总和超过 5.1 万亿美元，如果按购买力平价（PPP）计算，将超过 10.2 万亿美元。

由于拉丁美洲人口不断增长且呈年轻化，生产结构过度依赖于与粗放农业和采矿业有关的活动（劳动力需求相对较低的活动），工业刚刚起步且尚未完全整合，因此拉美国家面临着在充分发展经济的同时克服各种限制的挑战，特别是获取必要资本和新技术方面的限制。

拉美地区巨大的潜力往往被忽视：超过 6.5 亿人口（高度城市化，约 80% 的人口）居住在城市（联合国 2020 年数据），丰富的自然资源（矿藏、农业、渔业、可再生能源等），位于部分地区的众多成熟产业，还有一片大体上仍处于原始状态、未被开发的环境，这在当今世界是一个例外。

另外值得注意的一点是，拉美地区人均 GDP 接近 1 万美元，拉美市场的体量可观。

（2）工业与工业化。拉丁美洲制造业的"领头羊"是墨西哥（工业排世界第 12 名，年产值约 2170 亿美元）、巴西（工业排世界第 13 名，年产值约 1730 亿美元）、阿根廷（工业排世界第 31 名，年产值约 570 亿美元）、哥伦比亚（工业排世界第 46 名，年产值约 350 亿美元）、秘鲁（工业排世界第 50 名，年产值约 280 亿美元）和智利（工业排世界第 51 名，年产值约 280 亿美元)①。

拉丁美洲的工业化起步（于 19 世纪的最后几十年）晚于欧洲，在两次世界大战期间（1914~1918 年和 1939~1945 年）都受到了重大推动，因为当时欧洲和美国——拉美地区工业产品的传统供应国为了集中产能投入战争，不得不减少出口。

推动这些国家新兴产业发展的一个重要因素是一支年轻化且受教育程度相对较高的劳动力队伍，以及来自欧洲的技术移民。

如今，巴西工业在众多领域领先世界：巴西是世界第二大加工食品出口国、第二大木浆出口国、第八大纸张生产国、第四大鞋类生产国、第八大汽车生产国、第九大钢铁生产国、第八大化工产业强国和第五大纺织品生产国。最引人注目的是，巴西的飞机制造商排名世界第三，仅次于美国波音公司和欧洲空中客车集团。

尽管阿根廷的工业水平远不及巴西，但其在生物技术、核能和航空航天领域的发展可圈可点。

墨西哥的工业与美国经济密切相关，许多美国公司都在墨西哥开办了生产工厂，同时为两国市场生产产品。

（3）产业政策。巴西、阿根廷、墨西哥和智利等一些国家的工业化进程自 20 世纪 50 年代以来得到了加速，这得益于政府在当时推行的旨在创造新生产活动的政策。这些政策鼓励进口替代和对当地原材料（食品、纺织品等）的加工。在过去，这些国家当地的原材料都是未经加工直接出口。

值得注意的是，进口替代作为促进当地产业的一项政策（过去几十年来在巴西、阿根廷和其他南美国家非常普遍）主要表现为对进口产品征收高额关税和设立各种非关税壁垒（卫生、工业标准、配额等），从而阻止外国产品进入当地市场。

尽管拉美地区各国政府都实施了不同程度的产业促进政策，但拉美地区的私营企业要想取得进一步的发展仍需克服一些障碍。总的来说，拉美地区的产业难以获取最重要的资本和技术，缺少资本和技术，拉美地区的产业很难提高产能、加强创新和打入国际市场。

（4）贸易协定的影响。得益于现有的双边和区域贸易协定、地理毗邻和文化合力，拉美地区的企业享有进入大部分重要当地市场的特权。

拉美地区的主要贸易协定（贸易集团）有太平洋联盟（智利、哥伦比亚、墨西哥和秘鲁）和南方共同市场（巴西、阿根廷、乌拉圭和巴拉圭）；小规模的

---

① 数据来自世界银行 2019 年报告。

贸易集团有 G3 贸易协定（哥伦比亚、墨西哥和 2006 年退出的委内瑞拉）、多米尼加共和国—中美洲自由贸易协定（DR-CAFTA）、加勒比共同体（CARICOM，15 个成员国加一个附属国）和安第斯国家共同体（CAN，玻利维亚、哥伦比亚、厄瓜多尔和秘鲁）。

拉美地区的主要贸易伙伴依次为美国、中国和欧盟。美国和欧盟一直以来都是拉美国家的主要贸易伙伴，而中国（当今拉美地区第二大贸易伙伴）是在过去二十年里通过迅猛发展才取得了这一位置。

在这一背景下，值得注意的是，只有智利、秘鲁、哥伦比亚和墨西哥与美国签订了自由贸易协定。中国也已经与智利、秘鲁和厄瓜多尔签订了自由贸易协定，并且还在与其他国家（乌拉圭等）就签订自贸协定进行谈判。而欧盟与拉美国家或地区几乎没有签订任何重要的自由贸易协定。

三、新常态——21 世纪第三个十年的中国

自 20 世纪 80 年代初实施经济制度改革以来，在勤劳、智慧的中国人民的努力下，中国在短短三十多年里取得了令人瞩目的经济、技术和社会发展成就，并与世界经济实现了高度融合。

然而，早在 2010 年初就能察觉到中国的经济活力已经发生了变化：经济增长率下降、劳动力成本增加、环境限制收紧、监管范围扩大以及政策执行力度加强等。简而言之，当时的中国正在逐渐步入一个更加成熟的发展阶段，该阶段的特点包括生产结构更加复杂（高科技产业占比更高）、人口平均受教育水平提高、生活水平明显改善（住房、营养、健康、休闲等）、消费行为（包括食品消费行为）发生变化，同时生产成本普遍提高。

如今的中国已不再仅仅是低端技术和低价产品的出口国，其生产水平已经与欧盟、英国、日本、韩国或美国等传统高科技产品和高端服务的出口国（或地区）不相上下。

此外，2017 年特朗普上台后，特朗普政府将中国视作美国的"战略对手"，并制定了一系列措施（关税和其他措施）为中国产品进入美国市场设置障碍，企图削弱中国产品和服务的国际竞争力，并严格限制中国获取高端技术。

这一全新的形势深刻影响了中国经济，特别是中国的私营企业生产成本显著上升，进入像美国这样的传统市场也受到了限制。

因此，占中国就业人口近 2/3 的中国私企正面临着各种挑战，中国私企不得

不通过开拓新市场来调整外贸重心，发展品牌来提高自身产品的价值，甚至还得重新寻找稳定的高质量产品供应国来维持生产标准，并满足消费习惯不断成熟的国内市场的需求。

四、合力促进共同增长

以上关于拉丁美洲和中国的分析虽然简短，但足以概括目前的状况：中国拥有让拉美企业感兴趣的东西——资本、技术和极为重要的中国国内市场（特别是消费品市场）；而拉丁美洲则可以为中国企业提供一个巨大的区域性市场（6亿人口）、低成本的熟练劳动力、丰富多样的原材料种类以及一片未被污染的环境（对确保食品和其他产品的质量至关重要）。

中国和拉美双方能力的这种非同寻常的对称性，一旦引导到具体的商业项目中，将产生多重协同效应，建立起一个促进拉美经济社会持续发展的平台，同时也为中国企业不断发展的愿景提供解决方案。

除了拉美国家与中国之间已经生效的众多政府间双边经济合作协议，以及正在进行和规划中的无数联合基础设施建设项目和其他重大项目以外，中国私企其实还有很多机会利用这一特殊局面获利。

对于拉美企业，与中国企业合作（建立合资企业或其他商业结构）可以提高产能、丰富产品、更新技术和生产方式，并共同进入区域和第三方市场，实现规模经济效应，发展品牌，从而进一步提高自身产品的价值。

对于中国企业，与拉美企业合作将打开进入拉美市场的机会。过去，中国企业直接从本国向拉美市场出口制成品往往会面临各种复杂的问题，如今则可以创造出全新的、独特的方式来保持传统市场的开放，并降低生产成本。

此外，拉美地区能够生产在中国昂贵或稀缺的产品（特别是食品、矿石和纺织纤维或木材等其他原材料）。

五、未来合作前景

拉美国家和中国双方各级政府（国家、地区、地方）的任务将无疑是鼓励双方企业采取合作模式。另外，代表中国和拉美双方私企的商会和其他商业协会也将发挥作用，传播和推广有利于各自成员的合作倡议。

幸运的是，如今在拉美地区和中国都有许多由私营企业建立的合作项目取得成功。最近最令人振奋和具有合作共赢意义的是 2021 年秋天在珠海召开的"共享湾区发展新机遇，共绘粤拉合作新篇章"大型国际合作会议。这次由广东省人民政府外事办公室和广东省贸促会主办、珠海市政府有关部门协办的盛会的目标是开展广东与拉美合作交流对话，同时推介广东国际商机。除了中方的官员、企业家和学者之外，拉丁美洲和加勒比区域有多达十几个国家的驻华大使、常驻代表或领事代办，以及拉美国家驻广州总领事馆官员、部分拉美国家企业代表等参与了合作机遇和前景的分享。类似这样的案例充分说明了通过湾区资源整合，通过广东这样的经济大省的产业推动，后疫情时代的中拉共享繁荣正在从理念和设计层面迈向更大规模的实践和操作层面。

同样非常幸运的是，已经有许多人具有创办和开发这些合作项目的经验，他们能给其他试图迎接挑战、开辟社会经济发展新道路的企业家们提供帮助和咨询。

六、致　谢

首先，作为在中国工作和生活多年的阿根廷人，我要对中国人民的热情友好表示衷心的感谢，特别要感谢广州人民，早在十年前，我作为外交官来到中国时，广州人民就热情地接待了我，尽管当时对汉语和中华文明一无所知。时至今日，虽然我学起汉语来仍困难不小，但他们依然热心地给予我帮助。

其次，我还要特别感谢广东外语外贸大学拉丁美洲研究中心副主任李永宁教授，他不仅与我有着良好的工作关系，还对本文所表达的选题和观点颇有兴趣，并非常耐心地就如何更好地表达这些观点，如对全文框架和内容的完善，包括对文字的表述与润色提出了宝贵建议。

第二部分
拉丁美洲国别社会与教育研究

墨西哥突发性公共卫生事件及其治理经验和教训[*]

张芯瑜^{**}

摘　要：墨西哥历史上发生过多起重大的突发公共卫生事件。突发公共卫生事件的暴发一方面给墨西哥造成了极大的经济损失，另一方面却成为了推进墨西哥公共卫生体系改革和加强区域与国际合作的重要驱动力。本文从政府管理、疾病监测、干预措施三个方面，结合该国在新冠肺炎疫情中的防控措施，对该国应对突发公共卫生事件的治理经验进行了分析和评估。结合墨西哥应对公共卫生事件的经验和教训，本文从完善和落实国家突发公共卫生事件应急机制、提升疾病监测和预警系统、加强药物和非药物措施相结合的综合干预能力、建立风险沟通和社会信任修复机制、建立应对突发公共卫生事件的演练和培训制度、加强突发公共卫生事件应对的区域和国际合作等方面提出了提升我国公共卫生应急治理能力的政策建议。

关键词：突发公共卫生事件；治理策略；墨西哥；发展中国家

一、引　言

近年来，全球发生了多起重大的突发公共卫生事件，如重症急性呼吸综合征

---

* 本文为中国博士后科学基金项目"拉美民粹主义政党的发展及其对国家治理的影响"（2020M672915）阶段性成果。

** 张芯瑜，国际政治学博士，中山大学拉美研究中心博士后研究员。

（SARS）、中东呼吸综合征、寨卡病毒和西非埃博拉疫情等。① 各国内部暴发的中小型突发公共卫生事件更是数不胜数。2019 年底我国湖北省内暴发的新冠肺炎疫情，因其传播速度快、范围广、人群易感，被世界卫生组织列为国际关注的突发公共卫生事件。尽管新冠肺炎疫情在全球蔓延，但一些发展中国家在疫情防控方面做得比发达国家要好。截至 2020 年 12 月，全球一半以上与新冠肺炎疫情相关的死亡病例来自美国和欧洲发达国家。为此，美国《外交政策》杂志发表文章称："受益于过往疫情应对经验以及习惯于面对严峻挑战，发展中国家可能率先摆脱疫情。"②

充分借鉴世界其他国家应对突发公共卫生事件的经验和教训，能有效提高我国公共卫生应急治理能力。但当前国内外学界多专注于发达国家突发公共卫生事件的防控策略，较少分析和总结发展中国家在应对突发性公共卫生事件中的经验和教训。③ 我国与墨西哥均是中等收入国家，产业结构相似，且均具有人口众多、民族复杂、存在一定程度的贫富差距等特点。墨西哥历史上暴发过多起突发公共卫生事件，特别是 2009 年的甲型 H1N1 流感大流行。在经历数次突发公共卫生事件后，墨西哥公共卫生应急治理体系得到了升级，治理能力得到了提升，但也还存在不少问题。本文将以墨西哥为例，结合该国在新冠肺炎疫情中的防控措施，对该国应对突发公共卫生事件的治理经验进行分析和评估，最后提出提升我国公共卫生应急治理能力的政策建议。

二、墨西哥历史上的突发公共卫生事件及其影响

自西班牙殖民者在 16 世纪抵达墨西哥后，该地区发生了一系列灾难性的流

---

① 突发公共卫生事件是指突然发生，造成或者可能造成重大人员伤亡、财产损失、生态环境破坏和严重社会危害，危及公共安全的紧急事件。突发公共卫生事件包括传染病疫情、群体性不明原因疾病、食品安全和职业危害、动物疫情，以及其他严重影响公众健康和生命安全的事件。参见：国家突发公共事件总体应急预案 [EB/OL]. http：//www. gov. cn/yjgl/2006-01/08/content_21048. htm. [2006-01-08].

② The Developing World Could Come out of the Pandemic ahead [EB/OL]. https：//foreignpolicy.com/2020/09/02/the-developing-world-could-come-out-of-the-pandemic-ahead/. [2020-09-02].

③ 参见：谈在祥等. 美国、日本突发公共卫生事件应急处理体系的借鉴及启示 [J/OL]. 卫生经济研究，https：//doi. org/10. 14055/j. cnki. 33-1056/f. 20200210. 001；买媛媛. 发达国家交通应对突发公共卫生事件的经验及对我国的启示 [J]. 交通运输研究，2020 (1)；Natasha de Francisco. A Systematic Review of the Social and Economic Burden of Influenza in Low-and Middle-income Countries [J]. Vaccine, 2015 (33)：6537-6544；Yasmin Khan. Public Health Emergency Preparedness：A Framework to Promote Resilience [J]. BMC Public Health, 2018 (18)：1344-1354.

行病，比如天花大流行、麻疹大流行、结肠炎流行等。这是在墨西哥本土发生的最早的重大公共卫生事件，造成了大量的墨西哥原住民死亡。17 世纪以后，由于大量移民涌入，墨西哥先后遭遇了多起输入性的传染病，比如肺结核、黄热病、霍乱等。1918 年西班牙大流感是墨西哥进入 20 世纪遭受的第一场大规模流行病，造成了全国近 50 万人死亡。这次大流行后，墨西哥开始重视公共卫生事件的防控。通过在大规模人群中推广常规疫苗的接种，墨西哥政府有效地减少了部分流行病的传播。

进入 21 世纪，墨西哥民众的卫生与健康档案发生了重大变化，呈现出以下特点：一是随着卫生设施的完善、营养的改善、疫苗的推广及其他预防性措施的开展，墨西哥的儿童死亡率得到降低，人均寿命得到延长；二是由于糖尿病、心脏病和癌症等慢性病发病率上升，墨西哥的非传染病死亡率呈上升趋势；三是墨西哥持续面临着突发性公共卫生事件的威胁。[1] 如表 1 所示，新出现和重新再现的传染病成为了墨西哥不可忽视的疾病负担。2009 年 4 月，墨西哥暴发了大范围的甲型 H1N1 流感。不到半年的时间，该疫情迅速传遍全球，成为了世界卫生组织确定的第一起国际关注的突发公共卫生事件。

表 1　墨西哥主要传染病和寄生虫病死亡情况　　　　　单位：10 万人

	2000 年	2016 年
肺结核	3.7	83.1
艾滋病毒/艾滋病	4.3	246.6
腹泻病	7.0	153.7
肝炎	1.5	26.4
寄生虫病和虫媒病	0.6	15.9
传染性呼吸道疾病	20.6	745.5

资料来源：Global Health Estimates 2016：Deaths by Cause, Age, Sex, by Country and by Region, 2000 - 2016 ［R］. Geneva, World Health Organization, 2018。

突发公共卫生事件在时间上具有突然性，空间上具有群体性，操作上具有不可预测性。公共卫生事件的暴发对墨西哥的经济、社会和政治发展产生着较大的影响。首先，突发公共卫生事件对墨西哥造成了巨大的经济损失。突发公共卫生事件的经济负担通常包括两个方面：一是疫情防控和医疗服务产生的直接经济成

---

① Maria Victoria Anauati, Sebastian Galiani, Federico Weinschelbaum. The Rise of Noncommunicable Disease in Latin America and the Caribbean: Challenges for Public Health Policies ［J］. Latin American Economic Review, 2015, 23 (11): 10.

本；二是疫情对生产和生活造成的间接经济损失。据了解，2009 年墨西哥甲型 H1N1 流感暴发后损失了近 100 万海外游客，造成的经济损失相当于 2008 年国内生产总值的 1%（略高于 90 亿美元）。①

其次，突发公共卫生事件成为了墨西哥公共卫生体系改革的重要驱动力。随着流行病的演变，特别是新传染疾病和越来越多的抗药物性病例的出现，对墨西哥公共卫生体系提出了新的要求，包括需要加强传染病监测、风险评估、应急响应、人员培训等。另外，墨西哥长期存在着贫富差距大、失业人口多、医疗不平等的问题。落后的贫民窟和脆弱的原住民社区通常是突发公共卫生事件暴发的重灾区。鉴于此，20 世纪末，墨西哥围绕公平、有效、可持续性和社会参与等目标，实施了一系列医疗改革，包括增加公共卫生筹资、扩大公共卫生保障的覆盖范围、改善医疗保险制度等。②

最后，突发公共卫生事件推动了墨西哥积极参与区域和国际间公共卫生的合作。传染性疾病的传播没有国界，往往需要多个国家采取协调一致的应对措施。一方面，墨西哥非常重视在双边和多边合作协议中增加对边境卫生保健和检疫标准的规定。另一方面，墨西哥积极支持和配合国际卫生组织在公共卫生方面的工作。泛美卫生组织（PAHO）在推动墨西哥公共卫生治理能力的提高上发挥了重要的作用。该组织是世界卫生组织在美洲区域的办事处。③ 在突发性公共卫生事件中，泛美卫生组织多次帮助墨西哥制定应急和防控方案、提供检疫和防护设备、设立信息共享平台等。

在经历数次突发公共卫生事件后，墨西哥公共卫生应急治理体系得到升级，治理能力得到提升。一份评估报告表明，墨西哥在流行病防控方案完整程度、公共卫生基础设施、疫苗和抗病毒药物储备、医疗和护理水平等方面普遍优于其他拉美国家。④ 另外，根据全球健康安全 2019 年的排名，墨西哥在传染病监测、卫生系统以及对国际准则的遵循方面表现尚佳，总体排名拉美地区第 4 名、世界第

① Molinari NAM, et al. The Annual Impact of Seasonal Influenza in the US: Measuring Disease Burden and Costs [J]. Vaccine, 2007, 25（27）: 5086.

② Pan American Health Organization: Public Health Capacity in Latin America and the Caribbean: Assessment and Strengthening [R]. Washington: PAHO, 2007: 8.

③ 1995 年，泛美卫生组织制订了第一份防控传染病暴发的区域行动计划。该行动计划的目标包括：a. 加强美洲传染病区域监测网络；b. 通过多学科的培训方案和提高实验室能力，建立传染病预警和快速响应的国家和区域基础设施；c. 进一步推动诊断、预防、流行病学和临床领域的应用研究的发展；d. 加强美洲地区传染病防控战略的有效实施。参见：Jonathan R. Davis, Joshua Lederberg. Emerging Infectious Diseases from the Global to the Local Perspective: Workshop Summary [M]. Washington: National Academy Press, 2001: 18.

④ Ana Mensua, et al. Pandemic Influenza Preparedness in Latin America: Analysis of National Strategic Plans [J]. Health Policy and Planning, 2009（24）: 253.

28 名。① 尽管如此，墨西哥在突发公共卫生事件的预防和治理方面仍存在不少问题，而这些问题在本次新冠肺炎疫情防控中得到充分的暴露。接下来，本文将从政府管理、疾病监测、干预措施三大方面，结合墨西哥在新冠肺炎疫情中的防控措施，对该国应对突发公共卫生事件的治理经验进行分析和评估。

三、墨西哥突发公共卫生事件的应对策略

在登革热、肺结核和疟疾等传统传染疾病持续存在的同时，禽流感、甲型H1N1流感、寨卡病毒等新流行病在墨西哥陆续出现，引发了数起严重的突发公共卫生事件。接下来，本文将从政府管理、疾病监测、干预措施三大方面，结合墨西哥在新冠肺炎疫情中的防控措施，对该国应对突发公共卫生事件的治理经验进行分析和评估。

（一）政府管理

在经历数次大小不一的突发公共卫生事件后，墨西哥形成了较为系统化、多样化和立体化的公共卫生应急治理法律体系。如图1所示，墨西哥公共卫生应急治理法律体系首先以宪法作为根本和基础，其次以《卫生法》《民事保护法》《国家卫生研究所法》《联邦动物保护法》等法律作为公共卫生应急治理各个方面的总指挥。宪法和法律之下是墨西哥政府在应急治理中要遵循的国际协定。传染病防治方面的国际协定主要是指2005年由第五十八届世界卫生大会通过的《国际卫生条例》。在此之下是墨西哥应急治理具体某一领域或某一方面的法律条例。比如，《卫生法关于国际卫生的条例》《卫生法关于提供保健服务的条例》《卫生产品和服务控制条例》等。最后，金字塔的底端是由墨西哥各官方标准机构通过正规途径发行并强制执行的官方标准（Normas Oficiales Mexicanas，NOM）。疾病预防和健康促进方面的NOM是由墨西哥全国疾病预防和控制标准化咨询委员会批准，而后在《联邦政府公报》上发布的官方标准。墨西哥有关卫生应急治理的NOM包括NOM-048-SSA1-1993《评估环境因素导致的健康风险的标准化方法》、NOM-045-SSA2-2005《流行病学监测、预防和控制医院感染》、NOM-017-SSA2-2012《流行病学监测》、NOM-032-SSA2-2010《流行病监测、预防和控制病媒传染的疾病》、NOM-006-SSA2-2013《预防和控制结核病》等。

---

① Global Health Security Index：Building Collective Action and Accountability，2019. www.ghsindex.org.

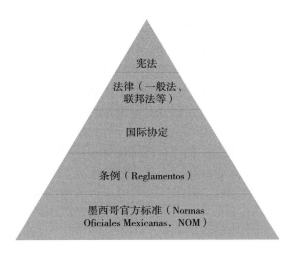

图 1　墨西哥公共卫生应急治理的法律体系

资料来源：作者绘制。

为了使公共卫生安全的概念制度化，2003 年墨西哥成立了国家卫生安全委员会，这是一个由卫生部领导的合议机构，负责分析、确定、检测和评估国家卫生安全政策。2005 年，国家卫生安全委员会发布了第一个《国家应急准备计划》。该计划重点对风险沟通、健康促进、医疗服务、流行病学监测、储备策略及研发做了详细的描述。[①] 一年后，在外国观察员的参与下，墨西哥举行了一次应急情景演习，以评估国家应对流行病暴发的能力。来自墨西哥城、伊达尔戈、塔瓦斯科和奇瓦瓦的近 3000 人参加了这项活动。2009 年 4 月，墨西哥国内甲型 H1N1 流感大暴发。墨西哥政府依据《国家流感大流行应急准备计划》，发布了全国范围内的流感流行预警，并开展了相关防控工作。

H1N1 流感疫情结束后，墨西哥政府吸取了各部门在卫生应急治理中的经验和教训，于 2010 年 10 月发布了新版的《国家流感大流行应急准备计划》。该计划明确指出了联邦政府、各行政部门、社区、家庭及个人在突发公共卫生事件中的责任和作用。此外，墨西哥还确定了在突发卫生事件中采取"联邦—州—地方"三级应急治理模式。[②] 全民健康委员会（Consejo de Salubridad General）是联邦层面的最高领导机构，由墨西哥总统担任主席，成员包括卫生部、财政部、劳工和社会保障部、旅游部等行政部门的负责人。此外，联邦层面的应急治理机构

[①]　王敏等. 墨西哥甲型 H1N1 流感防控策略及其经验 [J]. 医学与社会，2011（11）：75.

[②]　Plan Nacional de Preparación y Respuesta ante una Pandemia de Influenza, Documento Guía, Octubre 2010：36.

还包括国家卫生委员会、国家卫生安全委员会、国家流感委员会、国家卫生安全行动指挥部。墨西哥州层面也采用同样的结构，代表州政府管理卫生紧急事务。地方层面的应急治理工作主要由地方公共卫生机构、委员会及私立卫生机构负责，提供基本的医疗和保健服务，并采取预防性的自我保健措施。

虽然墨西哥的公共卫生事件防控策略在不断地升级和完善，但其执行力度却在实践中大打折扣。当新冠肺炎疫情在其他国家大规模暴发时，墨西哥还处于输入性感染阶段，但该国政府并没有执行强制性隔离或者戒严措施，而是继续正常接受来自疫情严重地区的旅客。此外，在疫情处于社区传播阶段，虽然墨西哥卫生部门一再强调民众要做好自我防范、保持健康距离，但该国总统却没有按照相关建议，依然坚持其亲民路线，甚至在身边官员核酸检测呈阳性后，总统依然拒绝接受新冠病毒检测。墨西哥公共卫生事件防控策略执行力度差，是该国政府疫情防控工作变得越来越艰难的重要原因。

（二）疾病监测

2009 年甲型 H1N1 流感疫情后，墨西哥通过升级地理信息系统和提升实验室基础设施，对公共健康监测网络进行了更新和完善。墨西哥目前的疾病监测有专门性监测和一般性监测两种方式，并通过国家流行病监测系统（Sistema Nacional de Vigilancia Epidemiológica，SINAVE）进行协调。[①] 专门性监测由一个全国公共卫生实验室网络和 636 个流感监测卫生单位（Unidades de Salud Monitoras de Influenza，USMIs）进行。[②] 一般性监测主要记录全国 19000 个医疗和保健机构统计的 114 种病例的数据。除了以上两种监测方式，墨西哥还在《国家流感大流行应急准备计划》中规定了通过非正式联系渠道了解异常情况的重要性，包括口头沟通（如面对面交流、电话）、书面沟通（如邮件）、非口头沟通（如肢体语言）等。为非正式渠道获取的信息建立正式的上报途径，为临床医生和实验人员能够立即向主管部门报告异常情况提供了便利。[③]

此外，墨西哥根据世界卫生组织 2005 年《国际卫生条例》，建立了国际流行病监测机制。墨西哥卫生部的流行病学总局作为国家联络中心（Centro Nacional de Enlace，CNE），是唯一能向世界卫生组织通报潜在的全球突发公共卫生事件

---

①③ Plan Nacional de Preparación y Respuesta ante una Pandemia de Influenza, Documento Guía, Octubre 2010：16.

② 全国公共卫生实验室网络划分为联邦、州和地方三级，主要由"Dr. Manuel Martínez Báez"流行病诊断和参考研究所（InDRE）、国家公共卫生实验室（LESP）与流行病监测支持实验室（LAVE）三部分组成。其中"Dr. Manuel Martínez Báez"流行病诊断和参考研究所是该网络的领导机构。参见：Lineamientos para la Vigilancia por Laboratorio, Instituto de Diagnóstico y Referencia Epidemiológicos "Dr. Manuel Martínez Báez"，2020.

的机构。① 墨西哥境内的国际卫生监测活动按照"州—卫生辖区—地方"三个级别开展。其中，地方层次的监测活动主要是指各入境口岸的卫生检疫工作。新冠肺炎疫情暴发后，墨西哥卫生部出台了《2019-nCoV 流行病监测标准化工作指南》，对各州卫生部门、辖区卫生机构，以及机场、海港和过境点等入境口岸的疫情监测工作提出了具体的指导方案。

面对新冠病毒的传播，墨西哥较早地开展了应对疫情的准备工作，成为了拉美地区针对本次疫情的实验室诊断和检测培训基地，也是第一个在国家公共卫生实验室网络的 32 个医疗中心建立针对新冠病毒诊断方案的拉美国家。② 虽然墨西哥对疫情做出了较快回应，但在病毒传播进入社区范围并在全国蔓延之时，该国政府仍然坚持有选择地进行病毒检测的做法，即政府号召不对轻症患者进行新冠病毒检测，而是居家自我隔离和恢复。由于检测人数偏低，墨西哥政府发布的疫情发病率、死亡率、分布地图等数据的真实性遭到了国内外专家的质疑和谴责。另外，由于检测实验室超负荷运行、检测样本运送和登记过程存在失误等原因，墨西哥联邦政府和全国性卫生机构在获取检测结果方面存在严重滞后的现象。③

（三）干预措施

在应对突发公共卫生事件中，墨西哥主要采取了药物干预和非药物干预两种措施。④ 药物干预措施包括对患者进行抗病毒药物治疗和对普通人群进行疫苗接种。尽管墨西哥在 2005 年发布的第一个《国家应急准备计划》中提出了实施抗病毒药物储备战略和发展国内疫苗生产的方案，但在随后的甲型 H1N1 流感实战应对中，墨西哥的药物干预措施表现出了明显的不足，包括抗病毒药物短缺、疫苗产能不足且覆盖率低等问题。目前，新型冠状病毒疫苗的成功指日可待，墨西哥、阿根廷、巴西等拉美国家都在努力研发和抢先预购相关疫苗。但相对于发达国家，发展中国家的经济、外交和商业力量不足以保证其获得足够大批量的疫苗。即使能成功购得疫苗，发展中国家在疫苗推广方面也将面临巨大挑战。为了应对疫苗短缺和化解民众对疫苗安全性的疑虑，墨西哥规定了疫苗优先接种人群并确立了风险沟通机制。⑤ 根据《国家应急准备计划》，在进行风险沟通时，不

① Manual de Procedimientos Estandarizados de Operación en Materia de Vigilancia Epidemiológica Internacional, Secretaría de Salud, Noviembre de 2018：17.

② México, sede del Taller de Diagnóstico y Detección por Laboratorio del nuevo coronavirus, Indice Politico [EB/OL]. https://indicepolitico.com/mexico-sede-del-taller-de-diagnostico-y-deteccion-por-laboratorio-del-nuevo-coronavirus-covid-19/. [2020-02-14].

③ 从"新常态"看墨西哥抗疫新挑战 [EB/OL]. 参考消息网，http://ihl.cankaoxiaoxi.com/2020/0713/2415520.shtml. [2020-07-13].

④ 王敏等. 墨西哥甲型 H1N1 流感防控策略及其经验 [J]. 医学与社会，2011 (11)：76.

⑤ Alba María Ropero-Álvarez, et al. Pandemic Influenza Vaccination：Lessons Learned from Latin America and the Caribbean [J]. Vaccine, 2012 (30)：917.

仅需要确保信息来源与信息内容的一致性和真实性，还要确保信息的及时和简明。①

此外，墨西哥较大程度地采取了非药物干预措施来减少病患和降低死亡率，主要包括个人防护、增加社会距离、国境检疫和信息交流四个方面。② 根据突发公共卫生事件的紧急状况，墨西哥卫生警报系统（Sistema de Alerta Sanitaria）会确定事件的风险等级（共 5 个等级），以明确社会各部门和个人需采取的具体行动。此外，卫生警报系统还对卫生部门应对疫情大流行（最高风险等级）各阶段的防控任务做出了明确规定。2009 年甲型 H1N1 流感疫情暴发后，墨西哥采取了最高风险等级的疾病干预措施，包括免费发放口罩、暂停所有公众活动、关闭学校、停止一切非基础性公共经济活动等。这些措施对遏制、消灭流感病毒发挥了重要的积极作用。

在新冠肺炎疫情进入社区传播阶段后，墨西哥政府推出了"国家安全距离日"计划，希望通过民众保持健康距离或者减少外出，尽可能地减少病毒传播。在此指导意识下，墨西哥政府因地制宜地推出了"苏珊距离"（Susana Distancia）动画宣传视频，让观众简单了解健康距离的概念。③ 按照墨西哥官方的说法，"国家安全距离日"计划推行两个多月以来，成功使感染病毒的人数减少了81%。④ 墨西哥疫情在 5 月进入了全国性社区传播阶段，但迫于经济发展的压力，墨西哥政府开启了各领域复工复产的"新常态"计划。随后，墨西哥结束了"国家安全距离日"计划，推出了"卫生安全红绿灯"计划。该计划将墨西哥全国 32 个州按照疫情的严重程度以红、橙、黄、绿四种颜色标识，各州基于具体情况自行安排经济、社会、文化活动重启进度。但在"新常态"计划推出后，墨西哥确诊病例呈现出明显的上升趋势，死亡率居高不下。在疫情尚未得到控制的情况下，墨西哥贸然恢复正常社会经济活动，造成了疫情的恶化，进而陷入了疫情蔓延和经济下滑的双重泥潭。

---

① Plan Nacional de Preparación y Respuesta ante una Pandemia de Influenza, Documento Guía, 2010：20.

② 池慧等. 国外部分国家甲型 H1N1 流感防控经验及其对我国的启示 [J]. 医学与社会，2011（11）：55.

③ 在西班牙语中，"苏珊距离"（Susana Distancia）一词，实际上是 Su sana distancia 三个单词的合成品，直接翻译就是"您的健康距离"。当动画人物苏珊张开手臂时，就会在周围出现 1.5 米的空间。

④ Ssa：Con sana distancia bajaron en 81% casos diarios de Covid-19, Politico. mx. https：//politico. mx/ minuta-politica/minuta-politica-gobierno-federal/ssa-con-sana-distancia-bajaron-en-81-casos-diarios-de-covid-19/. [2020-06-09].

四、墨西哥应对突发公共卫生事件的经验和教训

突发公共卫生事件的防控和治理，不仅是检验政府执政能力的试金石，也是反映一个国家卫生事业和经济社会发展水平的重要指标。面对疫情的蔓延，不同国家的公共卫生应急处理能力是参差不齐的。相对于发达国家，发展中国家在处理卫生应急事件时普遍存在着公共卫生系统脆弱、卫生基础设施不完善、医疗资源不足且分配不均等方面的短板，同时还面临着如何保障公共卫生事件防控措施的落实、如何保证在全球范围内公平地获得疫苗和保证剂量的份额，以及如何协调疫情防控和经济发展关系等方面的挑战。但在屡次应对突发公共卫生事件和克服实际困难的过程中，发展中国家的公共卫生应急能力也在不断提升。通过梳理和分析墨西哥的公共卫生应急治理措施，总结其经验和不足，能为我国应对突发公共卫生事件提供可借鉴的经验。

第一，完善和落实国家突发公共卫生事件应急机制。系统化、全方位、多层次的法律体系是确保应急管理工作有序进行的重要保障。完善公共卫生应急机制，除了需要学习和借鉴他国先进的应急管理理念和制度，还需要及时总结疫情防控工作中暴露的短板。2001 年，美国突发了"9·11 恐怖袭击事件"，给全世界敲响了安全警钟。该事件后，墨西哥国家卫生安全委员会制定并发布了《健康保护和防备生物恐怖主义或生物应急状况的国家计划》，正式将生物安全纳入国家安全体系，为监测和处理生物病毒、生物制剂、生物武器等提供了机制和标准。此次新冠肺炎疫情也暴露了我国在防范生物安全问题上的短板。目前，生物安全在我国已上升到国家安全的高度，出台生物安全立法指日可待。墨西哥应对突发公共卫生事件的法律法规较为完善，但执行力度较差。因此，应该对突发公共卫生事件相关法律法规的落实情况进行定期的评估，同时设立监督机制和奖惩机制。

第二，提升疾病监测和预警系统。完善的传染病监测与预警系统是从源头治理突发公共卫生事件的前提条件。先进的地理信息系统和完善的实验室网络基础设施，是提升各国突发卫生事件监测能力的有力保障。通过及时的信息收集、统计、分析、上报，在疾病暴发和大规模流行前启动预警方案。目前，我国已建立从国家到县级的自上而下四级疾病防控网络体系，建成了全球规模最大、覆盖面最广的网络直报系统。[①] 除了这种正规的信息收集和上报体系，还需要为非正式

---

① 屈腾侬等. 中国卫生应急管理发展现状及面临挑战 [J]. 中国公共卫生管理, 2019, 35 (4): 434.

渠道获得的异常信息建立正式的上报途径，因为门诊人员或临床医生对异常情况的第一手经验可能是一个重要的监测指标。

第三，加强药物和非药物措施相结合的综合干预能力。扩大抗病毒药物和专项疫苗储备、提高疫苗产量和技术研发、设立疫苗优先接种人群，是公共卫生事件暴发期间遏制疾病传播和降低发病率的重要举措。但通常在疫情大流行的初期，如果没有特效药和现成有效的疫苗，或者疫苗研发周期较长，药物干预措施可能无法开展。根据疫情的严重程度，择机采取以个人防护、增加社会距离为主的非药物干预措施，可以减少和延缓疾病在人群中的传播，为疫苗的研发和上市争取时间。另外，应适应疫情防控和经济形势的阶段性变化。在确保疫情防控到位的前提下，逐渐、有序和谨慎地恢复非疫情防控重点地区的生产生活秩序。

第四，建立风险沟通和社会信任修复机制。根据墨西哥的经验，弥补疫苗短缺的最好途径之一是使民众获得正确的、足够的风险信息。在我国突发公共卫生事件处置过程中，部分应急管理者表现出风险沟通意识不足、风险沟通能力欠缺的现象。科学有效的风险沟通策略不仅能最大限度地消除民众疑虑和社会恐慌，还有助于树立政府良好的公众形象，增强政府部门的凝聚力和信任力。在突发公共卫生事件风险沟通中，政府应该是提供风险信息的主要来源，同时要确保信息内容的一致性和真实性，以及信息呈现方式的及时和简洁。此外，公共卫生危机所诱发的恐惧、焦虑和愤怒等情绪会给社会信任蒙上阴影，使社会沟通的成本上升。① 为了维持良好的社会秩序和建立政府公信力，在突发公共卫生事件后，应该继续以政府为主导对公众进行多维性和系统性的社会信任修复。

第五，建立应对突发公共卫生事件的演练和培训制度。在此次新冠肺炎疫情的防控工作中，墨西哥一些政府部门和责任人员暴露出缺乏应急专业能力的情况。定期的情景演练是提高应急部门人员专业知识水平、沟通协调能力、应急心理素质的重要途径。为了增强突发公共卫生事件演练的成效，除了在演练场景中为应急部门人员设置专业技能挑战，还可适量增加普通民众的参与，以提升民众的健康意识与应急救护的知识和技能。此外，建立预防及应对突发公共卫生事件的培训制度，也是提升相关人员专业技能和职业素养，并做好应急人才储备的关键。

第六，加强突发公共卫生事件应对的区域和国际合作。随着经济全球化和人口流动的加剧，传染病的全球化趋势越来越明显，进而使传染病防治的区域和国际合作显得愈加重要。重大的公共卫生事件暴发时，应该积极主动地与世界卫生组织及其他疫情发生国取得联络，进行疫情信息分享和技术合作。防止传染病国

---

① 徐玉镇，孙超群. 公共危机事件后的社会信任修复研究——以突发公共卫生事件为例 [J]. 上海行政学院学报，2019 (6)：41.

际扩散的另一个重要途径是积极推进国际卫生安全合作机制的建设，包括督促各国按照世卫组织《国际卫生条例》加强疾病的预防和监测，建设高效的全球数据共享平台，设立国家间传染病防控的培训和援助机制等。

五、结　语

进入 21 世纪，墨西哥持续面临着突发性公共卫生事件的威胁。突发公共卫生事件一方面对墨西哥造成了极大的经济损失，另一方面却成为了推进墨西哥公共卫生体系改革和加强区域与国际合作的重要驱动力。随着经济发展和综合国力的提升，墨西哥在公共卫生应急法律体系、预案、监测、储备和保障等方面也不断提高和完善。面对日益严峻的新冠肺炎疫情，墨西哥及时做出了响应，加强了管控措施，以严防疫情的蔓延。但必须承认的是，墨西哥在卫生应急治理方面起步比较晚，且不成熟。面对突发公共卫生事件，墨西哥存在法律法规执行力度差、公共卫生系统脆弱、卫生基础设施不完善、物资储备不足等问题。这些问题也是其他发展中国家在处理卫生应急事件时普遍存在的短板。分析和总结墨西哥公共卫生应急治理的经验和不足，并结合我国目前卫生应急实际发展情况，有助于形成一套符合我国国情的、科学健全的突发公共卫生事件治理机制。

2019~2020 年委内瑞拉基本局势分析

黄　忠[*]

摘　要: 2019~2020 年,委内瑞拉经济形势继续恶化,经济规模萎缩,通货膨胀高企,政府预算赤字增加,进出口下降,货币大幅贬值,国家整体经济竞争力差。政治上,委内瑞拉部分反对派与政府达成妥协,抛弃了瓜伊多。在社会治理领域,委内瑞拉诸多基础设施崩溃,公民基本生活难以维系,社会秩序混乱,大量人口被迫出走国外,新冠肺炎疫情也对国家秩序造成重大冲击。外交层面,国际社会围绕委内瑞拉形成了两大对立阵营:美国对马杜罗政权持续极限施压,危地马拉与委内瑞拉断交;古巴和俄罗斯坚定支持马杜罗,中委战略伙伴关系稳步发展。

关键词: 委内瑞拉;形势;展望

一、经济形势

2019~2020 年,委内瑞拉经济形势继续恶化。国际货币基金组织认为,委内瑞拉 2019 年经济-35%的增长数据在未来两年会有所好转,但仍无望转正,参见表 1。实际上,2013~2019 年,委内瑞拉经济萎缩超过了 65%。[①] 通货膨胀率方面,2019 年委内瑞拉的数据为 9585.5%,2020 年预计为 15000%(见表 2)。其中,2020 年 3 月,委内瑞拉居民消费价格指数环比上升 13.3%,与 2 月环比上涨

---

　*　黄忠,国际政治学博士,广东外语外贸大学 21 世纪海上丝绸之路协同创新中心、加拿大研究中心、拉美研究中心讲师。

　①　Venezuela Economic Outlook [EB/OL]. https://www.hklaw.com/~/media/files/insights/publications/2020/03/venezuelaeconomicoutlookenglish.pdf? la=en.

的 21.8% 而言已经有所下降，甚至处于 2017 年 6 月以来的最低点。① 然而，严峻的国内外形势决定了这种好转只能是暂时的。4 月该数据环比上升为 27.5%，5 月环比达到 38.6%。②

表 1　2011~2021 年委内瑞拉 GDP 增长形势变化　　　单位：%

年份	2011	2012	2013	2014	2015	2016	2017	2018	2019	2020	2021
委内瑞拉	4.2	5.6	1.3	-3.9	-6.2	-17	-15.7	-19.6	-35	-15	-5
拉美和加勒比地区	4.6	2.9	2.9	1.3	0.3	-0.6	1.3	1.1	0.1	-5.2	3.4
世界	4.3	3.5	3.5	3.6	3.5	3.4	3.9	3.6	2.9	-3	5.8

资料来源：https：//www.imf.org/external/datamapper/NGDP_RPCH@WEO/VEN/WE/WEOWORLD.［2020-08-11］.

表 2　2011 年以来委内瑞拉通货膨胀率形势变化　　　单位：%

年份	2011	2012	2013	2014	2015	2016	2017	2018	2019	2020	2021
委内瑞拉	27.6	20.1	56.2	68.5	180.9	274.4	862.6	130060.2	9585.5	15000	15000
拉美和加勒比地区	5.3	4.4	4.6	5	6.2	4.6	5.9	7.1	7.2	5.6	5.7
世界	4.8	4	3.3	2.9	2.9	3	3.3	3.6	3.8	2.5	3.4

资料来源：https：//www.imf.org/external/datamapper/PCPIPCH@WEO/OEMDC/ADVEC/WEOWORLD.［2020-08-11］.

全球经济指标数据网（Trading Economics）统计指出，2019 年，委内瑞拉政府预算赤字占 GDP 的比重为 29.9%，与 2018 年持平，是 2010 年以来的最差数据，预计今后几年会更差（见图 1）。2017 年，委内瑞拉政府债务占 GDP 的比重为 23%，2018 年和 2019 年为估计数据，其今后几年预测也不容乐观（见图 2）。公共债务方面，国际货币基金组织认为 2018 年其占委内瑞拉 GDP 的比重为 159%，2019 年为 162%。位于纽约的投资银行都灵资本（Torino Capital）估计，委内瑞拉目前的总外债规模为 1750 亿美元。都灵资本还估计，委内瑞拉 2019 年需要还本负债共计 93 亿美元。③ 另外，委内瑞拉预算公开透明度很低，国际预算

① Venezuela Inflation March 2020［EB/OL］. https：//www.focus-economics.com/countries/venezuela/news/inflation/inflation-falls-to-two-year-low-in-march-but-remains-sky-high-and.

② Venezuela Inflation May 2020［EB/OL］. https：//www.focus-economics.com/countries/venezuela/news/inflation/inflation-falls-to-over-two-year-low-in-may-but-remains-sky-high.

③ BTI 2020 Country Report：Venezuela［EB/OL］. https：//www.bti-project.org/content/en/downloads/reports/country_report_2020_VEN.pdf.

促进会（International Budget Partnership）2019 年数据称，委内瑞拉预算的透明度和公众参与度都为零，预算监督也仅得 13 分（满分＝100）。①

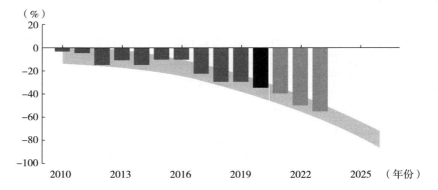

图 1　2010 年以来委内瑞拉政府预算赤字占 GDP 比重情况形势变化与预测

资料来源：https：//tradingeconomics. com/venezuela/government-budget. ［2020-08-15］.

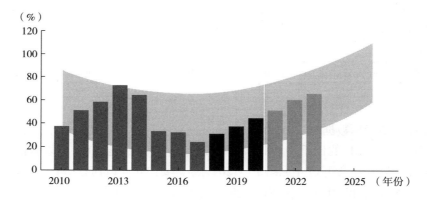

图 2　2010 年以来委内瑞拉政府债务占 GDP 比重情况形势变化与预测

资料来源：https：//tradingeconomics. com/venezuela/government-debt-to-gdp. ［2020-08-15］.

委内瑞拉的外汇储备自 2013 年以来已经下降了 71%，到 2018 年底为 88 亿美元，这也是委内瑞拉 28 年以来外汇储备首次低于 90 亿美元。② 据全球经济指标数据网统计，委内瑞拉 2020 年 7 月的外汇储备为 65.16 亿美元（见图 3）。

---

① Open Budget Survey 2019：Venezuela ［EB/OL］. https：//www. internationalbudget. org/open-budget-survey/country-results/2019/venezuela.

② BTI 2020 Country Report：Venezuela ［EB/OL］. https：//www. bti-project. org/content/en/downloads/reports/country_report_2020_VEN. pdf.

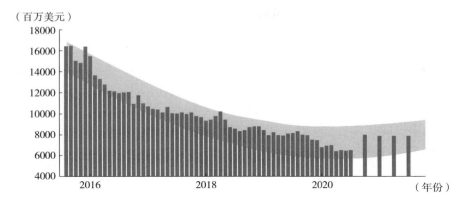

（百万美元）

图3　2016年以来委内瑞拉外汇储备变化形势与预测

资料来源：https：//tradingeconomics.com/venezuela/foreign-exchange-reserves.［2020-08-15］.

目前，委内瑞拉尚没有批准世界贸易组织的贸易便利化协定（Trade Facilitation Agreement）。委内瑞拉对外贸易占国内生产总值的比重不大，仅有20%，其中碳氢化合物占出口的90%以上，进口则主要是工业制造品和食物。委内瑞拉进口商品的关税平均为13.8%，其中农产品为13%，非农产品为13.9%。需要指出的是，过去五年，委内瑞拉进口下降了75%。①

2019年，委内瑞拉石油出口下降了32%，为100万桶/天，近乎75年来的日均最低值。俄罗斯石油公司（Rosneft）是委内瑞拉石油的最大买家，占比33.5%，其次为中国石油公司的11%和古巴石油公司（Cubametales）的7%。就主要对象国而言，中国占了最大份额，为319507桶/天；印度居第二，为217739桶/天；欧洲排第三，为118980桶/天；古巴处于第四位，为70359桶/天。整个2019年，委内瑞拉还需要每天进口155674桶的燃油和粗汽油（naphtha oil），主要原因是缺乏投资、维护和相关燃料，委内瑞拉炼油生产能力大幅下降。2020年4月，委内瑞拉的炼油生产能力不到总产能的10%。此外，委内瑞拉最大的国有石油公司委内瑞拉石油公司发布公告称其外债为345亿美元，包含252亿美元的债券和26.5亿美元对贸易伙伴与供应商的商业债。另据估计，该公司在大约60亿美元的还本和付息上存在违约。② 2020年，委内瑞拉原油产量再次出现断崖

---

① BTI 2020 Country Report：Venezuela［EB/OL］. https：//www.bti-project.org/content/en/downloads/reports/country_report_2020_VEN.pdf.

② Venezuela Economic Outlook［EB/OL］. https：//www.hklaw.com/-/media/files/insights/publications/2020/03/venezuelaeconomicoutlookenglish.pdf? la=en；Elda Primera. Venezuela Economy Continues It s Collapse Under Pressure of Socialism and COVID19 Pandemic［EB/OL］. https：//www.thegatewaypundit.com/2020/04/venezuela-economy-continues-collapse-pressure-socialism-covid19-pandemic/.

式下降。在第一季度，其产能尚能达到 73 万桶/天，然而在 5~7 月这三个月，其产量分别降到了 55.8 万桶/天、33.6 万桶/天和 33.9 万桶/天。①

2018 年，委内瑞拉商务部成立了一个新的反垄断主管机构，它号称旨在促进经济的公平竞争，保障社会平等的生产经济民主化。然而实际上，它在反垄断政策上无所作为，更多起着价格控制的作用。目前，委内瑞拉政府垄断着商品的进口与分配，当地企业则在过多管制和供给短缺的境遇中艰难生存。由于营商困难，委内瑞拉国际资本大量出逃，企业持续呈现倒闭潮。通用汽车（General Motors）、福特（Ford）、雪铁龙（Chevron）、联合航空（United Airlines）与汉莎航空（Lufthansa）等企业已经放弃在委内瑞拉的业务。截至 2018 年，委内瑞拉全国有 3/4 的私有企业倒闭，其中当年平均大约有 50 家公司关门。②

与国家经济糟糕相伴随的是在国际市场委内瑞拉货币的贬值。2019 年 11 月 8 日，1 美元可以兑换 28000 主权玻利瓦尔。一个月后的 12 月 6 日，就变成 44187 主权玻利瓦尔，上升了 58%。2020 年 1 月 3 日，1 美元可以兑换 73322 主权玻利瓦尔，两个月内就上升了 162%。2020 年 2 月 3 日，委内瑞拉货币贬值的势头稍微得到遏制，为 1 美元兑换 73800 主权玻利瓦尔。因为本国货币不受信任，委内瑞拉正迅速走向交易美元化。据估计，全国超过一半的商品零售都是通过美元或者欧元现金进行。③ 为了应对这种困境，委内瑞拉政府于 2019 年开始推行加密数字货币石油币交易。起初，政府要求所有的石油交易都通过石油币进行。2020 年 8 月，总统马杜罗签署《全国税收协调协议》，要求将石油币作为 305 个城市中缴税和罚款的记账单位。④

在瑞士洛桑国际管理学院（IMD）发布的《2020 年世界竞争力报告》中，委内瑞拉在 63 个经济实体排名中已经是连续第四年倒数第一。⑤ 世界银行《2019 年营商环境报告》认为，当年委内瑞拉中小企业的营商指数在世界 190 个经济体中排名 188 位，得分仅为 30.2（满分＝100），主要指标包括开办企业 190 位（25 分）、办理施工许可证 175 位（46.5 分）、获得电力 174 位（39.8 分）、登记财产 145 位（50.3 分）、获得信贷 132 位（40 分）、保护中小投资者 170 位（24

① Monthly Oil Market Report：August 2020 ［EB/OL］. https：//www. opec. org/opec_web/en/publications/338. htm.

② BTI 2020 Country Report：Venezuela ［EB/OL］. https：//www. bti-project. org/content/en/downloads/reports/country_report_2020_VEN. pdf.

③ Venezuela Economic Outlook ［EB/OL］. https：//www. hklaw. com/-/media/files/insights/publications/2020/03/venezuelaeconomicoutlookenglish. pdf？la＝en.

④ 委内瑞拉或将以石油币征税 ［EB/OL］. https：//www. bishijie. com/shendu/121640. html.

⑤ Competitiveness Ranking：VENEZUELA ［EB/OL］. https：//worldcompetitiveness. imd. org/countryprofile/VE/wcy.

分）、纳税 189 位（11.4 分）、跨境贸易 188 位（0 分）、执行合同 150 位（46.9 分），以及解决偿付能力 165 位（18.5 分）。^① 在美国智库传统基金会 2020 年《经济自由度指数》报告中，委内瑞拉在全球 186 个经济体中处于第 179 位，排名仅仅好于朝鲜、伊拉克、索马里和也门等国家。^②

二、政治与社会形势

2019 年 1 月 5 日，反对派代表、来自人民意愿党的胡安·瓜伊多当选国会主席。1 月 10 日，马杜罗正式开始第二个任期。1 月 23 日，瓜伊多以 2018 年总统大选没有合法性为由，宣布自己以国会主席身份担任"临时总统"。在得到反对派和包括美国在内的众多国家支持后，瓜伊多先后于 1 月 21 日和 4 月 30 日煽动组织了两次政变活动，但都失败。2020 年 1 月 5 日，委内瑞拉举行了新一轮国会主席选举，来自反对派的正义第一党议员路易斯·帕拉以 81 票（Luis Parra）当选为主席。此次出席会议的 150 名议员中有反对党议员 112 名，瓜伊多选举失败足以证明它被反对派正式抛弃。然而，瓜伊多及其支持者不承认此次选举，他们另外组织选举活动，瓜伊多则成功"连任"国会主席。3 月 10 日，委内瑞拉朝野举行 2020 年以来最大规模的游行活动，执行党的支持者约 5 万人参加了游行，瓜伊多的游行支持者则寥寥。^③ 2020 年 12 月 6 日，委内瑞拉国会将迎来新一轮选举。8 月 30 日，为体现实现全国和解的诚意，使这次选举能得到国际上的认可，总统马杜罗颁布总统法令，宣布赦免 110 名反对派人士，包括 23 名反对派国会议员、4 名候补议员、一些反对派政党和组织领导人等。

马杜罗之所以还能够掌控国家政权，军队的支持是重要原因。瓜伊多在发动政变时声称 80%~85% 的军官支持国家政治改变，但事实并非如此。尽管国家经济困难，军人待遇不高，不少人对政府有怨言，但这些并没有转变成军队大范围支持政变的氛围。军队依旧以保守眼光希望维持现状，不倾向于用军事干涉来冒险解决国家政治问题。自最近一次军事独裁政权以来，委内瑞拉有过六次政变经历，但都以失败告终。国防部长帕德里诺·洛佩斯是查韦斯主义者，忠于马杜

---

① Doing Business 2020：venezuela ［EB/OL］. https：//www.doingbusiness.org/content/dam/doingBusiness/country/v/venezuela/VEN.pdf.

② Economic Freedom by Country 2020 ［EB/OL］. https：//www.gfmag.com/global-data/economic-data/economic-freedom-by-country.

③ 委内瑞拉朝野同日举行游行　瓜伊多应者寥寥 ［EB/OL］. http：//m.xinhuanet.com/2020-03/11/c_1125696482.htm.

罗，坚守国家的宪政传统，坚决反对将军队变成国家政治斗争的主角。^①

在世界经济论坛的《2019 全球竞争力》报告中，委内瑞拉在 141 个国家中列 133 位，和 2018 年相比下降 6 位。其中，国家制度建设 141 位，得分仅为 25.7（满分＝100）。在小指标方面，国家安全 141 位、社会资本（Social capital）111 位、国家权力制衡（Checks and balances）141 位、公共部门绩效（Public-sector performance）140 位、权力透明度 139 位、产权保护（Property rights）141 位、企业治理（Corporate governance）138 位、政府发展定位（Future orientation of government）140 位。^② "透明国际" 2019 腐败指数报告指出，委内瑞拉在全球 180 个国家与地区中居 176 位，得分仅为 16（满分＝100），于美洲大陆垫底，属于高度腐败的国家。^③ 2020 世界法治指数报告认为，委内瑞拉的法治水平在全球 128 个国家中继续排名最后，整体情况与上年相比甚至有所恶化，主要指标情况如下：对政府权力的限制 128 位、远离腐败 117 位、政府开放度 125 位、基本权利 124 位、秩序与安全 123 位、监管执法 128 位、民事司法 127 位、刑事司法 128 位。^④

联合国人权理事会 2019 年 10 月的报告指出，尽管目前委内瑞拉政府将 75% 的国家年度预算用于社会支出，但由于资源分配错位、腐败、公共基础设施缺乏维护和投资不足，公民生活还是难以维系，其中许多与国家交通、电力、水和天然气等公共设施崩溃有关。虽然政府数次提升最低工资，但其购买力已经无法满足生存需要。2019 年 4 月，委内瑞拉最低工资约为 7 美元/月，只能满足 4.7% 的基本食品需求。由于食品供应不足，许多人每天只吃一至两餐。据估计，委内瑞拉有 370 万人营养不良，其中儿童和孕妇的问题更为严重。委内瑞拉药品缺乏问题依然严重，国内四大主要城市基本药物短缺度为 60%～100%。更为严重的是，以前已经得到控制和消除的疾病，包括麻疹和白喉等可通过疫苗预防的疾病重新出现。由于避孕药缺乏，2015 年以来，委内瑞拉少女的怀孕率增长了 65%。2018 年 11 月至 2019 年 2 月，医院物资供应不足导致 1557 人死亡。2019 年 3 月，医院停电导致 40 名病人死亡。

2014 年以来，委内瑞拉反政府抗议行动一直不停。据政府统计，该国 2017

① Venezuela's Military Enigma［EB/OL］. https：//www. crisisgroup. org/latin-america-caribbean/andes/venezuela/039-venezuelas-military-enigma.

② The Global Competitiveness Report 2019［EB/OL］. https：//www. weforum. org/reports/how-to-end-a-decade-of-lost-productivity-growth.

③ 2019 Corruption Perceptions Index［EB/OL］. https：//www. transparency. org. nz/wp-content/uploads/2020/01/CPI2019_Report_EN-WEB. pdf.

④ Rule of Law Index：2020［EB/OL］. https：//worldjusticeproject. org/sites/default/files/documents/WJP-ROLI-2020-Online_0. pdf.

年发生抗议事件 12913 起，2018 年 7563 起，2019 年 1 月 1 日至 5 月 12 日 3251 起。①委内瑞拉社会冲突观察（Observatorio Venezolano de Conflictividad Social）网站则认为，该国 2019 年发生示威事件 16739 起，2018 年发生 12715 起，2017 年发生 9787 起。2019 年，该国 42% 的示威与政治和公民权利有关，58% 则与经济、社会、文化和环境权利有关，比如工资、食品、水、教育、油气短缺和原住民生活等。其中，政治参与 6310 起，住房与基本服务 5373 起，劳资 4756 起，食品 984 起，教育 925 起，卫生保健 700 起。2019 年，委内瑞拉工人示威抗议最多的主题则与教育（3714 起）、卫生保健（474 起）和交通（290 起）有关。全国示威的方式主要包括集会（6493 起）、封闭街道（3706 起）、罢工（1613 起）、游行（1455 起）以及张贴海报（1331 起）。② 2020 年 7 月，委内瑞拉发生了 649 次抗议事件，平均每天 22 次，这一数字与上年同期相比增长了 4%。其中，与争取经济、社会、文化和环境权利有关的抗议活动占 91%，一共 591 次，与争取政治和公民权利有关的占 9%，一共 58 次。③ 2020 世界和平指数（The Global Peace Index）指出，委内瑞拉在全球 163 个国家和地区中排名第 149 位，比上年下降 4 位，且已经是连续第八年下降。其还认为，2019 年各种暴力事件对委内瑞拉全国经济发展的负面影响高达 48%，居全球第四位，仅次于叙利亚、南苏丹和阿富汗。④

艰难的生活困境迫使委内瑞拉国民离国出走。联合国委内瑞拉移民与难民协调平台网站统计，截至 2020 年 8 月 5 日，委内瑞拉共有 5180615 人移居国外。其中，2473247 人获得居留和定期逗留许可，主要对象国家为哥伦比亚（763411 人，31.7%）、秘鲁（477060 人，19.8%）、智利（207664 人，8.6%）、厄瓜多尔（179787 人，7.5%）和巴西（130692 人，5.4%）；有 817105 人的庇护申请（asylum claims）处于待决定状态，主要对象国家为秘鲁（496095 人，60.8%）、美国（104989 人，12.9%）、巴西（101636 人，12.5%）、厄瓜多尔（29078 人，3.6%）和西班牙（27650 人，3.4%）；有 110923 人获得正式难民身份，主要对象国家为巴西（38856 人，35%）、西班牙（35243 人，31.8%）、美国（15706 人，14.2%）、墨西哥（10771 人，9.7%）、加拿大（3067 人，2.8%）与特立尼

---

① Human Rights in the Bolivarian Republic of Venezuela Report of the United Nations High Commissioner for Human Rights［EB/OL］. https：//undocs. org/en/A/HRC/41/18.

② EASO Country of Origin Information Report-Venezuela：Country Focus［EB/OL］. https：//reliefweb. int/report/venezuela-bolivarian-republic/easo-venezuela-country-focus-country-origin-information-report.

③ Conflictividad Social：Venezuela Julio 2020［EB/OL］. http：//www. observatoriodeconflictos. org. ve/oc/wp-content/uploads/2020/08/INFORMEOVCS-JUL2020. pdf.

④ GLOBAL PEACE INDEX 2020［EB/OL］. https：//reliefweb. int/report/world/global-peace-index-2020.

达和多巴哥（2040 人，1.8%）。联合国预计，截至 2020 年 8 月 27 日，帮助这些人需要 1407580167 美元，然而实际只到位资金 297185877 美元，占所需的 21%。①

新冠肺炎疫情发生后，委内瑞拉受到较大冲击。截至 2020 年 8 月 29 日，委内瑞拉累计确诊 43879 人，治愈 34972 人，死亡 366 人。其至委内瑞拉制宪大会主席、执政党统一社会主义党第一副主席卡韦略于 7 月 9 日被确诊感染新冠病毒。② 3 月 16 日，马杜罗宣布在全国范围内实施隔离措施。7 月 14 日，因疫情严重，首都再次封城。③ 8 月 10 日，马杜罗将因新冠肺炎疫情造成的紧急状态延长 30 天。

三、外交形势

自瓜伊多自立为临时总统后，国际社会围绕委内瑞拉问题的立场便形成了两大对立阵营。以美国为首，加拿大、绝大部分欧盟成员国与利马集团成员国等 53 个国家迅速承认了瓜伊多的合法地位，但是在联合国，马杜罗政权仍被视为委内瑞拉的合法代表。期间，墨西哥和阿根廷总统大选后，墨西哥奥夫拉多尔新政府和阿根廷新总统费尔南德斯转而重新支持马杜罗，阿根廷甚至于 2020 年 8 月加入了寻求和平与民主解决处理委内瑞拉危机的国际联络小组。

特朗普政府与委内瑞拉的关系一直处于紧张状态，特朗普本人更是喊出对委内瑞拉极限施压的方针。2019 年 1 月，在瓜伊多自立总统后不久，美国就立即对其表态支持并表示要将马杜罗政府在美国的资产转移给他。2020 年 1 月，委内瑞拉新国会领导选举结果出炉后，美国宣布会议的虚假性，表示继续认可瓜伊多是委内瑞拉宪法框架下临时总统的合法性。2020 年 3 月 31 日，美国国务院提出"委内瑞拉民主过渡框架"，提出如果委内瑞拉总统马杜罗离职，所有外国军事力量撤出委内瑞拉，该国组建由执政党和反对派共同参与的过渡政府，并在数月之内举行议会和总统选举，美方将视情解除对该国制裁。在国际社会，特朗普政府要求其他国家为瓜伊多张目、制裁马杜罗，谴责古巴、俄罗斯和伊朗对马杜罗

---

① https：//data2. unhcr. org/en/situations/platform.

② 委内瑞拉制宪大会主席确诊感染新冠病毒［EB/OL］. http：//www. xinhuanet. com/world/2020-07/10/c_1126221797. htm.

③ 委内瑞拉首都因疫情再"封城"［EB/OL］. http：//www. xinhuanet. com/world/2020-07/16/c_1210703955. htm.

的支持。①

特朗普政府对马杜罗政权的制裁力度一直在加大。在个体制裁方面，自2019年1月起，美国国务院否决了1000多份委内瑞拉历任官员及其家属的签证申请，财政部则以支持恐怖主义、运输毒品、反民主、侵犯人权和腐败等理由制裁了将近150名委内瑞拉个人。2020年3月26日，美国司法部以毒品恐怖主义、跨国贩卖可卡因、勾结"哥伦比亚革命武装力量"等罪名，对马杜罗等14名委内瑞拉军政高官提出刑事指控。与此同时，美国国务院宣布对马杜罗悬赏1500万美元，其余人等悬赏1000万美元。在经济制裁方面，2020年2月18日，美国财政部以帮助委内瑞拉运输石油为借口制裁了两家俄罗斯的国有石油公司。6月2日，美国财政部以同样的理由制裁了四家外国石油公司。6月18日，美国财政部制裁了与委内瑞拉"石油换食品"项目相关的三个个人与八家石油公司。此外，通过伊朗制裁框架，美国财政部制裁了伊朗将石油产品运送至委内瑞拉以换取黄金的个人与实体。② 8月14日，美国拦截了4艘向委内瑞拉运送伊朗石油的油轮，没收超过100万桶石油。③ 此外，在美国拥有重大事项否决权的国际货币基金组织，于3月17日否决了马杜罗政府提出的抗疫援助贷款请求，理由是委内瑞拉政府不受国际社会普遍承认。④ 与此同时，特朗普政府对瓜伊多的支持不遗余力。除了将委内瑞拉在美国的财产分给瓜伊多外，2019年10月，美国政府又资助他1.25亿美元。美国国会同样不甘落后，先后制定法案给予2020财年委内瑞拉人权与民主项目3000万美元，人道主义援助项目4亿美元，选举活动1750万美元。⑤

特朗普政府对马杜罗政权的军事施压力度在加大。2020年4月，特朗普政府以禁毒为由，向委内瑞拉领海附近派遣军舰。⑥ 2020年5月上旬，委内瑞拉连续发生两起雇佣兵入侵事件。5月3日和4日，一批雇佣兵试图租用渔船从哥伦比

① 综合消息：美国提有条件解除对委内瑞拉制裁　委方批美国对委政策完全偏离轨道［EB/OL］．http：//m.xinhuanet.com/2020-04/01/c_1125800626.htm；Venezuela：Political Crisis and U.S. Policy［EB/OL］．https：//fas.org/sgp/crs/row/IF10230.pdf.

② Venezuela：Overview of U.S. Sanctions［EB/OL］．https：//fas.org/sgp/crs/row/IF10715.pdf；美国司法部罕见起诉他国元首：以毒品恐怖主义等罪起诉马杜罗［EB/OL］．https：//m.thepaper.cn/newsDetail_forward_6712617.

③ 美国拦截4艘向委内瑞拉运送伊朗石油的油轮［EB/OL］．http：//www.chinanews.com/gj/2020/08-15/9265604.shtml.

④ IMF拒绝委内瑞拉抗疫援助贷款请求［EB/OL］．http：//www.xinhuanet.com/world/2020-03/19/c_1210520499.htm.

⑤ Venezuela：Political Crisis and U.S. Policy［EB/OL］．https：//fas.org/sgp/crs/row/IF10230.pdf.

⑥ 委内瑞拉抗议美国向委领海附近派军舰禁毒［EB/OL］．http：//m.xinhuanet.com/mil/2020-04/02/c_1210541450.htm.

亚沿海进入委内瑞拉制造事端，但 8 人被击毙，17 人被俘虏，被俘人员中有两名美国退伍军人。事后，一家美国雇佣兵公司负责人、美国退役军人乔丹·古德罗宣称策划了这起行动。① 5 月 14 日，委内瑞拉国防部长洛佩斯证实政府军在与哥伦比亚交界处逮捕 39 名企图入境的叛军，他们同样被指责由外国政府策划和资助相关活动。至此，委内瑞拉共抓捕了 91 名相关人员。② 对于委内瑞拉有关政变的指责，特朗普政府和哥伦比亚都予以了断然否认。

欧盟支持美国的委内瑞拉民主过渡框架方案，其于 2020 年 6 月 29 日还制裁了 8 名委执政党官员和 3 名委反对派人士。对此，委内瑞拉曾经表态要驱逐欧盟驻委内瑞拉大使。但是，欧盟反对美国的武力解决委内瑞拉问题方案，表示愿意和马杜罗政府保持高级别政治对话和外交沟通。③

委内瑞拉政府于 2020 年 4 月向英格兰银行提出出售部分价值 10 亿美元的存放黄金，把所得收入交给联合国方面，用于购买抗疫物资。后者以英国政府不承认马杜罗政府为由，拒绝放行这批黄金。从 2018 年起，委内瑞拉向英国方面提出的类似请求已经有 6 次，但均被拒绝。委内瑞拉央行于 2020 年 5 月决定起诉英格兰银行，但位于伦敦的高等法院支持了后者的决定。④

危地马拉新总统亚历杭德罗·贾马太上台后，于 2020 年 1 月 16 日宣布与委内瑞拉断绝外交关系，撤回在委内瑞拉使馆唯一的工作人员。⑤

古巴仍然是马杜罗政府的坚定支持者。对此，2020 年 1 月 2 日，美国国务院以在委内瑞拉"参与侵犯人权"为由制裁古巴革命武装力量部部长莱奥波尔多·辛特拉，剥夺他与两名子女入境美国的权利。⑥ 7 月 28 日，在纪念圣保罗论坛成立 30 周年领导人视频会议上，古巴共和国主席贝穆德斯重申对马杜罗的支持。⑦

---

① 委内瑞拉俘获美国雇佣兵　美老兵自认策划人［EB/OL］. http：//www. xinhuanet. com/world/2020-05/06/c_1210604773. htm；委内瑞拉扣押 3 艘哥伦比亚武装军用船［EB/OL］. http：//www. xinhuanet. com/mil/2020-05/11/c_1210613803. htm.

② 委内瑞拉逮捕 39 名叛乱军人［EB/OL］. http：//www. xinhuanet. com/world/2020-05/15/c_1125990547. htm.

③ 委内瑞拉与欧盟将保持高级别政治对话［EB/OL］. http：//www. xinhuanet. com/world/2020-07/03/c_1126192085. htm.

④ 英国法院拒委内瑞拉提取黄金［EB/OL］. http：//www. xinhuanet. com/world/2020-07/04/c_1210687610. htm.

⑤ 危地马拉宣布与委内瑞拉断交［EB/OL］. http：//www. xinhuanet. com/world/2020-01/18/c_1125476541. htm.

⑥ 美国宣布制裁古巴革命武装力量部部长［EB/OL］. http：//www. xinhuanet. com/mil/2020-01/04/c_1210424313. htm.

⑦ 古巴共和国主席：反帝统一是夺取胜利的战略和策略［EB/OL］. https：//3g. 163. com/dy/article/FK9R1HAB0521PPS1. html？f=common-recommend-list.

中国与委内瑞拉战略伙伴关系稳步前行。新冠肺炎疫情发生后，委内瑞拉政府坚定支持中国抗击疫情，赞赏中国措施有效。① 2020 年 4 月 10 日，习近平主席在与马杜罗通话时，表态支持委内瑞拉政府和人民捍卫国家主权、维护社会稳定、改善民生，支持委内瑞拉人民探索符合本国国情的发展道路。马杜罗总统则表示珍视同中国的全面战略伙伴关系，感谢中方为委内瑞拉抗击疫情提供大量物资援助，并派出医疗专家组赴委内瑞拉。② 7 月 1 日，委内瑞拉发布政府公报，表示坚决支持《香港国安法》，反对外部势力企图干涉中国主权和领土完整的行径。③

俄罗斯与委内瑞拉的合作在深化。俄罗斯外长拉夫罗夫于 2020 年 2 月 7 日访问委内瑞拉时表示，尽管委内瑞拉受美国非法制裁，但俄罗斯仍会与委内瑞拉进一步深化经贸、投资与军事技术合作，支持委内瑞拉政府与反对派对话。④

---

①　一人五问：李宝荣大使 ［EB/OL］. https：//cvechina. wordpress. com/2020/03/17/%E4%B8%80% E4%BA%BA%E4%BA%94%E9%97%AE-%E6%9D%8E%E5%AE%9D%E8%8D%A3%E5%A4%A7%E4% BD%BF/.

②　习近平同委内瑞拉总统马杜罗通电话 ［EB/OL］. http：//www. xinhuanet. com/politics/leaders/ 2020-04/10/c_1125840279. htm.

③　委内瑞拉坚决支持香港国安法 ［EB/OL］. http：//www. xinhuanet. com/2020-07/01/c_1126184849. htm.

④　俄罗斯外长：将继续加大与委内瑞拉合作力度 ［EB/OL］. http：//www. xinhuanet. com/world/2020- 02/08/c_1125546035. htm.

巴西结构性种族主义透视

梁宇希　杨　菁[*]

　　摘　要：巴西1888年废除奴隶制，是美洲大陆上最后一个废除奴隶制的国家。巴西历史上没有出现类似美国施行的种族隔离的制度。国家从立法层面保障了黑色人种在婚姻、教育、就业、医疗、政治等各个方面与白人平等的权利，允许更大的阶层流动自由度。基于此，不少学者和政客得出"巴西种族主义实属无中生有"等趋于乐观的结论。然而，相关数据及社会调查显示，尽管巴西通过立法程序规定种族主义违法有效遏制了显性和个体性种族主义，但结构性种族主义始终存在。2020年新冠肺炎疫情在巴西的暴发更加剧了种族间结构性的不平等。本文收集并解读相关数据，从教育、就业收入、医疗资源获取以及司法四个方面解读巴西社会资源分配及种族间生存发展状况差异，发现巴西社会不仅长期存在严重的结构性种族不平等，且这一矛盾在主流话语的刻意忽视下，还将不断升级。

　　关键词：巴西；结构性种族主义；种族不平等

一、引　言

　　2020年11月19日，巴西南部阿雷格里港市黑人男子若奥·阿尔贝托·弗雷塔斯（João Alberto Freitas）因与一家超市员工发生口角被两名超市的白人保安带到停车场殴打致死。施暴视频被上传到社交媒体后引发轩然大波。这起命案不但因施暴者和受害者的种族差异引人注目，还恰发生在巴西一年一度的种族平等宣传日"黑人意识日"（11月20日）前夜，一时间，在国际种族维权运动Black

---

　　* 梁宇希，巴西圣保罗大学文学院翻译研究专业在读博士；杨菁，广东外语外贸大学西方语言文化学院葡萄牙语系讲师，澳门大学人文学院葡文系文学及比较文化研究方向在读博士。

Life Matters（黑人的命也是命）的推动下，巴西种族问题再次成为全民热议的话题。一种观点呼吁对施暴者实施严厉惩罚，反思巴西社会的种族主义根源，激烈探讨受掩盖的种族不平等现象以及种族主义的解决办法。另一方言论则坚持巴西种族和谐论，将事件去种族化。弗雷塔斯遇害翌日，巴西总统博索纳罗（Bolsonaro）在个人推特上辩称，"社会暴力是由全体巴西人承受着的，将全民的苦难以群体划分毫无意义"，指民间对巴西种族主义的指责是"企图分裂人民"，并警告"人民一旦分化，则不堪一击且易被控制，最终会导致我们主权的丧失"①。巴西副总统汉密尔顿·莫朗（Hamilton Mourão）在接受采访时亦称，"种族主义在巴西不存在，有人企图从国外输入种族主义"②。巴西文化部下辖促进非裔巴西人文化的附属机构帕尔马雷斯文化基金会（Fundação Cultural Palmares）主席更断言"巴西不存在结构性种族主义……所谓种族主义只是个别现象"③。

　　这种乐观论调受到民众批评，然而其存在绝非偶然。对比其他美洲大陆国家，巴西直到1888年才废除奴隶制。虽奴隶解放晚于其他美洲大陆国家，但之后的一个世纪，巴西并未炮制出类似美国"吉姆·克劳法"那样在空间上进行种族隔离的制度，反而是逐渐完善保障种族平等的法律。巴西黑人从立法层面上享有与白人平等的权利，得以实现社会融合并获得了更大的阶层流动自由度。尤其是1985年军政府结束以后，针对种族主义的立法活动成为高优先级议程。1988年宪法第三条明确提出以废除所有关于出生地、种族、性别、肤色、年龄的偏见与歧视作为立国根本目标。翌年通过第7716号法律将种族歧视定性为犯罪。2010年卢拉政府颁布"种族平等章程"（Estatuto da Igualdade Racial），从立法层面上进一步加强种族平等原则。2011年通过立法将每年11月20日定为全国纪念反抗奴隶制的领袖祖比·帕尔马雷斯（Zumbi dos Palmares）的"黑人意识日"（Dia da Consciência Negra）。2012年巴西联邦最高法院以全体赞成票宣布"种族预留名额"（Quotas raciais）符合宪法，公立大学、政府单位及其他公共机构须为有色人种预留就读或工作名额。然而，通过对巴西教育、就业收入、医疗保障和司法等几大方面的数据考察，越来越多的学者指出，法律层面的强制措施、就业教育机会优待以及全民纪念活动虽能有效遏制公开的、显性的、个体的

　　① 资料来源：https：//oglobo.globo.com/sociedade/apos-morte-de-homem-negro-bolsonaro-recorre-as-redes-ao-20-para-dizer-que-tensoes-raciais-sao-alheias-historia-do-brasil-24758952。

　　② 资料来源：https：//g1.globo.com/politica/noticia/2020/11/20/mourao-lamenta-assassinato-de-homem-negro-em-mercado-mas-diz-que-no-brasil-nao-existe-racismo.ghtml。

　　③ 原文参见"Não existe racismo estrutural no Brasil."，"O nosso racismo é circunstancial"，资料来源同上。

种族主义，但与少数派白人相比，占全国多数人口的有色人种①，依然遭受着诸多的不平等对待。2020 年席卷全球的新冠肺炎疫情进一步加剧了白人和有色人种之间在社会资源，尤其是教育和医疗资源分配上的不平等。因此，本文尝试收集并解读相关数据，从教育不平等、就业收入不平等、医疗资源获取不平等以及司法不平等四个方面探讨巴西的结构种族主义，并证明巴西社会并不完全是莫朗等人所言的公平和谐，而是存在非常严重的结构性种族不平等。

二、结构性种族主义

西尔维奥·阿尔梅达（Silvio Almeida）在《何谓结构性种族主义?》一书中将种族主义的定义分为三类，分别为个体性种族主义（Racismo Individualista）、制度性种族主义（Racismo Institucional）和结构性种族主义（Racismo Estrutural）。判别维度为三对关系，分别为种族主义和主观性的关系、种族主义和国家的关系以及种族主义和经济的关系②。阿尔梅达指出，如果单纯将种族主义理解为个体性种族主义，即仅仅是社会中个别人士针对某个种族或族裔的非理性观念和病态行为，认为通过立法和教育即可根治，那么这种理解既回避了上述非理性观念和病态行为的存在背景，亦倾向于将其归因为主观性。亦即片面地将种族主义的存在归于个人偏见，忽视了社会和体制的影响③。因此，他认为对种族主义的理解必须超越个人层面，将政治、经济、社会关系的变化纳入思考。在结构性种族主义的社会中，即使有健全的法律制度，即使每个个体都要对自己的种族主义行为承担法律责任，但这个社会基于历史、政治和经济形成的格局和种族关系，也会让自身变成种族主义的再生产机器，这种状态单凭法律惩罚措施不足以改善④。

阿尔梅达的这种理解适用于理解现代社会的种族主义。潘亚玲（2020）在研究美国结构性种族主义时，将其定义为"通过貌似种族中立的组织程序和社会政策，将显性与个体性种族主义深嵌于社会各个方面，并通过其对不同种族与族裔

---

① 按照巴西的人口种族与肤色的统计方法，有色人种占比高于白人，参见本文"统计与表述"一节。

② Silvio Almeida. O que é racismo estrutural. Belo Horizonte （MG）：Letramento，2018：27.

③ Silvio Almeida. O que é racismo estrutural. Belo Horizonte （MG）：Letramento，2018：28.

④ Silvio Almeida. O que é racismo estrutural. Belo Horizonte （MG）：Letramento，2018：39.

的差异性影响使社会中的种族与族裔等级制得以固定和持续再生产"①。潘亚玲（2020）认为，美国的结构性种族主义体现为收入不平等、住房歧视、受教育与就业不平等及司法歧视四个方面②。本文参考这几个方面讨论巴西的结构性种族主义。但鉴于巴西定义种族和族裔使用不同于美国的标准，本文首先介绍巴西对族裔的划分、统计及常用表述。此外，考虑到巴西是 2020 年新冠肺炎病毒疫情最严重的国家之一，了解疫情如何暴露出教育和医疗等领域的种族不平等现象，对了解巴西的结构性不平等至关重要。因此，本文将以巴西政府组织、统计部门和民间非营利组织等权威机构的统计报告为资料来源，从受教育不平等、就业与收入不平等、医疗服务获取不平等和司法不平等四个方面的概况和具体数据作为例证，以剖析巴西的结构性种族主义。

三、统计与表述

不同国家根据肤色、血缘和文化背景界定种族，会采用不同的统计标准。文化学研究认为，一国对于种族和族裔的定义和划分标准本身即折射出该国对种族和族裔的文化理解。以美国为例，人口普查对象的种族是否归类为非洲裔（African American），严格取决于父母双方的种族信息。而在巴西，统计部门则采用相对灵活的标准，判断一个人是黑色人种（preto）还是深色人种（pardo），是基于受访者的"自我认同"（identificação），又称为"个人声明"（autodeclaração）。只要受访者根据自己的身体特征和所生活的社会环境，在"肤色与种族"（cor e raça）一栏中声明自己是黑色人种或深色人种，即算作有效统计，无须调查血缘背景③。巴西媒体关于种族问题的新闻报道，以及一些对表述严谨性要求不高的报告中，会将"黑色人种"（preto）和"深色人种"（parto）④ 合并成大类，笼统地表述为"黑人"（negro 或 preto e pardo）。而一些详细的研究报告里，统计项则会采用 preto 和 pardo 的表述以做更加详细的区分。

根据 2010 年巴西全国人口普查结果，白人占全国人口的比例为 47.15%，深

①② 潘亚玲. 美国结构性种族主义透视 ［A］// 吴心伯. 美国问题研究（2020 年第二辑）［C］. 上海：上海人民出版社，2020：144.

③ 关于种族个人声明的典型例子是巴西足球巨星罗纳尔多（Ronaldo Nazário），尽管被认为是深色人种，但 2005 年接受采访时因称自己是白人而引发争议。

④ "深色人种"（pardo）并不包括黄种人和美洲原住民，黄种人和美洲原住民会在人口普查中以"amarelo"和"indígena"两个选项体现。

色人种占 43.42%，黑色人种占 7.52%①；至 2018 年，根据巴西地理与统计局
（IBGE）的人口分布数据，白人占全国人口的 43.1%，深色人种占 46.5%，黑色
人种占 9.3%②。巴西媒体报道和评论文章往往会将后两项比例求和，归到"黑
人人口"（população negra）的大类。按照这种统计方法，一方面，可以发现，黑
人是巴西人口的多数族裔，约占全国人口的 56%，占人口约 43% 的白人反而是少
数族裔。另一方面，过去十年巴西的黑人人口占比呈上涨趋势，白人人口比例则
呈下降趋势。所谓种族平等，通常被理解为无论一个人的肤色如何，无论来自哪
个种族，都应该被赋予个人在法律、道德和政治上的平等，获得相同的机会。在
理想平等的社会结构下，社会各个方面的种族组成应该与人口比例相等或相近。
但正如我们从以下的数据中观察到的，数量上占优的巴西黑人反而在社会资源分
配上处于劣势，"少数族裔"不能解释巴西的种族不平等现象，必须从社会格局
演变角度去思考不平等现象的根源。这通常是研究巴西种族不平等问题的事实前
提。此外，根据国情，结合上述人口数据，讨论巴西的种族不平等问题，主要是
关注占据绝大多数的白人和黑人之间的对立，这也是本文主要探讨的内容，尚未
包括约占 1% 的黄种人和原住民。

关于对黑人群体的表述，在美国，无论是新闻媒体还是统计报告，对黑人的
中立表述为"非洲裔美国人"，尽管有些时候"black"一词也被接受。值得一提
的是，相比美国英语中因"政治正确"需要回避的冒犯性表述"n 词"（n-
word），葡萄牙语"黑人"一词 negro 虽然与其同词源，但 negro 在巴西却是一个
中立表述，不带冒犯或歧视色彩，亦经常为巴西新闻报道采用，是一个根据上述
统计方式的笼统表述。而葡语词汇中表示黑色的另一个词 preto 则是统计学的技
术用词，如在日常用语中无差别地指代黑色或深色人种，则具有冒犯的意味，被
视为种族主义言论。因此，本文使用的表述中，若无特别说明，提到"黑人"
一词时，即指葡萄牙语的中立表述 negro，亦即"黑色人种"和"深色人种"的
并称。若引述的统计结果需要更加详细地区分，则用"黑色人种"指代
"preto"，用"深色人种"指代"pardo"。

---

① 资料来源：http://dssbr.org/site/2012/01/a-nova-composicao-racial-brasileira-segundo-o-censo-
2010/。

② 资料来源：https://www.ibge.gov.br/estatisticas/sociais/populacao/25844-desigualdades-sociais-por-
cor-ou-raca.html?=&t=resultados。

四、巴西结构性种族不平等的四个表现

1. 受教育不平等

从国家层面上，教育即未来，确保不同阶层、不同地域的国民拥有公平的受教育机会，是减少社会不平等、拉近地域经济发展水平差异的根本途径，教育的公平程度直接反映未来社会走向的公平程度。从个人层面上，受教育机会意味着提升竞争力，在个人发展和阶层流动中获得更多机会。虽然巴西制定政策时反对歧视，以保障不同种族及肤色的人都能通过个人努力获得受教育机会为宗旨，但实际上，个人努力仍然受限于所在初始社会阶层，换言之，如果一个族裔本身在争取受教育的初始条件中处于劣势，教育的种族不平等将会循环再生产[1]，其不良后果会辐射到其他社会方面。在巴西，虽然黑人在人口比例上高于白人，但从实际受教育状况的数据看，不难发现其中的不平等现象。

首先，从总体上看，黑人文盲率比白人文盲率高1倍多，且黑人的受教育时长低于全国平均水平。巴西地理与统计局数据显示，2019年，巴西全国年龄大于15岁的人口文盲率为6.6%，其中白人文盲率为3.6%，黑色人种文盲率为8.6%，深色人种文盲率为9%。此外，在18~29岁的人群中，平均每人受教育年限为11.6年，其中白人平均每人受教育12.3年，黑色人种为11.1年，深色人种为11年。

其次，从不同的教育层次观察，受教育程度越高，不同肤色间的差异越大。巴西民间非营利性机构"全民为了教育"（Todos Pela Educação, TPE）发布的《2020年巴西基础教育年鉴》[2]（以下简称《年鉴》）对白人、深色人种及黑色人种在托班（0~3岁）、幼儿园（4~5岁）、初等教育（6~14岁）及中等教育（15~17岁）四个教育层次的学生注册比例以及初、中、高等教育的毕业比例进行了统计（见图1），数据显示，白人和黑人的教育水平差距在初等教育后期便开始体现，且这种差异随着教育层次的提升越发明显。的确，尽管巴西法律规定最低劳动年龄为16岁，但是学徒类工种年满14岁即可从事，初等教育和中等教育的过渡恰好是这个年龄段。结合白人和黑人的家庭人均收入差距，不难推断在这个年龄段需要辍学参加劳动帮补家庭生计的黑人青少年比例高于白人。

---

① Nara Torrecilha Ferreira. Desigualdade Racial e Educação: uma análise estatística das políticas afirmativas no ensino superior, Educação em Revista, vol. 36. Belo Horizonte, 2020.

② Anuário Brasileira da Educação Básica 2020.

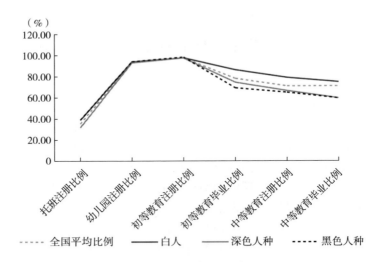

图1 巴西不同肤色人种注册入学比例对比

资料来源：TPE《2020 年巴西基础教育年鉴》。

《年鉴》指出，在 16 岁完成初等教育的学生比例中，深色人种（74.7%）与黑色人种（69.4%）均已与白人比例（86.6%）及全国平均数（78.4%）出现明显差距。这种差距进一步体现在中等教育的入学人数和毕业人数占比上（中等教育注册入学的比例为白人 79.2%，深色人种 66.7%，黑色人种 65.1%；完成中等教育的毕业生中白人占比 75%，深色人种占比 59.7%，黑色人种占比 65.1%）。

从高等教育的情况来看，2000～2017 年，取得本科学位的黑人从 2.2% 上升到 9.3%，同年，完成大学本科课程的白人比例为 22%[1]。根据 IBGE 发布的《巴西肤色或种族相关社会不平等报告》（以下简称《报告》），在高等教育的适合年龄段（即 18～24 岁）中，正在接受高等教育的白人占 78.8%，而黑人仅占 55.6%（见图2）。由此可见，尽管争取入学的机会是平等的，但是由于起跑线不同，事实上享受到高等教育的人群，无论是在读中还是毕业，黑人依然和白人存在较大的差距。

从享受教育的人群视角切换到决策部门，可以发现，城镇教育相关部门决策者的种族比例不平等进一步拉大了不同种族间教育资源分配的不平等。《年鉴》指出，2018 年巴西全国城镇中主管教育及其资金分配的官员种族组成为白人 59.7%，深色人种 34.1%，黑色人种 5.2%，对比同年的人口比例，白人占全国

---

① 资料来源：https：//g1. globo. com/mundo/noticia/2020/06/25/protestos - por - george - floyd - em - seis - areas - a - desigualdade - racial - para - negros - no - brasil - e - nos - eua. ghtml。

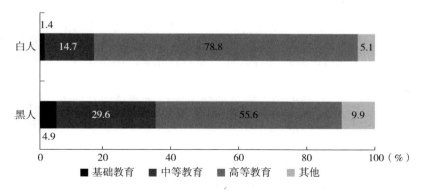

图2 巴西 18~24 岁学生就读课程级别分布比例

资料来源：IBGE 巴西肤色或种族社会不平等 2018 年数据。

人口比例为 43.7%，深色人种占 47.5%，黑色人种占 8.8%。换言之，教育资源分配的决策者中，白人所占比例已经明显高于其所占总人口比例，而非白人占比低于其所占总人口比例。

值得一提的是，巴西政府在 2000 年后实施多项"肯定性行动"（Ação Afirmativa），教育领域的投入尤其值得关注，其中包括在公立高等学府实行"种族预设名额"（Quota Racial）、设立特别奖学金、增加额外招生名额等政策性支持。这些举措有效地增加了黑人入学率以及学校的黑人在读学生比例。IBGE 的《报告》显示（见图3），2018 年，巴西公立大学的在校学生中，黑人学生比例（50.3%）首次超过白人（49.7%），而需要自费的私立大学中，白人学生比例（53.4%）仍然高于黑人学生（46.6%）。虽然《报告》指出，该比例距离黑人所占人口比例（56%）尚存在差距，但从总体趋势看，不可否认"肯定性行动"对高等教育机会平等化有显著成效。

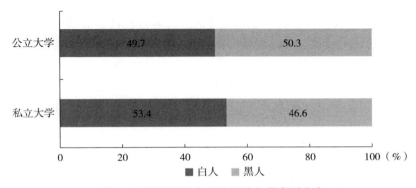

图3 巴西不同肤色人种就读大学类别分布

资料来源：IBGE 巴西肤色或种族社会不平等 2018 年数据。

2020 年 3 月新冠肺炎疫情在巴西暴发后，全国教育机构纷纷将教学模式从课堂转变为远程，网络授课成为远程教学的主要形式，而拥有合适的设备以及可以连接上网，成为了远程教育的硬性条件，不具备此条件的学生家庭便无法享受网络授课，因此，疫情进一步暴露了巴西教育资源的不平等。IGBE 的《报告》统计了 2017 年不同肤色的学生的上网条件和上网设备差异，其中有 75.5% 的白人学生具备上网条件，而黑人学生仅有 65.4% 有条件，全国拥有可用于上网的电脑或移动设备的白人占比 82.9%，黑人为 74.6%。由于远程授课必须通过网络，这意味着不具备上网条件的学生将丧失学习机会。据统计，因疫情停止课堂授课，全巴西有约 4400 万名学生受到影响，其中有约 480 万名学生家中不具备上网条件或缺乏合适的上网设备①，不少学生因此不得不中断学业。虽然《报告》没有按照肤色种族公布受影响学生的比例，但从以上数据不难推测黑人和白人之间的受影响程度差异。TPE 组织在 2020 年 5 月发布了关于巴西基础教育远程授课的技术说明，提出两点关键结论：一是全网络授课已证实对本身成绩良好的学生更加有利，这意味着学生的差距将进一步扩大；二是远程授课不能与网络授课画上等号，学校有义务顾及学生的实际情况，将远程授课的方式多元化，尊重每个学生的受教育权利。

2. 就业及收入不平等

社会学研究认为，社会分化与社会分层是现代社会两大典型特征，教育则成为社会流动和分层的最主要因素。社会学家柯林斯（Randall Collins）对此有精妙的阐释，在他的书《文凭社会》（*The Credential Society*）里，他分析到，教育的资格正被用来"限制角逐社会和经济有利地位的候选人的一种稀缺资源"，并且将这些有利的社会地位卖给"教育证书的持有者"②。教育已经被当代社会中的大多数人看成是改善他们自己的经济地位与获得地位和声望的一种工具。

如上一节所言，巴西不同种族群体间的受教育程度存在明显差异。在现代社会制度规约下，未在教育资源中获得优势的社会族群在社会流动中自然更难获得与教育特权捆绑在一起的其他权利，其中就包括更好的就业和更高的收入。

新冠肺炎疫情之前，根据 IBGE《报告》公布的 2018 年巴西劳动市场数据③，劳动人口中黑人占比 54.9%，约 5770 万人，白人占比 43.9%，约 4610 万人，比例与人口中不同肤色的比例基本一致。然而，在失业人口比例当中，黑人比例

---

① 资料来源：https：//educacao. estadao. com. br/noticias/geral, adolescentes-e-jovens-abandonam-estudos-na-pandemia, 70003416485。

② David Blackledge, Barry Hunt. 教育社会学理论［M］. 李锦旭译. 台北：桂冠图书公司，1993：417-420.

③ 《报告》调查对象为 14 岁以上人口，所指劳动岗位包括正式和非正式工作岗位。

（64.2%）几乎是白人比例的2倍（34.6%）。已就业人口当中，从事非正式工作（即不记录在劳工手册①上的工作，如短期工、临时工、网约车司机、外卖骑手等）的黑人比例高于白人，34.6%的白人从事非正式工作，而黑人从事非正式工作的比例为47.3%，而在企业高管等高收入岗位中，白人与黑人的比例分别为68.6%和29.9%。

2020年新冠肺炎疫情暴发后，占据总人口约56%的黑色人种和深色人种成为就业市场受影响最严重的人群。IBGE和巴西经济部公布的就业及收入数据显示出以下六个特征：①黑色人种失业人数增幅最大；②黑色人种失业率更加明显；③黑色人种就业率与白人就业率相差更大；④黑色人种就业率下降幅度更大；⑤新增正式工作就业人口中黑色人种占比最小；⑥黑色人种收入比其他肤色人种低②。

如图4所示，巴西2020年第一和第二季度全国失业率为13.3%，其中黑色人种失业率为17.80%，深色人种失业率为15.40%，白人失业率为10.40%；黑色人种失业率增加2.60%，深色人种失业率增加1.40%，白人失业率增加0.60%。

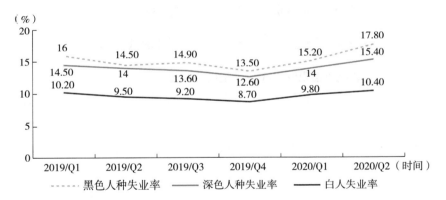

图4　巴西2019~2020年第二季度不同肤色失业人口比例变化

资料来源：IBGE。

一方面，黑色人种和深色人种占比较大的个体商业和服务业在疫情期间受影响最大，是这两个族群就业率下滑最主要的原因。另一方面，2020年，非正式就业的比例中，白人占30.1%，黑色人种占39.9%，深色人种占43.5%，疫情开

---

① 巴西劳工手册全称为"劳动及工龄手册"（Carteira de Trabalho e Tempo de Serviço，CTPS），记录劳工的工作单位、雇主信息、职位、薪资金额、薪资调整、已享有年假等信息。巴西全职岗位的正式雇佣关系需要签署劳动合同，受劳动法（Consolidação das Leis do Trabalho，CLT）制约。在CLT框架下雇用正式员工，雇主均要在劳工手册上做上述信息记录。

② https://g1.globo.com/economia/noticia/2020/11/17/pandemia - aumenta - desigualdade - racial - no - mercado - de - trabalho - brasileiro - apontam - dados - oficiais.ghtml。

始后的五个月内，非正式劳工的数量下降了9.4%，正常情况下，非正式劳动岗位的存在对就业率下降起缓冲作用，但疫情令很多行业不得不实施社会隔离，以至于非正式工作这个市场也受到波及。

除了就业市场，收入不平等也是巴西社会结构性种族主义现象之一，其主要表现为三个方面：①黑人平均收入比其他肤色人种低；②黑人家庭人均收入和白人家庭相比相差将近1倍；③在同等学力的前提下，黑人收入仍然低于其他肤色人种。如图5所示，黑色人种和深色人种的收入低于平均水平约1000雷亚尔。图6则反映出白人和黑人家庭人均收入的巨大差异，虽然2012~2019年两个族群均呈现增长趋势，但是差别几乎不变。

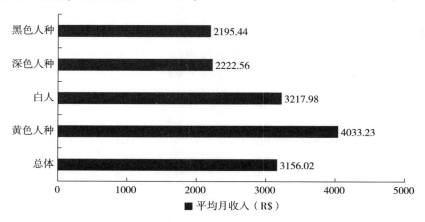

图5 巴西不同肤色人种平均月收入对比

资料来源：IBGE。

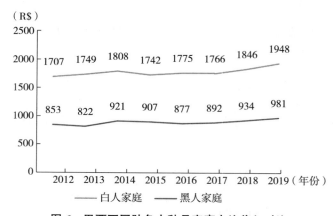

图6 巴西不同肤色人种月家庭人均收入对比

资料来源：IBGE。

种族间收入不平等还体现在即使是同等学力，黑色人种和深色人种的收入也低于其他肤色人种。以高等教育毕业生为例，黄种人平均收入为8478.32雷亚尔，白人平均收入为6539.62雷亚尔，而深色人种平均收入仅4629.93雷亚尔，黑色人种平均收入仅4414.04雷亚尔。《报告》还指出，黑人和其他肤色人种收入差异最小的两个行业为农业和建筑业，而黑人在这两个行业的人数占比最高。

　　3. 医疗资源获取不平等

　　医疗卫生资源方面的种族不平等现象可以体现在多个方面，通常是隐形的，比如整个社会对一个特定的种族或者族裔在医疗健康方面持有偏见或刻板印象，导致医护人员对该类人群采取医疗措施的时候给予不公平对待，受到歧视性对待的人群甚至会在医疗人员衡量治疗优先次序和决定生死时处于劣势，从而面临更大风险①。相关数据表明，2020年新冠肺炎疫情救治过程中，黑人感染者因为医疗服务和资源获取上的不平等承担了更大的风险。

　　第一，黑人在疫情下比白人承受更大生命风险。尽管巴西没有公布按照种族和族裔细分的新冠病毒感染和死亡人数，但是可以从过去医疗权利不平等的状况推断出黑人在疫情期间受到更加严重的冲击②。此外，权威数据表明，黑人群体罹患慢性病的概率普遍比白人高，却得不到应有的治疗。根据国家卫生研究（Pesquisa Nacional de Saúde）的统计，黑人人口中患有高血压和糖尿病的患者分别占44.2%和12.7%，而同类患者分别仅占白人人口的22.1%和6.2%，心脏病、哮喘和肺结核等疾病中，黑人和白人患者的比例差别同样显著。世卫组织的研究表明，患有此类疾病的病人受到新冠病毒感染后致死率更高。

　　第二，对于同样的疫情防范措施，不同种族之间的实施难度也体现出不平等。世卫组织提倡的预防病毒传播的最重要措施之一是保持社交距离（distancia-mento social），然而在巴西并不是所有人都有条件做到社交隔离。尤其是黑人群体，如上一节所述，占据劳动力市场当中大多数非正式工作岗位，比如家政、商贩、餐饮、交通、仓储、邮政快递等工作，一方面是这些岗位在疫情期间不能停止运作，另一方面，停止工作意味着面临生计断绝的风险，但继续工作必然增加与陌生人频繁接触的频次，从而增大了感染的可能。

　　第三，疫情反映出卫生基础设施和检测机制的不平等。满足基本的个人卫生需求是疫情防范的首要条件。而相比白人，黑人多居住在卫生条件恶劣、基础设施缺乏，甚至没有自来水供应的地区，这直接提升了黑人群体疫情感染的风险。IBGE的《报告》公布了一组抽样调查数据，2018年30.5%的黑色人种

　　①② Emanuelle Freitas Goes, Dandara de Oliveira Ramos, Andrea Jacqueline Fortes Ferreira. Desigualdades raciais em saúde e a pandemia da Covid-19, Trabalho, Educação e Saúde, vol. 18, no. 3, Rio de Janeiro, 29/05/2020. http：//www.scielo.br/scielo.php? script＝sci_arttext&pid＝S1981-77462020000300301&tlng＝pt.

和深色人种居住在贫民窟，白人仅 14.3%。此外，12.5% 的黑人和 6% 的白人居住在垃圾装运服务无法覆盖的地区，17.9% 的黑人和 11.5% 的白人居住在没有自来水供应的地区，42.8% 的黑人和 26.5% 的白人居住在缺乏下水道和排雨网络的地区。巴西的主要城市中，居住在圣保罗市人口密集地区的黑人比例为 18.7%，白人为 7.3%。而在里约热内卢，这两个比例分别为 30.5% 和 14.3%，这些地区人与人接触频繁，社交隔离难以实施，成为疾病扩散的温床。2020 年 4 月颁布的第 10329 号法令规定了哪些非必要活动需要在疫情期间停止，其中就包括暂停某些公共服务，比如垃圾装运和污水治理，这使卫生环境恶劣的地区疾病扩散的风险进一步加大。2020 年 4 月 28 日，里约热内卢的一个贫民窟共有 1187 例疑似病例，初期的检测得出仅 15 例被确诊，但最后发现确诊人数远远不止该数目，由此可见，该地区对新冠病毒进行检测的机制极其不完善①。

第四，医护人员在疫情期间的感染风险高达 97.3%，而医院护理人员队伍中女性和黑人占比较大，战斗在疫情第一线，意味着承受最大的感染风险。

对于黑人群体而言，新冠肺炎疫情期间体现出来的种族不平等实际折射出的是巴西结构性不平等。黑人占据人口多数却享有更少的医疗资源，承担更大的感染风险，成为弱势群体。

4. 暴力事件、执法、司法等方面的不平等

社会治安、暴力事件、执法和司法方面，黑人的弱势和不平等待遇是巴西结构性种族主义不平等的关键体现。

一方面，暴力事件中，黑人的死亡率高于其他肤色人种，过去十年甚至呈上升趋势。根据"应用经济学研究项目"（IPEA）及"巴西公共安全论坛"（FBSP）公布的报告《2020 巴西暴力事件概览》（以下简称《概览》），2008~2018 年 10 年间，黑人在各类暴力事件中死亡人数增加了 11.5%。2018 年，凶杀案中非黑人与黑人的比例为 1∶2.7，黑人占死亡人数的 75.7%（见图 7）。

根据《概览》列举的数据，2018 年全巴西凶杀案共 57956 起，平均每 10 万人有 27.8 人为凶杀案受害者。虽然从总体上看，暴力犯罪有所下降，但是如果观察死者的族裔数据即可发现不同族裔间的明显差别。就黑人而言，平均每 10 万人有 37.8 人死于凶杀，而就其他族裔而言，平均每 10 万人的凶杀死亡数为 13.9 人。此外 IPEA 还指出，黑人男性和黑人女性的暴力犯罪死亡风险分别为 74% 和 64%。

---

① Emanuelle Freitas Goes, Dandara de Oliveira Ramos, Andrea Jacqueline Fortes Ferreira. Desigualdades raciais em saúde e a pandemia da Covid-19, Trabalho, Educação e Saúde, vol. 18, no. 3, Rio de Janeiro, 29/05/2020. http：//www.scielo.br/scielo.php? script = sci_arttext&pid = S1981-77462020000300301&tlng = pt.

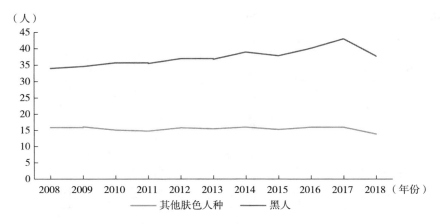

图7　巴西不同肤色人种暴力事件死亡率（每10万人）

资料来源：应用经济学研究院（IPEA）《2020巴西暴力事件概览》，2020年8月27日发布。

研究明确指出，结构性种族主义和社会不平等是巴西凶杀案居高不下的根源。这主要归咎于两个原因：一是黑人在凶杀案的受害者中占比高；二是在警察执法过程中，黑人作为执法对象时宪法权利得不到尊重，遭到暴力对待致伤甚至致死。

另一方面，监狱关押人口中黑人占据大多数，监狱及刑事惩罚措施的相关司法制度越来越以黑人作为针对对象。巴西公共安全论坛发布的《2020年公共安全年鉴》中显示，过去十五年，巴西监狱系统中被关押的黑人增加14%，而白人减少19%。

如图8所示，在巴西，黑人成为被羁押的对象变得越来越频繁。如今，每三个囚犯中有两个为黑人。2019年数据显示，65.78万个犯人中有43.87万为黑人（占66.7%）。虽然从表面上看，一个肤色人种在监狱囚犯中占比与这个肤色人种的犯罪率较高不无关系，但追其究竟，还是受教育不平等埋下的祸根。《2020年公共安全年鉴》提到，黑人囚犯中多数为低学历年轻男性，2019年，男性占据关押人口的95%，其中18~24岁的占26%，25~29岁的占24%。该《年鉴》指出，司法和监狱系统在针对黑人的惩戒措施中存在非常严重的种族不平等。如果说贫穷状况和受教育程度低令更多的黑人走上犯罪道路，那么在执法过程和审判程序中受到更少的法律援助和司法救济意味着等待他们的极有可能是暗无天日的监狱生活，而囚犯中黑人比例偏高反过来又促使司法部门做出应对，使这个群体逐渐成为司法制度及监狱管理政策的重点针对目标。

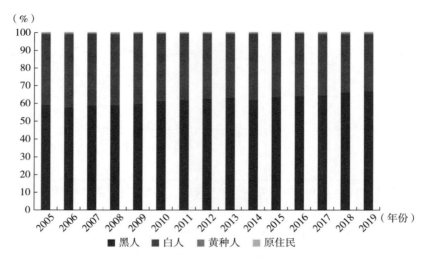

图 8　巴西监狱关押人口不同肤色人种比例分布

资料来源：巴西公共安全论坛《2020 年巴西公共安全年鉴》，2020 年 10 月 3 日发布。

五、小结与反思

《何谓结构性种族主义？》一书作者阿尔梅达在谈及结构性种族主义成因时指出，近年来学界对种族主义的理解开始超越"个人主观意识和行为"，而将社会组织或团体间的权力博弈纳入其中，这是一次关键的认知升级。然而，组织、团体和机构得以建立和维持都是基于一个具体的社会秩序，而这些组织通过权力运作，设立制度、规矩和标准，不但不脱离既有的社会秩序，反而进一步巩固这个社会秩序。因此，如果一个组织运作是种族不平等，那是因为组织赖以生存的社会本身就是种族不平等的。具体地说，如果社会结构的权力归属本身没有在不同种族间公平体现，那么，就算在看似保障种族平等的法律下，根据上述逻辑，组织运作的外部体现必然是使社会结构进一步固化，令种族主义再生产①。总而言之，种族主义并非部分人理解的那样是个别人的病态思想观念，而是社会结构的产物，是政治权力格局加上历史演化进程的结果②。巴西的种族问题亦如此。

---

① Silvio Almeida, p. 36.
② Silvio Almeida, p. 38, p. 40, p. 42.

1888 年，巴西帝国的摄政公主伊莎贝尔签署的《黄金法》（Lei Áurea）废除了巴西的奴隶制，但既没有从制度上撼动白人垄断特权阶层的社会格局，也没有从认知上使主流社会接纳被解放的黑人，更没有提供任何便利性政策拉近有色人种和白人的差距。相反，在共和国成立后的翌年，时任财政部长鲁伊·巴尔博萨（Rui Barbosa）以"洗刷奴隶制带来的历史耻辱"为名，下令在全国范围内销毁所有关于奴隶买卖和所有权的档案记录，以致对被奴役黑人的经济补偿因为无从追溯而不了了之。换句话说，得不到赔偿的黑人，法律名义上获得自由，但没有社会意义上的名义改变，大部分依然面临经济窘境。他们迫于生计，必须继续从事原来的卑微苦累的工作，承担不起居住在城市的昂贵费用的人，就在山坡上搭建棚房，形成了今天的贫民窟（favela）。

一个多世纪之前的社会结构正是今天巴西社会的演变起点。而一个多世纪后的今天，尽管占据人口多数，黑人依然受到比白人更少的教育，挣取更低的收入，享有更差的医疗，承受更多的暴力和司法不公。我们不禁质疑：巴西社会是否真如某些精英人士所称，种族间平等和谐共存？通过本文的数据，我们至少可以得出以下三个结论：

（1）巴西社会的隐形种族歧视持续存在。通过对教育、就业、医疗、司法方面数据的透视，可见不同肤色人群在巴西遭遇的系统性不平等并未消减，黑人在社会核心资源的分配上长期遭遇不公，在经济和政治地位上处于弱势。因此，看似公平的标准化现代社会制度在事实上却使强者更强、弱者更弱，强势种族和弱势种族间距离进一步拉大，符合阿尔梅达提出的演变趋势。

（2）黑人群体在社会权力阶层的空缺使弱势群体在社会主流话语中"失声"。教育与就业的捆绑使弱势种族更易陷入贫困，难以实现社会层级的向上流动，更毋论进入社会精英阶层。黑人群体于是长期处于附属地位，难以产生影响力。虽然反对种族主义成为公共舆论中最基本的"政治正确"，但主流话语权的缺失使弱势种族面临着的真正不平等被掩盖，强弱种族间的矛盾被刻意忽略及掩盖，进而埋葬了从根源上消灭种族主义、扶持弱势群体、实现真正的社会公平的可能。

（3）巴西结构性种族主义导致的冲突将继续升级。若奥·阿尔贝托遇害后，巴西政治领导人不但没有为缓解种族矛盾、促进社会团结发出积极信号，反而采取鸵鸟政策，公开否认种族主义的存在，极力弱化种族矛盾，力图将事件渲染为全民遭受的社会暴力下的个别现象。因此，若奥·阿尔贝托事件正是被巴西精英阶层的"色盲"强行压制而产生的种族冲突的宣泄。根本问题未得到改善，则种族矛盾与冲突将持续升温。

诚然，巴西社会的种族不平等并非一朝一夕之痼。即便种族问题的解决无法仅靠制度建设一蹴而就，亦不应当对其漠然旁观。以"色盲"和"政治正确"为理由掩盖种族矛盾，忽视种族主义根源于社会结构，种族矛盾必然日益尖锐，引发不堪设想的后果。阿尔梅达认为，虽然种族主义是社会性的、组织性的、结构性的，但这绝不应当成为个体种族主义行为的动机和辩护理由。相反，这使和种族主义斗争成为社会每一个个体和组织的义务：就个人而言，不能仅限于宣称自己不歧视有色人种，一方面要体现在具体的行为上，另一方面要主动与种族不平等现象做斗争；就组织而言，宣扬社会包容、种族多样性，不能停留在空洞的宣传口号上，教育、经济、医疗、政治等各个领域的决策者应当切实关注种族不平等问题，在制定政策的时候在保障平等的措施上有实实在在的投入。除了为不同肤色的人去除上升通道的障碍，实现机会上人人平等以外，还必须保留对话的空间，不能因为问题敏感就避而不谈①。

社会各个方面的制度、规则和实践应当保证在不断沟通的基础上建立和修缮，避免因为僵化而忽视了可能引发的不良后果。同时，出现与种族相关的冲突时，既不要将问题升级，也不要坐视不理，而应该以包容和共存为基础，根据冲突各方的诉求寻求公平的解决办法②。总而言之，巴西的种族不平等依然是一项严峻的挑战。

巴西的种族不平等作为值得持续跟踪的拉美社会问题，建议后续可结合2021年人口普查数据进一步分析。巴西统计部门自1940年起每十年进行一次人口普查。受新冠肺炎疫情影响，最近一次人口普查在2021年进行。此次人口普查的结果将为巴西种族构成提供最新的权威数据，综合考虑其他经济数据，将能更加直观地考察巴西社会各方面在后疫情时期的影响及不同肤色和种族间的不平等现象。

参考文献

[1] BBC. Protestos por George Floyd：Em seis úreas, a desigualdade racial para negros no Brasil e nos EUA, 25/06/2020. https：//g1. globo. com/mundo/noticia/2020/06/25/protestos-por-george-floyd-em-seis-areas-a-desigualdade-racial-para-negros-no-brasil-e-nos-eua. ghtml.

[2] Daniel Cerqueira, Samira Bueno (coord.). Atlas da Violência 2020（2020巴西暴力事件概览）, Instituto de Pesquisa Econômica Aplicada-IPEA, 27/08/2020. https：//www. ipea. gov. br/atlasviolencia/download/24/atlas-da-violencia-2020.

[3] Daniel Cerqueira, Samira Bueno (coord.). Atlas da Violência 2020：Princi-

---

①② Silvio Almeida, pp. 37-39.

pais Resultados （2020 巴西暴力事件概览要点）, Instituto de Pesquisa Econômica Aplicada—IPEA, 27/08/2020. https：//www. ipea. gov. br/atlasviolencia/arquivos/artigos/5929-atlasviolencia2020relatoriofinalcorrigido. pdf.

［4］Daniel Silva, Marta Cavallini. Pandemia aumenta desigualdade racial no mercado de trabalho brasileiro, apontam dados oficiais, G1, Rio de Janeiro e São Paulo, 17/11/2020. https：//g1. globo. com/economia/noticia/2020/11/17/pandemia-aumenta-desigualdade-racial-no-mercado-de-trabalho-brasileiro-apontam-dados-oficiais. ghtml.

［5］David Blackledge, Barry Hunt. Sociological Interpretations of Education （教育社会学理论）中译本 ［M］. 李锦旭译. 台北：桂冠图书公司, 1993.

［6］Emanuelle Freitas Goes, Dandara de Oliveira Ramos, Andrea Jacqueline Fortes Ferreira. Desigualdades raciais em saúde e a pandemia da Covid-19, Trabalho, Educação e Saúde, vol. 18, no. 3, Rio de Janeiro, 29/05/2020. https：//doi. org/10. 1590/1981-7746-sol00278.

［7］Guilherme Mazui. No Brasil, não existe racismo, diz Mourão sobre assassinato de homem negro em supermercado, G1, Brasília, G1—Brasília, 20/11/2020. https：//g1. globo. com/politica/noticia/2020/11/20/mourao-lamenta-assassinato-de-homem-negro-em-mercado-mas-diz-que-no-brasil-nao-existe-racismo. ghtml.

［8］Instituto Brasileiro de Geografia e Estatística. Desigualdades Sociais por Cor ou Raça no Brasil （巴西肤色或种族相关社会不平等报告）, IBGE, Estudos e Pesquisas-Informação Demográfica e Socioeconômica, n. 41, 2019. https：//biblioteca. ibge. gov. br/visualizacao/livros/liv101681_informativo. pdf.

［9］Instituto Brasileiro de Geografia e Estatística. Pesquisa Nacional por Amostra de Domicílios Contínua Quarto Trimestre de 2020. IBGE, Coordenação de Trabalho e Rendimento, Rio de Janeiro, 10/03/2021. https：//biblioteca. ibge. gov. br/visualizacao/periodicos/2421/pnact_2020_4tri. pdf.

［10］Letycia Bond, Atlas da Violência：Assassinatos de negros crescem 11, 5% em 10 anos, Agência Brasil, São Paulo, reportagem em 27/08/2020. https：//agenciabrasil. ebc. com. br/geral/noticia/2020-08/atlas-da-violencia-assassinatos-de-negros-crescem-115-em-10-anos.

［11］Ludimila Honorato. Adolescentes e jovens abandonam estudos na pandemia, O Estado de S. Paulo, reportagem em 28/08/2020. https：//educacao. estadao. com. br/noticias/geral, adolescentes-e-jovens-abandonam-estudos-na-pandemia, 70003416485.

［12］Mariana Hallal. Brancos continuam recebendo 50% a mais do que negros no

Brasil, Estadão, São Paulo, 20/07/2020. https：//economia. uol. com. br/noticias/ estadao-conteudo/2020/07/20/abismo-economico-entre-brancos-e-negros-persiste. htm.

［13］Nara Torrecilha Ferreira. Desigualdade Racial e Educação：Uma análise estatística das políticas afirmativas no ensino superior，Educação em Revista, vol. 36. Belo Horizonte，27/11/2020. https：//doi. org/10. 1590/0102-4698227734.

［14］Priscila Cruz et al（coord.）. Nota técnica：Ensino a Distância na Educação Básica frente à Pandemia da Covid-19（技术说明：新冠疫情期间基础教育远程授课），Todos Pela Educação，08/05/2020. https：//www. todospelaeducacao. org. br/_uploads/_posts/425. pdf？1730332266=.

［15］Priscila Cruz, Luciano Monteiro（org.）. Anuário Brasileiro da Educação Básica 2020（2020 年巴西基础教育年鉴），Todos Pela Educação & Editora Moderna，23/06/2020. https：//todospelaeducacao. org. br/wordpress/wp-content/uploads/se-curepdfs/2020/10/Anuario-Brasileiro-Educacao-Basica-2020-web-outubro. pdf.

［16］Roberta Gondim de Oliveira, et al. Desigualdades raciais e a morte como horizonte：considerações sobre a COVID-19 e o racismo estrutural, Cadernos de Saúde Pública, 36 n°. 9 Rio de Janeiro，18/09/2020. http：//dx. doi. org/10. 1590/0102-311X00150120.

［17］Samira Bueno, Renato Sérgio de Lima. Anuário Brasileiro de Segurança Pública 2020（2020 巴西公共安全年鉴）. Fórum Brasileiro de Segurança Pública，03/10/2020. https：//forumseguranca. org. br/wp-content/uploads/2020/10/anuario-14-2020-v1-final. pdf.

［18］Silvio Almeida. O que é racismo estrutural. Belo Horizonte（MG）：Letra-mento，2018.

［19］潘亚玲. 美国结构性种族主义透视［A］//吴心伯. 美国问题研究（2020 年第二辑）［C］. 上海：上海人民出版社，2020：144.

智利与中国大陆食品市场的安全监管与违规博弈分析*

马飞雄　胡越芊**

摘　要：本文通过对中国大陆食品市场安全监管与违规的博弈分析，发现市场参与者（生产者或销售者）是否违规，取决于违规获利的大小与违规被查出的损失大小比较，即被处罚的力度越大，市场参与者（生产者或销售者）违规的概率越小。在非对称信息条件下，食品市场监管者对违规事件的查处结果具有示范效应。市场参与者（生产者或销售者）通过观察监管者对过去违规事件的查处结果信息，不断修正其对监管者信誉的判断，并推测其对未来违规事件的查处方式，据以做出是否违规的决策，这存在一种学习机制。

关键词：食品市场；安全监管；违规；示范效应；学习机制

中国大陆经过近 20 年的市场实践，市场制度渐趋完善，但现实中却并没有显现其良好的市场运行效果，市场没有得到规范发展，如近几年，食品生产市场频繁出现质量安全危机，这其中重要的原因就是有效的相关市场监管的缺失。然而，党的十九大报告明确提出要实施食品安全战略，要让国人吃得放心。2019 年 5 月，中国出台《中共中央　国务院关于深化改革加强食品安全工作的意见》，指出要进一步规范中国食品市场，这表明中国对食品安全问题的重视程度提升到了一个更新的层面。从 2020 年初新冠肺炎疫情在全球的传播途径来看，加强全球冷链食品安全的监管也需要得到各国政府的进一步落实。

然而，市场的规范发展建立在完善的市场制度和有效的市场监管基础之上（埃瑞克·G.，1998），市场的规范发展是市场参与者与监管者之间围绕制度与违

---

　*　本文得到广东省高校重点研究项目（2018WTSCX034）资助。

　**　马飞雄，广东外语外贸大学商学院副教授，博士，硕士生导师，研究方向为物流与供应链管理、产业经济；胡越芊，广东外语外贸大学商学院 2017 级本科生。

规的一系列重复博弈的结果（泰勒尔，2003）。

食品市场参与者（生产者）之所以违规，是因为违规后可获得超额收益，超额收益越多，违规获利的诱惑力越大；市场参与者（生产者或销售者）之所以不敢违规，是因为违规后可能受到来自道德的、法律的严厉处罚（Klein B. and Leffler K.，1981）。市场参与者（生产者）是否违规，在很大程度上取决于违规获利的诱惑力与市场规则的强制力之间的比较。由于市场监管信息是不完全的、非对称的，市场参与者也会随时根据变化的情况调整自己的策略，市场参与者（生产者）对监管者的态度存在一种学习机制，监管者对违规者的实际处罚情况具有一种示范效应（Laffont and Tirole，1988）。

2006～2020 年，十几年以来，中国一直是智利的全球第一出口市场、第一进口市场。在中智十多年的商品贸易构成中，食品贸易在双边贸易中占有一定比重。据智利国家贸易数据，2020 年智利从中国进口的食品占总进口中国商品的比重约为 1.0%，出口食品占总出口中国商品的比重约为 2.5%。然而，在中智双边贸易过程中，就曾发生过葡萄酒以及新鲜水果的安全与质量问题。

因此，在中智食品贸易的产业链或供应链管理过程中，加强其食品安全与质量监控应引起我们的更多关注。

本文将从综合经济效用的角度，以中国大陆食品市场安全监管运行情况为例，用博弈论的方法分析该市场监管与违规及其示范效应与学习机制的关系。

一、相关文献综述

对于食品市场安全的监管机制以及提高食品安全的应对措施等，国内外学者从多角度进行了研究，目前主要有以下两个方面：

1. 从政府监管部门和第三方检测机构角度出发

当前，政府对于食品安全的监管模式是集中的，设立专门的监管机构，构建配套的制度体系对食品安全进行监管。程启智等（2004）运用制度经济学的方法进行分析，得出只有建立有效的政府规制综合体系，才能提高规制效率。李怀等（2009）认为，食品安全不是单靠某一法律就能解决的，制约中国食品安全的关键因素是监管制度、激励制度和法律制度。而对于政府如何有效地监管食品安全，Klementina（2014）发现，政府需要制定食品安全标准，以提高生产者的意识，因为标准是触发体系成熟的重要工具，缺乏遵守标准压力的公司在非常基本的层面上运作，实施的活动很少。Chialin Chen（2014）开发了一个模型来分析食品供应链管理中的质量控制，发现食品质量失真可以通过定价和监管方法来纠正。Youhua Chen（2018）运用博弈论对投入能力约束对于食品质量和质量监管的影响进行了理论分析，证明了在食品质量保障项目中，奖励比惩罚或罚款更有效。

食品质量安全监管本质上是政府相关部门与食品生产经营者之间的博弈。徐金海（2007）认为，政府监管的有效性取决于不断降低监督检查成本、降低以缺陷食品冒充安全食品坑害消费者而获得的额外预期收益，以及加大对违规的惩罚力度。任燕等（2011）对政府和企业的食品安全监管与控制的行为决策进行博弈分析，揭示了通过转变政府职能促使企业从被动执行到主动构建监管体系，为政府监管角色的转换提供了方向。朱立龙等（2013）通过构建政府与企业间质量监管的博弈模型，为实践中如何有效进行质量监管以及企业如何有效提高产品质量水平提出建议。

有学者对政府与第三方联合监管进行了讨论。Martinez（2007）发现，公众对食品安全的担忧正给政府机构施加越来越大的压力，要求其在食品行业监管方面更加规范和积极主动，并期望实现共同监管，公共和私营部门携手合作，以较低的（监管）成本提供更安全的食品。Li Qin（2010）运用合作博弈理论，建立了食品安全治理模型，并分析了政府对食品安全治理的过程，市场与第三部门在食品安全治理中扮演第三方角色，实现博弈均衡需要采取措施建立政府、市场、第三部门参与食品安全治理的协调机制。Cen Song（2017）研究了具有内生顾客需求的监管政府、制造商和农民之间的战略互动，发现政府在食品安全监管和税收方面存在冲突。许小桦等（2019）运用博弈理论分析地方政府间的农产品质量规制决策行为，发现地方政府对农产品的管理不力，担心执行质量规制耗费成本，影响地方经济。这都说明了食品安全需要除了政府部门以外的第三方监管的加入。

李长健等（2007）从动态社会契约角度论证了第三种力量的参与对食品安全监管的作用，并提出相应的构建第三种力量对食品安全进行监管的路径选择。张国兴等（2015）构建了演化博弈分析第三方监督对食品企业与政府监管部门行为的影响机理，发现第三方监督对政府监督作用具有一定的替代性。邓刚宏（2015）研究认为，从单一的政府监管模式走向社会共治模式是我国食品安全监管模式改革的必然选择。这都说明政府和第三方的联合监管是必要的，也是未来监管食品市场的发展方向。Man Zhang（2015）得出结论，媒体和消费者协会是第三方监管的主要参与者，但非政府组织和行业协会在食品安全管理的早期发展阶段占主要地位。

2. 从食品生产企业角度出发

针对食品生产企业的违规原因，周应恒等（2003）认为，食品生产商为了应对市场竞争，增加了其采取机会主义行为的可能性，企业可能就会做出降低食品质量以降低生产成本的行为。

除了市场竞争因素，食品企业违规后厂商可以获得巨大的利润是促使企业违规的原因之一。茆翠红等（2009）运用演化博弈的方法对食品安全问题进行分析，发现食品企业生产不合格食品的主要原因是企业生产不合格产品收益高，政府监管部门对生产不合格产品的处罚力度不够，企业依然有利可图。李洪伟等（2013）采用因子分析的方法研究影响食品工业企业诚信的关键因素，结果发现，违法失信发现率低、发现后惩罚力度低是企业受利益驱使纷纷冒险违法的主要原因。这都说明食品企业违规生产带来的高收益，以及被发现后的低处罚成本，使食品生产企业愿意违规。

王可山等（2007）从道德风险模型角度分析得出，信息不对称为生产者的道德风险行为提供了空间和机会，生产者的行为受到其每期获得的收益和可能获得的额外收益、被发现的概率和被发现后支付的罚金等诸多因素的影响，说明食品生产企业的违规行为受到多重因素影响。张明华等（2017）研究发现，行业自律中的企业标准的执行以及企业自检力度可以显著影响企业的食品安全行为，说明了良好的行业环境可以有效遏制食品企业的违规。

食品生产链上的各级企业都对保障食品安全有重要作用。王艳芳等（2010）研究发现，由于食品生产的链式特性，其安全问题并非单由博弈的一方决定，保证食品安全需要供应链上各级企业的共同努力。许民利等（2012）从演化博弈的角度对供应商和制造商食品质量投入进行分析，发现食品供应商和制造商的质量投入策略与双方的质量投入产出比密切相关，当质量投入产出比变化时出现多种演化稳定均衡。

综上所述，关于食品安全质量监管的研究，国内外学者主要集中在两方面：第一，大多数文献从政府监管部门与第三方机构出发，研究政府监管部门及第三方检测机构目前存在的问题，这些问题导致食品市场的质量检测和监管不足，并对两者联合监管提出建议。第二，一些文献是从食品生产企业的角度，研究食品生产质量问题出现的原因、食品生产链各级企业的作用以及食品产业的行业环境对食品质量的影响。而有关食品生产企业的违规原因和行业环境对违规行为的影响则较少有学者分析。因此，本文从食品市场参与者（生产者）的角度出发，对食品市场监管的强制与违规获利的诱惑和食品市场监管的示范效应与参与者（生产者）的学习机制进行探索和分析，以期为食品生产市场的规范发展提供理论基础和可参考的对策建议。

二、食品市场监管的强制与违规获利的诱惑

1. 前提假设

（1）食品市场参与者（生产者）与监管者之间拥有完全信息，双方进行静态博弈；市场参与者（生产者）有两种策略（S）：违规和不违规；监管者也有两种策略（S'）：查处和不查处。

（2）当食品市场参与者（生产者）不违规时，监管者不查处，各自获得正常的收益为 R^n 和 N^n，都没有超额收益或损失。

（3）当监管者不查处时，食品市场参与者（生产者）违规可获得违规收益 R^w（等于正常收益 R^n 加上额外收益 R^e，即 $R^w=R^n+R^e$）；监管者遭受市场秩序被破坏带来的绩效、声誉等损失 T^n。该损失与违规者的违规收益正相关，即 $T^n=tR^w$（其中 t 为不查处的损失系数，$0<t<1$）。

（4）当食品市场参与者（生产者）违规受到监管者的查处时，其收益为违规收益 R^w 减去被查处的损失 C，该损失与违规收益正相关，即 $C=cR^w$（其中 c 为查处的力度，$c>0$）；监管者的收益为正常收益 N^n 减去查处成本 A，即 N^n-A，假设 A 与违规者的收益正相关，即 $A=aR^w$（其中 a 为查处成本系数，$0<a<1$），则 $N^n-A=N^n-aR^w$。

（5）当监管者查处，食品市场参与者（生产者）不违规时，监管者的收益为正常收益减去查处成本。

因此，食品市场参与者（生产者）与监管者的博弈策略及收益如表1所示。

表1 食品市场参与者（生产者）与监管者的博弈策略及收益

		市场监管者	
		查处	不查处
市场参与者（生产者）	违规	R^n+R^e-C, N^n-A	R^n+R^e, N^n-T^n
	不违规	R^n, N^n-A	R^n, N^n

2. 静态均衡分析

当市场参与者（生产者）不违规时，市场监管者不查处的收益大于查处的收益，其最优选择为不查处。但当市场监管者选择不查处时，市场参与者（生产者）违规的收益大于不违规的收益，其最优选择为违规。当市场参与者（生产

者）选择违规时，监管者的最优选择取决于不查处的损失与查处的成本的比较：当不查处的损失大于查处成本，即 T">A 时，其最优选择为查处；反之则为不查处。当监管者选择查处时，市场参与者（生产者）的最优选择取决于违规的额外收益 R^e 与被查处的损失 C 的比较：当 R^e>C 时，其最优选择为违规；反之则为不违规。

可见，当不查处的损失大于查处成本，违规者被查处的损失小于违规额外收益，即 t>a，c<1 时，存在着纯策略纳什均衡，即（违规，查处）。

当不查处的损失大于查处成本，违规者被查处的损失大于违规额外收益，即 t>a，c>1 时，不存在纯策略纳什均衡，但存在混合策略纳什均衡。

为求解该混合策略纳什均衡，这里假设市场参与者（生产者）违规的概率为 p，不违规的概率为 1-p，市场监管者查处的概率为 q，不查处的概率为 1-q，并假设正常收益皆为 0，违规额外收益为 1，则市场参与者（生产者）与监管者的博弈策略及收益如表 2 所示。

表 2　食品市场参与者与监管者的博弈策略及收益

		市场监管者	
		查处（q）	不查处（1-q）
市场参与者 （生产者）	违规（p）	1-c，-a	1，-t
	不违规（1-p）	0，-a	0，0

因此，市场参与者（生产者）的期望收益为 U_1：
$$U_1 = p[q(1-c) + 1 - q]$$
其最优化的一阶必要条件为：
$$\partial U_1 / \partial p = q(1-c) + 1 - q = 0$$
则监管者最优的查处概率为：
$$q^* = 1/c$$
监管者的期望收益为 U_2：
$$U_2 = q[-ap + (1-p)(-a)] + (1-q)[-pt + (1-p)0]$$
其最优化的一阶必要条件为：
$$\partial U_2 / \partial q = -ap - a(1-p) + pt = 0$$
则市场参与者（生产者）最优的违规概率为：
$$p^* = a/t$$
因此，当不查处的损失大于查处成本，违规者被查处的损失大于违规额外收益时，存在混合策略纳什均衡（p*=a/t，q*=1/c）。其含义为：

（1）当 p>a/t 时，监管者的最优选择为查处；

（2）当 p=a/t 时，监管者以 q=1/c 的概率查处；

（3）当 p<a/t 时，监管者的最优选择为不查处；

（4）当 q>1/c 时，参与者（生产者）的最优选择为不违规；

（5）当 q=1/c 时，参与者（生产者）以 p=a/t 的概率违规；

（6）当 q<1/c 时，参与者（生产者）的最优选择为违规。

上述六种均衡结果如图 1 所示。

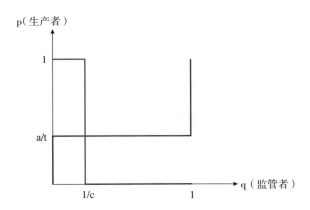

图 1 监管者与生产者博弈均衡

由此可见，处罚力度 c、查处成本系数 a 和不查处的损失系数 t 是决定以上完全信息静态博弈均衡的三个关键因素。当处罚力度 c 加大时，均衡查处概率 q^* 下降，实际违规概率 p 下降；反之则上升。当市场参与者（生产者）违规对监管者利益的不利影响系数 t 上升时，查处概率上升，违规概率下降；反之违规概率上升。

三、食品市场监管的示范效应与参与者
（生产者）的学习机制

市场监管与违规是一个动态的过程，同时由于信息是不完全的和非对称的，在市场中每个参与者都在不断地收集和利用所能掌握的最新信息来修正自己的预期、决策和行动，即不断地进行学习，市场参与者（生产者）在违规前的决策不仅要考虑市场已有的名义规则，而且更要考虑过去对违规者的处罚情况，根据过去违规者实际被查处的情况推测自己违规后被查处的概率和被查处的力度，在权衡其违规利弊得失基础上确定其是否违规。因此，在这一过程中，市场参与者（生产者）对监管者的态度存在一种学习机制，监管者对违规者的实际处罚情况具有一种示范效应（Krugman P., 1991）。

1. 假设与动态模型分析

在非对称信息条件下，食品市场参与者（生产者）对监管者维护市场秩序的态度并不清楚，假设有两种类型的监管者，即强监管者（QJ）和弱监管者（RJ）。强监管者严查处违规事件的概率为 P（YC/QJ）= q，不查处违规事件的概率为 P（NC/QJ）= 1-q；弱监管者严查处违规事件的概率为 P（YC/RJ）= p，不查处违规事件的概率为 P（NC/RJ）= 1-p。当然 q>p。

因此，在不考虑其他因素的条件下，参与者（生产者）违规后被严查的概率取决于监管者的类型及其选择严查的概率，即参与者（生产者）违规后的概率为监管者为强监管者的概率 P（QJ）乘以强监管者严查的概率 P（YC/QJ），再加上监管者为弱监管者的概率 P（RJ）乘以弱监管者严查的概率 P（YC/RJ）。

尽管市场参与者（生产者）并不知道监管者的类型，但可以通过监管者对过去违规事件的查处情况来推测监管者的确切类型。因此，假设市场参与者（生产者）在 t 阶段开始时认为监管者类型为强监管者的先验概率为 a_t，认为监管者为弱监管者的先验概率为 $1-a_t$。那么，当市场参与者观察到监管者对违规事件的严查时，该监管者为强监管者的后验概率为：该监管者为强监管者的概率 P（QJ）乘以强监管者严查违规事件的概率 P（YC/QJ），再除以对该事件严查的概率，即

$$a_{t+1} = P(QJ)P(YC/QJ)/[P(QJ)P(YC/QJ) + P(RJ)P(YC/RJ)]$$
$$= a_t q/[a_t q + (1 - a_t)p] > a_t$$

即当市场参与者（生产者）观察到严查违规事件时，监管者为强监管者的概率将提高。

反之，市场参与者（生产者）观察到不严查违规事件时，监管者为强监管者的后验概率为：该监管者为强监管者的概率 P（QJ）乘以强监管者不严查违规事件的概率，再除以对该事件不严查的概率，即

$$a_{t+1} = P(QJ)P(NC/QJ)/[P(QJ)P(NC/QJ) + P(RJ)P(NC/RJ)]$$
$$= a_t(1 - q)/[a_t(1 - q) + (1 - a_t)(1 - p)] < a_t$$

即监管者为强监管者的概率将下降，为弱监管者的概率将上升。违规者违规后不被严查的概率将提高，也必将提高食品市场参与者（生产者）违规的概率。

2. 食品监管者的监管行为对食品市场参与者（生产者）决策的影响

根据本课题组在中国广州市市场监管局 2020 年的调研结果，取上述 q=0.9，p=0.1，并设定在第一次违规事件发生前，食品市场参与者（生产者）对监管者

为强监管者的先验概率为 $a_t = 0.99$。

如果第一次违规被严查，则市场参与者（生产者）认为监管者为强监管者的后验概率为：

$$a_{t+1} = P(QJ)P(YC/QJ)/[P(QJ)P(YC/QJ) + P(RJ)P(YC/RJ)]$$
$$= a_t q/[a_t q + (1 - a_t)p]$$
$$= 0.99 \times 0.1/0.99 \times 0.1 + 0.01 \times 0.1$$
$$= 0.999 > a_t$$

如果第一次违规发生后没有被严查，则市场参与者（生产者）认为监管者为强监管者的后验概率为：

$$a_{t+1} = P(QJ)P(NC/QJ)/[P(QJ)P(NC/QJ) + P(RJ)P(NC/RJ)]$$
$$= a_t(1 - q)/[a_t(1 - q) + (1 - a_t)(1 - p)]$$
$$= 0.99 \times 0.1/0.99 \times 0.1 + 0.01 \times 0.9$$
$$= 0.917 < a_t$$

即该监管者为弱监管者的概率从 0.01 上升为 0.083(1-0.917)。这时违规者违规后不被处罚的概率也从 0.108(0.99×0.1+0.01×0.9) 上升为 0.166(0.917×0.1+(1-0.917)×0.9)。

如果前两次违规事件都未得到严查，则市场参与者（生产者）认为监管者为强监管者的后验概率将进一步下降，违规后不被严查的概率也进一步上升。因此，违规事件继续得不到严查，其示范效应和学习机制的作用将使监管者的信誉继续下降，市场违规事件概率也将上升。

四、结果与讨论

由以上分析可见：食品市场参与者（生产者）的违规收益与被查处的损失的比较是确定其博弈均衡的关键。违规收益的大小决定促使市场参与者（生产者）违规的诱惑力的大小，违规后被查处的损失的大小决定市场监管者的强制力的大小。市场参与者（生产者）是否违规，取决于违规获利的诱惑力与监管的强制力的比较。当诱惑力大于强制力时，不管监管者是否查处，市场参与者（生产者）都将选择违规；只有当强制力大于诱惑力时，市场参与者（生产者）才可能选择不违规，强制力越大于诱惑力，即被处罚的力度越大，市场参与者（生产者）违规的概率越小。

在非对称信息条件下，市场监管者对违规事件的查处结果具有示范效应。市场参与者（生产者）通过观察监管者对过去违规事件的查处结果信息，不断修正其对监管者信誉的判断，并推测其对未来违规事件的查处方式，据以做出是否违规的决策，这存在一种学习机制。

因此，为了食品生产市场的规范发展，不仅需要制定严格的质量安全监管法规，并根据食品安全现状（如新冠肺炎的全球感染）加强特定范围的监管（如国际贸易的冷链及生鲜食品），加大监管的强制力，降低违规获利的诱惑力，而且需要建立完善的监管者激励约束机制，对每一个已发生的违规事件给予及时严厉的查处，任何"仁慈、手软或下不为例"都将对监管者的信誉和质量安全监管法规的严肃性带来危害。

参考文献

［1］埃瑞克·G. 等. 新制度经济学［M］. 上海：上海财经大学出版社，1998.

［2］泰勒尔. 产业组织理论［M］. 北京：中国人民大学出版社，2003.

［3］张维迎. 博弈论与信息经济学［M］. 上海：上海人民出版社，2004.

［4］Laffont，Tirole. The Dynamics of Incentive Contract［J］. Econometrica，1988（56）：1153–1175.

［5］Krugman P. History versus Expectation［J］. Quarterly Journal of Economics，1991（106）：651–667.

［6］Klein B.，Leffler K. The Role of Market Forces Assuring Contractual Performance［J］. Journal of Political Economy，1981，89（4）：615–641.

［7］Chialin Chen，Jun Zhang，Teresa Delaurentis. Quality Control in Food Supply Chain Management：An Analytical Model and Case Study of the Adulterated Milk Incident in China［J］. International Journal of Production Economics，2014（152）：188–199.

［8］Klementina Kirezieva，Pieternel A. Luning，Liesbeth Jacxsens，Ana Allende，Gro S. Johannessen，Eduardo César Tondo，Andreja Rajkovic，Mieke Uyttendaele，Martinus A. J. S. van Boekel. Factors Affecting the Status of Food Safety Management Systems in the Global Fresh Produce Chain［J］. Food Control，2015（52）：85–97.

［9］徐金海. 政府监管与食品质量安全［J］. 农业经济问题，2007（11）：85–90，112.

［10］朱立龙，于涛，夏同水. 政府—企业间质量监管博弈分析［J］. 软科学，2013，27（1）：47–49，68.

［11］任燕，安玉发，多喜亮. 政府在食品安全监管中的职能转变与策略选择——基于北京市场的案例调研［J］. 公共管理学报，2011，8（1）：16–25，123.

［12］李怀，赵万里. 中国食品安全规制制度的变迁与设计 ［J］. 财经问题研究，2009（10）：16-23.

［13］You-hua，Chena Sun-jun Huanga，Ashok K.，Mishrab X.，Henry Wang. Effects of Input Capacity Constraints on Food Quality and Regulation Mechanism Design for Food Safety Management ［J］. Ecological Modelling，2018（385）：89-95.

［14］茆翠红，钱钢. 食品安全问题中的政府监管部门和企业的演化博弈分析 ［J］. 工业技术经济，2009，28（5）：95-97.

［15］程启智，李光德. 食品安全卫生社会性规制变迁的特征分析 ［J］. 山西财经大学学报，2004（3）：42-47.

［16］Li Qin. A Effective Way to Improve the Performance of Food Safety Governance Based on Cooperative Game ［J］. Agriculture and Agricultural Science Procedia，2010（1）：423-428.

［17］Marian Garcia Martinez，Andrew Fearne，Julie A. Caswell，Spencer Henson. Co-regulation as a Possible Model for Food Safety Governance：Opportunities for Public-Private Partnerships ［J］. Food Policy，2007，32（3）：299-314.

［18］张国兴，高晚霞，管欣. 基于第三方监督的食品安全监管演化博弈模型 ［J］. 系统工程学报，2015，30（2）：153-164.

［19］李长健，张锋. 构建食品安全监管的第三种力量 ［J］. 生产力研究，2007（15）：77-79，118.

［20］邓刚宏. 构建食品安全社会共治模式的法治逻辑与路径 ［J］. 南京社会科学，2015（2）：97-102.

［21］Zhang Man，Qiao Hui，Wang Xu，Pu Ming-zhe，Yu Zhi-jun，Zheng Feng-tian. The Third-party Regulation on Food Safety in China：A Review ［J］. Journal of Integrative Agriculture，2015，14（11）：2176-2188.

［22］周应恒，霍丽玥. 食品质量安全问题的经济学思考 ［J］. 南京农业大学学报，2003（3）：91-95.

［23］王艳芳，刘亚相. 食品供应链中产品安全投入的博弈分析 ［J］. 西北农林科技大学学报（自然科学版），2010，38（3）：155-159.

［24］许民利，王俏，欧阳林寒. 食品供应链中质量投入的演化博弈分析 ［J］. 中国管理科学，2012，20（5）：131-141.

［25］许小桦，雷国铨. 地方政府间农产品质量规制策略博弈研究——以福建省产茶区为例 ［J］. 农产品质量与安全，2019（5）：81-88.

［26］王可山，李秉龙，赵剑峰. 基于道德风险模型的食品质量安全问题分析 ［J］. 贵州农业科学，2007（4）：153-155.

［27］李洪伟，王亮，陶敏，王文博.基于因子分析的食品工业企业诚信关键影响因素分析［J］.征信，2013，31（5）：62-66.

［28］张明华，温晋锋，刘增金.行业自律、社会监管与纵向协作——基于社会共治视角的食品安全行为研究［J］.产业经济研究，2017（1）：89-99.

［29］Cen Songa，Jun Zhuang. Modeling a Government-Manufacturer-Farmer Game for Food Supply Chain Risk Management［J］. Food Control，2017（78）：443-455.

疫情与后疫情时代墨西哥基础教育
模态观察与展望

赵　僖　陈　星[*]

摘　要： 新冠肺炎疫情的暴发给教育领域带来了空前的挑战。各个国家启用不同的教育模态，力求在最大程度上保持疫情时代教育的延续性，拉丁美洲各国也不例外。本文以墨西哥的"在家学习"项目为例，研究该国在新冠肺炎疫情下的基础教育模态，对该模态在教育动态多个层面进行评估，并指出墨西哥基础教育在疫情大流行下面临的主要问题与挑战；最后，从上述维度对墨西哥在疫情与后疫情时代的教育模态进行展望。

关键词： 新冠肺炎疫情；基础教育；远程教育；墨西哥

2020 年新冠肺炎疫情在全球各地暴发，教育领域受到巨大冲击。联合国教科文组织报告显示，全球共有 13 亿名学龄儿童和青少年因疫情停课停学；截至 2020 年 11 月，全球仍有 5 亿名学生停学，其中 30% 的学生身处拉丁美洲。作为世界上受疫情影响最严重的地区之一，拉丁美洲面临着基础教育在公共健康危机下的延续和在特殊时代的发展问题。为此，多个国家推出了相应的应急教育模式。基于以下两点考虑，本文选择墨西哥作为研究实例：首先，墨西哥是拉丁美洲受疫情打击最为严重的国家之一，死亡人数位居世界前列。尽管从经济总量上看墨西哥是地区内较为发达的国家，但资源分配和社会发展极其不平等是该国亟须解决的问题，教育领域亦是如此。从这个意义上说，墨西哥是研究疫情和后疫情时代拉美地区基础教育发展动态的代表性对象。其次，疫情全面暴发后，墨西哥建立了相对体系化、系统化的全国性回应机制，这些举措对地区基础教育模态有较大的借鉴意义，探索和展望这些措施在后疫情时代的延展性和适应性对基础

* 赵僖，广东外语外贸大学西班牙语系学生；陈星，广东外语外贸大学西班牙语系副教授，主要研究方向为拉丁美洲国情与区域研究、跨文化传播。

教育的时代性变革有较大的现实意义。

一、墨西哥基础教育的现状和问题

墨西哥 2002 年宪法改革促成囊括学前、小学和中学教育的现代基础教育体系正式成型①。该体系由国家主导，以公共教育为主、私人教育为辅，实现体制层次化和体系化。免费的公共产品属性促使义务教育呈现出全民化和社会包容性不断加强的发展动态。在国家的大力推动下，墨西哥基础教育在国家发展战略与民生保障体制内的地位不断上升。

然而，该国基础教育体制也存在诸多问题。虽然基础教育作为政府发展战略的着眼点，但整体教育质量在多次改革下仍不容乐观。经济合作与发展组织（OECD）于 2000~2018 年每三年对全球 60~80 个国家的 15 岁青少年进行的国际学生评估项目（PISA）数据显示，墨西哥学生在阅读、数学和科学三个科目的测验分数上持续低于参评国家学生的平均水平，且多数处于中下游水平②③。除了教学设计方面可能出现的思维创新与学识应用能力锻炼活动的缺乏，教职员的专业能力不足也是导致教育质量不乐观的重要因素。墨西哥基础教育体系的相当一部分教师并不具备高等教育学位或者相应的培训经验④。

事实上，教育基础建设的不足与上述教育质量的落后息息相关。在最基础的教学物质条件方面，墨西哥部分学校仍面临着相当严重的用水用电问题，现代化教学活动必不可少的计算机设施配备和网络覆盖问题更为严重，近半数的学校不具备信息化教学条件。上述基础设施的匮乏无疑加剧了教育质量在全国乃至全球维度的差距。而各州经济发展水平不一在很大程度上造成教育基础设施建设水平的差异。尽管联邦政府对于经济发展水平较差的州的教育公共支出表现出一定的倾斜，但要保障教育发展还需地方政府追加投入。墨西哥南部各州农村占比较

① Martha E. Gómez Collado. Panorama del sistema educativo mexicano desde la perspectiva de las políticas públicas. Estado de México：Universidad Autónoma del Estado de México，2017，17（74）：2-4.

② Martha E. Gómez Collado. Panorama del sistema educativo mexicano desde la perspectiva de las políticas públicas. Estado de México：Universidad Autónoma del Estado de México，2017，17（74）：14-17.

③ Daniel Salinas，Camila De Moraes and Markus Schwabe. Programme for International Student Assessment（PISA）Results from PISA 2018：México. Paris：OECD，2020：4.

④ Ana Karen García. Educación en México：insuficiente，desigual y la calidad es difícil de medir［EB/OL］. https：//www. eleconomista. com. mx/politica/Educacion－en－Mexico－insuficiente－desigual－y－la－calidad－es－dificil－de－medir－20181225－0028. html，2018-12-25.

大，地区贫困率在全国范围内位于第一梯队。经济收入的不足导致这些州的政府整体财政支出乏力，在公共教育上的开支明显吃力；相反，与美国接壤的北部各州的加工业与商贸较为发达，城市化水平较高，贫困率较低，乐观的财政状况使其拥有较大的财政自主权，有利于扩大教育公共支出①。由此可见，教育基础投入的差异严重影响了提高教育质量战略目标的贯彻落实。此外，相关报告显示，无论在联邦层面还是在地方层面，墨西哥的教育资源分配缺少合理的审查标准和有力的监察体系，资金资源的实际去向和落实状况存疑②。

截至2019年，墨西哥基础教育中的小学教育全国覆盖率为98.7%，中学教育覆盖率为84.0%，而学前教育的覆盖率仅为71.8%。基础教育的全国覆盖率距离实现教育全民化的目标仍有一定距离，贫穷问题仍是墨西哥教育发展路上最大的障碍。尽管墨西哥的基础教育属于义务教育，但学杂费用对处于贫困线以下的家庭而言仍是一个较大的经济负担，来自贫困家庭的学生往往因经济原因过早放弃学业转而投身劳动力市场。此外，认知和社会水平较低的原生家庭往往忽视孩子的教育问题，无力支撑学生所需的精神与物质需求。

在谈及墨西哥教育现实时，我们不能忽略墨西哥人口构成的多样性。根据墨西哥政府以及国家地理统计局2020年人口普查数据，国内约有2500万人口自我认知为少数民族，占总人口的21.5%③，原住民在墨西哥社会中占据不容忽视的地位。自20世纪六七十年代，墨西哥当局开始有意识地向原住民群体提供符合该群体社会现实的差异化教育，主要着眼于双语教育体系的建设。21世纪以来，墨西哥对原住民社区教育的关注度明显上升，并呈现机制化趋势。但学界对于墨西哥原住民的教育现状也存在一定的批评声音。首先，从教育公平角度来看，教育包容性在原住民社群中遭到弱化，人口文盲率在原住民群体中陡增④。其次，双语教育模式中西班牙语的地位过于强势，不利于原住民文化认同意识的培养，而跨文化的教学师资能力与教学设计存在的诸多问题也是学界关注的重点⑤。

①　Antonio Surisadai Gómez López. Gasto público en educación por entidad federativa［EB/OL］. https：// ciep. mx/gasto-publico-en-educacion-por-entidad-federativa/，2013-10-15.

②　Lucrecia Santibáñez, Mariana Campos y Brenda Jarillo. EL GASTO EDUCATIVO EN MÉXICO：Consideraciones sobre su eficiencia. CIUDAD DE MEXICO：México Evalúa, 2010：11.

③　Instituto Nacional de Lenguas Indígenas, En El País, 25 Millones De Personas Se Reconocen Como Indígenas：INALI, Secretaría de Cultura, Gobierno de México, 2019.

④　La Jornada. Un reto, combatir la exclusión e inequidad durante la pandemia：SEP［EB/OL］. https：// www. jornada. com. mx/ultimas/sociedad/2020/10/26/un-reto-combatir-la-exclusion-e-inequidad-durante-la- pandemia-sep-4350. html，2020-10-26.

⑤　Yolanda Jiménez-Naranjo y Rosa Guadalupe Mendoza-Zuany. La educación indígena en México：Una evaluación de política pública integral, cualitativa y participativa, 2016, 14（1）.

二、疫情下墨西哥基础教育模态的嬗变

2020 年 2 月 28 日，墨西哥出现第一例海外输入新冠肺炎病例，墨西哥当局遵循世界卫生组织指导，宣布国内进入疫情防控第一阶段；3 月 20 日，进入第二阶段。国内教育系统联动，根据疫情发展变化调整教育模态，相继实施三种教学模式。

1. 非正式应急模式

3 月 20 日墨西哥进入疫情防控第二阶段后，正式关闭教学场所，紧急停止线下教学。三天后，全国进入为期三个月的居家隔离时期。与此同时，基础教育系统也对这次突发公共安全事件做出回应，进入远程教育模式。该模式是对突发事件的紧急应对，因此具有临时性。另外，在这个应急模式下，不存在由教育部制定的正式远程教育指导框架，而是根据教师合作制订的"在家学习计划"，由教育工作者根据实际情况自行组织，以多种形式指导学生在家学习，具有非正式性与自发性。

2. 在家学习 I

4 月 21 日，墨西哥当局宣布国家全面进入疫情防控第三阶段。同时，墨西哥教育部全面开启全国范围内的"在家学习 I"（APRENDER EN CASA I）远程教学计划。

作为世界其他各国远程教学常规载体的家庭电脑在墨西哥的保有率只有44.3%，家庭网络覆盖率为 56.4%[1]，巨大的电子鸿沟使墨西哥不具备在全国范围内开启网上教育的社会条件。然而，该国家庭总体电视保有率为 92.5%，覆盖了大部分人口。因此，墨西哥教育部决定以电视为最主要的教学载体，网络平台、广播、学习手册为辅助，对包括学前教育、小学、中学在内的学生开展远程教学。教师跟进学生学习进度，并建立专门的文件夹实现学习追踪记录。在电视广播信号薄弱的边缘化地区，国家教育帮扶委员会（CONAFE）派专人定期上门分发教学手册，执行一周两次的家庭探访，追踪学生的学习效果。

在这个阶段，疫情下的墨西哥基础教育模式具有一定的正规性，由教育部统一组织，在教学模式框架下以固定的形式授课。与此同时，我们也不能忽视该模态的设计目的是完成学期的收尾工作，主要内容是对 2019～2020 学年线下授课

---

① INEGI. Encuesta Nacional sobre Disponibilidad y Uso de Tecnologías de la Información en los Hogares. México：INEGI, 2019：16-20.

知识进行复习巩固，本质上是在短期内应对线下教学受突发公共卫生事件限制的应急教学模式，覆盖时间段较短，缺乏长期目标。

3. 在家学习Ⅱ

8月3日，墨西哥教育部宣布2020~2021学年将以混合模态进行，延续"在家学习Ⅰ"的电视教育模式，以全国统一化的线上教学为主体，地区化的线下教学为辅助，在当地疫情发展得到有效控制的情况下开展部分线下教学，开展"在家学习Ⅱ"（APRENDER EN CASA Ⅱ）混合教学计划。

基础教育体系内的三个教育水平课程在本国四大电视台错峰播放，最大限度地降低多年级、多学科教学时间的安排重叠度；除了将电视作为主要教学载体外，"在家学习Ⅱ"延续了其前身多教育平台辅助教学的模式，各大网络平台、广播节目、学习手册同样包含在可选的教育载体范围内。

远程教育的教学反馈层面也呈现多样性，主要体现在教师对学生学习的追踪与教学测验两个方面：首先，作为学校与学生之间的纽带，教师通过电话、实时通信软件、定期实地探访等形式掌握学生的学习动态，并根据教学现实为学生布置课后巩固作业，完善教学反馈。其次，教育部规定该学年不能出现学生考核不通过的情况，教学成果检测依据学生远程学习的参与度以及与教师联系的持续度分为三种测验模式。其中，当教师因当地社会条件限制无法与学生取得联系时，教育部要求教师尽最大努力以最合适的方式对学生进行教学评估，但评估数据仅作为非正式参考样本。学年正式成绩将在当地社会现实允许的情况下在学年结束前记录，完成学习反馈，完善该学年在混合模态下的教学链。

另外，在该教育模态下，除了传统教育框架下的原定课程，墨西哥教育部在疫情新形势下设置了两项新课程："健康生活"（Vida Saludable）以及专门为家长开设的远程教育课程。前者是突发公共卫生事件发生后的直接产物，目的在于传授防疫知识，指导学生在家自主运动，提高免疫力，健康饮食，为防疫抗疫尽到公民的责任；后者作为指导性课程，旨在引导家长适应这种非常规的教育模式，有效陪伴学生在家学习。

与前两个阶段的远程教育模式相比，"在家学习Ⅱ"虽然与"在家学习Ⅰ"一脉相承，但体现出了高度的正式性与体制性。与前两个阶段作为应急手段的教育模态不同，第三个阶段的模式具备官方认可的、等同于传统线下教育的教学等效性，是应用于2020~2021学年的正式教育模式。同时，随着疫情的缓和，第三个阶段引入了适时的线下教育，突破了之前纯远程教学的单一局限性，为混合教育模式成为疫情与后疫情时代的新常态提供了现实可能性。另外，经过前两个阶段的摸索，在延续第二阶段大框架的前提下，"在家学习Ⅱ"对教学反馈环节进行适应性调整，扩大了作为教学载体的电视台范围以及教学科目系统，优化了教学效率与效果，形成了较为完善的教学体系。

三、疫情下墨西哥基础教育模态的特点

1. 以同质化教育为导向，追求社会公平

根据联合国教科文组织在 2000 年提出的全民教育目标，实现教育的均等与平等是联合国新千年发展的目标之一①。"在家学习Ⅰ"和"在家学习Ⅱ"项目在"均等"维度上，以全国统一的电视节目作为教育内容，目的是最大限度地达到教育质量的同质化，力求全国学生在教学模式和学习指导上受益均等，享受同质性教学成果；实施分层化教学结果评估，保障了社会经济条件受限制的学生群体的教育利益。

"平等"维度体现在对原住民这一少数民族群体学生的包容性上。墨西哥教育部为远程教学设计了与少数民族学生体量相符、囊括 24 门原住民语言的多种双语或多语教学材料，力图在基础教育公共产品的供给和质量上实现无差异化。

2. 既顺应全球潮流，又体现本国社会现实

2020 年 3 月初，世界卫生组织宣布新冠肺炎疫情已构成全球大流行，同月下旬，全球超过一百个国家和地区宣布关闭学校等教育场所，被迫由线下教学转向线上教学。墨西哥亦响应世卫组织号召，采取了一致的应对模式。

与此同时，墨西哥考虑到全国家庭电脑保有率不足五成，城乡网络基础设施建设差距巨大，在后两个正式远程教育阶段采用覆盖全国九成家庭的电视作为最主要的教学载体。这也体现了作为社会收入分配不平等、贫富差距较大的国家，墨西哥民众生活水平高低不一的社会现实，凸显了全国范围内存在的数字鸿沟。

3. 适应疫情需求，革新教学内容

面对新冠肺炎疫情常态化的社会现实及其在教育层面带来的新需求，墨西哥教育部对基础教育教学体系进行了课程设置层面的革新，增添了两门新课程。贯穿学前教育和中小学教育的"健康生活"课程回应了提高学生防疫意识、引导学生养成健康生活方式，从而提高国民对传染疾病免疫力的社会现实需求；针对家长的指导性课程则适应了非常规的远程教育，在多数家长已经习惯学校为教育的主要场景的情况下，指导家长以合适的方式陪伴、指导孩子学习，帮助他们充分在电视教育的教学模式中受益。毫无疑问，在这种特殊时刻，墨西哥教育部对

---

① 黄乐平. 联合国全民教育和教育可持续发展目标视角下拉美教育性别平等 [J]. 拉丁美洲研究，2020，42（1）：138-153，158.

于课程内容的调整体现了新时代背景下的创新性，适应了公共健康危机和教学模式转变带来的现实需求。

4. 凸显教师与家长的辅助作用

在墨西哥电视教育项目中，教师个性化教学的作用遭到削弱，在学生的学习中转移到次要位置，职责从授课转化为保持与学生的密切联系、及时获取学生学习进度并分析反馈、为学生提供个性化课后巩固帮助和指导，从教学活动的最直接参与者转变为发挥教学辅助作用的相对间接参与者。

相反，当教学场景从学校转换到家庭中时，对家长提出了更高的要求，家长承担了更多陪伴、引导、监督的责任。在很多情况下，家长取代了传统线下教学模式中教师的部分角色。尤其在基础教育低年级阶段，家长作为学生与教师之间桥梁的作用更加凸显。

综上所述，尽管教师和家长在远程教育模式中的角色分别呈现不同的变化动态，但两者在该模式中对基础教育阶段远程学习的辅助作用均得到了突出体现。

四、疫情与后疫情时代墨西哥基础教育展望

新冠肺炎疫情的全球大暴发给世界各国的教育体制带来了巨大的挑战。墨西哥在严峻的形势面前，采取灵活多变的基础教育模态经受住了考验，同时也暴露和放大了教育体制的缺陷和问题。比如，基础教育保障体系较为脆弱，导致在公共卫生危机下辍学人数剧增；基础教育整体质量不容乐观；等等。

疫情下非常规的教学模态促使墨西哥教育行业开始反思固有的顽疾和新形势下的新问题。我们认为，墨西哥可以从以下几个方面推动基础教育的可持续发展，实现全民教育和教育体系的现代化。

1. 扩大公共教育投入，保障教育公平

扩大教育覆盖率、促进入学机会均等化的一个重要途径就是提高政府在教育领域的公共支出比例，这有利于短期内在各教育层次的学生数量、升学率和学业完成率方面收获政府教育支出的直接效益[1]。在疫情造成基础教育覆盖面有所缩小的社会背景下，更应该加大教育支出，增加基础教育体系的绝对容量，保持文教卫生等经济效益高且有利于改善收入分配的公共投资领域的优先地位。

近20年来，现金转移支付项目在拉美地区发展程度较高，在教育领域也产

---

① 廖楚晖. 政府教育支出效益的有限性分析及模型［J］. 中南财经政法大学学报，2003（3）：104-108，143-144.

生了一定的积极作用。如墨西哥自1997年开启的"进步/机会"项目（Progresa/Oportunidades）对政府面向贫困家庭的直接现金援助设置了保证家中孩子的就学、出勤率以及定期健康体检的前提条件①。墨西哥现任总统洛佩兹·奥夫拉多尔上台后，对这一项施行多年的社会救助项目进行改革，将项目部分资金转移至新开设的覆盖基础教育和高中教育的"贝尼托·华雷斯奖学金"项目，放宽了申请家庭资格限制以及出勤率等现金转移前提条件要求②。但是，需要加强对该项目的成效监测和提升对公民素质的培养，保证政策落到实处，以真正帮助到有需求的家庭。

2. 加强教育基础设施建设，促进教育质量同质化

全地域同质化的教学设施配备是实现教学质量公平的理想化物质基础。对教育基础设施建设的完善不仅包括学校基础设施建设，而且包括家庭教育设施的配备。墨西哥政府当务之急便是完善落后地区学校水电类的基础设施和服务建设，保障学生基础的学习条件。与此同时，更要着眼于信息与通信技术（ITC）相关的设施配套同步，在信息时代，通过教学电视、电脑、电子移动设备、互联网等教育资源平均分配推动教育信息化。另外，还应当统筹协调社会各界，以学校等教学中心为主体，为其提供资金购置移动教学设备，同时与网络供应商合作，在边缘社区提供免费的互联网连接热点。只有这样，才能为地区内所有学生提供有利于实现教育质量同质化的信息化教学物质基础，确保地区基础教育走在教育质量公平的正确发展方向。

3. 转变教育模态，提升基础教育质量

疫情环境促使教育思路得到拓展，线上教学模式应运而生，而且随着疫情大流行的常态化，该模式不断优化和成熟。但是，这并不意味着线下教学将被取代。后疫情时代的教育模式应该是两者优势互补、互利共赢，碰撞出双线并行的混合模态③。因此，有必要在后疫情时代创新基础教育教学形式，顺应时代潮流，追求线上线下教学的融会贯通，推动信息化时代教育改革。

我们认为，应当重新设计教育框架，摒弃简单的填鸭式教育，重视学科知识之间以及学科知识与实践应用的有机联系。学校和教师必须坚持巩固学生的课堂主体定位，借助线上教育特有的优势，基于学生个人兴趣探索个性化教学，利用远程教学优势提高学生的自主学习能力和动手实践能力，在保证基础知识体系构

---

① D. Coady. Alleviating Structural Poverty in Developing Countries：The Approach of Progresa in Mexico [R]. Washington，DC：International Food Policy Research Institute，2003：1-28.

② Benjamin Russell. What AMLO's Anti-Poverty Overhaul Says about His Government [EB/OL]. https：//www. americasquarterly. org/article/what-amlos-anti-poverty-overhaul-says-about-his-government/，2019-02-25.

③ 李政涛. 后疫情时代，基础教育向何处去？[J]. 基础教育，2020，17（3）：94-98.

建的基础上组织开展有利于培养学生综合素养的综合实践活动，激发学生的创造性活力，培育全面发展的学生。

4. 重视教育人文关怀，加强心理健康教育

疫情之前，心理健康并没有与基础教育有机结合起来。新冠肺炎疫情期间，墨西哥青年中心（Instituto Mexicano de la Juventud）与该国卫生部协调合作，组织专业人士通过实时通信软件为发出心理健康求助信息的本国青少年提供必要的心理指导①。但我们也要看到，这种心理关怀平行于疫情下的教育体系，始终游离在基础教育体系外。所以，在疫情下的教育模态中，国家卫生机关与学校应当通力合作，从专业角度定期开展对学生心理状况的调研工作；同时，完善教学框架设计，开展适龄的心理健康教育课程，贯穿基础教育体系，提高学生心理健康教育优先级。

五、结　论

在新冠肺炎疫情的冲击下，全球多数国家不得不关闭学校，将基础教育的教学活动转移至线上进行。在本次教学转型浪潮中，墨西哥结合本国社会现实与现代教育潮流，开启"在家学习"项目，将"电视教育"作为疫情期间主要的教育方式，通过电视节目进行远程基础教育。该模式经过了三个发展阶段，从突发公共事件的应急模式到初步体系化的"在家学习Ⅰ"，并逐渐过渡到具有正式学期效用的"在家学习Ⅱ"项目。三种模态的发展演变呈现出渐进性，系统化、体制化程度逐渐加深。该项目体现了墨西哥教育部的同质化教育导向与对个体差异化的敏感性，推动教学载体和测验评估形式的多样化，追求公众健康危机下入学权利的均等以及远程教育质量的平等，重视对原住民学生群体的包容性，以教育公平为最高原则；同时凸显了疫情下的教育体系的创新性，为适应防疫抗疫需求开设指导学生健康生活、加强社会防疫意识的卫生性课程；为家长新增适应居家陪伴学生学习生活的指导性课程，回应了远程教育中家长在教育社会角色转变中的适应性需求，这也强调了家长和教师在新教育模态下充当着更加不可忽视的辅助型角色。

但是，墨西哥的"在家学习"教育模态也暴露出了一定的缺陷。教育公平

---

① Animal Político. Esta herramienta busca atender a jóvenes con depresión por la pandemia［EB/OL］. https：//www. animalpolitico. com/2020/07/jovenes－depresion－chat－whatsapp－pandemia/#：～：text＝La%20iniciativa%2C%20a%20cargo%20del，55%2072%2011%2020%2009. 2020－07－27.

保障，尤其在以信息与通信技术（ITC）为导向的教育质量层面，呈现明显的地域异质性，空间上主要表现为南北差异。通过对基础教育这一公共产品的类型学概念进行框架分析，我们看到"在家学习"项目呈现出差异化的产品供应与权利保障状态，距离理想化公平状态还有一段距离。此外，该模态也暴露出教学内容缺少创新性改革导致教育质量存疑、忽视学生社会性交往的教育价值、对教育社会参与者适应能力尤其是科技应用能力要求过高、对学生居家时期心理健康关怀缺位等不足。

因此，我们提出应该创新思路，抓住疫情带来的变革契机，在疫情持续的当下和后疫情时代继续优化传统基础教育体制，克服制度性局限，通过扩大教育投入，加强教育和信息基础设施建设，发挥线上和线下教育优势互补的作用，深化教育改革，实现全民教育和素质化教育。

参考文献

［1］Ana Karen García. Educación en México：Insuficiente，desigual y la calidad es difícil de medir［EB/OL］. https：//www. eleconomista. com. mx/politica/Educacion－en－Mexico－insuficiente－desigual－y－la－calidad－es－dificil－de－medir－20181225－0028. html，2018－12－25.

［2］Animal Político. Esta herramienta busca atender a jóvenes con depresión por la pandemia［EB/OL］. https：//www. animalpolitico. com/2020/07/jovenes－depresion－chat－whatsapp－pandemia/#：~：text＝La%20iniciativa%2C%20a%20cargo%20del，55%2072%2011%2020%2009. 2020－07－27.

［3］Antonio Surisadai Gómez López. Gasto público en educación por entidad federativa［EB/OL］. https：//ciep. mx/gasto－publico－en－educacion－por－entidad－federativa/，2013－10－15.

［4］Benjamin Russell. What AMLO's Anti－Poverty Overhaul Says about His Government［EB/OL］. https：//www. americasquarterly. org/article/what－amlos－anti－poverty－overhaul－says－about－his－government/，2019－02－25.

［5］D. Coady. Alleviating Structural Poverty in Developing Countries：The Approach of Progresa in Mexico［R］. Washington，DC：International Food Policy Research Institute，2003. http：//documents1. worldbank. org/curated/en/435991468757217796/310436360_20050276093444/additional/269430Coady. pdf.

［6］Daniel Salinas，Camila De Moraes，Markus Schwabe. Programme for International Student Assessment（PISA）Results from PISA 2018：México. Paris：OECD，2020. https：//www. oecd. org/pisa/publications/PISA2018_CN_MEX. pdf.

［7］INEGI. Encuesta Nacional sobre Disponibilidad y Uso de Tecnologías de la Información en los Hogares. México：INEGI，2019.

［8］Instituto Nacional de Lenguas Indígenas，En El País，25 Millones De Personas Se Reconocen Como Indígenas：INALI，Secretaría de Cultura，Gobierno de México，2019. https：//www. inali. gob. mx/es/comunicados/701 - 2019 - 02 - 08 - 15 - 22 - 50. html.

［9］Lucrecia Santibáñez，Mariana Campos y Brenda Jarillo. EL GASTO EDUCATIVO EN MÉXICO：Consideraciones sobre su eficiencia. CIUDAD DE MEXICO：México Evalúa，2010.

［10］Martha E. Gómez Collado. Panorama del sistema educativo mexicano desde la perspectiva de las políticas públicas. Estado de México：Universidad Autónoma del Estado de México，2017. http：//www. scielo. org. mx/pdf/ie/v17n74/1665-2673-ie-17-74-00143. pdf.

［11］Yolanda Jiménez-Naranjo y Rosa Guadalupe Mendoza-Zuany. La educación indígena en México：Una evaluación de política pública integral，cualitativa y participativa，2016，14（1）.

［12］黄乐平. 联合国全民教育和教育可持续发展目标视角下拉美教育性别平等［J］. 拉丁美洲研究，2020，42（1）：138-153，158.

［13］李政涛. 后疫情时代，基础教育向何处去？［J］. 基础教育，2020，17（3）：94-98.

［14］廖楚晖. 政府教育支出效益的有限性分析及模型［J］. 中南财经政法大学学报，2003（3）：104-108，143-144.

疫情下巴西中小学教育危机

杨 菁 Mariana Ramos[*]

摘 要：尽管 20 世纪中期开始巴西就立法保障全民接受基础教育的权利，但教育不公平是巴西社会长期存在的主要矛盾。国家财政拨款不足、职能部门官僚作风严重、教育基础设施薄弱、师资培训不够均桎梏了该国中小学教育的发展。2020 年新冠肺炎疫情在巴西暴发后，各级政府迅速颁布了"封城"令和居家令，关闭所有教育机构，中小学教育转向远程线上教育。由于疫情持续不能得到缓解，巴西成为全球学校闭校周数最多的国家，且多方不利条件使巴西疫情下的中小学教育举步维艰。本文收集并解读了疫情前后巴西的教育基础设施、文盲率及辍学率、师生心理健康及残障人士受教育情况等多重数据，拟探讨疫情下巴西中小学教育所面临的困难及挑战。

关键词：巴西；新冠肺炎疫情；中小学教育；教育公平

一、引 言

2020 年初新冠肺炎疫情暴发，并于同年 3 月蔓延至世界其他国家。2020 年 2 月 26 日，巴西卫生部确认国内出现首例新冠肺炎确诊病例。至 2021 年 1 月 21 日，巴西累计确诊人数超过 863 万，位列全球第三，累计死亡人数高达 21 万，累计治愈病例 756 万。其中，巴西经济最发达、人口最多的圣保罗州是疫情最严重的地区，截至 2021 年 1 月，圣保罗州累计确诊 165 万病例。随着疫情的肆虐，自 2020 年 3 月起，各地开始逐步颁布"封城"令和居家令，各级政府部门、工

---

* 杨菁，广东外语外贸大学西方语言文化学院葡萄牙语系讲师，澳门大学人文学院葡文系文学及比较文化研究方向在读博士；Mariana Ramos，广东外语外贸大学西方语言文化学院葡萄牙语系教师。

厂企业、文化和教育机构也相继关闭而改为线上运行。2020 年 3 月 12 日，巴西各州政府陆续宣布暂时关闭所有基础教育机构，部分学校暂停了课程，给教师及学生放假，另一些则开始进行远程教育。至 2020 年 3 月底，巴西所有 26 个州及首都的所有中小学教育线下课程全部关闭，4 月底，国家教委通过决议，将疫情期间学校的关闭转为常态，并承认远程教学的教学课时。然而，由于政府抗疫进程缓慢，城市基础设施建设落后，贫困人口聚集区密集且缺乏隔离手段，巴西基础教育持续遭受重大影响。联合国儿童基金会驻巴西办事处代表杜德拉指出，巴西教育体系遭受重创，是全球学校闭校周数最多的国家。本文拟探讨疫情下巴西中小学教育所面临的困难及挑战。

二、巴西教育体系概述

现代巴西教育体系以《全国教育方针与基本法》（Lei de Diretrizes e Bases da Educação，以下简称《基本法》）为基础，该法案自 1961 年开始，经历多次修订及补充，明确了全国教育的目标、手段以及教育的权利、义务教育范围和教学自由等原则。《基本法》将巴西教育体系分为基础教育及高等教育两大阶段。常规基础教育包括儿童教育（0~3 岁）、学前教育（4~6 岁）、初级教育（6~14 岁）、中等教育（15~17 岁）。此外，基础教育还包括青年及成人教育（每个模块 6 个月，为错过基础教育的青年及成人设置）、农村教育（偏远地区的教育体系根据各地区实际情况进行必要调整，学生居家或务农时进行的学习也可被计入学时)[①] 以及特殊教育（为身体上或精神上有特殊需求的学生设置）。1988 年《联邦宪法》（Constituição Federal de 1988）第三章明确规定，基础教育是所有公民的权利。2013 年《基本法》进一步扩大并强化了联邦政府对于所有阶段基础教育的相关责任，亦即 2013 年以前巴西义务教育仅包括初等教育，在此之后，义务教育跨度从学前教育一直涵盖至中等教育（14 年时间）。高等教育则包括本科及研究生教育，高等教育并非义务教育范畴，国家并不需要保证每个公民的入学权利，但根据宪法，公立高等教育机构应向所有入学的巴西公民免除学费。根据教育机构办学性质及资金来源，可分为公立学校及私立学校两条平行的纵向升学系统，两个系统均包含了所有教学阶段。

巴西基础教育受《全国通用课程基础》（Base Nacional Comum Curricular，以

---

① Politize. Sistema Educacional Brasileiro：entenda a divisão da nossa educação，01/08/2018，https：//www.politize.com.br/sistema-educacional-brasileiro-divisao/.

下简称《课程基础》）指导，以明确基础教育各阶段学生应当达到的学习目标及学习技能，并减少因种族、社会阶级或地区差异造成的受教育过程中的不平等。新一版《课程基础》2013 年修订完毕。该版本将之前已在私立学校践行的多个举措引入公立教育体系以提高学生的综合能力，并推行课程及教学的进一步标准化，减少不同学校、不同地区间教学软件的不平等。

现行教育主管部门分联邦、州及市三级。联邦一级主管部门为教育部（MEC）及国家教育委员会（CNE），州一级（包括首都）的教育决策由州教育秘书处（SEE）、州教育委员会（CEE）及地区教育局（DRE）做出，而市一级的教育主管部门则为市教育秘书处（SME）及市教育委员会（CME）。2020 年 8 月 27 日颁布的《宪法第 108 号修正案》将学前教育及基础教育的管理职责划归市一级教育主管部门，中级教育归于州一级教育主管部门，高等教育划归教育部及国家教育委员会，并明确 "基础教育维护及发展及教师价值基金会"（以下简称 Fundeb 基金会）为公立教育体系基础教育阶段经费划拨的主要执行机构。1996 年《联邦宪法》规定，联邦政府应每年将不低于当年税收的 18%、首都及各市一级政府将不低于当年税收的 25% 用于公共教育系统的维护及发展。

据巴西 Anísio Teixeira 国家教育研究院（以下简称 Inep）2019 年对 180610 所学校进行的普查（Censo Escolar）数据①，目前巴西基础教育阶段共有学校 180610 所，其中公立学校 139176 所、私立学校 41434 所；共有注册学生 4780 万，3870 万就读于公立学校、910 万就读于私立学校，其中基础教育阶段注册学生 2690 万（86.7% 就读于城镇学校）、中等教育学生 750 万（95% 就读于城镇学校）。本文主要探讨公立教学网络下的普通基础教育、中等教育问题以及特殊教育问题，青年及成人教育与农村教育不在本文讨论范围之内。

三、疫前巴西教育之困

基础设施不足及经费投入不够一直是巴西公立教育体系的桎梏。根据《2019学校普查》（Inep）②，目前全巴西基础教育阶段仅有 75% 的学校通自来水，95% 的学校通过公共电网供电，56% 的学校接入了公共排水系统，80% 的学校有定期垃圾清运服务。在教学设施方面，36% 的学校有图书馆，34% 的学校有信息实验室，37% 的学校有运动场，75% 的学校可以连入网络，67% 的学校有宽带网络。

①② Instituto Nacional de Estudos e Pesquisas Educacionais Anísio Teixeira："Censo Escolar"，https：//download. inep. gov. br/educacao_basica/censo_escolar/download/2019/infografico_censo_2019. pdf.

巴西教育体系的另一大问题体现为受教育权利极度不平等，且无有效政策来缩小社会个体因社会经济条件、族裔、性别、所处区域不同而面临的鸿沟。若区分私立学校和公立学校两个体系重新将上述数据进行统计（见图1），可以发现公立学校在多个指标上都远逊于私立学校。

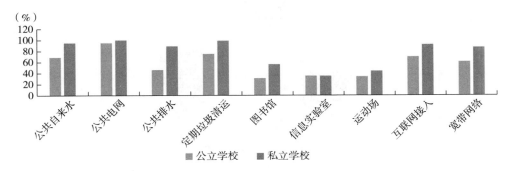

图1　公立学校及私立学校基础设施及教学配套对比

资料来源：巴西 Anísio Teixeira 国家教育研究院. 2019 学校普查，https：//www.qedu.org.br/brasil/censo-escolar？year=2019&localization=0&dependence=0&education_stage=0&item=tecnologia.

　　而巴西国家统计局在疫情前进行最后一次《全国居民连续抽样调查》（以下简称《PNADC 调查》）的考察的同时证实了巴西教育中的种族及地域不平等：2019 年巴西 15 岁以上白人的文盲率为 3.6%，而黑人为 8.9%；巴西南部及西南部人口文盲率为 3.3%，东北部则达到了 13.9%。此外，25 岁以上白人中有 57% 完成了中等教育，同年龄段的深色人种中完成中等教育的则仅有 41.8%。从地域差别来看，巴西西南部 25 岁以上人口有 54.5% 完成了中等教育，在中东部这个比例降至 50.8%，南部 48.1%，北部 45.4%，而东北部仅有 39.9%。同样的差异体现在高等教育入学率上，在巴西人均收入最低的马拉尼昂州，仅有 8% 的青年人能够进入高等教育学府，在首都巴西利亚则有 33% 的年轻人进入了大学。

　　尽管巴西立法将基础教育及中等教育都归入义务教育范畴，但是《PNADC 调查》结果显示巴西人口的入学率及文盲率仍然堪忧。2019 年巴西人口平均入学时长仅为 9.7 年，文盲率为 6.6%。此外，巴西 15～19 岁的少年仅有 71.9% 在校学习，20～24 岁的青年仅有 29% 在校，24～34 岁的青年仅有 17% 接受了高等教育。经济合作与发展组织（OECD）2018 年发布的《教育一览》指出，巴西在这个方面与其他国家存在较大落差：经合组织成员国中 15～19 岁、20～24 岁两个年龄段人口的在校比例均值分别为 85%、42%。巴西接受高等教育的人口比例比经合组织成员国均值低 27%，排在阿根廷、智利、哥伦比亚、墨西哥之后。《PNADC 调查》调查了 15～17 岁年龄段中 28.1% 的年轻人未能在中学注册的原因。研究显示，他们或是由于上学晚，调查时仍就读于基础教育阶段，或是已辍学。调查还对 14~29 岁年龄段中未完成中等教育的人群辍学原因进行了调查，如图 2 所示，生存压力及没有学习兴趣是导致青少年失学的最主要原因。

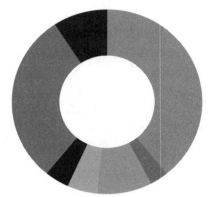

■ 谋生需要　　■ 没有对应学位　　■ 怀孕　　■ 照顾家庭的需要
■ 长期健康问题　　■ 没有兴趣学习　　■ 其他

图 2　14~29 岁年龄段人口未完成中学学业原因
资料来源：经济合作与发展组织《教育一览》。

全国学校关闭后，基于信息与通信技术（ICT）的远程线上教育成了保持教学活动正常开展的最主要模式。然而，疫情之前巴西社会不同人群间就存在巨大的数字鸿沟①。巴西科技、创新及通信部，巴西国家统计局及应用经济研究所共同发布的《2019 住宅信息及通信技术调查》② 显示，43% 的城市居民每户拥有 1 台电脑，18% 的农村居民每户拥有 1 台电脑。约 1/4（1700 万）的巴西人不使用网络，75% 的城市住宅能连入网络，在农村地区这一比例则降至 51%。此外，不同社会阶级在网络资源的获取上极其不平等。同一研究显示，92% 的中产阶级拥有各种互联网资源，而社会阶层较低的人群则只有 48% 能连入互联网，且联网设备通常是手机。对于需要远程办公或学习的人群而言，只有手机能联网无疑造成了极大困难。《巴西儿童上网调查》的数据显示，2019 年由于家庭经济问题，许多公立学校的学生在离开校园之后就无法获得必需的教学资料。

---

① 数字鸿沟（Digital Divide）指社会上不同性别、种族、经济、居住环境、阶级背景的人，接近使用数位产品（如电脑或网络）的机会与能力上的差异。简单来说，数位落差可以从接近使用电脑及网络的机会以及对于电脑及网络的使用能力这两大方面来看。

② 巴西科技、创新及通信部，巴西国家统计局及应用经济研究所. 2019 住宅信息及通信技术调查，https：//cetic.br/pesquisa/domicilios/.

综上可见，在疫情发生之前，巴西教育保障就已极为脆弱，并非每个人都能平等地获得受教育权利。财政拨款无法满足教育发展所必需的客观和物质条件以确保教育质量、各级教育体系主管部门各自为政、行政工作低效以及不同社会人群间存在巨大的教育公平鸿沟是巴西教育体系长期存在的主要问题。

四、疫情下巴西中小学教育危机

巴西的新冠肺炎疫情暴发于 2020 年 3 月，教师与学生刚迎来新学期开学之时，几天之后课堂教学活动就被迫中止，这一变故几乎让所有教育机构及教学人员措手不及。在大部分国家，包括联邦制国家，紧急情况下的教学预案是由国家教育局主导、各下级教育局及教学机构因地制宜具体执行的。而巴西的基础教育、中等教育的应急预案制定及执行、资源调配均直接由州和市一级教育局负责，即地方部门需要独立应对这一挑战。由于州与州、市与市、州与市之间的资源极其不平等，各地停学后的应急预案出台时间相去甚远。占有更多的技术及财政资源的州教育局及州府反应速度较快，市一级教育局以下教育资源参差不齐，相关工作开展速度则难以保证。巴西教育政策管理及落实研究组（GEGIMPA）主导的调查跟踪了巴西 3096 家市一级教育局在疫情停课之后的远程教学计划及教学活动安排。根据这份研究报告，各市教委公共危机下的响应速度并不令人满意。调查范围内 41.8% 的市教委都是在学校关闭 3 个月后才发布了第一份完整的远程教学指导方案（见图 3）。

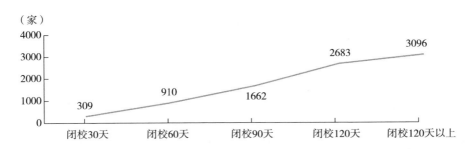

图 3　巴西各市教育局疫情远程教学方案出台时间

资料来源：巴西教育政策管理及落实研究组《疫情远程教学方案调研报告》。

从学校关闭到应急教学预案出台之间的空窗期导致了学生在闭校后学习中断几个月，其间学习效果难以保证。即便启动了远程教育方案，其具体实施也遇到了很大问题。例如，大部分州市的远程教育方案都高度依赖信息与通信技术，通常通过社交媒体及网络教育平台实现教师与学生的线上互动及教学材料的发放。然而，巴西国内并不发达的基础设施建设及网络设备配备桎梏了应急方案的落实，教师和学生亦缺乏用来网上互动的必要的电子设备。学校更没有足够的网络技术资源来保证每个学生以及每个老师能通过现代通信技术进行定期的互动。最后，教师本身也缺乏以这种方式进行师生互动的思想准备和经验方法。本节将着重从教学人员、学生及弱势群体三个方面解读疫情下中小学教育的实际困难。

1. 教学人员压力倍增

管理层的指导及支持乏力使大部分教学工作压在了一线教师的身上，他们成为疫情期间受影响最大的人群之一。一夜之间，学校关闭，教师习以为常的工作模式及工作阵地转移到了线上（见图4），这给他们带来了一系列挑战：教室被宽带网络、数字课程平台取代，常规课堂被远程连线互动取代，纸质教材被电子课件取代。基于信息与通信技术的教学新模式并非简单地将传统教学转移到网上，还需统筹相关教学资源，指导教师对教学内容进行全新的思考和设计，引导学生适应新的学习模式并激发其内驱力。

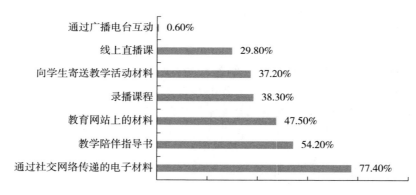

图4　疫情下采取的教学策略

资料来源：FCC 2020 年发布的《疫情下的学科教育报告》。

对于大多数教师而言，首要的挑战是远程教学的经验匮乏。半岛学院一项名为"新冠疫情各阶段巴西教师感受与认知"[①] 的研究显示，学校关闭之前，88%的教师从未进行过远程授课，且他们中的绝大多数（83.4%）都感到对这种教学模式毫无准备或准备不足。在疫情下各学校采取的应急策略中，最主要的办法是通过社交软件（E-mail、WhatsApp 等）发放电子课件，几乎80%的教师都使用

①　Murça, Giovana. Desafios do ensino remoto impactam na saúde mental dos professores，25/09/2020, https：//querobolsa.com.br/revista/desafios-do-ensino-remoto-impactam-na-saude-mental-dos-professores.

了这一方式作为教学策略。同时，60%的学前教育机构和65%的基础教育机构都通过社交软件向学生家庭发放教学陪伴指导书。

全新的授课模式无疑给教师带来了更为烦琐的工作量，所有发给学生和家长的材料都需在短时间内编写完毕，相应网络平台需要适应并学习其操作方法，传统课堂的课件需转写或录制上传至网络，教材或练习需重新编写以适应学生在家自学的模式。此外，学生在远程课堂上表现不佳、不能集中注意力也迫使教学人员花费更多的时间准备课件以提起学生的兴趣、花费更多的精力组织课堂。即便如此，课堂的组织以及教学内容的传达效果仍然让他们感到担忧。而在繁重的工作之余，大部分教师还需应对来自家庭的更多的需求。巴西福塔莱萨市教师Suzany Gomes 在接受《喜爱》杂志的采访时指出，除了需要快速适应远程教学，她面临的最大挑战还包括平衡母亲、妻子及教师三个身份间的关系。疫情下所有孩子都留在家里，给身为父母的教师带来了更多的要求（见图5）。

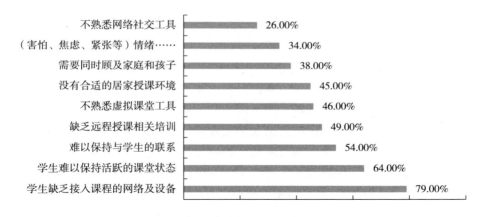

图5 教师进行远程授课面临的挑战

资料来源：半岛研究院"新冠疫情各阶段巴西教师感受与认知"调查。

"新冠疫情各阶段巴西教师感受与认知"的研究显示，焦虑、过载、疲惫、紧张及受挫是绝大多数教师在进行远程授课时感受到的情绪（见图6）。许多教师指出，学校并未给教师提供足够且有效的心理疏导及疫情期间的线上教学技能培训。1/3 的教师指出，生活中的娱乐活动及文化活动越来越少，身体健康及睡眠质量持续走低。34%的受访教师认为，不佳的精神状态及负面情绪影响了他们的工作。另一项名为"疫情期间巴西教师状况"的调查中，28%的受访教师认为他们的精神状况极其糟糕，30%的教师认为尚可，仅8%的教师自我评估为精神状况非常好。疫情对生存的威胁、特殊时期的教育形式倒逼而带来的巨大压力、身兼数职的疲惫以及并不能让人满意的薪资均使教师的心理健康面临前所未有的危机。

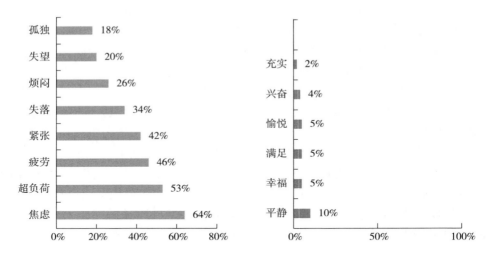

图6 教师疫情期间最频繁出现的情绪

资料来源：半岛研究院"新冠疫情各阶段巴西教师感受与认知"调查。

2. 学生难以保持正常学习生活

如本文第二节所述，疫情前巴西社会各阶层间就存在巨大的数字鸿沟。农村及偏远地区居民家庭平均电脑持有率及网络接入率未达半数。此外，疫情带来的社会经济影响对社会弱势群体的打击几乎是毁灭性的，许多家庭面临的首要问题是温饱问题及生存问题，子女教育问题无法顾及。因此，疫情之下，全国无备案辍学率陡然增高。Inep学院将学生在一个学年中持续或长期与学校切断联系定义为辍学，辍学率由各地教育监管机构定期统计汇总并备案。疫情期间所有学生都不到校，这使2020学年辍学率无法按照传统标准进行监控。Inep学院研究人员认为，疫情期间教师与学生受到客观条件限制而难以形成有效互动及响应，或是学生与教师长时间或无限期地失联或几乎失联，则应被视为"无备案辍学"。

2020年6月，《国家报》收集了各州教育厅的信息，相关数据集中呈现了巴西各州的情况，已知数据非常让人担忧①：圣保罗州过半数的学生无法通过网络连入远程课程，圣埃斯皮里图州和阿克里州教委估计30%的学生未能接入线上教学活动。此外，贝尔南布哥州失联学生达到25%，马拉尼昂州失联学生达21%，里约热内卢州失联学生达20%。圣保罗州教育局在2020年11月公布的另一项研究表明，在停课后的8个月中，该州15%的公立学校的学生，即50万名圣保罗

---

① Jornal Nacional. Percentual alto de alunos não tem acompanhado as aulas pela internet durante a pandemia, 30/06/2020，https：//g1. globo. com/jornal-nacional/noticia/2020/06/30/percentual-alto-de-alunos-nao-tem-acompanhado-as-aulas-pela-internet-durante-a-pandemia. ghtml.

州的学生都没有提交过任何形式的作业。实际的情况应当比官方报告的更糟，圣保罗的教师在接受报纸采访时指出，有一半的学生没有与教师进行持续的或常规的联系。

与学校保持了互动的学生在学习效果上也参差不齐。公立学校与私立学校为教师与学生提供的远程学习条件极为不同。技术、资金和资源更优的学校将电视或网络电子课程（这些课程是根据教学大纲或主题，由选定的教师上课录制下来的）内容、相应的纸质讲义、课程资料与优质的线上交流电子平台很好地结合起来；中等条件的学校则通过在线教学平台进行教学，部分学校能够配合讲义或教材开展教学活动；而那些教学资源差的学校则面临预算、管理机制等限制，为教学活动提供的资料及课程极为有限。这一差距使学习能力薄弱或学习条件简陋的学生进一步丧失了学习潜力。此外，各学校、各年级的学生在线上学习时的专注力和投入度都受到了极大影响，教师很难保证学生能够在课堂上全程紧跟教师的步伐并完成课堂内容。教师在课堂内容的选择和教学活动的开展上受到极大限制，使整个2020学年学生的课堂内容都被极大程度地简化和缩短。

学生的心理状况同样不容乐观。巴西国家青年委员会主导的一项名为"新冠疫情与青年"的研究在询问新冠肺炎疫情第一阶段（2020年6月）出现的最频繁的情绪时，62%的受访者表示他们经常觉得焦虑，且这种情绪让他们感觉非常糟糕，另有57%的受访者指出乏味是他们最常感受的情绪，54%的受访者指出了在疫情期间他们最频繁感受到的是焦躁且对现状难以忍受。在年轻人对各种情绪的正负值的衡量中，关爱则成为受访者感觉最积极的一种情绪，31%的人认为如果能够感觉到来自他人的关爱会让自己感觉非常幸福。这种关爱既可能从家庭生活中获得，也可能通过远程互动获得。与之相反，36%的受访者认为孤独感让他们感到糟糕或者非常糟糕。该调查的另一个问题指出，受访的年轻人疫情期间最大的恐惧在于失去家人（75%），其次分别为感染新冠肺炎（48%）、传染给其他人（45%）、失去生命（27%）或经济危机（26%）。

3. 雪上加霜的弱势群体

巴西的粮食安全问题一直非常严重。巴西国家地理与统计局根据2017～2018年家庭预算研究的相关数据发现，8490万巴西人的家庭面临粮食安全问题，1030万巴西人（包括孩子、青少年及青年）有严重的粮食安全问题。国家地理与统计局所谓的粮食不安全，是指家庭对于未来的食物获取存在不确定性，或者已经降低了摄取食物的数量和质量。粮食不安全程度越高的家庭，蔬菜、水果、肉类、禽蛋、乳制品的人均消费量就越少，而会更多食用谷物、豆类和淀粉类食物，这造成了一定人群的"隐藏性饥饿"。经历"隐藏性饥饿"的人群尽管满足了基本的粮食需求，但由于能够获取的食物的质量和种类难以满足营养需求，而面临着营养缺乏。这就导致了由于社会经济情况不平等，不同人群在体质和健康程度上的差距进一步拉大，联合国粮食及农业组织的一份报告表明，27.2%的巴西育龄（14～49 岁）女性有贫血现象。

在巴西，学校停课并不单纯地影响学生的学习进度，还重点关涉部分学生的生存问题。巴西全国有 1 亿人月收入在 100 美元以下，这些家庭的孩子大多数上的是免费的公立学校。为应对学龄少年儿童及青年的粮食安全问题，巴西政府自 20 世纪 50 年代起就启动了全国供餐计划。该计划为基础教育阶段的所有公立学校的学生提供在校期间（约 200 个学历日）的餐饮。自执行之日起，全国供餐计划（PNAE）就一直是国家针对在校中小学生粮食安全政策的重要支柱。疫情期间学校的关闭意味着巴西贫困家庭中的学龄儿童、青少年无法再享受到由该计划提供的营养均衡的、完整的一餐或两餐。这个情况深刻地影响到了这个人群是否能够得到每日生存和成长最基本的营养摄入。《圣保罗州报》的一篇报道[①]指出，2020 年 5 月联合国世界粮食计划署（WFP）分析了疫情下巴西的粮食安全问题。该机构的首席经济学家警告道，在卫生、社会及经济三重危机共同作用下，1470 万巴西人面临粮食安全问题。

针对这一情况，各州政府及市政府出台了相应的紧急预案，通过向学生发放名为"基础菜篮"（cestas-básicas）的午餐包或餐券以帮助贫困家庭渡过难关。然而，绝大多数州市中，这个计划只针对那些登记在巴西低保系统名录（cadastro único）中的家庭，且这个名录已经很久未更新过了。而且，对于那些挣扎在贫困线的家庭来说，无论是餐券还是餐补的金额与他们的实际需求相比仍然是杯水车薪，尤其是通胀导致的维持基本生活的大米、豆类及油类产品的价格的上涨更使他们的窘境雪上加霜。

另一个亟须帮助的群体是特殊教育学生。2019 年巴西有 130 万名学生就读于基础教育阶段的特殊教育学校。这些学生或是身有残疾，或是有广泛性发育障碍。2008 年巴西教育部制定的《包容性教育视阈下的国家特殊教育政策》发起了一系列运动，包括对获得、就读及响应特殊教育权的相关规定和制度的重审，资源的重新调配，以及将特殊教育学生全面纳入普通课程及学校的学习管理，以期他们与其他学生拥有一样的权利及平等的条件。这一举措使登记在册的特殊教育学生近几年显著增长，近五年来，特殊教育学校注册学生数量平均上涨了 34%。

值得一提的是，在公立体系下注册的特殊教育学生人数与巴西实际残障人数还有差距。2018 年，巴西国家地理与统计局应华盛顿数据组织的要求，对 2010

① O. Estado de S. Paulo. "Brasil está voltando ao Mapa da Fome", diz chefe de agência da ONU, Paulo Beraldo, 01/05/2020, https：//internacional.estadao.com.br/noticias/geral, brasil-esta-voltando-ao-mapa-da-fome-diz-chefe-de-agencia-da-onu, 70003299359.

年人口普查数据进行回访，对 2010 年记录的残障人士数量重新进行了统计。根据更新的测量标准，巴西 6.7% 的人口为学龄残障人士，其中仅有 2.61% 在特殊学校注册，即在疫情前巴西残障人士的入学率就偏低。巴西政府面临的一个非常紧要的问题就是让特殊教育所针对的人群能够入学并接受教育。由于现行的教育体系评估系统仍然缺乏对于特殊人群的系统的、细致的且常态化的数据，特殊教育学生的学习条件及学习成效很难进行量化及评估。此外，由于多方面因素的影响，残障学生失学率也较高。

由图 7 可见，2015 年初级教育低年级人数约为 45 万人，在合理的情况下，经过四年的学习，升入高年级的学生也应该保持在这个范围内。然而，2019 年特殊教育高年级注册学生仅约 35 万名，即四年间 10 万余名残障学生放弃了学业。

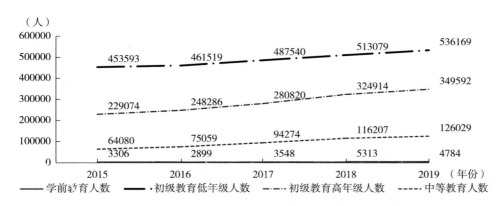

图 7　各阶段特殊教育学生注册人数

资料来源：国家教育研究所（INEP）2019 年学校普查。

疫情开始后学校的关停和线下课程的暂停更是给这一学生群体增加了额外的困难。首先，从总体设施及机制保障来看，市教委出台的疫情应急教学预案提供的材料都是结构性教材，其针对的人群主要为平均水平线上的学生，极少个性化教学计划。疫情教学模式以基于信息平台和内容的教学互动为主。在这一背景下，特殊教育群体的需求被忽视，其受教育权利得不到保障。其次，残障人士的上网条件限制进一步增加了教育不平等现象。巴西残障人士使用网络的比例远低于社会平均水平。2016 年，59.3% 的正常人士使用网络，而残障人士则仅有36.8%（残障种类和残障程度也使电脑及网络的使用受到影响）。此外，仅有0.74% 的巴西网站提供了无障碍接入的通道，在教育类网站中，这一比例上升到了 3.88%，但仍然非常低（见图 8）。

此外，疫情下残障人士缺乏必要的生活保障。《包容性教育视阈下的国家特

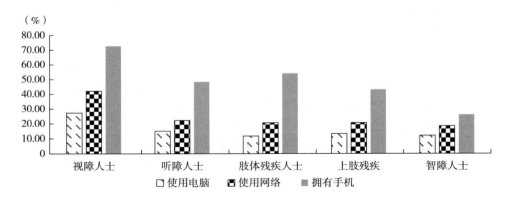

图 8 2018 年残障人士通信网络设备使用率

资料来源：Rodrigo Mendes 学院报告（2018）。

殊教育政策》指出，专业教育援助是补充性服务和资源，可确保特殊教育学生全面参与校园活动以及学习。专业教育援助需由受过专业培训的教师主导，他们能够为残疾学生、全面发育障碍和高技能/天才学生提供个性化或小组学习支持，制定工作方法、教学资料及辅助技术。疫情期间，专业教育援助在全国公立教育范围内都暂停或大幅度缩减了。

而且，2020 年巴西各级医疗需求均或多或少地让位于疫情救治，非紧急的治疗后续服务大幅度中断或减少。这些被削减的医疗服务同样包括了对残障人士的长期治疗，尤其是对于那些公共医疗服务更为脆弱的地区和更为贫困的家庭的残障学生更是雪上加霜，进一步拉大了社会空间及社会经济的不平等性。

五、结语与反思

通过前文对各类数据的解读，可知疫情下巴西中小学教育之困主要源于以下几个方面：面对重大突发公共危机事件，联邦政府以及各州最高行政长官及时、准确掌握信息并迅速做出反应，是决定危机应对的关键。然而，此次新冠肺炎疫情肆虐之下，教育部及各州州长都未发挥主导作用，没有在教育机构的危机应急预案制定上给予足够的重视及指导，各级教育单位各自为政，反应迟缓，方案制定片面或不切实际。各教学机构的应对进一步暴露出教育体系硬件及软件方面的不足：疫情期间教师被迫走出黑板与讲台的"舒适圈"，在网络教学过程中大部分都是"孤军奋战"，承受着巨大的心理压力；学生缺乏有效引导，学业几乎完全中断；弱势群体的生存受到严重威胁，社会差距进一步拉大。

2018 年经济合作与发展组织（OECD）发布的"国际学生评估项目"（PISA）报告显示，在调查的 64 个国家中，巴西学生在数学、阅读、科学方面的表现欠佳，位列总榜单第 54 名。而 OECD 的基础教育评估系统及基础教育发展指数则揭露了巴西教育体系在数字时代的短板，如果说过去巴西的中等教育为学生进入劳动力市场和高等教育做好了准备，那么今天面对技术革命，巴西的教育仅提供了在现代社会生活的最基本的条件。

我们也应看到，疫情下巴西中小学暴露出的种种问题既是挑战，也是机遇。虽然疫情下各级教育教学机构的应对效果参差不齐，陌生的工作模式将教育工作者与学生卷入巨大的焦虑、压力和倦怠之中，但危机也催化了对政府执政方式的反思，加速了数字网络进入传统课堂的步伐。对此，本文试提出以下几点建议：

（1）教育管理职能部门应当根据前期经验，建立自上而下完整的危机应急机制，联邦主导，地方发挥执行和协同作用，有效整合社会资源，明确各方职责。

（2）各级政府应加大对各级教学基础设施建设的投入，尤其在偏远地区和农村地区，缩小社会数字鸿沟，减少教育不平等现象。

（3）教学单位应顺应此次疫情推动的教学手段技术化趋势，积极探讨多模态教学方式，尤其是以信息与通信技术为基础的创新课堂形式在日常教学中的应用，加强教师的相关技术培训。

（4）教学工作没有一定之规，亦无放之四海而皆准的统一模式。教师应改换思想，认识到传统课堂与网络课堂各有长短，对新的教学手段采取开放的态度，因地制宜，从课堂开始，带领学生更好地进入数字网络时代。

参考文献

［1］Barros，Luzani Cardoso. A trajetória da Educação Brasileira：uma segregação oculta，https：//www. portaleducacao. com. br/conteudo/artigos/educacao/a-trajetoria-da-educacao-brasileira-uma-segregacao-oculta/17873.

［2］Bittar Marisa，Bittar Mariluce. História da Educação no Brasil：A escola pública no processo de democratização da sociedade. Acta Scientiarum Education，Maringá，v. 34，n. 2：157-168，2012.

［3］Ghiraldelli，Jr. Paulo. História da educação brasileira. 4 ed. São Paulo：Cortez，2009：272.

［4］Jornal Nacional. Percentual alto de alunos não tem acompanhado as aulas pela internet durante a pandemia，30/06/2020，https：//g1. globo. com/jornal-nacional/

noticia/2020/06/30/percentual-alto-de-alunos-nao-tem-acompanhado-as-aulas-pela-internet-durante-a-pandemia. ghtml.

［5］Instituto Nacional de Estudos e Pesquisas Educacionais Anísio Teixeira. "Censo Escolar"，https：//download. inep. gov. br/educacao_basica/censo_escolar/download/2019/infografico_censo_2019. pdf.

［6］Libâneo，José Carlos. Educação escolar：políticas，estrutura e organização. 5. ed. São Paulo：Cortez，2007.

［7］Moran，José Manuel. Novas tecnologias e mediação pedagógica. 6. ed. Campinas：Papirus，2000.

［8］Murça，Giovana. Desafios do ensino remoto impactam na saúde mental dos professores，25/09/2020，https：//querobolsa. com. br/revista/desafios-do-ensino-remoto-impactam-na-saude-mental-dos-professores.

［9］O. Estado de S. Paulo. "Brasil está voltando ao Mapa da Fome"，diz chefe de agência da ONU，Paulo Beraldo，01/05/2020，https：//internacional. estadao. com. br/noticias/geral，brasil-esta-voltando-ao-mapa-da-fome-diz-chefe-de-agencia-da-onu，70003299359.

［10］Oliveira P. S. Introdução à sociologia da educação. São Paulo：Ática，1993.

墨西哥 *Milenio* 报对中国疫情报道的自建语料库话语分析

陈　宁　陈　艺[*]

摘　要： 2020 年初，在中国武汉出现的病例被诊断为新型冠状病毒引起的肺炎，随后在全球多地发现同类型病例并持续增长，截至 2021 年初，在许多国家和地区仍未能得到有效控制。无论是疫情暴发还是后来的有效控制，在一段时间内中国成为各国新闻媒体报道的热点。本文以墨西哥 *Milenio* 报从 2020 年 1 月 1 日到 2020 年 9 月 31 日有关中国与新冠肺炎疫情的新闻报道为对象，自建语料库，通过批评话语分析，从报道数量与趋势、主题词、索引行与话语韵方面对其进行分析，探讨墨西哥 *Milenio* 报对中国所持态度，并分析决定这种态度的深层次原因。

关键词： 新冠肺炎疫情；墨西哥；批评话语分析；COVID‐2019；自建语料库

一、引　言

2019 年 12 月，在中国武汉地区发现疑似肺炎病例，并最终确认为由一种新型冠状病毒引发的传染性呼吸道疾病。2020 年 3 月 12 日世界卫生组织宣布新型冠状病毒肺炎（Corona Virus Disease 2019，COVID‐19 以下简称"新冠肺炎"）

---

* 陈宁，广东外语外贸大学西方语言文化学院西班牙语系教授，主要研究方向为西语美洲国家文学、西语美洲国家区域与国情研究；陈艺，安徽外国语学院西方语言学院西班牙语系教师，主要研究方向为西语美洲国家区域与国情研究。

是全球大流行传染病（pandemia）。截至目前①，这场疫病已蔓延至 219 个国家，全球确诊病例超过一亿一千两百万，死亡病例约两千五百万，对全球卫生、经济、文化、政治等都造成了严重影响且不断蔓延，演变成一场全球性危机。中国在经历了最初的局部区域集中感染暴发后，由于及时采取了果断、有效的防控措施，新冠肺炎疫情的蔓延已经得到了根本性的控制，不仅保障了人民的生命和健康，更在全球范围内率先成功复工复产，保证经济正常增长。从暴发到防控，中国的疫情成为世界各国媒体报道的主要内容之一。

本文以墨西哥新闻媒体及其代表报纸 *Milenio* 报作为研究对象，对该国的相关报道进行批评话语分析。选择该地区为研究对象的理由如下：

首先，基于疫情状况。新冠肺炎在世界各地蔓延，但具有地区不平衡性，包括巴西在内的拉丁美洲国家在经历了短暂的空白病例期后，零星出现感染病例，随即很快进入暴发期。世界卫生组织于 2020 年 5 月宣布拉丁美洲成为新冠肺炎疫情新"震中"②。2019 年墨西哥人口约 1.28 亿，在拉丁美洲国家中排名第二。自 2020 年 2 月 28 日确诊首例新冠肺炎病例后，疫情迅速暴发，目前是受疫情影响最严重的国家之一。无论是国外还是其自身的疫情，都成为新闻媒体关注的焦点。

其次，墨西哥的主要使用语言为西班牙语，该语言同时也被拉丁美洲其他大部分国家与地区使用。另外，墨西哥经济相对发达，政治局面相对稳定，在拉美具有政治、经济和文化方面的地区影响力，其媒体对其他西班牙语美洲国家会产生影响。对墨西哥媒体相关报道的分析不仅有助于了解其本国的舆情发展，同时也可以为西班牙语美洲国家的舆情研究提供参照。

最后，墨西哥毗邻美国，拥有特殊的战略性地理位置，与美国长期保持着紧密的政治和经济联系。根据国际政治区域划分惯例，墨西哥与加拿大、美国均属于北美洲范畴，三国相互之间签订自由贸易协定，经济和政治联系频繁，因此墨西哥在政治、经济、意识形态等方面受到两国，特别是美国的影响较深。

综合上述原因，本文选取墨西哥新闻媒体报道，通过语料库批评话语分析方法，试图探究墨西哥新闻媒体蕴含的意识形态以及对中国的政治立场，并且分析原因。

---

① 资料来源：https：//www. worldometers. info/coronavirus/，截至 2021 年 2 月 23 日。

② 新华社. 世卫组织说南美已成全球疫情新"震中"［EB/OL］. http：//www. xinhuanet. com/world/2020-05/23/c_1126022854. htm，2020-05-23.

二、研究过程

1. 研究理论

语言为抒情表意、传达思维的工具，携带说话者的个人意志。即使是简单的话语也表达了说话者的所愿所求。当说话者具有社会地位及权力时，其语言的影响力也可能更广泛。根据这项特性，语言成为了为特权人士尤其是统治阶级服务、控制民众意识形态的理想工具。然而，有时统治阶级的意识形态隐藏在话语中，不易被察觉，通过潜移默化的方式植入民众脑中。这时，我们需要对统治阶级的话语抽丝剥茧，分析其真正的意图。例如，张杰（2019）认为，意识形态不是文化表层的，而是隐藏在日常生活中，被各种形色的外衣包裹。因此，把握意识形态并不容易，尤其是当掩藏了意识形态的话语在实践中变得自然化或获得常识性地位时，这种话语的威力和影响力最大。[①] 这种关于语言、权力和意识形态关系的讨论开始在 20 世纪 80 年代得到语言学家的重视，福勒（Fowler）等语言学家首次提出"批评语言学"（Critical Discourse，CD）。费尔克拉夫（Fairclough）在 1989 年进行补充，提出"批评话语分析"（Critical Discourse Analysis，CDA），随后的 90 年代，随着研究视角的增加，批评话语分析涉及的领域越来越广泛，如社会学、政治学、新闻学等，成为了一门跨学科的研究。

批评话语分析自 20 世纪末进入我国研究视野以来，受到越来越多学者的关注。辛斌（1996）指出，语言并非一种客观透明的交际媒介，而是一种社会实践，是社会过程的介入力量，直接参与社会事务和社会关系的构成。[②] 简而言之，批评语篇分析本质上是对语篇特别是大众语篇和官方话语进行的一种社会分析，以提高读者对语言的敏感程度，使他们认识到语言和现代社会生活之间微妙的关系以及语言运用和不平等的社会权力关系之间错综复杂的联系，促使读者实现批评阅读（Critical Reading），增强他们对大众语篇的反控制意识。[③] 针对大众语篇的批评话语分析以新闻报道为主要对象，因为新闻是公众获得信息的主要来源之一，同时也是统治阶级用以维护现存制度的工具，是实行社会控制的手

① 张杰. 批评话语分析的理论源流 [J]. 兵团教育学院学报，2019，29（3）：52-57.
② 辛斌. 语言、权力与意识形态：批评语言学 [J]. 现代外语，1996（1）：21-26.
③ 戴炜华，陈宇昀. 批评语篇分析的理论和方法 [J]. 外语研究，2004（4）：12-16.

段，① 新闻因其官方性、权威性、可反复性等特点，在一定程度上引导舆论走向。此外，随着科学技术的发展，新闻不再以纸质媒介为唯一传播工具，可以通过手机、电脑、电视、电台随时随地传递信息。

传统上批评话语分析的方法是社会认知分析方法、话语历史观方法以及辩证关系分析方法。然而，以上方法普遍存在的一个弊端是，研究以定性分析为主，研究者倾向于选择与自己观点一致的语料进行分析，造成主观性较强而代表性较弱，成为研究者带偏见性的解释，不够公正且争议性较大，因此受到不少学者的诟病。近年来，语料库技术被引入批评话语分析中。通过该技术，研究者可以定性、定量对大量语料进行分析，从而解决了上述所提到的客观性与可信度较低的问题。

2. 语料的选择与语料库的建立

Milenio 报（www. milenio. com）属于墨西哥多媒体集团（Grupo Multimedios, www. multimedios. com），是墨西哥第二大有影响力的报刊，同时也是墨西哥主要新闻媒体之一，拥有同名电视台（24 小时在全国范围内播出）、同名广播电台，此外在视频网站 YouTube 上拥有接近三百万订阅量。

本文选取 2020 年 1 月 1 日至 9 月 30 日 Factiva 数据库中 *Milenio* 报为研究对象，以"China"和"coronavirus"为主题检索词，建立专用语料库。共收集到样本 978 篇，人工筛除无关及重复报道后，共得到有效样本 813 篇，总形符数为 425216，用于本文的语料库分析软件为 AntConc 3. 5. 8。

三、数据分析与讨论

1. 报道数量与趋势分析

墨西哥 *Milenio* 报从 2020 年 1 月 1 日到 9 月 30 日涉及中国和新冠肺炎疫情的有效报道共有 813 篇，第一篇发表在 1 月 20 日，名为"由于中国病毒引起肺炎，墨西哥在机场采取措施"。该报道介绍，在中国出现可以人与人之间传播的不明肺炎，感染者大多曾有接触海鲜与活体动物的经历，墨西哥已经在机场采取措施，同时监控来自亚洲的航班，并且呼吁去过武汉的国民如有不适，立即前往医院就诊，建议全国上下减少外出，使用口罩。

面对未知的新型冠状病毒，全球陷入恐慌之中，3 月 11 日，在全球 110 多个

---

① 阿特休尔·J. 赫伯特. 权力的媒介——新闻媒介在人类事务中的作用［M］. 黄煜，裘志康译. 北京：华夏出版社，1989.

国家出现确诊病例后，世界卫生组织正式宣布新冠肺炎疫情已经构成大流行。①
在此期间，*Milenio* 报关于新冠肺炎疫情的报道持续增长，在同月达到峰值。1 月
涉华新冠肺炎疫情报道为 80 篇，2 月为 143 篇，3 月高达 227 篇。之后，随着新
冠肺炎疫情逐渐常态化，*Milenio* 报关于新冠肺炎疫情的报道开始每月递减，在
2020 年 8 月和 9 月趋于稳定，每月平均为 24 篇（见图 1）。

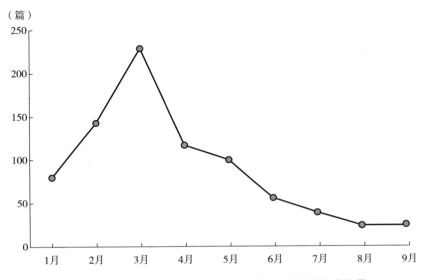

（篇）

图 1　*Milenio* 报 2020 年 1~9 月涉及新冠肺炎疫情报道数量

　　由于新冠肺炎疫情在世界暴发的时期不同，并且本语料库时间跨度较大，可
以发现 *Milenio* 报的报道内容与主题呈现历时变化（见图 2）。

　　在新冠肺炎疫情暴发初期，墨西哥高度关注中国新冠肺炎情况，从 2020 年 1
月 20 日起到 1 月 31 日，11 天内针对中国新冠肺炎疫情的专题报道共有 3 篇，3
月达到峰值 5 篇。因为中国的防疫工作取得了有效成果，在 3 月前后，多地新增
病例为零，既往病例治愈，病例总数清零，所以 4 月开始，*Milenio* 报将中国作为
世界新冠肺炎疫情的一部分进行介绍，不再专门报道中国的疫情发展。

　　作为墨西哥本国新闻报刊，*Milenio* 报自然关心本国新冠肺炎疫情状况。从 1
月起，尽管国内尚未确诊感染病例，但墨西哥已经开始对国内的疑似病例进行报
道，可以看出墨西哥对于新冠肺炎警觉性较高。尤其是在 2 月 28 日，墨西哥确
诊第一例新冠肺炎患者后，疫情在墨西哥迅速蔓延，至 3 月 30 日，该国新冠肺

---

　　①　应对全球"大流行"需要"大行动"，新华社，2020 年 3 月 12 日，http：//www.xinhuanet.com/
world/2020-03/12/c_1125701447.htm.

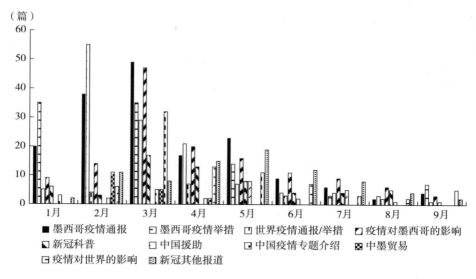

图 2 *Milenio* 报 2020 年 1~9 月涉及新冠肺炎疫情报道内容

炎累计确诊病例 1094 例，累计死亡病例 28 例。当天，墨西哥外长埃布拉德
（Marcelo Ebrard）宣布本国开始进入公共卫生紧急状态，暂停非必要活动，该状
态将持续至 4 月 30 日。墨西哥关于新冠肺炎确诊或疑似感染的新闻报道在 3 月
达到峰值。与此同时，该时期 *Milenio* 报也大力介绍墨西哥的疫情举措，如机场
防疫消毒、严格管控，政府将国外侨民接回国，呼吁国民减少出行、注意个人卫
生、使用口罩等。在墨西哥针对疫情的防控举措已完善，国民已对新冠肺炎有一
定了解，认识到新冠肺炎的严重性后，相关报道开始减少。

在疫情仍未扩散至墨西哥时，分析新冠肺炎对墨西哥影响的报道为少数，但
是在 3 月，自从新冠肺炎在墨西哥呈爆炸式扩散后，该类报道同月到达峰值。新
冠肺炎疫情不仅对经济、政治方面，而且对教育、工作、国民生活和心理方面也
造成不同程度的影响。在中国成功控制住疫情增长之后，中国开始向其他国家提
供医疗物资援助。由于墨西哥医疗物资短缺，中国企业捐赠的首批医疗物资在 4
月 1 日运抵墨西哥，4 月 7 日墨西哥联邦政府从中国采购防疫医疗物资。直到 8
月，墨西哥疫情基本稳定，国内厂家可以供应所需医疗物资后，停止了向中国的
采购。因此，从 4 月到 8 月，每月都有关于墨西哥向中国采购或者中国向墨西哥
捐赠医疗物资的报道。

此外，*Milenio* 报也关注世界疫情变化，根据各个国家新冠肺炎暴发时间点的
不同，*Milenio* 报前期报道的主要国家为意大利、日本、韩国等，后期为美国、巴
西、欧盟成员等国家。分析疫情对世界的影响在 3 月达到峰值，随后每月递减。

就新冠肺炎的报道而言，随着对新冠肺炎的进一步了解，*Milenio* 报对新冠肺炎的报道也愈加深入，从对症状的描述开始转变为对疫苗的研究报道。面对新冠肺炎疫情带来的经济上的消极影响，*Milenio* 报同时也报道了墨西哥公司采取的一些手段以尽可能地减少损失。在此期间，*Milenio* 报存在着一些与新冠肺炎疫情相关的其他新闻，如宗教、个人采访、面对新冠肺炎疫情的反思与批评等。

2. 主题词分析

主题词（keyword）又称关键词，根据词汇在语料库中的关键性提取。因为新闻话语作为语言使用中的一种特殊语体具有很强的选择性，特定词汇的选择也体现出新闻报道者对于事件的观点态度和价值判断。[①] 此外，词汇同时反映新闻报道所关注的领域，在批判话语中具有重要意义，主题词所提供的这种信息促使研究者进一步用定性的方法去解读某种语言现象，不失为一个很好的切入点。[②]

本研究以 Antconc 3.5.8 提供的西班牙语语料库[③]为参照语料库，根据关键性降序排出前 30 个词汇，所选词均为实意词（见表1）。

表 1　*Milenio* 报前 30 个关键实词

关键词	频率	重要性	排名
coronavirus	2441	+4239.28	1
méxico	1979	+3541.7	2
covid	1609	+2792.44	3
salud	1608	+2775.03	4
china	1467	+2530.21	5
ha（西班牙语助动词）	1238	+2132.76	6
casos	1215	+2092.86	7
país	986	+1695.65	8
han（西班牙语助动词）	956	+1643.63	9
pandemia	955	+1641.9	10
virus	913	+1583.62	11
hay	831	+1426.94	12
personas	828	+1410.16	13

①　Van Dijk. News as discourse [M]. Hisllsdale. NJ: Lawrence Erlbaum Associates, 1988: 93. 转引王龙. 危机语境下中外报刊新闻报道的架构对比研究——以《中国日报》和《卫报》新冠肺炎疫情报道为例 [J]. 东莞理工学院学报, 2020, 27（4）: 100-106.

②　钱毓芳. 语料库与批判话语分析 [J]. 外语教学与研究, 2010, 42（3）: 198-202.

③　https://www.laurenceanthony.net/software/antconc/.

续表

关键词	频率	重要性	排名
está	813	+1395.74	14
países	617	+1056.18	15
medidas	613	+1038.28	16
estados	585	+989.89	17
gobierno	574	+970.88	18
tiene	565	+948.83	19
mundo	555	+948.83	20
ser	523	+893.44	21
estado	529	+893.14	22
enfermedad	515	+879.59	23
porque	505	+875.65	24
están	502	+864.01	25
dijo	495	+844.98	26
fue	495	+834.42	27
unidos	469	+799.99	28
nuevo	463	+789.6	29
días	446	+760.19	30

注：该主题词列表不区分大小写。

可以将主题词汇分为四类：①新冠肺炎疫情直接相关词汇：30 个关键词中有 4 个与新冠病毒（coronavirus）直接相关，分别是"covid"、"pandemia"（大流行病）、"virus"、"enfermedad"（疾病）。可以看出，*Milenio* 报对新冠肺炎非常重视，并且对其介绍全面，使用丰富词汇指代新冠肺炎。②新冠肺炎疫情间接相关词汇："salud"（健康）、"casos"（病例）、"personas"（人）、"medidas"（手段）、"días"（天）、"gobierno"（政府）。通过这些词可以看出，*Milenio* 报主要关注新冠肺炎对健康的影响、病例数量、感染人数、时间天数以及应对新冠肺炎各国政府采取的措施等。"nuevo"（新）旨在强调新冠肺炎不同于往常病毒，应当引起足够重视。③国家地区相关词汇。尽管"China"为语料库搜索主题词，但"México"主题性排名第二，在"China"之前，这是因为：首先，*Milenio* 报为墨西哥报纸，针对墨西哥国内读者。其次，该语料库时间跨度较大，在中后期，中国疫情已趋于缓和，不再是世界范围内新冠肺炎疫情的焦点，而与此同时，墨西哥成为新的"震中"。另外，通过"país"（国家）、"países"（国家）、"mundo"（世界）可以看出 *Milenio* 报关注各国新冠肺炎情况，在西班牙语中，"estados" 可以作为国家、州理解，也可以作为美国 "Estados Unidos" 的第一个单词，从主题词表排名来看，"estados" 排名第 17，"unidos" 排名第 28，可以看出 *Milenio* 报关注各国、各州疫情，在各国的情况中尤其关心美国。④动词。主题性高的动词都为基本常用词汇，从动词时态上分析，可以分为三个时态，分别是过去时态、现在时态与动词原形。可以发现，*Milenio* 报对新冠肺炎过去、现在、将来的发展都十分关注。从动词语义上分析，主体性 "ha""han" 的动词原形为 "haber"，为助动词与过去分词连用，表达目前已经采取的手段；"hay"（存在）常表示新冠肺炎病例数；"tiene"（拥有）常表示新冠肺炎症状或与 "que" 连用表示应采取的手段；"dijo"（说）表示转述他人看法与意见；"está" 与 "están"（处于）表达所处状况；"fue" 与 "ser"（是）则描述环境。

3. 索引行与话语韵分析

索引分析是语料库语言学的核心。① 在索引分析文本的基础上，我们可以观察语境，研究词语的上下文相关信息。此外，索引分析还可以延伸到话语韵，话语韵是一种语言特征，这种特征延伸至线性字符串中的多个单位，话语韵表达说话者的态度，②并且话语韵可以分为消极话语韵、中性话语韵和积极话语韵。

由于本文主要研究中国在 *Milenio* 报中的批评话语分析，我们以 "china" 及 "chino"③ 为检索词，探究与其相关的情感态度和价值倾向，共得到结果 1554 条。限于篇幅，我们只随机选取其中 10 条（见表 2）。

表 2　*Milenio* 报以 "china" 及 "chino" 报道的索引行（部分）

序号	Left	检索词	Right
1		China	advierte de una "nueva Guerra Fría" con EU por la pandemia
2	señaló que	China	continúa hacia la recuperación, logrando un reinicio económico casi completo a mediados del segundo trimestre
3	Luego de que en	China	se construyó en diez días un hospital para atender a las personas que han sido afectadas por el coronavirus
4	Al ver la problemática del coronavirus que azota	China	desarrolló con las herramientas que ofrece la plataforma de Google el mapa del avance de esta enfermedad a nivel mundial
5	El gobierno	chino	trabajó rápido para combatir el coronavirus y lograron evitar que se presentaran más decesos

①② 钱毓芳. op. cit.

③ 本语料库检索不区分大小写，"chino" 为 "China" 形容词，意为 "中国的"。

续表

序号	Left	检索词	Right
6	Actualmente	China	es el líder a nivel mundial en cuanto al comercio electrónico y México podría acercarse a este punto pronto con las tasas de crecimiento actual, apuntó
7	Tessy Rivera, dijo que el caso de	China	es muy importante ya que el nivel de recuperación de la demanda de electricidad ya está en niveles pre covid-19
8	Un experto del gobierno	chino	afirmó que el virus, que ha matado a nueve personas hasta la fecha, es contagioso entre humanos
9	la verdad es que se suspendieron clases en	China	
10	Hasta el momento, una decena de vuelos provenientes de	China	han aterrizado en nuestro país, con respiradores, mascarillas y otros equipos

根据"china"和"chino"在上述句子中作为的语法成分及起到的作用的不同,我们可以将句子分为四类,分别为主语、状语、宾语、定语。

第一类表示主语:第一句为"中国警告欧盟由于疫情引发的新冷战","警告"为消极话语韵。查阅当天新闻,可以发现 *Milenio* 报跟王毅部长 8 月 25 日在意大利的发言稍有出入,王毅部长的原文是"中方无意搞什么'新冷战',更坚决反对炒作所谓的'新冷战'"①。而 *Milenio* 报扭曲了中方的意思,将中国从一个被动者变成了引起事端的主动方。第二句与第六句客观陈述了目前中国取得的成就。其中,"recuperación""reinicio""líder"为积极话语韵,指出中国在新冠肺炎疫情后,经济得到恢复,并且是世界范围内电商领域的"领头羊"。

第二类表示状语:在第三句中,尽管"construir"为中性话语韵,但是句子中有时间成分,"en diez días"强调中国为集中收治新冠肺炎患者,建造医院速度之快。第六句中含有消极话语韵"suspender",表明中国中断课程,从侧面反映中国受疫情影响严重。

第三类表示宾语:在第四句中,中国作为"azotar"的宾语,其中"azotar"为消极话语韵,指出新冠肺炎疫情让中国遭受巨大损失,表明中国面对新冠肺炎疫情时处于被动地位。

第四类表示定语:第五句与第八句的主语是中国政府与中国专家,"中国"

---

① 王毅:发动"新冷战"是要开历史倒车,是为一己私利服务,是要绑架世界各国,央视新闻,2020 年 8 月 26 日,http://news.cctv.com/2020/08/26/ARTIMdVxJjqlhkdKPADtnOwj200826.shtml。

是对"政府"与"专家"身份的界定，存在积极话语韵"rápido""combatir""lograr""evitar"与消极话语韵"matar"，表明中国政府面对新冠肺炎疫情及时采取手段避免了更多的死亡，中国专家对于新冠肺炎了解更多。第七句与第十句的主语为中国事例与中国航班，"中国"是对"事例"与"航班"所属的界定，存在积极话语韵"importante""recuperación"，从侧面肯定了中国的抗疫成果。

四、原因分析

从我们所收集的报道来看，*Milenio* 报对中国的报道整体偏正面，例如使用肯定性词汇，积极报道中国抗疫成果，并且搜索语料库，在外媒报道中甚嚣尘上的"virus de China""virus chino"与"virus de Wuhan"在813篇报道中总共只出现四次，但是在4月11日刊登了一篇认为是中国制造了病毒的报道。那么，*Milenio* 报持以上态度的原因是什么呢？

首先，从经济层面考虑，中国是墨西哥继美国之后第二大进口来源国和第三大出口目的地国，墨西哥则是中国在拉美的第二大贸易伙伴国和第一大出口目的地国。①双方自2003年建立战略伙伴关系以来，在政府、议会、政党和民间一直扩大交流与合作，加强双方在国际事务中的磋商与多边合作，各层级友好交往密切，两国关系保持良好发展势头。并且，自新冠肺炎疫情开始席卷全球以来，中国成为首个恢复增长的主要经济体，而美国作为墨西哥第一大贸易伙伴，经济陷入困境，失业率激增。墨西哥面对新冠肺炎疫情肆虐，表现不力，是全球新冠肺炎死亡病例第四多的国家，同时GDP连续第五个季度同比负增长，经济低迷。墨西哥总统洛佩斯（Andrés Manuel López Obrador）表示希望能从中国的经济增长中获益。②

其次，中国抗击疫情的成果有目共睹，得到世界的认可。在武汉集中暴发新冠肺炎后，中国马上采取封城处理。其后，全国各地采取十分严格的防控措施，中国政府采取一系列举措及时应对，各级政府部门、各行各业均在第一时间投入战斗，有效遏制了疫情进一步蔓延，充分保障了中国民众的生命安全和身体健康。中国在战"疫"中展现出负责任大国应有的担当，为他国提供了宝贵经验。

---

① 中国贸促会—墨西哥对外贸易概况，http：//www.ccpit.org/contents/channel_3362/2015/0403/454587/content_454587.htm.

② Mexico can benefit from Chinese economic slowdown, Lopez Obrador says, 路透社，2020年5月25日，https：//www.reuters.com/article/us-health-coronavirus-mexico-economy-idUSKBN2311BZ.

在新加坡民调机构"黑箱研究"针对各国民众对本国政府应对新冠肺炎疫情表现的满意度中,中国在 23 个国家中以 86 分的高分位列第一[①]。在彭博社对抵御新冠肺炎疫情能力国家和地区的排名中,中国在 51 个国家中位列第八[②]。美国、德国、法国三国智库的民调显示,后疫情时代,更多的欧美民众将中国视为大国。[③]

最后,中国在有效遏制新冠肺炎疫情蔓延后,协助墨西哥抗击疫情,对墨西哥提供了医疗物资及疫苗研发等方面的支援及帮助。墨西哥总统洛佩斯不止一次向中国表达感谢之情。[④] 2021 年 2 月 10 日,墨西哥政府宣布批准紧急使用两款中国研发的新冠疫苗[⑤],双方自经济贸易的往来之后,合作程度再度深化,合作领域不断拓展。

然而,墨西哥与美国相邻,意识形态一直受美国影响,常年浸染在个别西方国家所渲染的"中国威胁论"中,同时距离中国路途遥远,民众之间互相不熟悉、不了解,主要通过新闻媒体获取信息。在新冠肺炎疫情暴发后,个别西方媒体再次攻击中国,将中国"妖魔化",尤其是特朗普政府将疫情的责任推卸给中国。因此,*Milenio* 报在肯定中国抗击疫情成果之余,不免受到负面影响,有一些批评否定的声音。

五、结　论

尽管新闻报道真实、即时,但是实际上并不客观、中立,在遣词造句之间隐藏着真正的意识形态和政治立场,统治阶级经常以新闻报道为手段统一民众思想,控制舆论导向,达到其政治目的。通过批评话语分析方法,在语料库收集大

---

① 新加坡民调显示中国民众对政府抗疫满意度最高　外交部回应,中国日报网,2020 年 5 月 8 日,http://ex. chinadaily. com. cn/exchange/partners/80/rss/channel/cn/columns/o87wjf/stories/WS5eb58f08a310eec 9c72b7a88. html.

② Rachel Chang, Jinshan Hong, Kevin Varley, México, el peor país para vivir durante pandemia de COVID-19, según ranking de Bloomberg, 2020 年 11 月 24 日, https://www. elfinanciero. com. mx/salud/mexico-el-peor-pais-para-vivir-durante-pandemia-de-covid-19-segun-ranking-de-bloomberg.

③ 欧洲民调:新冠疫情令更多欧美民众将中国视为大国,新华社,2020 年 12 月 30 日, http://www. xinhuanet. com/forum/2020-12/30/c_1210953818. htm.

④ 墨西哥总统感谢中国帮助抗击疫情,央视新闻,2020 年 7 月 26 日, http://news. cnr. cn/native/news/20200726/t20200726_525181795. shtml.

⑤ 墨西哥宣布批准紧急使用两款中国新冠疫苗,新华社,2021 年 2 月 11 日, http://www. xinhuanet. com/world/2021-02/11/c_1127093389. htm.

量新闻语料的基础上，我们可以更清晰地辨别语言，实现批评阅读。

新冠肺炎自 2020 年初在中国武汉地区确诊以来，中国众志成城，采取一系列有力举措及时应对，在短短几个月之内便有效地遏制了疫情进一步蔓延。本文以墨西哥 *Milenio* 报为对象，通过语料库的批评话语分析，从报道数量与趋势、主题词、索引行与话语韵方面对 2020 年 1 月 1 日到 2020 年 9 月 31 日的中国与新冠肺炎的新闻报道进行分析，发现在此期间，*Milenio* 报对中国的报道基本积极正面，持肯定态度，这是因为：首先，中国作为墨西哥的第二大进口来源国和第三大出口目的地国，同时也是首个从新冠肺炎疫情中恢复增长的主要经济体，墨西哥希望从中国的增长中获利；其次，中国抗疫决心与成果世界有目共睹，得到一致好评；最后，中国曾先后向墨西哥捐赠医疗物资，墨西哥也主要从中国采购医疗物资，两国齐心协力、相互支持。然而，由于长期受到个别西方媒体"妖魔化"中国的影响，*Milenio* 报也存在少数失实报道。

墨西哥是拉美地区第二大经济体，也是世界上最开放的经济体之一，对中国的发展具有重要的战略意义。两国路途遥远，新闻报道是民众了解中国的主要窗口之一，在双方不断提高贸易合作关系的同时，中国也应关注墨西哥新闻媒体报道，打好这场"舆论战"，增进双方互信与了解，才能推动双方实现互利共赢、共同发展。

参考文献

［1］ Mexico can benefit from Chinese economic slowdown，Lopez Obrador says，路透社，2020 年 5 月 25 日，https：//www. reuters. com/article/us－health－coronavirus－mexico-economy-idUSKBN2311BZ.

［2］ Rachel Chang，Jinshan Hong，Kevin Varley，México，el peor país para vivir durante pandemia de COVID－19，según ranking de Bloomberg，2020 年 11 月 24 日，https：//www. elfinanciero. com. mx/salud/mexico-el-peor-pais-para-vivir-durante-pandemia-de-covid-19-segun-ranking-de-bloomberg.

［3］ Van Dijk. News as discourse［M］. Hislldsale. NJ：Lawrence Erlbaum Associates，1988：93. 转引王龙. 危机语境下中外报刊新闻报道的架构对比研究——以《中国日报》和《卫报》新冠肺炎疫情报道为例［J］. 东莞理工学院学报，2020，27（4）：100-106.

［4］ 阿特休尔·J. 赫伯特. 权力的媒介——新闻媒介在人类事务中的作用［M］. 黄煜，裴志康译. 北京：华夏出版社，1989：336.

［5］ 戴炜华，陈宇昀. 批评语篇分析的理论和方法［J］. 外语研究，2004（4）：12-16.

［6］欧洲民调：新冠疫情令更多欧美民众将中国视为大国，新华社，2020年12月30日，http：//www. xinhuanet. com/forum/2020-12/30/c_1210953818. htm.

［7］墨西哥总统感谢中国帮助抗击疫情，央视新闻，2020年7月26日，http：//news. cnr. cn/native/news/20200726/t20200726_525181795. shtml.

［8］墨西哥宣布批准紧急使用两款中国新冠疫苗，新华社，2020年2月11日，http：//www. xinhuanet. com/world/2021-02/11/c_1127093389. htm.

［9］钱毓芳. 语料库与批判话语分析［J］. 外语教学与研究，2010，42（3）：198-202.

［10］世卫组织说南美已成全球疫情新"震中"，新华社，2020年5月23日，http：//www. xinhuanet. com/world/2020-05/23/c_1126022854. htm.

［11］王毅：发动"新冷战"是要开历史倒车，是为一己私利服务，是要绑架世界各国，央视新闻，2020年8月26日，http：//news. cctv. com/2020/08/26/ARTIMdVxJjqlhkdKPADtnOwj200826. shtml.

［12］辛斌. 语言、权力与意识形态：批评语言学［J］. 现代外语，1996（1）：21-26.

［13］新加坡民调显示中国民众对政府抗疫满意度最高 外交部回应，中国日报网，2020年5月8日，http：//ex. chinadaily. com. cn/exchange/partners/80/rss/channel/cn/columns/o87wjf/stories/WS5eb58f08a310eec9c72b7a88. html.

［14］应对全球"大流行"需要"大行动"新华社，2020年3月12日，http：//www. xinhuanet. com/world/2020-03/12/c_1125701447. htm.

［15］中国贸促会—墨西哥对外贸易概况，http：//www. ccpit. org/contents/channel_3362/2015/0403/454587/content_454587. htm.

［16］张杰. 批评话语分析的理论源流［J］. 兵团教育学院学报，2019，29（3）：52-57.

第三部分
中拉合作发展趋势与案例研究

疫情下中巴经贸合作发展现状与趋势

傅琼芳　王昭懿　朱文忠[*]

傅琼芳　王昭懿　朱文忠[*]

摘　要： 中国和巴西作为两个影响力较大的发展中国家，两国双边贸易的快速发展引起了世界的关注，而在疫情期间——2020 年 4 月巴西对华石油出口量更是创下历史新高。本文将从中巴贸易历史、中巴贸易现状和中巴贸易未来三个方面着重论述疫情下巴西对华石油出口量不减反增背后体现出的中巴经贸合作趋势。首先，中巴贸易历史从 20 世纪 60 年代的起步、70 年代末的发展到 90 年代末的跨越都体现了中巴双边贸易的源远流长；其次，疫情期间的贸易环境分析和贸易数据统计强有力地证明了中巴双边贸易的必要性和可持续性；再次，疫情的暴发在一定程度上折射出了巴西发展的不足之处，但也为中巴未来双边贸易提供了新思路、新方向；最后，基于历史和现状，我们分析并预测中巴两国的双边贸易会在未来保持长期良好的合作发展态势。

关键词： 新冠肺炎疫情；中巴贸易；经贸合作

一、中巴贸易关系回顾

1. 起步阶段（20 世纪 60~80 年代）

20 世纪的六七十年代，中国在以行政管理为主的对外贸易统制体制下，奉行内向型贸易保护主义，中国进出口贸易处于低谷期；而 1964 年巴西军政执政到 1973 年世界石油危机前，巴西将内向惯性因素与出口促进及吸引外资的外向型因素相结合，采取适当的外向经济发展政策。此时的中巴两国由于对外发展战

---

* 傅琼芳，广东外语外贸大学商学院硕士研究生；王昭懿，广东外语外贸大学商学院工商管理专业学生；朱文忠，教授，博士生导师，广东外语外贸大学商学院院长，拉丁美洲研究中心主任。

略不同而少有贸易往来。

20 世纪 70 年代初期，中国在"一条线、一大片"的外交战略指导下与世界有了更多的联系与交流，这也为中国对外贸易初步发展奠定了良好的政策和环境基础。而同时期的巴西提出"普遍的、负责的实用主义"外交方针为巴西民族经济利益服务。两国对外战略的调整也为日益增长的出口业务开拓了市场，有助于对外经济关系多元化发展。在中国和巴西两国发展战略及对外贸易政策的共同作用下，中巴贸易关系迎来了初步发展。1974 年两国正式建立外交关系，贸易往来逐渐增长；1978 年两国签订贸易协议，同年中国还签订了向巴西供应石油的长期协定；至 1980 年，双边贸易额已从 1973 年的 7000 万美元增长至 3.16 亿美元（见图 1）。

图 1 中巴贸易关系起步

2. 发展阶段（1978~1996 年）

1978 年，在全球经济改革大背景下，中国实行改革开放，改变了对外贸易统制体制，外贸政策也由内向型进口向外向型出口过渡，兼有进口限制和出口鼓励政策。改革初期，我国主要出口初级产品，进口工业制成品，随着改革的推进，我国生产技术和能力不断提高，出口商品结构得到改善，出口产品也由轻纺类向机电类产品转变。

20 世纪 80 年代的巴西军政府后期，在继续进口替代发展战略的同时，也开始推进鼓励出口政策的实施。进入 90 年代，巴西对"二战"后所形成的封闭经济体制进行了一系列结构性调整，实行以新自由主义为主导的经济改革，大力推进贸易自由化和市场国际化。

综上我们可以看出，两国由于对外贸易战略转型的影响，加之中国实行独立自主的和平外交政策，不断加强与第三世界国家的交流与合作，巴西实行"实用主义"外交政策，重视与发展中国家的联系，两国的对外政策和发展战略使双方重视外部市场，促进了两国的经贸合作，中巴关系日益密切（见图 2）。

图 2 中巴贸易关系发展

3. 跨越阶段（1997 年至今）

1997 年，我国基本实现了总供给与总需求的平衡，国内市场呈现饱和状态。党的十五大报告对此提出了新的进出口贸易要求："以提高效益为中心，努力扩大商品和服务的对外贸易，优化进出口结构。"2001 年中国成功加入世界贸易组织，进入了全方位对外开放的新阶段，在继续实行进口替代发展战略的同时，又大力促进出口，进出口总量不断攀高，外向型出口对我国经济的贡献越来越大。另外，由于我国工业制造能力的提高，出口商品结构逐渐由初级产品以及轻纺织品转变为工业制成品；同时，国内市场对工业生产所必需的原材料需求不断增大，原材料也越来越依靠国际市场。

20 世纪 90 年代，巴西对外经济正处于由传统的进口替代模式向新自由主义外向型模式转变时期，政府主张把经济活动的中心由内部需求转向外部需求，由国内市场转到国际市场，鼓励自由贸易。在国际市场需求增大的外部环境下，出口稀缺原材料成为了资源丰富的巴西促进经济发展的重要手段。

综上所述，中巴两国的发展实况决定了双方进出口商品结构的互补性，具备了贸易往来的物质基础。一方面，21 世纪的中国需要依靠巴西的铁矿石、木材、石油等原材料，同时也是巴西工业制成品的重要进口来源国；另一方面，庞大的中国消费市场将会是巴西商品的潜在目标市场，而拥有上亿人口的巴西同样也是中国实行出口市场多元化的重要对象。作为具有较大影响力的发展中国家，21世纪以来的中国和巴西面临着相似的发展机遇和挑战，这使两国的双边关系有了跨越式的发展（见图 3）。

图 3　巴贸易关系跨越

4. 小结

在历史进程中，中巴双边贸易关系体现出非均衡发展的状态。20 世纪中后期，中巴贸易关系发展缓慢，而进入 21 世纪的中巴双边贸易关系呈现跨越式的发展；在内容结构上，中巴双边贸易呈现非对称现象。一方面，中巴之间有着鲜明的进出口产业结构差异；另一方面，巴西对中国的需求也高于中国对巴西的需求。但总体而言，在各自发展战略和对外政策的共同影响下，中巴双方双边贸易关系正处于一个飞速发展的阶段，这不仅对两国的经济有所促进，也对全球经济发展有着深刻影响。

二、疫情背景下中巴贸易现状

1. 疫情背景下的国际环境

2020 年伊始，一场突如其来的新冠肺炎疫情席卷全球，各国为了应对疫情实施了严格的封锁措施，以至于人类的经济活动空前减少，全球产业链突发性中断，贸易与投资需求急剧萎缩，全球就业形势严峻，全球经济遭遇重大打击。

首先是全球产业链突发性中断。因为各国担忧国家经济安全会受到威胁，就采取了严格的隔离防控措施，以至于以中间产品贸易为基础的全球产业链受到了严重打击。"封城"带来的隔绝式防控使企业不得不停工停产，交通运输航路被切断使产品无法运送，劳动力和技术等经济要素流动受阻，产业链中的上下游企业均受到或多或少的影响。更有甚者，疫情持续期间医疗器械、卫生防疫用品等医疗资源的供应无法满足激增的需求，许多国家开始对疫情、战争等极端情况下本国供应链的安全问题进行思考，重新对产业链进行布局，力图将关键战略物资领域内的产业链撤回本国及本国的周边地区。

其次是贸易与投资保护主义盛行，贸易与投资需求急剧萎缩。疫情暴发后，平日的进口大国的进口需求量锐减，甚至出现不少大宗订单被退订的现象；而出口产品的国家在疫情影响下生产能力有限，对内供给也出现不足。供需两方的多种因素使国际双边和多边贸易开始萎缩，全球多边贸易流动出现了 21 世纪以来的最大降幅。

最后是全球就业形势严峻，各国境内秩序稳定与地缘政治安全受到巨大威胁。疫情暴发导致的企业停工停产甚至破产倒闭使短期内全球的失业待业人数急剧攀升。国际劳工组织在 2020 年 4 月发表评论说，全球 33 亿就业人口中，超过 4/5 受到工作场所完全或部分关闭的影响。大量的失业待业人口不仅对经济发展有着负面影响，更是给国家秩序和社会稳定造成了较大的冲击。

综上所述，我们可以看出，疫情冲击下的全球经济贸易环境不容乐观，且中巴两国地理位置相距较远，使两国的双边贸易往来面临着巨大挑战。

2. 疫情下中巴双边贸易往来

中国和巴西两国的双边贸易受疫情冲击较大，从表 1 中我们可以比较清楚地看出，在全球疫情快速蔓延的 3~5 月，两国贸易总额下降幅度较大。但在疫情得到有效控制后，中巴两国的贸易迅速恢复到原有水平。

表 1　疫情期间中国从巴西进出口商品总值

时间	中国与巴西双边货物进出口总额（万美元）	中国对巴西出口商品总值（万美元）	中国自巴西进口商品总值（万美元）	中国与巴西贸易差额（万美元）
2019 年 11 月	1012588	283534	729053	-445519
2019 年 12 月	1198775	487886	710889	-223004
2020 年 1~2 月	1675412	466440	1208972	-742531
2020 年 3 月	796798	255497	541302	-285805
2020 年 4 月	804711	236573	568138	-331565
2020 年 5 月	835707	220759	614948	-394190
2020 年 6 月	1070540	245443	825098	-579655
2020 年 7 月	1098294	283966	814328	-530362
2020 年 8 月	1162036	286707	875329	-588623
2020 年 9 月	1201065	340775	860291	-519516
2020 年 10 月	1106587	350413	756174	-405761

资料来源：中国海关，华经产业研究院整理。

　　2019 年 11~12 月可以被认为是中国境内疫情暴发的最初期，那时候疫情还只在武汉的小部分地区内传播，中国政府也还没有采取比较严格的措施来阻隔与其他国家的贸易通道，所以中巴两国货物进出口等贸易仍然正常；2020 年 1~2 月是中国疫情暴发高峰的前期，1 月底商务部印发通知，推动积极扩大进口应对新冠肺炎疫情，扩大医疗物资和生活用品进口，保证国内供应，所以中国自巴西进口商品总值较 2019 年末有了较大幅度的提升，其中重点是肉类、大豆等可食用产品和铁矿石等建设材料；3~5 月，虽然中国境内的疫情有了一定的缓解，但此时疫情在全球范围内开始了新一轮暴发，巴西也未能幸免。严峻的疫情形势使巴西政府采取了一定的贸易限制措施，从表 1 中也可以明显地看出这 3 个月中巴双边货物进出口总额较原有水平下降幅度较大。而 6 月中国的疫情得到了有效的控制，各大中小企业也逐渐复工复产，巴西在中国乃至世界的援助下在疫情防控方面取得了一定的成效，两国人民生产生活的需求使中巴贸易双边货物进出口也恢复到了原有水平。

　　疫情期间，巴西对华出口石油、大豆、肉类均创历史新高。巴西石油公司（巴油）在 2020 年 5 月 4 日发表公报指出，得益于对中国的出口稳健，4 月巴油实现石油出口 3040 万桶，日均超 100 万桶①，刷新单月出口纪录。数据显示，今年前 4 个月，巴西约 60% 的石油出口运往中国。巴油负责成品油和天然气业务的高管表示，巴西原油具有硫黄含量低的优点，中国是巴油的重要市场，巴油目前正改善物流等配套条件，希望能够为中国提供更好的服务。巴油在公报中指出，由于巴西本地需求下降，在满足本土市场的基础上，巴油将逐步增加原油出口量，主要出口市场包括中国、美国、欧盟和印度。

2020 年 3 月以来，新冠肺炎疫情在全球蔓延，但巴西大豆出口数量却创出历史新高。巴西政府数据显示，4 月巴西大豆出口达到 1630 万吨的单月历史新高，② 其中 75% 发往中国。究其原因，主要是巴西雷亚尔自 2020 年初以来的大幅贬值刺激大豆出口、巴西在其国内运输出口方面采取灵活变通政策、巴西大豆贴水的良好榨利推动等。值得关注的是，预售力度的强劲，使巴西大豆库存已降至四年来低位。来自巴西船代公司的统计数据显示，2020 年 1~4 月，巴西大豆对华出口总量 2661.0729 万吨，同比 2019 年增加 646.8754 万吨，同比增幅 32.11%，3~4 月出口量同比增幅分别达到 49.52% 和 62.71%。

巴西《农业频道》在 2021 年 1 月 9 日报道，巴西冷冻食品协会（Abrafrigo）发布的报告显示，巴西 2020 年出口牛肉 201.6 万吨，与 2019 年的 187.45 万吨相比增长 8%③；实现出口额 84 亿美元，与 2019 年的 76 亿美元相比增长 11%。报告还显示，中国是巴西牛肉的最大买家，2020 年输华（包括中国大陆和香港地区）牛肉达 118.2 万吨，占到巴西全部出口量的 58.6%；实现出口额 51 亿美元，占到巴西全部出口额的 60.7%。

根据巴西动物蛋白协会（ABPA）2021 年 1 月 5 日公布的数据，2020 年巴西猪肉出口量打破历史纪录，首度突破 100 万吨④。数据显示，2020 年，巴西猪肉（新鲜及加工产品）出口量为 102.1 万吨，同比增长 36.1%；出口额为 22.7 亿美元，同比增长 42.2%。12 月，巴西猪肉出口量为 8.03 万吨，同比增长 5.6%；出口额为 1.91 亿美元，同比增长 4.1%。尽管受到了新冠肺炎疫情影响，但巴西 2020 年的突出表现是受益于中国进口了大量巴西猪肉，此外美元兑雷亚尔升值，也让本地产品更具竞争力。

3. 小结

近年来，新兴经济体国家成为世界经济发展的新方向，"金砖国家"成为全球最大的新兴市场经济体，其国际影响力在不断提升，中国和巴西同是发展中国

① 搜狐新闻网，https://www.sohu.com/a/393370665_334198。
② 网易新闻网，https://www.163.com/dy/article/FCGMUTMO05148I7Q.html。
③ 中国肉类机械网，http://www.mpmpc.org/news/show.php? itemid=30615。
④ 网易新闻网，https://www.163.com/dy/article/G16A0L6A05199FC8.html。

家中重要的国家，同时也是新兴国家中有发展前景的国家。中国与拉美地区各个国家进行的贸易中，与巴西的进出口贸易额占第一，巴西与世界各国进行贸易时，进出口贸易总额最多的国家是中国，中国进口巴西贸易额在所有进口巴西国家中排第二位，出口巴西贸易额在所有出口巴西国家中排第一位。在 2020 年疫情期间，巴西对华出口的部分产品突破历史新高更是证明了中巴两国贸易的必要性和可持续性。

三、中巴贸易未来发展趋势

1. 中巴两国对外贸易政策

自 20 世纪 70 年代末我国作出了改革开放的重大决策后，中国逐步形成了全方位、宽领域、多层次的对外开放格局和开放型经济体系。近年来的中央经济工作会议更是明确提出：要扩大进出口贸易，推动开放朝着优化结构、拓展深度、提高效益方向转变，着力培育开放型经济新优势；要推动出口市场多元化，形成以技术、品牌、质量、服务为核心的出口竞争新优势；要推动共建"一带一路"，遵循共商共建共享原则，加强创新能力开放合作，形成陆海内外联动、东西双向互济的开放格局；发挥企业主体作用，有效管控各类风险，创新对外投资方式，加快培育贸易新业态新模式；加快实行高水平的贸易和投资自由化便利化，放宽市场准入，扩大服务业对外开放，保护外商投资合法权益。

而在大洋彼岸，不断开拓新市场、增加生产、扩大出口、争取获得外贸顺差是巴西政府奉行的对外贸易政策的重点和经济调整的主要目标。巴西政府注重外贸对发展中国家经济的推动作用，还采取奖出限进和通过信贷税收促进出口的措施。例如，建立出口信贷基金，向生产出口产品的企业提供低息贷款；企业可以免税进口国内短缺的生产出口产品的原料和机器设备；国家每年拨出出口额的 15%，用于奖励出口商。此外，对本国货币实行定期微贬值，以增加出口产品的竞争力。同时，实行出口产品多样化，不断扩大国际市场。巴西现已改变了 20 世纪 60 年代初级产品和农产品占出口总额 90%的局面。巴西还利用一切机会扩大宣传，在国外举办博览会、商品展销会、推销会等，注重对国际市场的调查，广泛收集市场信息和动态，并及时向出口商提供，为出口商掌握国外市场情况提供了方便条件，同时简化出口审批手续，鼓励厂商积极打入海外市场。

2. 疫情指明未来合作方向

（1）医疗物资合作。突如其来的疫情使巴西医疗资源普遍短缺的问题暴露无遗，曾多次向中企求购口罩、防护服、病床和呼吸机等物资。在中国当前疫情防控向好、企业复工加速的情况下，医疗物资产能将有更大富余，所以医疗物资援助与合作有望成为中巴贸易在特殊时期的最大增长点，这不仅可以弥补其他对外贸易部门的短期损失，同时还能"雪中送炭、救人于水火"，更强有力地向巴西和世界展示了中国有能力、有担当的大国形象，也为中巴在政治、经济、外交等领域更高水平的合作创造了良好氛围。

（2）互联网经济合作。疫情之下，以数字经济为代表的新业态在中国迎来了高速发展的时期，外卖配送、在线诊疗、网络教育、远程办公、视频社交等"云经济"快速增长，不仅在很大程度上缓解了停工隔离造成的经济损失，更创造了巨大的新经济需求。但是对巴西来说，因为还不完全具备用"云经济"部分替代实体经济的能力，其利用"云经济"弥补线下贸易短板的想法的落实还有很长的路要走。如果中巴能够把握疫情期间巴西互联网使用需求大增的契机，加强数字经济领域合作，不但可以有效缓解经济压力，也可以进一步打通中巴电子商务合作通道，为中巴贸易、投资合作增添新引擎。

（3）卫生基建合作。在疫情冲击下，巴西卫生基础设施和社会保障建设滞后给疫情防控增加了难度，也给人民的生命健康安全造成了威胁。医院设施落后、床位不足，医疗服务分配不均，救治能力难以招架凶险疫情；公共卫生设施缺乏，37%的民众生活在没有污水处理设备的地方，恶劣的卫生条件加剧疾病传播风险；住房保障严重不足，近6%的人口居住在拥挤的贫民窟，极大地增加了病毒聚集性传播的可能。这些短板迫使巴西需要尽快将卫生基建作为后疫情时代的公共投资重点，而中国企业在基建领域的竞争力无疑将吸引巴西的目光，将有望使卫生基建合作成为中巴"一带一路"基础设施合作的全新增长点。

（4）创新性金融合作。疫情冲击下的巴西外部债务压力增大，迫切需要更加稳健、可持续的融资来源，这将是中巴金融稳定机制发挥作用的有利时机。巴西未来将更加倾向于寻找长期、稳定、风险可控、有助于其提振潜在增长率的融资合作项目，那么此时就是中国"一带一路"金融合作平台大展身手的机会。巴西金融市场在外部冲击下动荡不安，本币贬值与通货膨胀压力巨大，持有更稳健的外币资产、多元化外汇储备、寻找除美元之外的"锚货币"成为了巴西的理性选择，中国加强与巴西的金融合作也有利于人民币的国际化。

3. 小结

疫情还没有完全结束，但是中巴两国仍然可以保持良好的双边贸易关系和发展态势。中国可以防疫合作为中心，探索中巴合作新增长点。中国可以通过财税补贴、期货贸易、出口转内销等方式弥补受冲击的巴西出口外贸企业损失；鼓励更多企业转型参与医疗防疫物资生产和对巴西出口；加强中巴"云经济"合作，引导中国优质跨境电商、电子商务、5G 通信等企业走进巴西，缓解其国家经济压力，同时优化中巴投资合作结构；用足用好以金砖应急储备机制和中巴开发性金融合作机制为代表的金融合作平台，优化贷款结构，适度延期或减免债务，解巴西燃眉之急。

四、总结与展望

此次疫情再次表明，经济中有安全、安全中有经济，两者关联日益紧密，有关决策必须统筹兼顾。在类似疫情等安全卫生健康事件应对中，若只顾保全经济而忽略安全，将付出沉重的生命代价；若只顾安全而忽略经济，又将导致经济增长停滞从而削弱维护民众福祉的资源。

疫情助长了保护主义思潮，也促使一些国家重新审视产业布局与开放政策，加速了全球供应链本地化和多元化进程。后疫情时代的全球化将深入调整。中国的世界工厂地位短期内仍难被取代，但国际分工体系和部分供应链将会缩短。亚洲、欧洲和美洲这几大经济板块的区域内合作可能得到加强。政府和企业在促进开放型经济过程中将更多地考虑安全因素。长期来看，如何在效率与安全、区域与全球、竞争与合作等方面把握平衡，是未来全球化调整的重要方向。

虽然巴西对华出口产品呈现多样化趋势，但从疫情时期的贸易数据可以得知，巴西出口主要集中在大宗产品和资源密集型产品，其中大豆和铁矿石两者就能占到巴西对华出口的 70% 以上。相反，中国出口巴西的产品多为附加值较高的工业制成品，并且产品类型非常多样化，涵盖电力机械、仪器、办公机械和自动数据处理器等高科技和机电产品。这体现出了不管从供给侧还是需求侧分析，中国和巴西两国互为重要的贸易伙伴。与此同时，巴西也是中国全球十大贸易伙伴之一，这直接关系到中国的资源和能源安全。因此，从某种程度上可以理解，中巴两国相互间的经贸价值都具有很强的不可替代性和可持续发展性。

总体来说，中巴关系在过去几十年尤其是十余年间实现了跨越式发展，中巴双边关系已成为全球范围内大国关系的重要一环。其中，中巴经济贸易合作关系存在天然的互补性，也是双边关系中最为高效的领域。虽然当下疫情使全球宏观经济形势、贸易环境都面临挑战和不确定性，但 20 世纪就开始发展的双边贸易关系和不断加强的两国经贸合作使中巴政治互信持续稳固，民间友好不断深化，经贸互补性坚如磐石，短期内的疫情冲击并不会动摇中巴合作长期稳定向好态势。

参考文献

［1］亨利，陈岚. 巴西—中国石油贸易 20 年：演变、特征与趋势［J］. 拉丁美洲研究，2020，42（6）：62-81，156.

［2］王霞，蒋茜. 中国生产性服务贸易开放水平及影响因素——来自金砖国家的对比分析［J］. 商业经济研究，2020（24）：142-146.

［3］王飞. 中国在拉丁美洲的投资冲资源而去？——以巴西为个案的考察［J］. 区域与全球发展，2020，4（6）：82-103，158.

［4］陈威华. 中巴双边贸易逆势上扬［N］. 经济参考报，2020-11-23（02）.

［5］武运波，高志刚. 当前中国与巴西石油能源合作面临的新挑战与新思路［J］. 对外经贸实务，2019（3）：4-7.

［6］陈旖婧. 对外贸易经济增长与环境：中国和巴西的比较［D］. 浙江大学硕士学位论文，2015.

［7］王飞，吴缙嘉. 中国和巴西经贸关系的现状、机遇与挑战［J］. 国际论坛，2014，16（4）：52-58，80.

［8］黄夕珏. 中国与拉美服务贸易的互补性与竞争性研究［D］. 广东外语外贸大学硕士学位论文，2014.

［9］卢俊坤. 中国对巴西贸易与直接投资关系研究［D］. 山西财经大学硕士学位论文，2012.

［10］吕宏芬，俞涔. 中国与巴西双边贸易的竞争性与互补性研究［J］. 国际贸易问题，2012（2）：56-64.

［11］左晓园. 中国与巴西：战略伙伴关系的建立与深化［J］. 拉丁美洲研究，2011，33（2）：34-43，80.

［12］卫灵，王雯. "金砖四国"中的巴西及中国—巴西双边贸易分析［J］. 当代财经，2010（10）：98-102.

［13］魏浩. 中国与巴西的经贸关系及其新的发展战略［J］. 拉丁美洲研究，2009，31（6）：8-13，79.

［14］杨春蕾，张二震. 疫情冲击下全球经济治理的挑战与中国应对［J］. 南京社会科学，2021（2）：36-42.

［15］周志伟. 后疫情时代中巴经贸合作展望［J］. 中国远洋海运，2020（9）：9，60-62.

［16］吕洋，吕新锋. 新冠疫情对拉美经济和中拉经贸合作的影响［J］. 国际研究参考，2020（4）：33-39.

［17］谌华侨. 中国、巴西发展战略框架下的双边贸易关系研究［D］. 华中师范大学博士学位论文，2012.

［18］宋淑运. 巴西如何促进外贸出口的高速发展［J］. 广东对外经贸，1994（7）：35.

中国在厄瓜多尔投资环境与前景分析

郁清漪　　孙秀丽[*]

摘　要：本文通过分析中资企业在厄瓜多尔的投资现状，发现中国在厄瓜多尔的投资具有投资规模不断扩大、投资行业较为集中等特征。厄瓜多尔经济稳步增长、基础设施水平不断提升、双边贸易合作势头良好是促进中资企业对厄投资的有利条件，而厄瓜多尔的政府治理水平、环境和劳工条件以及国有化风险对中资企业的投资具有抑制作用。最后，本文从政府和企业两方面提出了中资企业进一步投资的建议和对策。

关键词：中国；厄瓜多尔；投资环境

中厄两国自 1980 年建交以来，经济交流和人员往来从无到有，但始终受制于遥远的地理距离、不同的语言文化和经济体量的差异。进入 21 世纪以来，在"走出去"战略和"一带一路"倡议的推动下，中厄双边关系迅猛发展，达到前所未有的水平。2007 年 11 月，厄瓜多尔总统科雷亚首次访华，2015 年 1 月再次对中国进行国事访问并出席中国—拉共体论坛首届部长级会议开幕式，其间中厄双方宣布建立战略伙伴关系。2016 年 11 月，习近平主席历史性访问厄瓜多尔，将双边关系提升为全面战略伙伴关系，双方签署《关于开展产能与投资合作的框架协议》和《关于工业园区和经济发展特区合作的谅解备忘录》等 11 份协议，为中厄投资合作提供了新的发展机遇。2017 年 5 月，习近平主席特使、教育部部长陈宝生出席厄瓜多尔新任总统莫雷诺就职仪式。2018 年，中拉论坛第二届部长级会议发表《关于"一带一路"倡议的特别声明》，得到厄方积极回应。政治互信水平的不断加深为中厄双边经济合作营造了良好氛围。2018 年 12 月，厄瓜多尔总统莫雷诺访华，就降低厄农产品关税、消除厄产品进入中国市场的障碍等议题进行讨论，并向中方推介涉及能源、道路、农业和渔业等 13 个项目，投资

---

　　* 郁清漪，广东国际战略研究院博士研究生，主要研究领域为欧洲经济、西班牙语国家区域国别研究；孙秀丽，广东外语外贸大学商学院讲师，博士，主要研究领域为区域经济、服务经济与管理。

总额高达 268 亿美元。目前，中国在厄瓜多尔直接投资增速快、合作多，厄瓜多尔已成为拉美地区与中国合作的重要典型。但是 2019 年厄瓜多尔的投资环境出现一些新的变化，仍需审慎对待。

本文拟从中国在厄瓜多尔的投资现状出发，结合中资企业落地东道国的典型案例，分析中国在厄瓜多尔直接投资的机遇与挑战，并提出可行性建议。

一、中国在厄瓜多尔投资现状

1. 投资规模不断扩大

中国与厄瓜多尔两国投资合作虽然起步较晚，但增长较快。2003 年，时任厄瓜多尔总统古特雷斯公布"油田开采和炼油厂现代化改造和建设"投标计划，邀请中国企业在厄开展投融资活动，[①] 此后中国对厄瓜多尔直接投资进入大幅增长阶段。

从投资存量上看（见图 1），中国对厄瓜多尔直接投资存量经历了从缓慢增长到快速增长的过程。2003 年，中国对厄直接投资存量仅为 55 万美元，此后至 2011 年增长较为平缓。自 2011 年起，中国对厄瓜多尔投资呈井喷式发展。随着中水电集团承建的科卡科多—辛克雷水电站项目等多个工程项目的开建，直接投资存量直线上升，截至 2018 年底达到了 12.4 亿美元的历史高度。然而，2019 年对外直接投资（FDI）存量出现首次大幅下跌，减少至 2018 年水平的一半。

从投资占比来看，由于开曼群岛和英属维尔京群岛避税天堂的特殊地位，排除中国对上述两大地区的直接投资额后，十余年来厄瓜多尔占中国对拉美地区直接投资存量的比重大幅上升。如图 2 所示，2003~2013 年，厄瓜多尔占比呈曲折上升趋势，从 2003 年的 0.14% 迅速扩大到 2013 年的 10.22%，说明厄瓜多尔在中国对拉美的投资布局中占据越来越重要的位置。自 2013 年起占比小幅下跌，但反观中国对厄瓜多尔直接投资存量仍然持续上涨。究其原因，随着 2013 年中国提出"一带一路"倡议，拉美成为"21 世纪海上丝绸之路"的自然延伸，在这一背景下，中国进一步加大对巴西、阿根廷、墨西哥等区域大国的投资力度，导致厄瓜多尔占比反而降低。截至 2018 年，厄瓜多尔占中国对拉美直接投资存量比重达到 7.28%，排名区域第四，仅次于巴西（22.36%）、委内瑞拉

---

① Herrera M. R., Lee P. C. La relación China-Ecuador en el siglo XXI: Elementos relevantes para la discusión. https://www.researchgate.net/publication/321126403_La_relacion_China-Ecuador_en_el_siglo_XXI_elementos_relevantes_para_la_discusion. [2018-11-15].

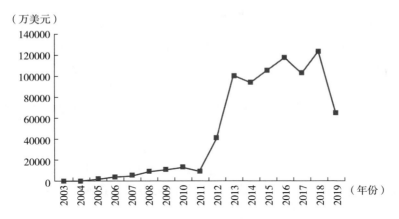

图1　中国对厄瓜多尔直接投资存量

资料来源：历年《中国对外直接投资统计公报》。

（20.53%）和阿根廷（9.34%）。厄瓜多尔已成为中国在拉美地区最重要的投资合作伙伴之一是不可忽略的事实。但是2019年，厄瓜多尔排名出现下跌，落后于智利、墨西哥、牙买加与特立尼达和多巴哥，仅位居区域第9。

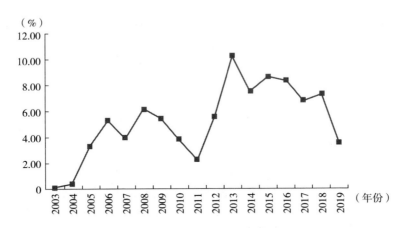

图2　厄瓜多尔占中国对拉美直接投资存量的比重

资料来源：历年《中国对外直接投资统计公报》。

2. 投资主体较单一、投资行业集中度较高

根据《境外投资企业（机构）名录》，目前中国在厄投资主体以能源和资源类国有企业为主，也包括华为、大唐电信、伊赞普、庄胜、山东科瑞、宇通等少数大型民营企业。因此，中厄投资合作产业主要集中在能源和基础设施领域。

中国全球投资追踪器数据显示（见表1），截至2019年底，中国在厄瓜多尔投资超过1亿美元以上项目共计26个，总规模超过130亿美元，其中石油、有色金属和水利等传统行业占比高达81.52%。据统计，中石油和中石化于2005年和2010年投资共计20亿美元开发厄瓜多尔石油项目。中铁建和中国有色金属于2010年和2014年共同投资近27亿美元开发厄瓜多尔铜矿项目。基础设施领域，水利水电方面，中水电集团、葛洲坝集团、三峡集团、中国电力公司、哈尔滨电气集团于2010~2014年投资共计8个项目，投资总额高达50亿美元。这些项目的落地为中厄开展进一步产能合作奠定了良好的基础。近年来，厄瓜多尔十分重视基础设施建设，并在涉及国民经济发展的重大项目上积极吸引外国直接投资，而我国国有企业又具有资本实力雄厚、投融资能力强、技术水平高的特点，因此形成了大型项目以国有企业为主导的局面。

表1　中国在厄瓜多尔直接投资流量行业分布

行业	规模（百万美元）	占比（%）	项目数（个）
能源（石油）	2280	16.99	4
能源（水利）	5050	37.63	8
有色金属	3610	26.90	3
交通	1550	11.55	5
医疗	400	2.98	3
房建	420	3.13	2
公共设备	110	0.82	1
总计	13420	100.00	26

资料来源：全球投资追踪器和笔者计算。

厄瓜多尔连续数年良好的经济表现和2013年以来对"一带一路"倡议的积极回应，使中国企业看到了厄瓜多尔巨大的市场潜力，投资项目从基础设施、水电、石油和矿业等传统行业扩展到电信、医疗等服务行业。中兴通讯和华为分别于2001年和2002年进入厄瓜多尔电信市场。据统计，2007~2011年华为获得厄国家电信公司（CNT）所有合同的61.4%，中兴通讯获得2.8%，主要是固定电话、移动电话和互联网系统与通信服务。① 2017年烽火通信打败欧洲、美洲、亚

① Dos dragones chinos pelearon por jugosos contratos de la CNT, https：//www.elcomercio.com/actualidad/negocios/dragones-chinos-pelearon-jugosos-contratos.html. ［2018-10-8］.

洲多家厂商，独家中标厄国家电信公司宽带建设采购项目。①医药领域，2016 年中国国药国际与厄瓜多尔国家医药公司（ENFARMA）签署战略框架协议，双方在成药制剂供应、疫苗研制、药厂建设、技术转让等领域开展战略合作。②总而言之，目前中国在厄瓜多尔的投资主体和投资行业趋向多元，民营企业和非传统行业占据越来越重要的地位，但以国有企业和传统行业为主导仍然是目前中厄投资合作中的主流形态。

3. 探索多种投资模式

从投资方式看，中国对厄直接投资呈现出并购、绿地投资和工程承包等多种投资方式并行发展趋势。2005 年，中资公司安第斯石油公司收购加拿大恩卡纳石油公司在厄瓜多尔的石油资产和管道资产。③2009 年，中国铁建与铜陵控股联合收购加拿大科瑞安特初级矿业公司以获取后者在厄瓜多尔及南美洲的铜矿项目。④2014 年，烽火通信与 Teleconet 公司成立合资公司，在瓜亚斯省杜兰市建设拉美最大光缆厂，使厄瓜多尔从光缆进口国转变为出口国。⑤可以看出，我国企业在海外涉及并购和绿地投资时多选择合资企业，一来能够增强自身经营实力，实现互利共赢，二来在面对陌生的营商环境时可以共同抵御风险。

工程承包是中资企业在厄瓜多尔投资的主要模式。对外承包工程既是我国"走出去"战略的重要组成部分，也是当前我国与"一带一路"沿线各国经济合作的主要形式。⑥以厄瓜多尔为例，工业基础薄弱以及资金实力不足是其发展基础设施建设和重大国民经济工程项目的主要制约因素，这为我国在当地的工程承包业务提供了广阔的市场空间，在弥补东道国的产业空白和带动我国相关产业发展方面都起到了积极的促进效应。根据中国全球投资追踪器数据统计，2005～2019 年，中国在厄瓜多尔过亿美元的项目中，工程承包项目数量 21 个，占比超过 80%，规模达到近 78 亿美元。中资企业在厄瓜多尔的工程承包业务不仅改善了当地基础设施水平，也极大地带动了东道国的经济发展，创造了就业。2013

① 烽火通信独家中标厄瓜多尔运营商 CNT 宽带建设采购，http：//www. xinhuanet. com/info/2017-03/17/c_136136523. htm. ［2018-11-14］.

② 中国医药企业进军厄瓜多尔市场，http：//china. huanqiu. com/News/mofcom/2016-02/8503155. html. ［2018-11-14］.

③ 中石油中石化借安第斯石油成厄瓜多尔最大外企，http：//www. tnmg. com. cn/information/ShowInfo. aspx? cid=6542. ［2018-10-5］.

④ 中国铁建与铜陵控股联合收购加拿大初级矿业公司，http：//business. sohu. com/20091229/n269279050. shtml. ［2018-10-5］.

⑤ 武汉烽火通信加快走出去步伐，http：//www. mofcom. gov. cn/article/resume/n/201402/20140200492065. shtml. ［2018-11-15］.

⑥ 何凡，曾剑宇. 我国对外承包工程受双边关系影响吗？——基于"一带一路"沿线主要国家的研究 ［J］. 国际商务研究，2018（6）：57-66，94.

年，水利水电建设集团承建西蒙·玻利瓦尔公路扩建项目，该项目为基多市民出行带来极大便利。2015 年，中工国际承建厄瓜多尔政府金融平台项目，为厄财政部、国家税务局、保险储蓄公司、中央银行、社保银行、公共金融公司等金融相关部门提供联合办公场地，极大地提高了政府决策和办公效率。

此外，中国在厄瓜多尔积极探索三方合作投资模式。三方合作是中厄投资合作中一种全新的模式，既是对传统双边投资模式的创新，也是对南南合作、南北合作模式的有益补充。2009 年，由法国法拉吉集团出资兴办、中国中材建设公司承建位于奥塔瓦罗市的法拉吉水泥厂项目。该厂是目前厄瓜多尔最大的水泥生产厂家，可满足厄瓜多尔国内水泥产品需求的 1/3。这种投资模式为中国与第三方合作在厄瓜多尔进行投资活动树立了成功典型，拓展了双边和多边合作的发展空间。

二、中国在厄瓜多尔投资的有利条件

1. 经济发展增速快

一国的经济发展水平对吸引外商投资影响巨大。作为环太平洋地区新兴经济体，厄瓜多尔是近年来拉美地区经济最具活力的国家之一。从国内生产总值看，进入 2000 年以来，厄瓜多尔国内生产总值大幅上升，2014 年国内生产总值达到 1017 亿美元，2015 年和 2016 年因全球经济增速放缓，国内生产总值略有下降，自 2017 年起回升并保持稳定，2019 年为 1074 亿美元。从经济增速看（见图 3），厄瓜多尔从 21 世纪初期开始绝大多数年份经济增速均高于拉美及加勒比地区平均水平，除 2016 年外其余年份均为正增长。其中，2011 年随着全球经济复苏，经济增速达到 7.9%，是拉美地区除巴拿马外经济增长最快的国家。2016 年，由于受到国际石油价格下跌、地震灾害、美元升值和邻国货币贬值等多重因素的影响，跌至-1.5% 的经济负增长，但仍然高于巴西和阿根廷两大区域经济体。

从人均 GDP 看（见图 4），厄瓜多尔 2001 年人均 GDP 仅有不到 2000 美元，2014 年增至 6432 美元，年平均增长率达到 9.82%。2015~2019 年相对稳定，保持在 6000 美元的水平。按照世界银行标准，厄瓜多尔人均 GDP 近 20 年来增长 2 倍，已从中等偏下收入国家进入中等偏上收入国家行列，但是距离拉美及加勒比地区平均水平仍有一定差距，意味着厄瓜多尔经济发展还有很大空间。从通货膨胀水平看，自 2009 年起，拉美及加勒比地区普遍经历了高水平的通货膨胀率。以委内瑞拉为例，长期财政失衡刺激了货币总量增长从而引发恶性通货膨胀，

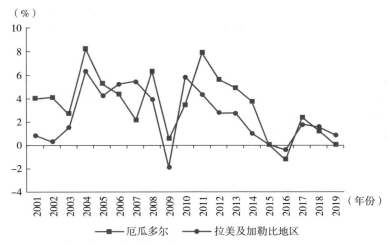

图3 拉美及加勒比地区与厄瓜多尔GDP增长率

资料来源：世界银行。

2018年通货膨胀率达到历史最高点，高通货膨胀率伴随高失业率和高消费者价格指数甚至引发社会危机，大量难民涌向邻国哥伦比亚和巴西。反观厄瓜多尔，近年来通货膨胀率一直保持在低位，2019年按照消费者价格计算的通货膨胀率仅有0.27%，达到历史最低点。这意味着尽管当前宏观经济较为稳定，但仍然面临着较大的下行压力。

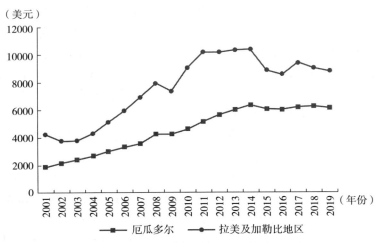

图4 拉美及加勒比地区与厄瓜多尔人均GDP

资料来源：世界银行。

从国际评估看，国际列格坦研究机构应用经济质量等多个指标对独立国家经

济进行 "全球繁荣指数" 评估，厄瓜多尔 2019 年排第 80 名，较 2009 年前进 14 名，是拉美及加勒比地区进步最快的经济体。

2. 基础设施水平发展强劲

基础设施是衡量一国竞争力的重要尺度。过去，厄瓜多尔在基础设施领域十分落后，如今通过十余年的建设投入，已成为拉美地区基础设施领先国家。根据世界经济论坛《2019 年全球竞争力报告》，厄瓜多尔在全球 141 个经济体中整体排名第 90 位，但 "基础设施" 指数得分为 69 分，排名全球第 62 位。智利、墨西哥和巴拿马是拉美及加勒比地区基础设施最具竞争力的国家，厄瓜多尔紧随其后，排名第四，超过阿根廷（第 68）、巴西（第 78）和秘鲁（第 88）等地区大国，而委内瑞拉更是远远落后，仅排名第 119 位。与 20 世纪初期相比，超过一半的拉美国家的 "基础设施" 指数均有不同程度的下降，其中委内瑞拉下跌趋势最为显著，而厄瓜多尔则是该地区在基础设施领域进步最为强劲的国家。具体而言，厄瓜多尔在交通基础设施一项中排名第 64 位，其中公路网、空运服务效率、海运服务效率等细分项的得分均有显著提高，涉及电力供给、安全水资源供给等的设备基础设施一项排名第 68 位，均位于拉美和加勒比地区前列。

3. 双边经贸合作势头良好

双边贸易稳定增长能够为加强双边投资合作奠定良好的经济基础。当前，中厄双边贸易发展具有以下特点：

首先，贸易规模迅速扩大。随着中国对厄瓜多尔石油等天然能源的需求不断增加以及制造业生产和出口能力的显著提升，中厄双边进出口贸易额不断增长，并且未来有进一步扩大的趋势。根据厄瓜多尔中央银行统计数据（见图 5），2010～2019 年，中厄双边贸易总额从 17.7 亿美元扩大至 64 亿美元，年均增长率超过 15%，其中厄瓜多尔对中国出口总额从 3.2 亿美元迅速增长至近 29 亿美元，年均增长率达到 27% 以上。特别是 2019 年增长迅速，双边贸易总额较前一年增长近 31%，厄瓜多尔对中国出口增长近 1 倍。

其次，中国在厄瓜多尔对外贸易中占比日益提高。从中国角度看，厄瓜多尔占中国与拉美国家进出口贸易的比重较为稳定，基本保持在 1% 上下。从厄瓜多尔角度看（见图 6），与中国的贸易总额占其全球贸易总额的比重迅速攀升，2010 年仅有 4.8%，到 2019 年已增长至 14.6%。2019 年，中国已超越欧盟和安第斯共同体，成为仅次于美国的厄瓜多尔全球第二大贸易伙伴。

从中厄双边进出口商品结构角度看，联合国商品贸易统计数据库显示，2019 年，中国从厄瓜多尔的进口主要集中在鱼类和水生无脊椎动物（HS03）、矿石燃料（HS27）、矿砂（HS26），这三大类产品进口额分别为近 19 亿美元、8.5 亿美元和 3.4 亿美元，占比依次为 52.7%、23.5% 和 9.6%。第 4 至第 10 位进口产品

（百万美元）

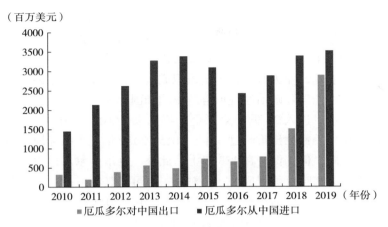

图5　中厄进出口贸易发展概况

资料来源：Boletín Anuario 2020。

（%）

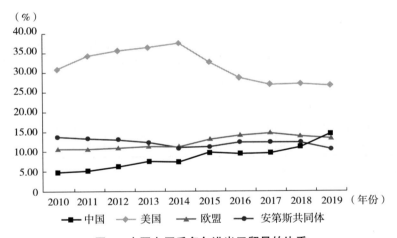

图6　中国占厄瓜多尔进出口贸易的比重

资料来源：Boletín Anuario 2020。

是食用水果（HS08）、木及其制品（HS44）、食品工业残渣及废料（HS23）、活树及其他或植物（HS06）、可可及其制品（HS18）、铜及其制品（HS74）以及生皮和皮革（HS41）。

中国向厄瓜多尔的出口主要集中在车辆及其零件和附件（HS87）、机械类（HS84）、电气设备等（HS85），车辆及其零件和附件出口额5亿美元，机械类出口额4.9亿美元，电气设备等出口额4.5亿美元，占比分别为14%、13.6%和12.4%。其次依次是钢铁（HS72）、矿石燃料（HS27）、钢铁制品（HS73）、塑料及其制品（HS39）、玩具（HS95）、家具灯具类（HS94）、橡胶及其制品

（HS40）、有机化学品（HS29）和光学医疗设备类（HS90）。可见，中国从厄瓜多尔主要进口原材料，出口工业制成品，双边贸易具有很强的互补性。

厄瓜多尔拥有丰富的自然资源，包括可再生和不可再生资源，国民经济严重依赖石油和传统农业。作为石油输出国组织成员，石油及其衍生品是其出口创汇的主要来源，但由于国际政治经济形势的影响和国际大宗产品价格波动，收入不稳定。如表2所示，进入21世纪第二个十年以来，2010~2014年，厄瓜多尔原油及衍生品占出口总额的比重超过一半，2015~2019年，受国际原油价格下跌影响，出口总额下降，但仍保持在1/3以上。此外，厄瓜多尔出口也严重依赖传统农业经济，香蕉、咖啡及其制成品、白对虾、可可及其制成品、金枪鱼和鳕鱼五大传统农产品占出口总额的比重呈上升趋势，2010~2014年，厄瓜多尔传统农产品占比在25%以下，2015~2019年增长至35%上下。两者相加发现，石油及其衍生品和传统农产品两大资源类产品占比十年来始终保持在70%以上水平，体现了厄瓜多尔产业结构较为单一。厄瓜多尔为中国高能源需求提供了资源保障，也扩大了本国农产品的市场。

表2　2010~2019年厄瓜多尔资源类产品占出口总额的比重　　　　单位：%

年份	2010	2011	2012	2013	2014	2015	2016	2017	2018	2019	平均值
石油及其衍生品（a）	55.31	57.99	58.04	57.00	51.61	36.33	32.50	36.24	40.70	38.87	46.46
传统农产品（b）	21.19	20.29	18.50	20.73	24.40	34.39	38.44	37.27	35.07	37.34	28.76
资源类产品（c=a+b）	76.49	78.28	76.53	77.73	76.00	70.73	70.94	73.51	75.77	76.21	75.22

资料来源：Boletín Anuario 2020。

三、中国在厄瓜多尔投资的不利条件

1. 政府治理水平落后

腐败和效率低下的政府官僚机构始终是厄瓜多尔政府治理中的突出问题，但近年来这一问题已得到一定程度的改善。根据"透明国际"2019年"清廉指数"报告，厄瓜多尔仅得38分，在全球180个国家和地区中排名第93位，处于全球下游水平，与亚洲国家斯里兰卡和东帝汶同级，但是较2018年的第114位、2017年的第117位已有显著提升。在世界银行公布的WGI政府治理指标中，厄瓜多尔在话语权与问责制度、政府稳定和暴力事件发生情况、政府效率、监管质量、法制水平和贪腐控制度六大评价方面，从 2002 年起连续 15 年得分均为负值（该数据取值范围为-2.5~2.5），各个领域百分比排名（1~100）均远远落后于区域政府治理标杆——智利。近年来，厄瓜多尔政府积极改善社会政治环境，2019 年，除监管质量细分项以外，其余各项得分和排名较 21 世纪初期均有一定程度的提高。

2. 生态环境要求高

里奥布兰科金矿项目位于艾苏亚省蒙莱特罗森林保护区，毗邻卡哈斯国家森林公园、生态保护区系统的平原地带和水源。[1] 2013 年，中国庄胜集团和湖南黄金集团合资企业——庄胜黄金投资有限公司获得该项目的开采权，2016 年启动矿山项目建设。开工仪式上，时任厄瓜多尔副总统格拉斯表示，里奥布兰科金矿是国家战略项目，该项目符合厄瓜多尔的环保要求，在社区和环保等领域工作扎实，对促进厄瓜多尔矿业和当地经济的发展具有重要意义。[2]

从 2017 年 11 月起，蒙莱特罗社区居民陆续举行示威活动，抗议采矿活动违反安全、环境保护和劳工合同的相关规定。2018 年 5 月，社区居民再次举行示威活动，要求拥有该金矿特许经营权的中资公司撤离，同时封锁了通往里奥布兰科采矿营地的道路作为对矿业公司和艾苏亚省当局缺乏回应的抗议。示威抗议活动持续了一周左右，进而演化成暴力冲突。艾苏亚省当局派遣大量警力维护抗议活动现场秩序，而社区居民则谴责政府使用催泪瓦斯和橡胶子弹来镇压抗议活动。双方对峙过程中，附近一处房屋着火，一名警察受伤，四名抗议者被捕。[3]随后，厄瓜多尔矿业公会发表声明，称该项目拥有开展经营所需的全部合法环境许可与安全许可。[4]

2018 年 6 月 1 日，厄瓜多尔昆卡民事司法部门认为中资公司违反了该国宪法第 57 条，即当地社区享有事前知情和磋商权，任何公司在开发资源项目时都应征求当地社区的意见。法院同时判定该公司获得的环境许可无效，应停止里奥布兰科项目的开采活动。尽管这一判决可以向省属法院二审上诉，却开创了同类案件的先例，因为这是厄瓜多尔司法史上裁定当地社区胜诉的首例，而此前处理跨

① 7 puntos para entender el conflicto minero en Río Blanco，http：//www.planv.com.ec/historias/sociedad/7-puntos-entender-el-conflicto-minero-rio-blanco.［2018-11-17］.

② 庄胜黄金里奥布兰科金矿项目举行开工仪式　厄瓜多尔副总统格拉斯出席，http：//www.june-fieldmineralresources.com/page/Default.asp？ID=287&PageID=2.［2018-11-17］.

③ Ecuador：Manifestación contra proyecto minero Río Blanco termina en enfrentamientos，https：//es.mongabay.com/2018/05/protesta-mineria-rio-blanco-ecuador/.［2018-11-17］.

④ 300 uniformados resguardan la mina Río Blanco，en Azuay，https：//www.elcomercio.com/actualidad/ecuador-uniformados-resguardo-mina-rioblanco.html.［2018-11-17］.

国公司和当地社区纠纷时，均是政府或跨国公司胜诉。①

这一案例毫无疑问是具有警示作用的。从东道国角度来说，庄胜黄金公司合法取得的环境许可证明被判无效充分体现了厄瓜多尔国内各政府行政机关之间缺乏协调、司法部门执法的自由裁量权不够规范，这不仅严重损害了包括中国在内的外国投资者的利益，也给未来跨国公司在厄瓜多尔的经营带来巨大的不确定性。而从企业角度看，跨国公司在进入东道国国内市场后也应不断自省，谨慎行事、合规合法。第一，需要高度重视因生态环境引起的与当地社群的冲突。第二，需全面熟悉包括劳工法和安全法在内的当地法律法规。第三，不能只顾与东道国政府沟通协调，也要走访当地社区，做好群众工作。因此，面对海外经营的挑战，中资企业应实施本土化经营，尽快融入当地社会和文化。

3. 劳工问题突出

科卡科多—辛克雷电站是厄瓜多尔政府推广的国家新能源计划的核心项目，该计划旨在用可再生水电能源代替使用化石燃料的热电能源，从需要向秘鲁和哥伦比亚进口转变为自给自足。2010 年，中水电集团承建辛克雷电站，中国进出口银行为其融资 85%，提供 15 年共计 16.8 亿美元贷款，其余资金由厄瓜多尔政府自筹。②作为厄瓜多尔规模最大、外资投入最多的水电站项目，辛克雷电站在建设期间，为当地提供超过 1 万个直接就业机会和 1.5 万个间接就业机会，并有效扩充了当地工程管理、技术、施工等多方面人才储备。③同时，项目部先后投入 50 多万美元为所在地改善道路、安装饮用水管、修建学校护栏、赠送学习用品，并给当地带来约 2 亿美元直接税收，有效扩大了厄瓜多尔政府财源。④

中水电克服了语言、习俗、技术和标准分歧等诸多困难，凭借先进的技术水平和员工吃苦耐劳的精神使辛克雷电站成为中厄产能合作的典范案例。然而，项目建设期间也遭遇各种风波，从而引发厄瓜多尔国内不和谐的声音。首先是劳工问题。据当地媒体报道，2014 年 12 月，水电站发生爆炸事故，致使 14 名工人死亡，其中 11 人为厄瓜多尔籍劳工。这些死者的家属认为中国承包商应对压力管道爆炸造成的死亡事故负责。随后，在亚马逊议会小组和工人委员会的调查中，

① Juez falla a favor de comunidades y suspende explotación minera en Río Blanco, https：//www. eluniverso. com/noticias/2018/06/02/nota/6789620/juez - falla - favor - comunidades - suspende - explotacion - minera - rio - blanco. ［2018-11-17］.

② Coca Codo Sinclair Hydroelectric Project, https：//www. power-technology. com/projects/coca-codo-sinclair-hydroelectric-project/. ［2018-11-17］.

③ "中国人带来的工程奇迹" ——厄瓜多尔辛克雷水电站纪行, http：//www. xinhuanet. com/world/2016-11/16/c_1119925511. htm. ［2018-11-17］.

④ 揭秘辛克雷水电站大坝 中厄共书工程奇迹, http：//news. cctv. com/2016/11/16/ARTIxzM3MDsvCdbWPqz5JyvT161116. shtml. ［2018-11-18］.

接到项目现场厄瓜多尔工人的一系列投诉："我们希望能和中国人拥有平等的待遇……现场工作条件会对肺部造成伤害……有两种类型的面具，一种供厄瓜多尔人使用，另一种提供给中国人……我是一名焊工，有时不得不在极端条件下工作，这让我无法忍受……"根据当地司法部门网站提供的信息，在 2012～2015 年，有 70 起中水电前雇员因工资和赔偿金问题将前东家诉诸劳动仲裁部门的起诉申请。①其次是工期延误问题。时任总统科雷亚曾于 2014 年 9 月在一档电视联播中抱怨工程延误，"这一工程必须在 2016 年 2 月完工，但（中方）以隧道掘进机无法作业为由想说服我延期四个月，我们是不会接受的，（因为）合同写得十分清楚"，并表示已经下令如果没有按期交付将对承建方处以罚款，因为每延误一天厄瓜多尔将损失超过一百多万美元。②该工程最后于 2016 年 11 月举行落成典礼。由于此次中方并未给予厄方政府优惠贷款而是商业贷款，因此厄方因项目延误而承担了一定的经济损失，从而在政界和学界出现了部分对中方质疑之声。

对此，中资企业可以吸取的经验是需保持与东道国高层以及精英阶层的有效沟通和协调，同时应利用当地媒体做好对外宣传工作，重点报道中方技术上攻坚克难、生活上吃苦耐劳的事迹，从而积极传播中国企业的正面形象。

4. 国有化风险

2005 年，中石油与中石化成立合资公司——安第斯石油公司，收购加拿大恩卡纳公司在厄瓜多尔的石油资产和管道资产，合同金额高达 14.2 亿美元，成为该国最大的外国投资企业。③

2007 年 1 月，受拉美地区左翼思想回潮的影响，"新左派"领导人、主权祖国联盟运动党主席科雷亚就任厄瓜多尔总统。科雷亚政府执政后，推行一系列激进的改革，反对美国对拉美地区事务的干涉、反对私有化、捍卫社会公平正义。内政上，提出"公民革命"理念，这是科雷亚作为厄瓜多尔总统和执政党主席在本国推行"21 世纪社会主义"和"美好生活社会主义"而提出的执政纲领和计划，实质是把为少数人服务的资产阶级统治的国家改变成为公共和普遍利益服务的真正人民的国家。④经济上，实施"恢复能源主权"政策，并计划在主要经济部门都能实现更佳收益。2007 年 10 月，科雷亚签署总统令，规定对在该国经营的私人企业征收 99% 的石油暴利税，而过去超过合同规定价格的额外盈利部分

① Familias batallan por muertes en Coca Codo tras 16 meses de explosión，https：//www.eluniverso.com/noticias/2016/04/03/nota/5499483/tres-demandas-contra-estatal-china-sinohydro.［2018-11-17］.

② María Sol Borja y Roberto Deniz，"China，el socio feroz"，GK，23 de octubre del 2017，https：//gk.city/2017/10/23/inversion-china-ecuador-venezuela-contratos-publicos/.［2018-8-20］.

③ 中石油中石化借安第斯石油成厄瓜多尔最大外企，http：//finance.sina.com.cn/chanjing/b/20060313/11142411780.shtml.［2018-11-18］.

④ 徐世澄.厄瓜多尔科雷亚"公民革命"的成就及其挑战［J］.当代世界，2015（7）：50-52.

由私人企业和厄瓜多尔政府各自享有 50%。科雷亚表示，"公民革命政府认为国家只获得 50% 的额外利润是不够的，新颁布的法令取消了旧的、令人无法容忍的分配方式，因为过去在厄瓜多尔每开采 100 桶石油，只有 46~48 桶留在厄国国内"①。2009 年，厄瓜多尔以"宪法规定禁止加入将国家司法主权让渡给国际仲裁的国际条约"为由退出依据《华盛顿公约》成立的专门解决国际投资争议的仲裁机构 ICSID。② 2010 年底，厄瓜多尔公布新石油法，规定将外资公司石油合同改为服务合同，政府为开采的每一桶石油支付固定的费用，作为外资公司运营的合理利润。2011 年，因未能达成协议，厄瓜多尔政府将美国能源发展公司在厄分公司诺布莱能源公司友谊油田国有化，支付 7400 万美元让其离境③。

安第斯石油公司刚一进入厄瓜多尔市场就面临东道国征收 99% 的石油暴利税和退出国际仲裁机构，意味着投资成本的重大损失且申诉无门。此外，参考上述美国石油公司案例，安第斯石油公司还面临国有化的巨大风险。面对诸多不利因素，安第斯石油公司顶住压力，积极转变经营模式。2010 年，在第三次石油合同重谈与修改中成功转制为服务合同，有效期至 2018 年，2016 年签署延期协议至 2025 年。厄能源秘书局局长表示，"安第斯公司发挥技术优势，控制成本、增加产量，连续打出高产井，原油产量占外资公司产量的 40%，占厄全国产量的 8%，为厄经济发展做出了巨大贡献。同时，安第斯公司还稳定地为当地人民提供就业机会，成为在厄外资企业良好发展的重要代表"④。

安第斯公司案例说明，中资企业在进入拉美市场时，必须做好调研工作，审慎评估投资风险。在东道国经营过程中，时刻保持与政府职能部门沟通渠道畅通，改变固有思维，灵活经营模式，从而实现投资效益最大化。

四、中国在厄瓜多尔投资的建议和对策

目前，中厄投资合作虽呈现出巨大潜力，但也有制约和障碍。针对厄瓜多尔

① Ecuador se queda con el 99% de las ganancias extraordinarias de las petroleras, https://elpais.com/economia/2007/10/05/actualidad/1191569573_850215.html. [2018-11-18].

② Ecuador oficializó el retiro del Ciadi ayer, https://www.elcomercio.com/actualidad/ecuador-oficializo-retiro-del-ciadi.html. [2018-10-4].

③ 厄瓜多尔政府将一家美国石油公司国有化, http://world.people.com.cn/GB/14875243.html. [2018-8-26].

④ 中国石油安第斯公司签署厄 14 区块合同延期协议, http://news.cnpc.com.cn/system/2016/10/08/001613688.shtml. [2018-11-18].

投资环境以及中国企业在厄瓜多尔投资的现状和问题，本文认为应在"一带一路"五通原则的指导下，从政府和企业两方面入手提高投资质量。

（1）政府方面。第一，进一步促进中厄投资合作转型升级。目前，中国在厄瓜多尔基础的设施投资模式主要以工程承包为主，未来可引导中国企业进一步拓展投资规模、优化投资模式，将承包模式升级为合作经营模式。

第二，尽快落实《关于开展产能与投资合作的框架协议》和《关于工业园区和经济发展特区合作的谅解备忘录》等协议的内容，加快推进中国在厄瓜多尔产业园区建设与合作。中方在厄瓜多尔建设产业园区将有助于促进中厄经济和产业链的进一步融合，降低贸易壁垒，带动东道国的上下游产业链，积极探索投资便利、贸易便利、体制机制改革等领域的合作。目前，厄瓜多尔与世界上多个国家及组织签订双边贸易和投资协定，未来中国可借助这些协议进入相关国家和地区，开拓更广阔的国际市场。

第三，借助当地媒体以及孔子学院等多种方式加强中厄两国民间沟通交流。同时，可鼓励企业投资领域向多元化发展，如休闲旅游和现代金融。厄瓜多尔拥有原住民文化和西班牙殖民文化、赤道和太平洋风光以及加拉帕戈斯群岛等丰富的旅游资源，是生物多样性最丰富的国家之一，因而旅游业发展前景可观。对国内旅游从业者来说，文化旅游、生态旅游等新业态也有助于传统旅游企业的转型升级，增加旅游消费多样化选择。

第四，涉及环保问题和需要环境评估的项目要与厄政府积极沟通协调。中国政府应就保持政策的连贯性和可操作性与厄瓜多尔政府进行及时和有效的沟通，既敦促中资企业执行好环境标准，也保护好中国投资者合法权益。

第五，在投融资方面引入多边金融合作平台，并做好前期调研和风险评估工作。目前，主要由国家进出口银行和国家开发银行提供金融服务。中方对厄瓜多尔贷款对带动中厄产能合作以及中资项目"走出去"发挥了积极作用。未来，中方可积极探索多边金融平台合作，如引进美洲开发银行、世界银行、安第斯开发银行和欧洲投资银行，采用 PPP 模式等，进一步减轻中方财政负担。此外，中方在进行投融资活动时，应广泛调研，防控风险。2018 年 8 月，汤加首相波希瓦在太平洋岛国论坛外长会议上称无力偿还中国进出口银行的 1. 17 亿美元贷款，并提出太平洋岛国应该联合起来要求北京免除贷款债务。①虽然，汤加只是个例，但仍需高度警惕类似汤加这样的发展中国家因庞大债务而出现东道国政府失信情况。十余年来，厄瓜多尔政府公债占 GDP 比重逐渐上升，因此必须密切关注厄瓜多尔政治经济动态。

---

① 要了牛奶还要奶牛？汤加首相提议"要北京免除债务"，http：//www. rmzxb. com. cn/c/2018-08-21/2147343. shtml.［2018-8-21］.

（2）企业方面。第一，熟悉厄瓜多尔法律法规。第二，重视环境问题。第三，正确处理与当地社区的关系。第四，杜绝商业贿赂。第五，谨慎评估国有化风险。2018 年 3 月，厄外交部、外贸部等部门向包括中国、美国、加拿大、日本、韩国等国家的驻厄使节提供了厄方制定的双边投资协定最新文本，新的文本要求投资者必须在投资过程中保护人权和自然环境，并且禁止对政府机构开展任何形式的贿赂。①因此，中资企业必须进一步提高环保意识，加强厄环保法律法规研究，落实环保责任制，拒绝投机取巧向个别政府官员进行贿赂的行为。同时，中资企业在投资时应做好前期调研工作，审慎评估国有化风险，避免投资风险。

参考文献

［1］Herrera, M. R., Lee, P. C. La relación China-Ecuador en el siglo XXI: Elementos relevantes para la discusión. 2017, Colección editorial Working Paper. https://www.researchgate.net/publication/321126403_La_relacion_China-Ecuador_en_el_siglo_XXI_elementos_relevantes_para_la_discusion.

［2］何凡，曾剑宇. 我国对外承包工程受双边关系影响吗？——基于"一带一路"沿线主要国家的研究［J］. 国际商务研究，2018（6）：57-66，94.

［3］徐世澄. 厄瓜多尔科雷亚"公民革命"的成就及其挑战［J］. 当代世界，2015（7）：50-52.

---

① 厄瓜多尔政府将与各国商签新的双边投资协定，http://www.mofcom.gov.cn/article/i/jyjl/l/201803/20180302722645.shtml.［2018-8-26］.

中国 B2C 跨境电商在巴西的现状、问题及对策
——以速卖通为例

朱文忠　　姚若雯　　傅琼芳*

摘　要： 在全球化、信息化的浪潮下，中国与各国之间的合作渠道持续拓宽，贸易往来不断深入。随着互联网的深入发展，跨境电子商务逐渐进入各国人民的视野、渗入他们的生活。巴西作为世界第八大经济体，与我国的经贸关系十分紧密，诸多中国 B2C 电商平台与商户进驻巴西，深耕本地市场，开展友好经贸合作。然而，由于巴西消费者与国内消费者习惯不同、巴西本地电商竞争、海关清关烦琐、物流成本高企及效率低下等原因，我国在巴西的跨境电商仍有很长一段路要走。因此，本文以阿里巴巴在巴西的 B2C 跨境电商平台"速卖通"为例，对我国 B2C 跨境电商在巴西经贸往来的相关现状和问题进行分析，围绕电商企业、平台及政策层面提出几点对策和建议供参考。

关键词： 跨境电商；电子商务；B2C

一、导论

随着时代的不断变迁，科学技术日新月异，互联网和移动通信的飞速发展使线上消费逐渐成为现代消费方式的一大主流。过去一年，我国网络零售市场发展持续向好，市场规模再创新高。网络零售在促消费、稳外贸、扩就业、保民生等

---

* 朱文忠，教授，博士生导师，广东外语外贸大学商学院院长，拉丁美洲研究中心主任；姚若雯，广东外语外贸大学商学院工商管理专业学生；傅琼芳，广东外语外贸大学商学院硕士研究生。

方面的作用不断增强，为形成以国内大循环为主体、国内国际双循环相互促进的新发展格局注入了新活力。跨境电商持续发力，有力推动外贸发展。据海关统计，2020 年我国跨境电商进出口额达 1.69 万亿元，增长高达 31.1%。

巴西是目前世界上第九大电商零售市场，也是拉丁美洲唯一位列全球前 10 的零售电商市场。电子商务是巴西国内经济增长较为活跃的领域之一，其发展态势尤为可观。虽然 2020 年面对疫情的冲击，整个拉丁美洲出现了不同程度的经济衰退，但是疫情对于线下消费加速向线上转移、互联网使用量不断上升的巴西而言也是一把双刃剑，使巴西的跨境市场得到了飞速的发展。2020 年巴西的电商市场规模为 1124 亿美元，电商市场增速为 8%。相关研究表明，目前巴西互联网渗透率约为 58.3%，预计到 2021 年达到 61.3%，在拉丁美洲跨境消费市场的份额维持在 43% 以上，超过 83% 的消费者通过网络进行购物。由此易知，尚未饱和的巴西跨境电商市场仍拥有极大的发展潜力和上升空间，其经济发展前景向好，是跨境电商行业的一大蓝海。

全球速卖通（AliExpress）是阿里巴巴旗下的面向国际市场打造的跨境电商平台，被广大卖家称为"国际版淘宝"。全球速卖通主要面向欧洲、拉美等地区的海外买家客户，通过支付宝国际账户进行担保交易，并使用国际物流渠道运输发货，是全球第三大英文在线购物网站。我国以全球速卖通为首的 B2C 跨境电商平台迅速崛起，在拉美如巴西等国家发展势如破竹，极大地促进了我国与拉美国家线上的经贸往来。2019 年巴西支付公司 Ebanx 的调查问卷上，速卖通成为民意调查中最受欢迎的跨境电商平台之一，与亚马逊、eBay 等传统购物平台势均力敌。无论是个人、平台还是国家都可以从速卖通在巴西的实践活动中获得经验、吸取教训。

随着全球消费模式的不断转型升级，以及疫情带来的行业变局；2021 年对于跨境电商是机遇也是挑战，行业在变化，也在发展，无论是从业者、平台还是国家，所要做的就是把握机会，积极迎难而上，在交流和碰撞中促进中巴友好往来，在全球化浪潮中顺势扬帆起航。

二、中国 B2C 跨境电商在巴西现状及问题

（一）跨境电商在巴西发展现状

1. 巴方网购群体增长

巴西是一个快速增长的在线电子商务市场，2019 年巴西的互联网普及率就

高达 70%，拥有近 1.5 亿互联网用户。其中，37% 的网购消费者年龄在 35 岁以上，38% 的网购消费者从国外网购商品。另有统计显示，疫情防控以来，巴西电子商务应用程序的安装量比去年同期增长了 99.3%，其次是智利增长 58.5%，秘鲁增长 29.4%。49% 的受访者表示，疫情防控期间增加了网购开销，其中 17% 的人是首次尝试网购。

为促进电商生态的完善，拉美各国政府多措并举，加大对电商物流基础设施等领域的投入，并通过立法、行政等手段规范电商行业发展。巴西电商协会分析认为，随着电商发展及零售业、金融服务业等相关行业数字化进程的推进，拉美国家整体经济的数字化转型将获得更多驱动力。

2. 中巴力促电商发展

在 2020 年 8 月 13 日举行的国务院政策例行吹风会上，商务部部长助理任鸿斌介绍了《关于进一步做好稳外贸稳外资工作的意见》（以下简称《意见》）的情况。他指出，《意见》坚持扩大开放，突出合法合规、公平透明、内外资一视同仁，并在完善财税金融政策、发展贸易新业态新模式、提升通关和人员往来便利化水平及支持重点产业重点企业四个方面提出 15 条稳外贸、稳外资政策措施。在国家的大力支持下，蓬勃发展的电子商务经贸往来拉近了中巴之间的距离。如今，中巴之间架设起了多座"桥梁"，源源不断地将商品送至巴西消费者手中。几大电商平台还与巴西邮政建立合作关系，优化清关流程。得益于跨境电商的发展，拉美国家的产品也快速走入中国千家万户。

3. B2C 中国跨境电商在巴发展势头较好

巴西人口众多、市场大、消费者年轻、有网购习惯。当地的网上消费群体近年来的购买金额有了显著增长。2019 年，巴西支付公司 Ebanx 公布了一项调查结果，该调查是分析巴西人在国际网站上的购买行为以及巴西人最常用的电商平台，结果显示速卖通平台是巴西人最常用的电商平台之一。2018 年，这家阿里巴巴旗下的平台在巴西的网上购物中占比 23.9%，其次是总部位于美国旧金山（但有大量中国产品）的 Wish，占 23.8%。全球速卖通在巴西受到欢迎有以下三个原因：

一是从中国进口的产品选择多样化，大量产品由工厂直接发货，与需要和中间商合作的零售商相比更具有竞争优势。且全球速卖通在了解巴西消费者习惯方面非常出色，与中国卖家合作的网站是巴西消费者首选，因为它们的网站从产品组合到支付方式最能适应巴西消费者的购买体验。

二是全球速卖通将巴西作为重要的市场，积极搭建与巴西电子商务往来的优良通道。全球速卖通有一个名为 Ali Language 的部门，该部门可以识别和翻译各国语言。目前，全球速卖通已经开通 18 个语种的站点，买卖双方之间可以进行实时翻译，消费者覆盖全球 200 多个国家和地区，成为中国唯一一个覆盖"一带一路"全部国家和地区的跨境出口零售平台。无忧物流是速卖通与菜鸟物流合作推出的，通过与各国邮政以及当地商业快递共同建立不同国家的专线，在全国各个物流中心区域建设仓储中心，同时借助大量智能技术的支持，将产品通过选择不同的路线从中国不同地区运送到巴西不同地区，以此搭建连通全国至巴西的高标准仓储体系，支撑着智能骨干网的后端。为中巴电子商务的良好往来提供了坚实有力的前提和支撑。

三是优惠的拼柜服务。外贸中的拼柜是指当一种货物不够一个集装箱时，与其他货物装在一起，凑成一箱。速卖通针对大型家具推出拼柜服务，将下单日期接近的商品拼进同一个集装箱。据悉，这条物流线路在不影响物流配送时效的基础上，不仅送货上门、全程可追踪，还使物流清关等成本下降 40%，给巴西的消费者带来了更好的大件购物体验。

（二）中国跨境电商在巴西发展所面临的挑战

1. 消费者偏好与竞争对手

巴西虽然面积广阔、人口众多，但是由于经济发展较为迟滞，其仍处于发展中国家之列。巴西的网上消费者仍然青睐于物美价廉、性价比较高的产品。随着互联网的发展和普及，巴西的消费群体结构逐渐偏向年轻，巴西人民的消费需求也向着多样化、高质量、多层次、重科技的方向变化。电子产品一度成为巴西市场最畅销产品之一。

在巴西发展较好的几个电商平台如巴西本地的 Mercadoliver、shopee，以及跨国际的 Amazon、eBay，在巴西当地的发展独占优势。中国的跨境电商产品以其物美价廉的特征在巴西线上消费市场占据一席之地。然而，中国产品也时常因为部分产品同质化严重、到货速度过慢等问题受到诟病。与当地的电商平台相比，中国跨境电商的产品存在习惯、时间和空间上的弱势：习惯上，巴西本地电子商务因本地人经营，更了解当地的消费习惯和审美偏好；时间上，中国跨境电商受物理距离影响，在客户响应及物流到货的及时度上难以与巴西本地电商竞争；空间上，跨境运输在大宗商品如家具、大型电器等产品运输上存在时长久、运输难、清关贵等劣势。也正是以上原因，包括全球速卖通在内的许多跨境电商平台的产品的交货时间与巴西本地竞争对手相比仍有很大差距，成为中巴跨境电商贸易往来的一大阻碍。

2. 物流

（1）境内物流。近几年，依托于 2 千亿的全球电商市场，"同城最后一公里"快递服务在巴西兴起。当地电商物流相较以前只能依靠巴西邮局，现在多了如 Total Express、Jadlog、Loggi 等快递公司，以及 Loggi、iFood、Rappi 等会提供巴西"最后一公里"派送服务的平台提供物流服务。当然，也有像 Mercadoliver、shopee 这些有实力的国际电商平台，它们自建物流体系，为跨境卖家提供集成统一的一条龙物流运输服务。然而在巴西，由于其发展中国家现状、较大的国土面积和较为落后的基础设施以及仍在发展重构中的商业模式，使其物流服务仍体现着时效较长、追踪较难、价格偏贵的弊端，跨境物流、城际物流、"最后一公里"配送服务都还在完善和发展当中。物流仍然是所有跨境电商在巴西面临的一个挑战。

（2）境外物流。2020 年 3 月 21 日，速卖通平台发布公告表示，受海外新冠肺炎疫情进一步扩散及航空公司大范围停航影响，为应对疫情在全球范围内（尤其是欧洲和北美地区）的快速发展和变化，国际航空运能被大幅削减。AliExpress 无忧物流-标准、4PX 新邮经济小包、新加坡邮政挂号小包部分国家时效受到影响，鉴于此项局限，为避免在国内环节造成不必要的包裹积压，疫情期间速卖通平台将集中延长对应国家的限时达时间和物流线路承诺时效，推出一系列商户政策调整，将巴西用户端的预计到货时间延长。

3. 海关

巴西关税高（税收占全国 GDP 的 35%）、清关难是为众人所熟知的。由于巴西海关是巴西税务局的一个机构，而不是独立职能部门，因此巴西的海关系统和税务体系密不可分。不仅如此，巴西对中国的关税比对美国、欧盟、东南亚的关税都要高出不少，而且巴西的海关有着效率低、流程烦琐、要求严格、不透明等特点。这些影响导致许多跨境包裹无法正常通关，或在通关时需要耗费极大的时间成本。

清关难的问题使一些巴西跨境买家从下单到收货整个过程，需要 1~4 个月不等。这样漫长的过程，不仅给卖家的资金回笼造成困难，还导致商品供给与买家需求匹配上出现时间差异等问题，给买家用户带来较差的体验感，造成退货率上升。

三、"速卖通经验" 带来的启示

（一）中国卖家层面

1. 关注本地消费偏好，数据分析市场热点，差异化争夺市场份额

由于巴西人民种族背景广泛而多样，受到非洲、葡萄牙、西班牙、意大利和日本等原住民文化影响，宗教概念多元，流行元素广泛，传统民族节日众多，所

以在各类狂欢节、传统节日来临之际可以分门别类地出售多元素的商品，甚至适当地结合一些中国文化元素，吸引消费者眼球，同时直击巴西侨胞的消费痛点。

在数以亿计的海量中国品牌商品中，各国消费者对中国商品的消费品类需求也有所不同，各国消费者都会使用平台的类目导航去搜索想要的产品，所以品类的选择是第一位。卖家可以根据市场关键词热度、市场调研多方面来判断，数据分析也是选品必要的准备工作。在常规的选品方式中，供应链选品、刚需选品、产品升级、大数据选品、类目深挖选品等方法都是比较实用的，但对跨境电商卖家而言，想要拓展更广阔的国际市场，必须学会灵活利用不同站点的差异化选品思路，才能提高选品的成功率。而同一站点里除了传统的优势类目外，注重多元化产品类目的发力，包括更加时尚类的产品、更加风格化的非标品产品，让产品实现差异化竞争，将大大有利于提升在巴西的市场份额。

2. 网红生态瞩目，流量社交打入，品牌化为跨境电商铺路

流量社交，通俗而言就是以社交化赋能，打通外部社交平台，发展网红生态，以社交方式营销产品，依靠"粉丝"运营阵地。目前，全球的流量以社交流量最为廉价，比如阿里巴巴正在构建打通外部社交平台，希望在国际化平台上再现抖音、今日头条等社交流量的风采。可见，流量社交、网红生态成为了当代营销的新出路、新形势。

此外，跨境电商卖家应抓住社交流量的热度和效应，打造属于自己的品牌及提高品牌知名度。根据海关总署统计，2019 年中国自主品牌商品出口额为 2.9 万亿元，增长 12%，占出口总值近 17%。随着跨境行业的深入发展，低水平、同质化竞争难以为继，跨境电商消费者更相信商品品牌的力量。品牌化以其自主性和溢价能力，为跨境电商产品谋划了新的出路。

（二）平台层面

1. 打造"线上+线下"全渠道模式

"线上+线下"全渠道模式是指开设线下体验店，将渠道从线上发展到线下。智研咨询分析师认为，这种模式能够将线上产品信息与线下用户体验相结合，拉近与用户之间的距离，提高用户互动频率，促进用户购买，并提升品牌知名度。同时，它亦有利于减少跨境电商卖家与消费者习惯、时间、空间的阻碍，通过即时的用户反馈，卖家能够快速获得当地消费者偏好，改进竞品选择及组合战略。这一方面提升了用户的满意度，保留了用户；另一方面降低了平台上产品的退货率，有效的沟通能使卖家放心。

2. 设海外仓，造物流网，全生态体系整合形成闭环

海外仓是指通过设立产品库存点来缩短交货时间，提高本地运输的潜力和可能性。通过巴西海外仓实现本地发货，具有提升配送时效、节约物流成本、改善

用户服务等优势。物流的变化与发展不仅大大缩短了派送时间，而且避免客户缴纳高额的关税，降低了退货率，增加了重复购买率，也提升了客户的信任度和体验度。

正如目前，全球速卖通通过与菜鸟网络合作，设立海外仓，重新规划跨境物流线路，按照包裹的价格、重量推出分层物流方案，启动"无忧优先"线路，实现货物在一个月内完成从下单到送达消费者手中的整个流程，物流时间最多可缩短一半，全程可追踪，清关快，商品可退回，大重量商品还享受运费优惠政策。

而菜鸟物流、海外仓又是整个产业生态链上的一环。完整的生态链资源涵盖全产业上、中、下游，形成全闭环一直是阿里巴巴的追求，速卖通平台、1688货源产品平台、阿里巴巴内部网红平台、支付宝国际、菜鸟物流、速卖通大学的知识输送，可以说完整的生态闭环已经形成。各跨境电商平台可以学习借鉴如何打造一个完整的集生产、供应、销售、分销、物流甚至教育等环节于一体的闭合生态链，在资源有限的情况下可以尝试与各平台合作，追求实现资源整合，上、中、下游产业共同发展、相互促进，发挥"1+1>2"的效用。

3. 推广人工智能技术，促进数字贸易

拉美地区的数字化转型与开放经济体系成为了各大平台公认的国际化贸易的出路。数字贸易的发展有利于跨境贸易全流程信息化，加快跨境供应链向标准化、智能化、简约化转变。平台在跨境支付、跨境物流以及跨境售后服务方面的体验需要数字化技术的支撑，打造独家竞争优势。

现代平台实现自身价值的一大方式就是通过大数据、人工智能、系统工具精细捕捉买家需求与消费偏好，利用大数据形成用户画像模型，将卖家从繁杂的日常运营中解放出来，从而可以专注于选品和研发产品、专注于服务好买家进而实现品牌的好口碑，同时，通过精准化推荐提高买家购物效率，满足买家消费需求，以提高买家满意度和忠诚度。

疫情期间，为了降低与他人接触的感染风险，许多人选择线上网购，有物流能力的平台可试行人工智能无人运输的物流方式实现配送，一方面能降低风险，另一方面也可通过特殊的配送方式吸引用户在平台进行消费。

（三）政策层面

1. 跨境电商政策与时俱进

目前，全国拥有105个跨境电商综合试验区。中国对跨境电商行业激励与监管并重，行业政策环境利好，跨境电商企业对企业出口拥有简化申报、便利通关、允许转关、优先查验等多项便利。

在2020年8月13日举行的国务院政策例行吹风会上，商务部部长助理任鸿斌介绍了《意见》的情况。他指出，《意见》坚持扩大开放，突出合法合规、公平透明、内外资一视同仁，并在四个方面提出 15 条稳外贸、稳外资政策措施。而政策上应当继续支持这四个方面的 15 条政策措施规定，即完善财税金融政策、发展贸易新业态新模式、提升通关和人员往来便利化水平及支持重点产业重点企业。同时，在发展贸易新业态新模式方面，在巴西跨境电商中新增一批市场采购贸易方式试点，针对与巴西进出口贸易，进一步规范和降低进出口环节合规成本，提升口岸收费透明度，减轻进出口企业负担；拓展对外贸易线上渠道，进一步提升通关便利化水平，鼓励外资更多投向高新技术产业，降低外资研发中心享受优惠政策的门槛。

2. 支持发展，促进电子商务教育先行

专业的教育能够为跨境电商发展提供最重要的人才基石，促进电商行业发展。然而，电子商务教育在国内的普及度不是很高，人们对电子商务的认识还很片面，国内高校电子商务的教育和现实社会的实际电子商务有很大的脱节，培训机构的电子商务教学体系也未能从实用的角度出发。

扶持高等教育中电子商务学科的发展，应该从高校的电子商务专业课程大纲做起，重要的是要具有前瞻性和实用性，由于电子商务涉及电子货币交换、供应链管理、电子交易市场、网络营销、在线事务处理、电子数据交换（EDI）、存货管理和自动数据收集系统等，而跨境电商更是涉及公关、外交、法律等专业知识内容，各大高等院校的电子商务教育应当在大类基础课程学习之后，对各专业内容的学生进行分流，争取在不同细分领域都能有学生做精做尖。不同院校也可设置具有自身特色的电商专业课程，发挥所长，工科类院校重点发展数据库，商科类院校突出营销管理。此外，专科电子商务要以技能为主，要时刻引导学生精通电子商务领域一两项技能，先能在电子商务领域立足，同时还要培养学生的创新精神和浓厚的专研精神。

不论是高校还是培训机构都应该调整思路，多和现实中的互联网企业接触，了解它们真正需要的是什么样的电子商务人才，有针对性地进行技能培训。企业的电子商务教育工作主要体现在企业的网络营销培训上，多以实战为主，具有培训时间短、实效性强等特点。此外，诸如进出关境监督管理机关的海关总署等相关部门可以定期拨调人员任"指导员"一职，为院校专业学生亲临指导，普及知识，讲解案例。高等教育人才需要更多理论与实践相结合的机会，这需要政府和社会各界支持牵线，推动电商教育先行。

3. 关税协定信息化，释放商品"最后一公里"

关税及贸易总协定是当代最大的一个国家多边协定，友好协定可以让双方贸易往来更加深入。中方在农业上可适当对巴方放低关税，同时，出于巴西对本地制造业的保护，中方政府可考虑提供开放国家部分制造型企业技术购买或转移机会的合作平台，为巴方制造业进步提供阶梯，并为我国这些制造型企业提供税收减免、科研投入等优惠政策，支持企业不断创新发展。

在出口商品时，中方可为每个出口巴西的产品根据商品信息编制如二维码的专属货码，提前传至巴方海关录入。在面对巴方的关税壁垒时，可向巴方提议优化清关流程，减少或整合部分冗杂手续；部分手续采取合作的方式，如商品货码的通用，巴西清关提单上所需所有诸如 CNJP/CPF（巴西公司和个人的身份号码，即税号）/NCM（货物身份确认号码，相当于我国 HS 编码）、收货人的详细资料等信息，中方卖家填写准确形成商品货码，巴方工作人员则可通过扫码比对确认商品，提高清关效率。同理，当货物到港后 90 天内进口商办理手续开始报关时，如装船单、发票原产地证商检证明等资料都可以在商品货码中获得信息，最终清关内容可简化至一码一纳税证明即可。

参考文献

［1］吴敏．RCEP 下中国与东南亚跨境电商合作的机遇与挑战［J］．对外经贸实务，2021（6）：27-30.

［2］李胜男．基于模糊综合评价法的速卖通卖家物流模式选择研究［J］．现代营销（学苑版），2021（5）：160-161.

［3］邓智敏，俞亚明．跨境电商平台商业模式的比较研究——以亚马逊与阿里巴巴为例［J］．广西质量监督导报，2021（4）：122-123.

［4］刘岚，张腾．中俄跨境电商服务供应链发展研究——以全球速卖通为例［J］．物流技术，2021，40（3）：109-113.

［5］陈丹彤．跨境电商贸易平台商业模式解析——以速卖通为例［J］．今日财富（中国知识产权），2020（12）：58-59.

［6］周志伟．后疫情时代中巴经贸合作展望［J］．中国远洋海运，2020（9）：9，60-62.

［7］慕颜如．跨境电商物流渠道研究——以全球速卖通为例［J］．营销界，2020（33）：176-177.

［8］李晨茜，韩梦霞，刘意如．中国跨境电商在巴西市场发展中的问题及对策［J］．中国产经，2020（13）：107-108.

［9］孙悦．全球速卖通跨境电商平台商业模式研究［D］．吉林大学硕士学位论文，2020.

［10］杜潇雪，柳欣．跨境电商速卖通平台营销策略研究［J］．现代经济信息，2020（7）：166-167.

［11］Sasithon Sae-Chao. 跨境电商平台在泰国市场竞争力比较研究［D］. 浙江大学硕士学位论文，2019.

［12］涂静文. 出口跨境电商平台商家选品策略研究［D］. 华南理工大学硕士学位论文，2019.

［13］谢昕彤. 新媒体时代下我国跨境电子商务的发展趋势探讨——以阿里巴巴速卖通为例［J］. 商场现代化，2018（18）：10-11.

［14］罗俊. 跨境电商 B2C 背景下跨境客户的分级管理研究——以阿里巴巴全球速卖通平台为例［J］. 商场现代化，2018（16）：19-20.

［15］张婉晴，赵亚南. 浅析跨境电商平台发展前景——基于速卖通平台分析［J］. 时代金融，2018（15）：192，199.

［16］朱小乔. 全球速卖通 B2C 跨境电商平台商业模式研究［D］. 华中科技大学硕士学位论文，2018.

［17］晓宇. 2017 年中国出口跨境电商交易规模达 6.3 万亿元［J］. 经济研究参考，2018（24）：62.

［18］张夏恒. 跨境电商物流协同模型构建与实现路径研究［D］. 长安大学博士学位论文，2016.

［19］中国跨境电商平均出口 63 个国家　居全球 eBay 卖家之首［J］. 中国对外贸易，2014（10）：39.

中国铁建国际联合体在墨西哥
高铁项目中的合法性分析

王秀芝　　杨晓燕[*]

摘　要：中资企业成功"走出去"会触及东道国多方的利益，不仅需要处理好与当地政府的关系，在特定国家背景下，国际非营利组织和社会公众的影响也至关重要，也是争取的对象。2014 年，中国铁建股份有限公司牵头国际联合体，竞标墨西哥高铁项目失败就是一个典型案例。本文以该案例为研究对象，基于组织合法性理论，分析导致中国铁建竞标墨西哥高铁项目失败的深层原因，认为项目的重要利益相关者对中国铁建国际联合体的合法性认知是关键，并进一步提出中资企业在墨西哥成功开展业务，需要针对不同的利益主体建构规制合法性、规范合法性和认知合法性的具体建议：一是建构规制合法性，中资企业应注意妥善处理与墨西哥政府、议会和法院之间的关系；二是建构规范合法性，中资企业可选择在墨西哥有声望的专业机构、行业协会、企业进行合作；三是建构认知合法性，中资企业应该谨慎选择墨西哥的国际非营利组织合作。

关键词：中国铁建；组织合法性；墨西哥；国际非营利组织

一、引　言

2014 年 8 月 15 日，墨西哥政府宣布由中国铁建股份有限公司（以下简称"中国铁建"）牵头的国际联合体中标墨西哥高铁项目，消息传回国内，举国振奋，因为这是中国高铁"走出去"的"第一单"。不料三天后，墨西哥交通部突

---

　* 王秀芝，广东外语外贸大学商学院副教授；杨晓燕，博士，广东外语外贸大学商学院教授，硕士生导师。

然宣布取消中标结果，理由是为"保证竞标的合法性，避免出现任何透明性的问题"①。竞标的合法性是墨西哥政府解除合同的理由。而在墨西哥国内，对竞标合法性提出质疑的则是墨西哥的反对党，随后墨西哥国内媒体的报道让墨西哥政府面临巨大的压力，甚至不惜做出影响到中墨两国正常经贸关系的决策，宣布取消中标结果。为何同样一个项目，其竞标的合法性却在墨西哥国内形成完全不同的认知？如果排除政党之间的斗争，是什么影响了墨西哥国内对外国企业竞标合法性认知的"反转"？中资企业在墨西哥开展经营活动时，如何规避类似的竞标合法性认知冲突，不仅是企业国际化的现实问题，也是需要在理论上加以回答的课题。

Suchman（1995）认为，只要一个社会组织在特定社会情景中，其规范、价值、信仰及行为是合理而合法的就具有合法性②。这表明，组织被特定受众认可或支持时，则认为该组织具有合法性，反之则不然（王建国等，2020）。建构在东道国的组织合法性是企业降低风险、获取资源的前提③④。合法性的获取包括规制的合法性、规范的合法性和认知的合法性三个方面。规制合法性指组织行为是否符合国家法律法规、行业协会规定等；规范合法性指组织行为是否符合社会价值观、道德规范及风俗习惯；认知合法性指组织是否广为公众接受、信任与支持⑤。比较而言，后发跨国公司在东道国面临来源国劣势，这种劣势源于东道国对于后发跨国企业的歧视和误解⑥。受众对跨国公司的合法性进行评估时，不仅考虑其在本国的言行，还会参考其在第三国的言行；不仅会受该公司本身的影响，还会考虑该公司所在的国家以及同一国家其他公司的表现⑦。

可见，合法性是受众主观赋予的，对于不同的利益相关者，合法性可能存在

① 周可. 中企二次竞标墨西哥高铁遇劲敌　若失败将要求赔偿 [N]. 广州日报, http://politics. peo-ple. com. cn/n/1205/2014/c70731-26154901. html, 2014-12-05.

② Suchman M. C. Managing Legitimacy: Strategic and Institutional Approaches and Other Participants in a Conference on Organizational Legitimacy and Credibility [J]. Academy of Management Review, 1995, 20 (3): 571-610.

③ 魏江, 王诗翔. 从"反应"到"前摄": 万向在美国的合法性战略演化 (1994~2015) [J]. 管理世界, 2017 (8): 136-153, 188.

④ 彭长桂, 吕源. 组织正当性的话语构建: 谷歌和苹果框架策略的案例分析 [J]. 管理世界, 2014 (2).

⑤ 魏江, 赵齐禹. 规制合法性溢出和企业政治战略——基于华为公司的案例研究 [J]. 科学学研究, 2019, 37 (4): 651-663.

⑥ Ramachandran J., Pant A. The Liabilities of Origin: An Emerging Economy Perspective on the Costs of Doing Business abroad [M]. Advances in International Management: Emerald, 2010.

⑦ Kostova T., Zaheer, et al. Organizational Legitimacy under Conditions of Complexity: The Case of the Multinational Enterprise [J]. Academy of Management Review, 1999, 24 (1): 64-81.

差异。同时，对组织合法性的评判是受众的一个社会建构过程①。受众会采用属性替代（attribute substitution）原则，用原产国的人、产品、文化等特点来推断合法性。这种情况也叫原产国效应，即受众对不同国家或地区的印象会影响对来自该国的人或产品的看法，因为原产国就是一个国家的公民、产品及其文化的符号②。当然受众也会根据公司的母国政府或者其曾经开发的第三国政府来推断公司的合法性。

上述观点为中国企业在海外开展经营活动过程中，适当获取东道国的组织合法性提供了理论依据，但是少有研究关注在东道国不同利益相关者之间获取组织合法性的问题。事实上，在许多国家，特别是多党执政的国家，比如墨西哥，不仅政党之间的矛盾分歧可能造成不同利益主体对外国企业组织合法认知的差异，在这些国家内部，还存在着国际非营利组织之类的利益主体，它们对外国企业的组织合法性的认知也往往会产生重要影响，争取这些利益相关者的支持可以建立比较广泛的合法性基础。

在企业国际化进程中，东道国的政治体制不同，会遇到各种各样的利益相关者，他们对国际企业的组织合法性可能有不同甚至完全相反的认知。比如墨西哥的高铁项目，所有利益相关者都支持项目本身，只是部分利益相关者对项目的实施主体合法性提出质疑。政府认为整个招投标过程合理合法，但是反对党和媒体却质疑招投标过程的合法性，通过广泛发动舆论，迫使墨西哥政府取消中标结果。正如有学者指出的那样，对项目持反对态度的利益相关者，会动用自己的一切资源影响舆论，将有些负面属性引导至投资项目中，削弱其在东道国的合法性基础③。因此，有必要针对不同的利益相关者进行合法性分析，以团结中间力量，增强合法性基础。

二、墨西哥高铁项目中的合法性认知分析

1. 项目简介

时至 2021 年，墨西哥没有建设高铁项目，"墨西哥城—克雷塔罗"高速铁路

①　Stevens C. E., Xie E., Peng M. W. Toward a Legitimacy-based View of Political Risk: The Case of Google and Yahoo in China [J]. Strategic Management Journal, 2016, 37 (5): 945-963.

②　Askegaard S., Ger G. Product-country Images: Towards a Contextualized Approach [J]. European Advances in Consumer Research, 1998 (3): 50-58.

③　何金花, 田志龙. 多重反对型利益相关者行为视角下的政治敏感型海外投资微观政治风险研究 [J]. 管理学报, 2018, 15 (12): 1772-1780.

是墨西哥最大的基础设施建设项目。墨西哥城是全国的政治、经济和文化中心，克雷塔罗是离墨西哥城西北部最近的一个大城市，总人口将近百万。该项目是时任墨西哥总统恩里克·培尼亚·涅托（Enrique Peña Nieto）2012 年参加总统大选时承诺的项目。

2014 年 8 月 15 日，墨西哥政府宣布该高铁项目招标，截止日期为 2014 年 10 月 15 日。有 17 家公司参与竞标，但由于竞标和建造时间期限短，随后日本三菱、加拿大庞巴迪、德国西门子、法国阿尔斯通等 16 家公司放弃竞标，中国铁建联合体是唯一按时投标的企业。2014 年 11 月 3 日，墨西哥通信与交通部（SCT）宣布由中国铁建牵头的国际联合体中标。中国铁建国际联合体包括中国铁建（CRCC）、中国南车（CSR）以及其他 4 家墨西哥当地施工企业（GIA、PRODEMEX、TEYA 和 GHP）。中标项目合同金额 44 亿美元，中国铁建联合体将承担墨西哥高铁项目的设计、施工、装备制造、安装调试以及过渡期的运营维护技术服务。墨西哥高铁拟采用中国高铁成套核心技术，包括电气化双线有砟轨道、动车组、列车控制系统、通信技术、道岔等，是中国高铁全面"走出去"的第一单。但是 2014 年 11 月 6 日，由于外界质疑和墨西哥政府的国内压力，中标结果被撤销。

撤销的官方原因是"保证竞标的合法性，避免出现任何透明性的问题"[①]，背后是媒体及反对党的质疑。有媒体声称，墨西哥官员提前 11 个月告知中国代表有关高铁项目的消息，使由中国企业牵头的联合体在竞标过程中占据"有利位置"。更重要的原因是反对党质疑：时任墨西哥总统涅托的妻子曾从一家墨西哥公司处买了一栋房子，而这个墨西哥公司是中国铁建国际联合体成员的母公司。

2. 墨西哥的不同党派对高铁项目的合法性认知

墨西哥不同党派对高铁项目无异议，但对中国铁建国际联合体的合法性认知存在差异。墨西哥实行多党制，现有三个主要政党。第一大党是革命制度党（Partido Revolucionario Instoticional，PRI），成立于 1929 年，执政时间最长。第二大党是国家行动党（Partido Acción Nacional，PAN），是反对党，成立于 1939 年。第三个是目前的执政党——国家复兴运动党（Movimiento Regeneración Nacional，MORENA），成立于 2012 年。墨西哥的政党政治经历了从一党主导、两党轮替到多党竞争体制的演变[②]。各党的执政时间、主张及取得的成绩见表 1。显然，墨西哥高铁项目作为总统大选的承诺，各个党派对高铁项目本身并无反对，即对高铁项目的建设，墨西哥各界是有相当共识的。

---

① 周可．中企二次竞标墨西哥高铁遇劲敌　若失败将要求赔偿［N］．广州日报，2014-12-05，http://politics.people.com.cn/n/2014/1205/c70731-26154901.html.

② 崔守军，张政．墨西哥总统大选后的政治走向及其内外政策主张［J］．当代世界，2018（8）：64-67.

表1　墨西哥高铁项目中不同核心利益相关者的合法性分析

相关者	名称	政治主张（执政时间）/资质/态度	在墨西哥的影响	对项目的态度	对中国联合体的态度
主要政党	革命制度党（第一大党）	土改、国有化和进口替代工业化战略（1929~1982年）；转向新自由主义（1982~2000年）；转向社会民主（2012~2018年）	创造墨西哥奇迹（1929~1982年）；加剧了社会矛盾（1982~2000年）；贫穷、贪腐、暴力犯罪愈演愈烈（2012~2018年）	大选的承诺，必须要兑现	先支持，后放弃
	国家行动党（第二大党）	反对党，代表中上阶层利益（2000~2012年）	既有发展模式的"看门人"角色，守成多于变革	无质疑	质疑企业资质及企业与执政党关系密切
	国家复兴运动党（执政党）	誓言革除贪腐、整顿治安，进行大刀阔斧的改革，消除社会不公（2018年至今）	提出"要拥抱，不要枪炮"，建议对罪犯大赦[a]	无质疑	无质疑
企业	GIA‒PRODEMEX‒TEYA‒GHP	TEYA隶属HIGA集团，HIGA2010卖房子给时任总统的夫人	这4家公司都是当地知名建筑相关公司	积极支持	合作
媒体	Multimedios电视台[b]	Tren de alta velocidad en México será chino（墨西哥的高速列车将是中国人）	广泛报道中国人修高铁，并指出政府指定将法国公司Systra加入到高铁项目中，确保高铁符合全球安全性和可操作性标准	无质疑	对中国公司水平存疑
民众	Tzili‒Apango和Legler，2020[c]	对中国负面印象较多	受媒体影响，墨西哥民众对中国的印象大多来自负面新闻	无质疑	存疑
对手	日本三菱、法国阿尔斯通等16家公司	高铁项目投标时间太短，要求延迟6个月	被墨西哥交通部拒绝，国际公司便全部退出了本次招标	退出	质疑

注：a. 和静钧. 墨西哥大选缘何沦为"血腥选举"［J］. 廉政瞭望（上半月），2018（7）：58-59.

b. Multimedios Digital. Tren de alta velocidad en México será chino. 03 Noviembre 2014，https：//www. multimedios. com/telediario/nacional/tren‒alta‒velocidad‒mexico‒sera. html.

c. Tzili‒Apango，Eduardo，Legler T. Mexico's Elusive Partnership with China：The Search for Explanations［J］. Norteamérica，2020，15（2）.

资料来源：崔守军，张政. 墨西哥总统大选后的政治走向及其内外政策主张［J］. 当代世界，2018（8）：64-67；切格瓦斯. 央媒解析墨西哥高铁事件：比你想象的复杂［EB/OL］. 观察者网，2014‒11‒09，https：//www. guancha. cn/third‒world/2014_11_09_284454. shtml.

反对党质疑的是中标联合体成员之一和总统之间存在利益关联。墨西哥国家行动党在政治上是"忠实的反对派",代表中产阶级利益,"强调社会公平和正义,重视对公民的道德教化作用"①。在该案例中,反对党质疑的是当地的墨西哥企业 HIGA 集团和执政党关系密切,而中国铁建国际联合体中的墨西哥本土企业 TEYA 隶属 HIGA 集团,从而质疑中国铁建国际联合体的规制合法性。墨西哥政府在受到质疑之后,没有坚持自己对中标企业规制合法性的裁定,而是宣布取消中标结果。

3. 当地合作企业对高铁项目的合法性认知

中国铁建国际联合体中有四家墨西哥当地知名的建筑施工企业,分别为 GIA、PRODEMEX、TEYA 和 GHP。这四家企业积极参加中国铁建国际联合体,共同合作竞标。但是由于 TEYA 公司的母公司——HIGA 建筑集团是政府建设项目的承包方,2010 年其将旗下价值 700 万美元的房产过户给即将和涅托举办婚礼的维拉,此事在 2014 年 11 月被墨西哥媒体引爆,给总统带来巨大的压力,当反对党提出 HIGA 和总统关系过于密切时,墨西哥政府在反对党提出质疑 1 个小时后,就宣布取消高铁中标。

听闻消息,中国铁建异常震惊,因为中国铁建在 2013 年 9 月墨方宣布将在全球招标后,就调集大量人力物力对项目进行调研,为墨西哥量身定做了 2.6 万多页的标书②。中国铁建在墨方招标前就已经对市场做了大量前期调研和准备,包括选择当地合作伙伴。由此判断,反对党和媒体质疑的中国铁建的筹备工作开始得比正式招标时间早,以及本土合作伙伴和总统有利益输送的嫌疑,这两点使中国铁建国际联合体的合法性遭到质疑。虽然获得情报是公司赢得竞争优势的必需手段,但应该对情报进行保密,而不是大肆宣传。

4. 当地媒体和民众对高铁项目的合法性认知

民众对中国铁建联合体的合法性认知主要受媒体影响。墨西哥第一大媒体 Multimedios 电视台对高铁项目的报道题目 "Tren de alta velocidad en México será chino"(墨西哥的高速列车将由中国人修建)(来源见表1),媒体报道的重点是中国人将建设墨西哥高铁,但为了确保高铁项目符合全球安全性和可操作性标准,政府将安排法国的 Systra 公司共同参与项目。在媒体报道中展现的是中国人来修高铁,重点是中国人。将安排法国公司进行合作,以确保安全和可操作,说明对中国公司的技术存疑。墨西哥民众对于中国人的形象认知比较复杂:一方面

---

① 昊旻. 拉美中产阶级政党的困境:以墨西哥国家行动党为例 [J]. 拉丁美洲研究,2020,42(2):85-105,156-157.

② 储信艳,赵佳妮,贾世煜. 墨西哥缘何取消高铁投标:总统或迫于国内政治压力 [N]. 新京报,http://finance.sina.com.cn/chanjing/cyxw/20141108/025020764993.shtml,2014-11-08.

是因为中国和墨西哥产业结构相似，经济互补性差，在国际贸易上经常短兵相接；另一方面，墨西哥主要媒体大部分隶属私人财团，对华态度和立场较为复杂，经常报道中国的负面新闻，受媒体影响，墨西哥民众对中国的印象大多来自负面新闻。另外，随着自媒体的发展，越来越多的民众也会受自媒体的影响，高铁中标被撤销后，墨西哥前驻华大使瓜哈尔多在推特上发了几个推文，如"墨西哥有本地工业，进入国际金融市场的便利，自由媒体和不亲华的选民"，表明墨西哥作为发展程度比较高的多党制发展中国家，媒体和民众有自己的合法性判断准则，跨国公司需重视媒体和民众的合法性认知。

三、对中国铁建在墨西哥提升国际联合体合法性的建议

组织合法性的建构是一个系统工程，需要围绕不同利益相关者的认知进行，可以综合使用不同的合法化策略，如语言策略、行为策略和关系网络搭建策略等[1][2]。其中，语言策略是最常见的获取路径，通过对目标群体"讲故事"提升企业声誉与合法性地位。其次是行为策略，包括积极履行企业社会责任、本土化经营等方法，快速适应制度、技术、资本等环境。关系网络搭建策略主要指和行业协会及同业结成合作关系。具体到规制合法性、规范合法性和认知合法性三个不同方面，重点采用的策略不同。

（一）规制合法性

在墨西哥建构规制合法性，需要企业妥善处理与墨西哥政府、议会和法院之间的关系。规制合法性的认可主要由政府部门完成。对于多党制国家，还应该注意到其他党派的政治经济主张。虽然执政党很重要，但是反对党和其他政党的合法性认知也会有重要影响，企业需要遵守东道国的法律法规。东道国政府也会用来源国的政府及相关第三国政府的声誉来推断组织的合法性。有学者提出，新兴经济体的跨国公司可以对来源国政府采取桥接、缓冲、隔离等战略来建构规制合法性[3]。跨国公司采取和来源国或第三国建立联系还是隔离策略以利用或者规避

① Rawhouser H., Villanueva J., Newbert S. L. Strategies and Tools for Entrepreneurial Resource Access: A Cross Disciplinary Review and Typology [J]. International Journal of Management Reviews, 2017, 19 (4): 473-491.

② 王建国等. 组织合法性：微观层面的理论研究与前沿分析 [J]. 科技进步与对策，2020, 37 (2): 153-160.

③ 魏江，赵齐禹. 规制合法性溢出和企业政治战略——基于华为公司的案例研究 [J]. 科学学研究，2019, 37 (4): 651-663.

来源国的影响，取决于本身发展的阶段。如华为公司在国际化初期采取桥接的策略，与政府多方合作，利用政府间的关系开发非洲市场，随着其发展壮大，对已经开发的发展中国家如伊朗、朝鲜等采取隔离策略①。

中国铁建实力雄厚，2020 年《财富》世界 500 强企业排名第 54 位、"全球 250 家最大承包商"排名第 3 位、"中国企业 500 强"排名第 14 位，在 130 个国家和地区开展了业务，如土耳其安伊高铁二期、安哥拉本格拉铁路、尼日利亚铁路现代化项目、阿尔及利亚东西高速公路等一大批在国际上具有重大影响力的标志性工程②。可以对这 130 个国家和地区进行分类管理，区分哪些是建立桥接、哪些是缓冲策略、哪些是采取隔离策略，通过对不同类型国家的国际形象分析采取相应的规制合法性策略。

（二）规范合法性

建设规范合法性的策略主要是建构专业合作网络。规范合法性的判断依据主要是企业行为是否符合墨西哥社会价值观、道德规范、职业标准和惯例传统等。其主体主要指东道国的专业机构、行业协会和合作伙伴。增强规范合法性的方法主要是选择在墨西哥有声望的专业机构、行业协会、企业进行合作。在中国铁建墨西哥高铁项目中，中方选择了墨西哥四大铁路建筑公司 GIA、PRODEMEX、TEYA 和 GHP，但是 TEYA 隶属的 HIGA 集团因为被曝有行贿嫌疑而受到质疑，从而引发公众对项目规范合法性的质疑。这是一个棘手的问题，未来中资企业可以事先联合有声望的合作伙伴建构规范合法性，主要做法如下。

1. 借助国际行业协会或者墨西哥的行业协会

国际铁路联盟（International Union of Railways，UIC）③，成立于 1922 年，总部在巴黎，是铁路行业历史最悠久、最具影响力的国际组织，拥有包括中国铁路在内的超过 200 多个铁路组织和机构作为成员单位。UIC 致力于促进世界范围内的铁路运输发展与提升铁路的影响力和竞争力，满足铁路可持续发展的需要，通过开展铁路国际标准制修订、技术研究与咨询、论坛与会议、人员培训等一系列活动，为世界铁路的互联互通和可持续发展做出了积极贡献。

墨西哥铁路协会（Asociación Mexicana de Ferrocarriles，AMF）④ 主要进行铁路货运，通过与行政部门和立法权机关合作，监管铁路服务的有效性，提升墨西哥经济的竞争力。

① 魏江，赵齐禹. 规制合法性溢出和企业政治战略——基于华为公司的案例研究 [J]. 科学学研究，2019，37（4）：651-663.

② 中国铁建官网，http：//www.crcc.cn/col/col1562/index. html. 2021-02-23.

③ UIC. About UIC，https：//uic. org/about/about-uic/. 2021-02-205.

④ AMF. Quiénes somos，https：//amf. org. mx/quienes-somos/.

2. 借助中国的行业协会或商会

中国国际贸易促进委员会（以下简称中国贸促会）于 2003 年在墨西哥开设办事处，2011 年推动成立了"墨西哥中国企业商会"，2016 年 12 月改组为"墨西哥中资企业商会"，致力于增进中国企业界和墨西哥工商界的沟通了解，加强行业协调和自律，更好地维护中国企业的合法权益，促进中国企业在墨更好地开展业务①。

3. 借助国际商誉高的企业建立联合体

中国的高铁已经取得举世瞩目的成绩，但是墨西哥政府还是要安排法国的 Systra 公司共同参与项目，表明墨西哥认为中国铁建联合体的技术水平需要同行加持。中资企业可以寻求行业内声誉高的公司，提前建构更高水平的联合体，增强规范合法性。

（三）认知合法性

认知合法性基于被大众普遍接受，来源于逻辑和思维习惯上的认可（邵华冬等，2020），其主体主要指东道国的媒体、非政府组织及民众。墨西哥学者认为，由于历史等原因，墨西哥人普遍对中国人的看法一是不信任，二是污名化，三是歧视。此外，将中国视为持续的经济威胁，认为中国是一个经济怪物②。但是，也因为中国经济的发展，墨西哥人对中国的看法有积极转变的趋势，如 2004～2016 年，墨西哥民众对中国的积极情绪从 59% 增长到 68%，这主要与中国经济在 2008 年全球金融衰退期间发挥的重要作用以及墨西哥作为制造中国产品并出口到美国的贸易平台的作用有关③。有必要对墨西哥民众采用语言策略和行为策略建构认知合法性。

1. 借助影视作品及社交媒体表达中国故事

语言策略是建构认知合法性的主要方法，其实质就是讲故事。如何对墨西哥人讲述中国故事？东道国民众对中资企业的认知不仅仅是企业本身，尤其在对企业不熟悉的情况下，人们会启动原产国的线索进行推断，原产国的国家形象是民众好感度的重要来源。中资企业可以借助墨西哥核心目标群体的偏好，邀请这些目标群体心目中的关键意见领袖（KOL）进行内容的传播。传播的方式可以是电影、短视频、美食、旅游参观体验等，传播的内容可以针对墨西哥人的文化价值

① 中国国际贸易促进委员会官网．贸促会简介，http：//www.ccpit.org/Contents/Channel_3549/2014/0813/409532/content_409532.htm.2014-08-13.

② Tzili-Apango E，Legler T．Mexico's Elusive Partnership with China：The Search for Explanations［J］．Norteamérica，2020，15（2）.

③ Maldonado，Gerardo，Karen Marín，Guadalupe González，Jorge A. Schiavon．Los mexicanos ante los retos del mundo：opinión pública，líderes y política exterior．México，las Américas y el Mundo，2016-2017，Mexico City，Centro de Investigación y Docencia Económicas（cide），2018.

观表达中国故事。

2. 借助墨西哥非政府组织塑造中资企业的社会责任形象

非政府组织是墨西哥国家治理体系中的重要力量，也是企业国际化进程中的重要协调性力量。拉丁美洲的政府允许国际非政府组织参与公共服务的治理。有学者认为，合作和互补是拉美非政府组织与政府关系的主要模式之一①②。企业在选择合作的非政府组织时，应注意到其治理理念及社会影响力大小、目标人群的匹配性、治理机制方面的创新性。如美资企业在开拓墨西哥市场时，常和墨西哥联合之路合作，墨西哥联合之路是该国的非政府组织领导者之一，于40年前开始在拉美进行减贫、抗饥饿、扫盲等活动，获得一定的声誉，现在关注教育、收入可持续性和健康生活三大方面，强调通过专业、高效的运营模式，帮助所有个人及其家人发挥全部潜能；通过"慈善云"对当地合作企业和慈善活动进行数字化匹配，深耕当地社区，可以提出更符合当地社区及企业利益的社会责任行动方案，在当地社区影响很大。

可以视情况选择墨西哥华人非政府组织。华人开办的非政府组织也积极促进中墨两国间经济、贸易、投资的交流，但主要为旅墨华侨华人提供经贸信息及基本的商贸、生活咨询服务。在对墨西哥的61家华人华侨社团进行研究后，里维拉和彼得斯（2015）提出，华人华侨社团对社区生活的影响较小，他们认为华人在墨西哥的生活是一种个人和家庭生活，而不是一种社区生活。社区应该是人们互相支持、互相认同，乃至共同生活的时间和空间范畴③。

四、结　语

由中国铁建牵头组建的中国铁建国际联合体中标墨西哥高铁项目先成功后失败的案例表明，中资企业在初期成功赢得东道国政府的支持，获得规制合法性，但政府的决策受到反对党及其他利益相关者的质疑，规制合法性被政府取消。规范合法性不达标是因为中国铁建的专业能力还没有得到利益相关者的认可，所以媒体报道偏负面，中资企业可以提前联合有声望的国际企业加入国际联合体。墨西哥媒体、非政府组织和社会公众对中国铁建的认知合法性主要通过对中国及中

① 范蕾. 拉美非政府组织与政府的关系模式 [J]. 拉丁美洲研究, 2010, 32（4）: 20-23, 70, 79.
② 范蕾. 浅析拉美国家非政府组织管理体制 [J]. 拉丁美洲研究, 2016, 38（1）: 15-35, 154-155.
③ 塞尔希奥·马丁内斯·里维拉, 恩里克·杜塞尔·彼得斯, 颜娟. 墨西哥华人华侨社团的历史演变——以联邦区、墨西卡利市、塔帕丘拉市为例 [J]. 世界近现代史研究, 2015（12）: 261-281, 314.

国相关的企业的媒体报道，存在来源国效应，表明中国国家形象的国际塑造依然任重道远。

墨西哥作为发展程度较高的发展中国家，其社会结构是典型的"政府—市场—社会"三主体结构。这种结构要求企业在"走出去"的过程中要考虑不同利益相关者的诉求，如政府侧重规制合法性、市场强调规范合法性及民众重视认知合法性。中资企业应根据自身的特点和东道国的社会构成，针对不同的利益相关者，综合采用语言策略、行为策略、关系网络建构不同方面的合法性。

后疫情时代滴滴出行在巴西市场的战略优化研究

李颖彤　　吴易明*

摘　要： 滴滴出行作为我国共享出行企业的独角兽，自 2015 年实施全球化战略布局以来，在国际化市场中已经取得了阶段性的成就，在拉美地区的市场份额更是接近 50%。未来，随着中国"一带一路"倡议的推进以及中拉经贸合作关系的进一步深入，滴滴出行将继续加大对拉美市场的投资。近年来，拉美地区的共享出行行业发展迅速，拉美市场已经成为全球各大共享出行企业的必争之地。面对国内外的竞争压力以及新冠肺炎疫情的影响，滴滴出行如何调整国际化市场战略，从而增强企业的核心竞争力，在国际市场站稳脚跟，是当前需要考虑的重要问题。本文聚焦滴滴出行在巴西市场的运营情况，结合波特五力模型和 STP 模型进行深入分析，针对后疫情时代滴滴出行发展面临的问题和挑战，提出相应的市场战略优化建议，为滴滴出行在拉美地区其他国家的运营提供参考和借鉴。

关键词： 滴滴出行；网约车服务；巴西市场；新冠肺炎疫情；战略优化

近年来，随着中国"一带一路"倡议的推进，中国和拉美国家的经贸合作进一步深入。在互联网和数字经济的大背景下，中国企业进入拉美地区，不再局限于传统基础设施行业，服务业的投资量也大大增加，其中就包括以阿里巴巴为代表的跨境电商企业和以滴滴出行为代表的共享出行企业。据不完全统计，截至 2020 年，滴滴出行在主要拉美市场的份额已经接近 50%。

滴滴出行作为我国共享出行企业的领军者，从 2015 年开始全球战略布局，并于 2017 年通过投资巴西互联网公司 99 公司（原名 99 Taxis）开拓拉美市场。

---

* 李颖彤，广东外语外贸大学国际商务英语学院硕士研究生；吴易明，博士，广东外语外贸大学国际商务英语学院教授，硕士生导师。

目前，滴滴出行已在巴西、墨西哥、哥伦比亚、智利等拉美地区国家运营并取得阶段性的成效。本文以滴滴出行在巴西的市场发展为例，结合波特五力模型和STP模型进行深入分析，针对后疫情时代滴滴出行发展面临的问题和挑战，提出相应的市场战略优化建议，为滴滴出行在拉美地区其他国家的运营提供参考和借鉴。

一、滴滴出行在拉美地区投资的现状

（一）滴滴出行的基本概况

2012年北京小桔科技有限公司成立并推出嘀嘀打车APP，提供打车服务。随着移动出行的普及，滴滴打车①与快的打车进行战略合并，并于2015年9月更名为"滴滴出行"，构建涵盖出租车、专车、滴滴快车、顺风车、代驾及大巴等多项业务在内的一站式出行平台。同时，滴滴出行通过吸纳互联网公司包括阿里巴巴等的投资，在技术壁垒上深入研究和依靠第三方资源如微信、腾讯地图的辅助，不断扩大业务内容，由最初的专车、出租车发展为包含出租车、快车、代驾、共享单车、共享汽车、外卖送餐等多样化、综合性的共享出行服务平台。滴滴业务主要分为出行业务、国际业务和金融服务三大板块，但其核心业务仍然是网约车业务，包括快车、专车（含优享）和新业务（顺风车、拼车）等。2018年，滴滴出行公司估值在560亿美元，在全球已经雇用并注册了2100万名司机，全球用户高达5.5亿人，位居世界网约车公司用户之首，并投资世界各大网约车公司包括Uber、Lyft等开拓国际市场②。截至2018年底，滴滴公司已经与全球七大出行企业建立合作伙伴关系，在拉美、澳新、日本、俄罗斯等13个市场运营打车、外卖和支付业务，网络服务超过1000个城市，触达全球80%的人口。进入2020年，尽管受疫情影响，滴滴出行的市场估值有所下降，但其国际化出行业务仍非常具有竞争力，据滴滴公司内部统计，2020年日均单量达到500万单，同时外卖业务也达到日均15万单，国际业务范围不断扩大。③

（二）滴滴出行国际化市场的开拓

自2015年下半年起，滴滴以资本进行全球布局，投资了国外同类型的共享

---

① 2015年嘀嘀和快的在中国市场掀起了补贴大战，标志着国内移动出行开始普及，同年"嘀嘀打车"正式更名为"滴滴打车"。

② 资料来源：Statista和Cbinsights对全球网约车公司的调查数据。

③ 资料来源：根据滴滴出行官网的资料整理。

出行软件，分别是新加坡的 Grab、印度的 Ola、美国的 Lyft、中东的 Careem 以及欧洲的 Taxify，并通过合资、收购等多种形式与美国的 Uber 和日本的软银进行合作，在全球各区域共享出行市场中进行战略化布局。而滴滴出行的国际业务大部分集中在拉丁美洲，在滴滴出行运营的 13 个国际市场中，其中就有 9 个是拉美国家。2019 年，滴滴出行在拉美市场的用户数超过 2000 万，有大约 1200 名员工，占滴滴全球员工总数的 10%。①

1. 滴滴出行在拉美市场的发展现状

2017 年，滴滴出行通过投资巴西最大本地移动出行服务商 99 公司成功进入拉美市场，并在 2018 年实现国际战略升级，以 10 亿美元收购 99 公司的同时，自由品牌服务也落地墨西哥市场，通过智能交通技术服务本地市场，从而加速拉美市场拓展与创新。进入 2019 年，滴滴出行的核心业务从巴西拓展到其他拉美国家，在智利、哥伦比亚以及哥斯达黎加的主要城市开始运营，并在当地开展司机招募，其中，在墨西哥滴滴日完成订单达 3000 万单，服务超过 4.5 亿乘客，并为 2100 万司机提供工作机会，而在哥斯达黎加，服务覆盖首都圣何塞等 5 个城市，触达全国人口的 65%，并成立中美洲总部，这是滴滴出行继 2018 年成立国际业务事业部，聘请海外员工管理国际业务后，又一个坚持本土化运营的表现，同时也标志着滴滴出行国际化的进一步提速，国际化技术研发和运营进入新的阶段。与此同时，滴滴出行不断推进公共智慧交通项目，并以巴西作为拉美市场的试验点，探索在机场、火车站、公交体系乃至整个城市试验拥堵研判、流量调度、智慧信号控制等技术，运用 AI 技术实现未来共享交通与公共交通相融合。2020 年，除了继续开拓拉美市场，成功进军阿根廷、巴拿马、秘鲁以及多米尼加外，滴滴出行还实施智慧城市伙伴计划，在墨西哥全国范围内开始运营 700 多辆电动和混合动力汽车，从而成为拉美第一家线上运营新能源车队的网约车平台。目前，虽然受疫情影响，滴滴出行的国际化业务有所下滑，但国际化进程并没有因此减缓，并提出未来 3 年内实现全球每天服务 1 亿单、全球服务用户 MAU 超 8 亿的目标，而拉美作为滴滴出行目前最大的国际市场，在这其中将扮演着重要的角色。②

2. 滴滴出行开拓巴西市场

滴滴出行自 2015 年开始陆续投资海外出行企业，并于 2017 年投资巴西最大的独角兽互联网公司 99 公司，成功进入拉美市场。2017 年 1 月，滴滴出行与巴西最大的本地移动出行服务商 99 公司签订战略合作协议，投资 1 亿美元用于改进和扩大 99 Pop 服务应用程序，并雇用了一个按需私人司机平台。根据合作协

---

① ② 资料来源：根据滴滴出行官网的资料整理。

议，滴滴成为 99 战略投资者，并将加入 99 的董事会，协助商业规划和新产品开发。此外，99 还利用滴滴中国总部开发的新技术，如人工智能、大数据处理和先进的城市移动解决方案等完善平台的建设。滴滴公司开始从单纯的资本投资模式升级为"资本+技术模式输出"的海外投资新模式，依托雄厚的资本及运营经验储备，开拓在巴西市场的业务。2018 年 1 月，滴滴以 10 亿美元完成对 99 公司的收购，正式以更加全面的"资本+技术模式输出+本土化"的形式取代单一的资本输出模式，加强了公司在巴西交通应用市场的领导地位，增强了市场竞争力。经过两年的努力，99 网约车出行平台已经跃升为巴西市场第二大网约车出行平台，2019 年，99 网约车平台的业务收入为巴西国内生产总值（GDP）贡献了 122 亿雷加尔，占巴西国内生产总值的 0.18%。同时，滴滴出行与巴西金融机构和连锁便利店合作，向乘客和司机推出了借记卡和钱包服务，为巴西用户依赖现金交易的习惯提出了解决方案。2020 年 10 月，滴滴出行控股的巴西网约车服务平台 99 已经与 Facebook 旗下聊天平台 WhatsApp 达成合作，将在 WhatsApp 平台上接受订单。WhatsApp 在巴西拥有 1.2 亿活跃用户，这次合作将会让滴滴公司在巴西网约车市场竞争中取得更大的优势（见表1）。

表 1　滴滴出行在巴西市场的发展历程

年份	事件
2017	滴滴出行开拓巴西市场，投资 1 亿美元改进和扩大 99 Pop 服务应用程序
2018	以 10 亿美元完成对 99 公司的收购
2019	99 网约车平台的业务收入占巴西国内生产总值的 0.18%，并与巴西金融机构和连锁便利店合作，向乘客和司机推出了借记卡和钱包服务
2020	99 公司与 Facebook 旗下聊天平台 WhatsApp 达成合作，将在 WhatsApp 平台上接受订单

资料来源：根据滴滴出行官网资料整理。

目前，滴滴出行控股的 99 运营的网约车业务主要由四个板块构成，分别是 99 Pop、99、99 Top 以及 Common Taxi。99 公司与约 75 万名司机合作，为包括圣保罗、里约热内卢在内的 1600 个城市的 2000 万用户提供服务。随着巴西交通网络的快速发展和国家城市交通政策的不断完善，未来滴滴公司在巴西的智慧交通等方面将大有作为。

（三）滴滴出行国际化战略布局的动因

一般来说，企业实施国际化战略，在企业运营的不同阶段，投资的原因和方式都有所不同。滴滴出行在国际化战略布局的过程中，将拉美市场作为投资和运营的重点，并率先开拓巴西市场，其驱动因素包含多个方面。本文将从外部环境以及企业战略和价值观两个方面对滴滴出行国际化战略布局的动因进行分析。

1. 外部环境影响

（1）国内网约车市场份额提升的空间较小且潜在竞争压力增大。现阶段，滴滴出行作为国内网约车行业的龙头企业，领先优势非常明显，中国网约车市场呈现"一超多强"的局面。据 2019 年数据统计，滴滴出行在中国的市场占有率达 90.3%，主要竞争对手包括神州专车、易到用车、首汽约车以及曹操专车等，但是它们的市场份额均低于 3%，短期内，新进入者如美团打车仍无法撼动先发企业形成的滴滴"一超多强"的行业格局。不过，随着国内网约车合规化的深入，新兴的 C2C 平台采用低佣金、补贴策略分流网约车司机和用户，重资产打造的 B2C 平台通过全面合规化抢占市场，同时上游车辆工具提供商可能通过自有车辆切入网约专车细分市场，滴滴出行面临的挑战将会逐渐增大，因此，滴滴出行需要投资国际市场，扩大业务范围，提升企业自身的市场竞争力。

（2）开拓拉美市场有利于提升滴滴出行的国际竞争力。我国与拉美的双边合作始于 20 世纪 70 年代，而近年来，随着"一带一路"的推进，中拉关系进入了一个迅速发展的阶段。同时，与其他国际市场相比，拉美的网约车行业还不算成熟，业务开拓以及利润获取的空间较大。目前，在拉美共享出行市场较有影响力的互联网公司为 Uber、99、Easy Taxi、Cabify 以及一些小公司，但从整体市场占有率分析，拉美网约车市场主要是 Uber 一家独大，而 Easy Taxi 以出租车为主营业务，Cabify 则主攻私家车出租，所以开拓拉美市场有利于扩大滴滴出行的核心业务。另外，拉美市场也是网约车海外业务最赚钱的市场之一，2019 年，Uber 的主营业务收入中 14% 来自拉美市场[1]，因此，进军拉美市场有利于提高滴滴出行的业务收入，提升滴滴出行的国际竞争力。

相比拉美其他国家，拥有 2 亿多人口的巴西是拉美地区人口最多的国家，人口红利让巴西成为拉美地区最大的消费市场，同时也是拉美地区最大的网约车市场。通过收购巴西 99 公司进入巴西市场，有效地打破了滴滴出行进入巴西市场的竞争壁垒，同时，面对复杂的新市场，滴滴出行可以直接利用 99 公司在当地的市场网络与渠道布局以及 99 公司的经营资源，迅速进入并占领巴西网约车市场。99 公司在被收购前，已在巴西积累了 1400 万用户和 30 多万名司机，提供私家车、出租车以及豪华出租车的服务[2]。另外，率先开拓巴西市场有利于滴滴出行提升实力应对外来竞争。滴滴出行实施国际化战略的最大对手是 Uber，而巴西是 Uber 最大的海外市场，通过收购 99 公司，滴滴出行可以利用本土化运营的优势，直接扩张巴西市场，同时参考并借鉴在巴西运营网约车业务的经验，应用到其他拉美地区市场的开拓，从而更好地应对国际化竞争。

---

① 资料来源：2019 年 Uber 公司财务报表。
② 资料来源：新华社对滴滴出行收购巴西 99 公司的报道。

2. 企业内部因素

滴滴出行国际化战略布局很大的一个原因是滴滴出行的企业战略与价值观。滴滴出行 2022 年的目标是成为引领汽车和交通行业变革的世界顶级科技公司，并且构建全球最大的一站式出行平台，所以，滴滴出行不仅仅服务于中国国内的 14 亿人民，未来将会服务于全球 60 亿人民。在这个过程中，滴滴出行必须通过全球战略布局，将国内市场培育出来的领先技术和经验，更好地在国际市场中搭建符合当地用户习惯的本地化出行网络。因此，从 2015 年首次投资东南亚移动出行平台 Grab，成功开启"出海"第一步，到后来战略投资美国 Lyft、印度 Ola 以及巴西的 99 等，接着收购 99 公司，实现本地化运营，正是这种"技术+资本+经验"三步走的合作模式，让滴滴出行在全球化战略布局中取得了先机，短短几年就成为全球网约车市场的有力竞争者。

二、巴西移动互联网和共享出行行业发展现状

巴西是南美洲最大的国家，国土总面积 851.58 万平方千米，位居世界第五，总人口 2.11 亿人。巴西拥有丰富的自然资源和完整的工业基础，国内生产总值位居南美洲第一，是世界第七大经济体，也是金砖五国之一。世界银行的官方数据显示，2019 年巴西的 GDP 为 18397.6 亿美元，占世界经济的 1.53%。巴西是全球发展最快的国家之一，也是最重要的发展中国家之一。受新冠肺炎疫情影响，2020 年巴西 GDP 下降 4.1%，仅为 1.32 万亿美元，创下该国自 1990 年 GDP 下滑 4.3% 以来的最大年度跌幅，但随着疫情得到控制，巴西经济将会有所好转。据巴西金融市场最新预期，巴西 2021 年经济将增长 3.29%，经济的恢复对于巴西移动互联网和共享出行行业的发展具有重要意义。①

（一）巴西移动互联网发展现状

近年来，巴西互联网和移动互联网发展迅速，据全球著名调查机构 Statista 数据，在拉丁美洲范围内，巴西的互联网用户排名第一。2018 年，巴西互联网用户数量为 1.19 亿，在拉美地区排名第一，明显高于拥有 7600 万互联网用户的墨西哥、3400 万互联网用户的阿根廷和 2800 万互联网用户的哥伦比亚；在全球范围内仅次于拥有 14 亿互联网用户的中国、3.31 亿互联网用户的印度以及 2.72 亿互联网用户的美国，互联网用户数量位居全球第四。巴西人平均每月支出的

---

① 资料来源：世界银行。

60M 宽带互联网费用达到了 124.72 雷亚尔，占巴西最低工资标准的 13%。

全球移动通讯协会（GSMA）《2019 年拉美移动经济》报告（*The Mobile Economy Latin America 2019*）显示，2018 年，巴西智能手机的用户占总人口的 81%，69% 的智能手机用户使用移动互联网，明显高于拉美地区的其他国家。随着 4G 网络覆盖面积的不断扩大以及 5G 网络的出现，到 2025 年，巴西移动互联网用户将达到 75%（见图 1）。

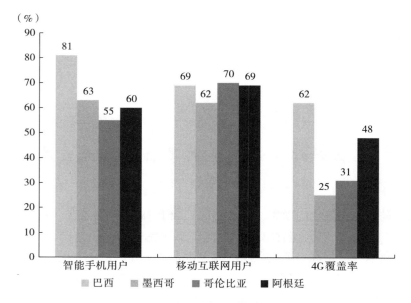

图 1　拉美主要国家智能手机和移动互联网普及率以及 4G 覆盖率

资料来源：The Mobile Economy Latin America 2019, GSMA。

（二）巴西共享行业发展现状

1. 巴西人民出行对网约车需求旺盛

巴西的基础设施水平与发达国家相比还比较落后。巴西群众在传统上比较依赖公共交通，他们人均交通支出为每月 221 雷亚尔，相当于 308 元人民币。而巴西公共交通系统更新迭代较慢，超负荷运转严重，同时，在拉美地区一些大城市，比如圣保罗、墨西哥城等，城市人口增长迅速，城市人口密度大，而其主干道大多年久失修，城市空间拥挤不堪，开私家车出行实为不明智之举。同时，巴西的收入水平较低，一辆汽车的价格相当于巴西人均月收入的 40 倍，因此只有 20% 的巴西群众拥有私家车。波士顿咨询公司（BCG）2019 年《巴西移动出行的新世界》报告（*The New Reality of Mobility in Brazil*）显示，55.60% 的巴西群众每周至少使用一次网约车出行，这几乎和他们使用私家车的比例（58.10%）一样高，同时，这个比例随着居民收入的提高也会上升，在低收入人群中，51.90%的巴西群众选择网约车出行，而在高收入人群中，选择网约车出行的比例高达 70.0%，同时网约车是第二重要的出行交通选择，仅次于私家车。结合图 2 和图 3 的分析，对于所有收入水平而言，巴西共享出行行业的渗透率接近于传统的出行模式。

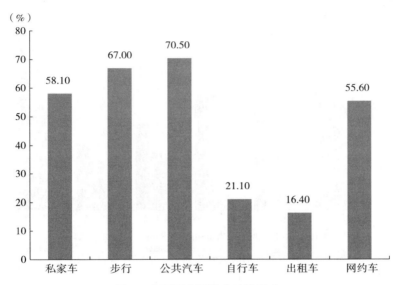

图 2　巴西国内网约车的渗透率

资料来源：The New Reality of Mobility in Brazil，BCG。

2. 巴西网约车市场的整体情况

近年来，随着现代城市化规模的增大以及速度的提高，拉丁美洲面临着公共交通和交通基础设施的双重挑战，因此，网约车服务受到当地群众的欢迎。而网约车服务作为一种流行且发展最快的移动商务，2018 年在拉美市场的业务达5.18 亿美元，到 2023 年预计将增长到 10 亿美元[①]。庞大的市场也吸引了世界各大网约车公司对拉美进行战略性投资并运营业务，包括中国的滴滴出行、美国的Uber 以及西班牙的 Cabify 等。

在拉美最大的国家巴西，网约车平台也非常多，但从目前巴西国内网约车市场的竞争格局来看，比较具有市场竞争力的分别是中国的滴滴出行以及美国的Uber。全球著名调查机构 Statista 2020 年调查数据显示，Uber 在巴西网约车市场的占有率达 69%，滴滴出行旗下的 99 打车平台的占有率为 24%，其他打车平台只占 7%（见图 4）。

---

① 资料来源：Statista 对拉美地区网约车业务收入的数据统计与预测。

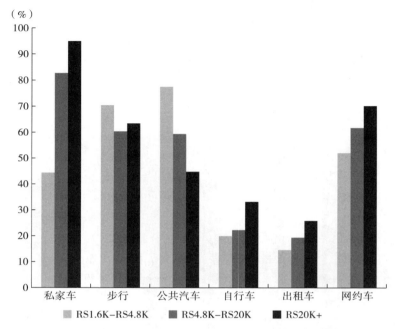

图 3　巴西不同家庭收入水平对各种出行工具的选择比例

资料来源：The New Reality of Mobility in Brazil，BCG。

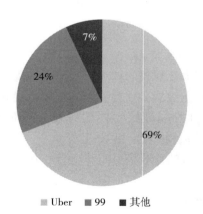

图 4　巴西网约车平台的市场占有率

资料来源：Statista 的调查数据。

（三）滴滴出行在巴西市场面临的挑战

滴滴出行从 2015 年开始在国际市场上布局，并在 2017 年跻身拉美市场。经历了投资合作、本土化融合、团队和品牌出海探索三个阶段后，滴滴出行国际化业务的运营取得了阶段性的进展，尤其是在拉美市场，实现了在 9 个拉美国家运营网约车业务。虽然国际化进程不断推进，但是滴滴出行运营亏损的局面并没有得到很好的扭转，同时国际市场占有率也不尽如人意，而在巴西，也同样面临着这种困境。通过结合资料和数据的分析，滴滴出行在巴西市场面临的挑战主要有以下几点：

1. 传统方式线下叫车和网约车之间的选择问题

相对于发达国家，巴西的基础设施还处于落后水平，部分人的生活水平还处于低收入水平，智能手机在巴西地区并没有得到全面普及，同时巴西的通信基础设施还有很大的改善空间。2018 年巴西的 4G 覆盖率只有 64%，加上上网资费高，很多巴西群众还是选择传统的线下叫车方式。Statista 调查数据显示，2017 年选择打车出行的巴西群众中，有 54% 的人选择线下叫车，而 46% 的巴西群众使用网约车平台；2019 年虽然使用网约车平台打车的巴西群众有所增加，达到 53%，但是还有很大的提升空间。

2. 巴西网约车平台竞争激烈

从巴西网约车平台的市场占有率分析，Uber 和 99 网约车平台占据了主要的消费者市场，但这中间 Uber 占比达到了 69%，滴滴出行旗下网约车平台 99 的市场占有率只有 23%，因此巴西市场竞争还是非常激烈的。面对 Uber 一家独大的局面，滴滴出行如何利用本土化运营的优势，对 99 的业务不断开拓创新，从而在巴西市场站稳脚跟，这将成为滴滴公司在未来巴西市场战略规划中的突破口。

3. 巴西对网约车的监管和立法并不完善

近年来，随着 Uber、Lyft 和滴滴等网约车平台的出现，并且已经渐渐地融入了巴西群众的日常生活，巴西共享经济的发展进入了一个新阶段，但是，面对网约车平台的快速发展，巴西交通运输管理部门并没有迅速出台相关合理措施对共享出行行业进行监管和立法，相反，一些法律法规在一定程度上限制了共享经济的发展，对网约车平台公司在当地的运营相当不利。以巴西最大的城市圣保罗为例，跨国公司使用该城市的道路是需要收费的，而且费用根据当天的时间、星期几以及所在城市的位置等不同而不同，这对网约车公司的运营造成了极大的困扰。同时，巴西在全国层面并没有对网约车进行立法，因此巴西各个州对网约车的规定各不相同，有些州甚至在地方法规上限制网约车发展，例如圣保罗州和福塔莱萨州分别颁布新规，规定必须满足持有当地牌照、使用年限不满 8 年（出租车为 10 年）、车身必须要贴有网约车公司标识等条件才可以经营网约车，虽然这些地方法规最终因为违反契约自由和公平竞争原则被巴西联邦最高法院宣布无效，但是对于网约车平台公司而言，立法司法的不完善，以及各项不明确的规定，对于公司开拓市场具有一定的挑战，而巴西在立法层面对网约车发展的松绑还有很长的一段过程。

4. 新冠肺炎疫情的影响

2020 年新冠肺炎疫情的暴发对全球经济造成了极大的影响，而对于近三年经济呈现缓慢复苏态势的巴西来说，更是一次沉重的打击，巴西 2020 年第一季度 GDP 与 2019 年第四季度相比，下降 1.5%。由于疫情的影响，人们出于安全的考虑，出行次数减少，巴西全国运输协会 NTU 发布的报告中显示，疫情以来，巴西公共汽车乘客平均减少 80%，巴西城市提供的服务平均减少了 25%。而人们在允许的情况下，更倾向于采用私家车出行。Statista 调查数据显示，2020 年网约车和传统打车的预计收入只有 4540 百万美元，远低于 2019 年的 7247 百万美元，而在 3 月疫情暴发后，网约车平台的使用率由原来的 23.6% 下降到只有5.7%。因此，对于滴滴出行来说，要想克服新冠肺炎疫情带来的影响，在巴西市场继续占有一席之地，完善市场战略的各个方面是非常有必要的。

三、滴滴出行在巴西的市场表现及分析

（一）基于波特五力模型的竞争分析

波特五力模型是迈克尔·波特在 20 世纪 80 年代初提出来的，主要是用于分析企业的竞争战略以及企业面临的竞争环境。波特认为，行业中存在五种力量对行业中的竞争规模和竞争程度有着综合的影响，而该模型涉及的五种力量分别是新加入者的威胁、企业供应商的议价能力、企业顾客的议价能力、替代品的威胁以及各竞争企业间的竞争激烈程度。通过波特五力模型对滴滴出行在巴西的发展现状以及所处的行业环境进行分析，有利于滴滴出行对巴西以及拉美网约车市场更加了解，从而发现企业自身面临的问题和挑战，及时调整运营战略。

1. 新进入者的威胁

随着共享经济的发展，在短短的几年时间里，以网约车为代表的共享出行方式开始对传统的交通出行方式产生显著的影响。一方面，以网约车为代表的共享出行方式有效地减少了大城市的公共交通压力，以及人们的通勤时间；另一方面，随着人们生活水平的提高，人们对高质量出行方式的需求日益增长，共享出行方式便利快捷的特点也正好满足了人们对这一方面的需求。随着共享出行行业的发展，各个国家开始出台各项鼓励共享出行发展的政策，加上经济的不断发展、新技术以及新思维的不断应用，一旦新的共享出行企业出现，在形式、体验、技术以及管理等方面具有优势的前提下，将会对现在的网约车市场格局产生巨大的影响。因此，随着巴西以及其他拉美国家 B2C 和 C2C 平台的逐渐成熟，未来将会有更多的共享出行企业进入拉美市场，这将给滴滴出行带来极大的发展压力。

2. 司机的议价能力

在拉美地区，不同国家的网约车司机情况并不一样，例如，在墨西哥，网约车司机往往没有自己的车，一般都是租他人的车来接送乘客；而在巴西，尽管汽车的价格很高，人们的收入也随着经济的萧条不断下降，但是巴西人却购买汽车并计划在网约车平台上发展自己的职业，因为随着失业率的提高，选择当司机成为很多巴西人的一项谋生手段。因此，对于巴西网约车平台来说，供应商的竞争主要是司机对网约车平台的选择。

目前，大部分网约车公司属于连接用户和司机的第三方平台，因此，网约车公司的盈利模式主要是按一定比例从司机收到的费用中抽取一部分佣金，而网约车公司吸引司机加入平台的主要手段也是低抽佣和高补贴，对于佣金抽取的比例和补贴金额，司机往往都是被动地接受，他们的议价能力非常弱。滴滴出行一直都是采用低价、低抽佣以及高补贴的战略，Uber 和 Lyft 公司佣金抽取的比例一般是 20% ~ 25%，而滴滴出行的佣金抽取比例一般在 20% 左右[①]。因此，在巴西市场，司机的议价能力并不强。

3. 乘客的议价能力

滴滴出行旗下的 99 公司提供的网约车服务主要有四种，分别是 99 Pop、99、99 Top 以及 Common Taxi。99 Pop 主要提供的服务是私家车出行，而 99 和 Common Taxi 是出租车服务，相比之下，使用 99 比普通出租车要便宜，而 Common Taxi 和传统的计价器出租车一样，但因为是在平台上预约，对乘客来说更方便和更快捷。99 Top 提供的是豪华的网约车服务，服务对象一般是高收入人士或商业人士。乘客可以根据自己的需要来选择不同的服务，但是他们并没有太多机会进行讨价还价，因为网约车出行都是平台根据旅程的长短以及不同的服务进行计费的，而这些计费规则都是提前设定的，乘客一般都是根据平台标示的价格进行付费，因此，乘客的议价能力相对较弱。

4. 替代品的威胁

虽然滴滴出行在收购巴西 99 公司前就投入了大量的资金进行平台建设，同时将在中国市场运营的经验和技术应用到 99 公司的业务中，在收购了 99 公司后更加注重巴西公共交通智慧网络的建设，但是，潜在替代品的竞争还是不可避免。随着巴西共享出行行业的发展，一些汽车公司可能通过自有车辆切入巴西网约车市场，而其他网约车公司也会通过技术的创新对网约车平台运营模式进行改革。为了防止替代品的威胁，滴滴出行应加大研发力度，积极创新发展网约车平

---

① 资料来源：Statista 和 Cbinsights 对全球网约车公司的调查数据。

台，建立自身的品牌特色，同时加强与巴西各政府部门的联系，推进交通智慧网络的建设。不过，从目前的市场来看，滴滴出行已经在巴西市场取得了阶段性的成就，并且与巴西的交通部门、金融部门等都建立了良好的关系，而且滴滴出行都是在当地招募司机和管理层人员，对当地的市场非常熟悉，因此，短期内出现新的网约车平台或运营模式取代滴滴出行的可能性不大，潜在替代品对滴滴出行在巴西市场的运营威胁不大。

5. 现有竞争者间的竞争激烈程度

在巴西网约车市场，滴滴出行旗下的99公司的主要竞争对手是美国Uber公司，其占据了69%的市场份额，尽管受新冠肺炎疫情的影响，网约车业务收入有所下降，但是，Uber在巴西网约车市场的地位在短期内其他竞争对手很难撼动。因此，从巴西网约车市场现有的竞争格局来看，虽然滴滴出行面临的竞争对手不多，但是竞争压力还是非常巨大。此外，滴滴出行也要警惕巴西本土共享出行企业以及上游车辆工具提供商通过自有车辆切入网约专车细分市场的冲击。在滴滴出行的发展过程中，最主要的特点是以高速增长吸引巨量资本投入，然后以低价、低抽佣和高补贴的战略取得先机，再通过拓展新业务和市场推动进行新一轮的高增长，进入下一轮融资吸金，以此不断循环实现吞并竞争对手，而这也是共享出行企业的战略共同点。虽然滴滴出行通过并购巴西本土移动出行企业99进入巴西市场，有效地解决了对新市场不熟悉的问题，但相比于更早进入巴西市场的Uber来说，滴滴出行新业务拓展以及市场的推动还处于劣势，未来想要在巴西市场突围，还需要增强创新能力，加大公关方面的宣传力度，提升滴滴出行在巴西市场的企业形象。综合分析，在面对巴西网约车市场现有的竞争者时，滴滴出行处于劣势地位。

（二）基于 STP 模型的分析

STP 模型涵盖市场细分（Market Segmentation）、目标市场（Market Targeting）及市场定位（Market Position），通过市场细分选择目标客户，进而确定目标市场，最后进行市场定位。滴滴出行为广大消费者提供出行服务，运用STP战略分析有利于滴滴发掘巴西的市场机会，开拓市场，并且能够充分利用现有资源，在巴西市场中获得竞争优势，同时有利于企业了解各细分市场的特点，制定并调整营销组合策略。

1. 市场细分

（1）按城市发展水平划分。根据消费者所在城市的人口密度和城市基础设施的发展水平进行地理细分，城市发展水平主要通过交通网络系统和4G网络的覆盖率来衡量，将巴西5570个城市的消费群体划分为不同等级。因为在巴西，不同的城市发展水平存在很大的差别，需要根据不同城市群的特征有针对性地提供相应的服务和不同的激发手段。

巴西2亿多的人口，分布在5570个不同的城市，但是城市之间的人口密度差异巨大，圣保罗是全国人口最多的市，为1211万人，超过全国26个州以及联邦区人口，人口最少的城镇是米纳斯吉拉斯州的渴望山市（Serra da Saudade），人口仅812人。公路运输在巴西占据着极为重要的地位，2018年巴西公路网总里程达156.36万公里，其中联邦路占5.3%，州路和市路占94.7%，但是巴西每年扩宽公路网的平均增速仅为1.5%，由于疫情的影响，很多道路基础设施建设项目被迫停止，联邦公路网的拓宽受到了很大的影响。在互联网建设方面，收入不平等对互联网普及产生了一定限制。巴西信息社会发展地区研究中心报告显示，截至2018年底，全国农村家庭联网率达44%，较2008年提升4%。同期，城市家庭联网率从20%升至70%，但是农村地区互联网普及率远低于城市。因此，我们应该通过城市人口密度、道路交通网系统的成熟度和互联网的普及率来进行城市群的细分，确定目标市场。

（2）按消费者群体划分。滴滴公司旗下的99网约车平台属于新兴服务型行业，消费者的收入水平和年龄段对网约车市场有很大的影响。波士顿咨询公司（BCG）2019年的调查显示，使用网约车的消费者大多集中在中高收入人群，他们的年龄集中在40岁以下，低收入人群使用网约车较少。因此，我们应该根据消费者的收入水平和年龄段分成不同的消费者群体，从而细分不同的消费者市场（见图5、图6）。

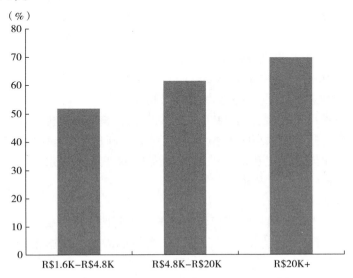

图5 月收入水平不同的消费者选择网约车出行的比例

资料来源：The New Reality of Mobility in Brazil，BCG。

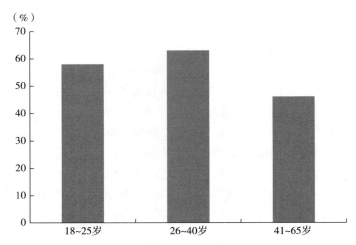

图 6　不同年龄段消费者使用网约车的比例

资料来源：The New Reality of Mobility in Brazil，BCG。

2. 目标市场

目标市场就是经过市场细分后，评估不同细分市场的吸引力，从而选择服务的目标客户。巴西是一个贫富差距较大的国家，前十大城市几乎集中了全国 90% 左右的财富，因此，在大城市消费者打车需求巨大，同时消费者的收入水平较高。因此，目标市场应该集中在大城市消费水平达到中上水平的消费者人群。

同时，滴滴公司旗下的 99 网约车平台属于新兴经济模式，比较受商务人士和年轻客户的欢迎，因此，我们可以根据客户的不同，提供不同的服务。99 网约车平台提供的服务包括 99 Pop、99 Taxi 和 99 Top，而 99 Taxi 又分为 99 和 Common Taxi。99 Pop 提供私家车出行服务，而 99 Taxi 和 99 Top 都提供网约车服务。99 Taxi 提供覆盖巴西大部分市场的出租车服务，它的目标人群更多的是大城市的上班一族和年轻人；而 99 Top 提供的是豪华出租车优质服务，它的目标人群更多的是商务人士和高收入客户人群，因为高收入人群不太注重价格，他们更重视的是个性化的配置和优质的服务，因此 99 Top 在提供打车服务时更应该了解高端消费者的个性化要求。

3. 市场定位

市场定位是指服务机构将所提供的服务介入所选定的目标客户的行动。滴滴出行旗下的 99 出行平台为了更迎合巴西消费者的需求，实施了很多适应巴西市场的本土化改革措施，形成了独特的商业模式。

（1）提供快捷便利的服务。对于共享出行来说，使用频次非常重要。而在巴西圣保罗等大城市，目标用户分散在城市的各个角落，资源的调度非常重要。

为了确保消费者在平台上叫车后短时间内出租车可以到达，99 公司首先将出租车覆盖大城市的核心区域，包括大多数经济行为集中的商业圈和热点社区，确保叫车后 5~10 分钟内到达，而随着用户数和司机数的增长，逐步进入其他区域，用户叫车后的到达时间更加缩短，现在到达时间基本控制在 3 分钟以内，为巴西共享出行用户提供了快捷便利的服务。

（2）提供安全的保障。巴西长期社会治安不稳定，城市的安全问题对巴西人选择出行交通方式产生了负面影响。而 99 出行平台通过一系列的措施让巴西用户使用网约车出行时更有安全保障。从 2018 年开始，99 平台公司在平台车辆内部安装了监控摄像头，以保障用户出行安全，并且车内监控设备采集到的信息将被直接传输至公司的安全中心，每天 24 小时提供服务。同时，平台还利用GPS 工具实现实时监控，跟踪路线，乘客还可以和在 99 平台上注册的家人朋友分享路线。疫情暴发后，滴滴公司还借助人工智能技术，对 99 平台的司机进行日常检查，确保防护口罩的使用。2020 年，99 公司更是为用户安全投资了 3500 万雷亚尔。滴滴出行旗下的 99 出行平台的一系列措施，为乘客的安全出行提供了更大的保护。

（3）灵活的平台支付模式。巴西在政府严格监控的支付环境下，一部分人无法申请到信用卡，使用信用卡和借记卡消费的巴西人很少，移动支付在巴西并没有得到普及，因此，70%在 99 平台上使用网约车出行的用户都是由现金结账的。而滴滴公司通过与拉美多个国家的金融机构建立合作伙伴关系，为乘客和司机推出借记卡和钱包服务，乘客甚至可以在便利店为滴滴账户充值，灵活的平台支付模式让大部分巴西人都能享受到共享出行服务。

四、战略优化建议

虽然滴滴出行在巴西市场的运营已经取得了阶段性的成果，但是滴滴出行进入巴西市场时间较短，通过前文的分析发现，其在服务升级和市场开拓等方面仍存在一系列的问题，尤其在疫情的冲击下，滴滴出行更是面临着巨大的挑战。针对这些问题，本文将分别从企业运营战略优化和公共关系两个方面对滴滴出行在巴西的市场战略优化提出相关的建议。

（一）企业运营战略优化

1. 增强业务多样性，提高市场竞争力

由于新冠肺炎疫情的影响，一方面，人们出行次数大大减少，严重影响了网

约车业务的开展；另一方面，由于出门受到限制加上疫情可能导致部分商家关门，人们出门购买食物受到了不同程度的影响，尤其是在资源匮乏的小城市，送餐服务越来越受到人们的欢迎。据统计，在疫情来临后，Uber 的餐饮预订业务需求旺盛，一季度同比增长 54%。因此，滴滴出行可以加大对 99 公司的外卖业务 99 Food 的投入，同时将部分司机分配到送餐服务平台，从而弥补核心网约车业务下滑的损失。目前，巴西的外卖平台主要被 iFood、Rappi 和 Uber 旗下的 UberEats 占据着主要的市场份额，滴滴出行对外卖业务的投资短期内很难成为外卖行业的"领头羊"，但是，随着 99 Food 在巴西越来越多的城市提供送餐服务，加大这项业务的投入一方面可以为巴西人的生活提供便利，增强 99 平台在巴西市场的知名度，另一方面可以吸引更多人注册 99 平台，为 99 网约车平台积累更多的潜在客户，增强滴滴出行在巴西市场的竞争力。

2. 加强与各大互联网平台合作，提高用户黏合性

在巴西网约车市场中，除了 Uber 和 99 公司，还有其他网约车企业在这个行业中竞争，如果竞争对手有更好的出行价格或者更高的行驶评价，用户和司机便会选择其他公司的网约车服务，因此，滴滴出行都是以低价、低抽佣和高补贴来吸引用户和司机使用其网约车平台，利用资本助推核心网约车业务的增长，但是如果长期使用这个战略运营，公司很难实现核心业务的盈利。从长期发展的角度分析，滴滴出行需要打破平台业务边界，与各大互联网平台合作，向用户提供优质的出行信息解决方案，同时尽可能地为巴西当地互联网用户提供便捷的网约车出行服务，提高用户黏合性。

3. 合理运用融资渠道缓解资金压力

自 2012 年成立以来，滴滴出行已经进行了 F 轮融资，融资总金额达到 200 亿美元左右，其主要投资人包括日本软银公司、阿里巴巴等。随着疫情对全球经济的冲击，各大公司的经营都会受到不同程度的冲击，而滴滴出行国际化进程并未因此而停下，必然需要更多的资金储备，因此，滴滴出行需要合理运用融资渠道来缓解资金压力。滴滴出行在继续寻求风险投资的同时，积极开展其他形式的股权投资，也可利用全球各地资产进行债券融资，以多元化的融资渠道来减少资金不足的风险。

4. 加强与当地各大汽车供应商的联系与合作

随着共享经济的发展，越来越多的企业看到共享出行行业的机遇和发展的空间，同时，经济的发展和技术的进步也推动着巴西 B2C 和 C2C 平台的发展，而且这两种模式也呈现出互相融合的趋势，因此，未来巴西的汽车供应商很有可能会大规模地进入网约车市场，对现有的巴西网约车市场格局将产生巨大的影响，而各大网约车平台将面临前所未有的压力。因此，滴滴出行应加强与当地各大汽

车供应商的联系与合作，包括收购当地的乘车服务公司或吸引出租车运营商加入平台，与他们建立友好合作关系，降低竞争的压力。

（二）公共关系

1. 加强与政府部门的交流合作，熟悉当地的法律法规

巴西的法律法规以及临时措施繁多，法律透明度较低，对外国企业的投资造成了极大的影响。目前，巴西对于网约车的立法并不完善，每个城市的政策法规可能有所区别，而且网约车平台的业务涉及本地非常具体的规章制度，如果不小心触犯了当地的法律法规，对滴滴出行将会造成极大的损失，同时也会对滴滴出行在当地的形象造成影响。因此，滴滴公司在巴西拓展业务时，应该对当地的政策法规有深刻的理解，同时也要和相关政府部门取得良好的合作关系，签订共享出行道路优惠政策，共同推进巴西智慧交通网络的建设。

2. 加强品牌建设，提升知名度

对于进入新市场时间较短的跨国公司来说，加强品牌建设，提升消费者对服务平台的忠诚度，是长期立足于国际市场的重要保证。滴滴公司通过收购当地网约车公司 99 进入巴西市场，两年来，通过与当地科技公司和监管机构建立良好的关系，提供更安全的服务平台，在巴西群众中获得了不错的口碑。但是，相比于 Uber 以及巴西当地的其他网约车平台，滴滴公司进入巴西市场的时间并不长，在当地的影响力还需要不断加强。因此，加强品牌建设，提升平台的知名度，对于滴滴出行未来的发展非常重要。疫情期间，滴滴在中国、拉美、澳洲、日本和俄罗斯市场共提供了近 400 万次医护和社区服务，得到了全世界的认可。因此在未来，滴滴公司一方面要完善 99 服务平台的建设，为巴西本土司机提供满意的就业平台，也为巴西民众创造优质的网约车出行服务，提升企业的综合竞争力；另一方面，滴滴出行需要积极参与慈善公益活动，尤其是疫情期间，参与公共医疗事业的建设，为医护人员和群众提供出行服务，从而提升企业在当地的形象。

3. 推动本土化运营，加强巴西智慧交通网络的建设

巴西基础设施的不完善在一定程度上制约了巴西共享出行行业的发展，因此，通过人工智能技术和信息技术支持巴西城市智慧交通体系的建设，为用户创造安全可靠的网约车出行平台，对滴滴出行未来的发展至关重要。另外，坚持本土化运营一直以来都是滴滴出行国际化进程的战略目标和手段，通过收购巴西本土移动出行公司 99 进入巴西市场，正是滴滴出行在国际市场中提供本土化服务的一个表现。但是，跨国公司在收购过程中，有可能引发企业管理理念和文化的冲突，同时滴滴出行还面临着巴西移动支付不完善等问题。通过投入新技术完善平台的建设以及与当地金融机构合作，滴滴出行旗下的 99 公司已经有很多本地化的功能，例如行程途中乘客可以增添或更改目的地，在支付方面用户也可以绑定国际信用卡支付车费或现金支付，但是，这些功能的覆盖面还有待扩大。例如，2020 年 99 公司与 WhatsApp 达成合作，将在 WhatsApp 平台上接受订单，但是通过 WhatsApp 预约网约车服务的用户只能通过现金支付，这在一定程度上限制了 99 公司业务的拓展。因此，滴滴出行在未来应该继续加强与巴西当地的金融机构进行合作，完善平台的支付程序，吸引更多司机加入 99 打车出行平台，雇用更多熟悉巴西城市的本地司机，为平台用户提供更优质的服务。

目前，在拉美地区，除巴西外，滴滴出行在智利、墨西哥、哥伦比亚、哥斯达黎加和巴拿马等国家都有相应的业务，并且还在不断开拓其在拉美地区的其他市场。本文通过总结滴滴出行公司在巴西市场成功的经验，针对存在的问题以及在疫情期间面临的挑战，提出了相应的建议，为后疫情时代滴滴出行公司在巴西的市场战略提出了优化建议，也给滴滴出行公司开拓拉美其他地区业务提供了借鉴和参考。随着中拉关系的进一步拉近，双边投资优惠政策将吸引更多国内共享出行企业赴巴西乃至拉美投资，并参与巴西乃至拉美地区智慧交通网络的建设，未来共享经济将成为拉美国家经济发展不可或缺的一部分。

参考文献

［1］陈鹏远．滴滴出行进入哥斯达黎加，中美洲市场正式开启［J］．广东交通，2019（6）：46.

［2］陈强，敦帅．分享经济企业发展战略演进路径研究——基于滴滴出行的案例分析［J］．科学决策，2020（11）：42-69.

［3］亨利·明茨伯格．战略历程：纵览战略管理学派［M］．刘瑞红译．北京：机械工业出版社，2005.

［4］浅析"一带一路"下中国互联网公司出海之路——以滴滴出行在拉美为例［J］．一带一路报道（中英文），2019（5）：100-103.

［5］迈克·波特．竞争战略［M］．北京：华夏出版社，2001.

［6］徐君土．企业战略管理［M］．北京：清华大学出版社，2008.

［7］尹慧敏，王姝．滴滴并购巴西"99 出租车"的效应与风险分析［J］．市场周刊，2018（9）：23-24.

［8］张建涛．企业战略管理创新［M］．广州：中山大学出版社，2007.

［9］周有辉．网约车的全球争夺战：时隔四年，滴滴成了进攻方？［J］．大数据时代，2020（12）：38-43.

［10］祝合良，刘宝宏．战略管理教程［M］．北京：高等教育出版社，2003.

［11］邹昭稀．企业战略分析［M］．北京：首都经济贸易大学出版社，2008.

［12］Anonymous. The Mobile Economy Latin America 2019［R］. GSMA, 2020.

［13］Deighton-Smith R. The Economics of Regulating Ride-hailing and Dockless Bike Share ［C］. International Transport Forum Dicussion Papers，Paris：OECD Publishing，2018.

［14］Masao Ukon，Regis Nieto，Eduardo Canabarro. The New Reality of Mobility in Brazil ［R］. BCG，2019.

巴西基督山国际旅游景区游客凝视行为研究

李英华　　杨晓燕[*]

摘　要： 巴西被誉为南美旅游天堂，拥有着丰富的旅游资源。为了提高巴西旅游景点对中国游客的吸引力，探究中国游客在巴西旅游时凝视的内容，本文采用网络文本分析法，以巴西基督山为例，选取携程网上 228 篇游记和 286 张照片作为数据来源，研究发现：①46% 的照片显示了景区的标志物，游客凝视点多集中在耶稣像上；②43% 的照片显示了景区的风景环境，登山景观与山顶景观是游客的第二凝视对象；③11% 的照片显示了景区的交通方式，主要集中在景区火车和徒步上山。基于以上研究结果，本文对巴西基督山国际旅游景区提出加强景区展示能力、提高景区美学品位、健全景区交通管理等建议，以促进景区更好发展。

关键词： 巴西基督山；旅游凝视；网络文本分析

一、引　言

自古以来，视觉一直都是人们最重要的五感之一。随着时代的发展，人们开始留意到生活中无处不在的目光，开始围绕"看"与"被看"进行大量的研究并提出了许多理论，而以视觉为核心的"旅游凝视"就是其中之一。"旅游凝视"理论最早由英国社会学家厄里提出，他将其定义为游客自身的旅游欲求、旅

---

　* 李英华，广东外语外贸大学商学院硕士研究生；杨晓燕，博士，广东外语外贸大学商学院教授，硕士生导师。

游行为和旅游动机三者相结合的产物，也可以认为是游客在旅途中对当地的一种无形的作用力。在旅游方向的相关研究和实践中，使用"旅游凝视"理论有利于学者理解游客获得愉悦体验的来源，提高游客的满意度，帮助景区提高游客访问量。

在当今社会中，人们对于旅游的消费支出越来越高。在闲暇之余，越来越多的人希望通过旅游达到放松心情、了解历史或者开阔眼界的目的。如今，随着国家各项防疫措施的落地和执行，疫情在我国得到了有效的控制，人们对于出境游的需求和信心也逐渐复苏。国家统计局的数据显示，我国近十年来出境旅游人数逐年增加，已经稳居世界第一位，如图1所示。

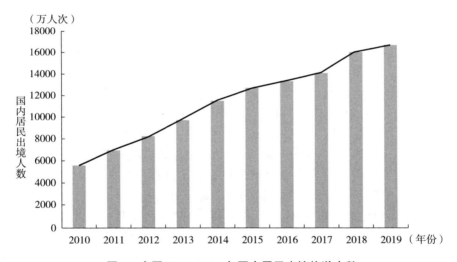

图1　中国2010~2019年国内居民出境旅游人数

作为"金砖国家"之一的巴西近年来成为了我国游客出游的热门目的地。位于南美洲的巴西幅员辽阔，国土面积排名世界第五，拥有丰富的自然资源，尤其是拥有地球上最原始、最大的热带雨林。巴西与中国相距较远，国人对于巴西的印象往往停留在巴西的足球、桑巴舞上，并未真正深入了解。"一带一路"倡议的推行使"一带一路"沿线国家和人民的交流变得更加密切、更加方便。巴西是拉丁美洲第一经济大国，经济实力强劲，在2020年时更是成为世界第九大经济体。巴西政府一直致力于开发旅游产业，根据世界旅游城市联合会（WTCF）与中国社会科学院旅游研究中心在2020年共同发布的《世界旅游经济趋势报告（2020）》，巴西旅游总收入在全球国家中排第12名，基于其丰富的自然旅游资源和文化旅游资源，巴西发展旅游产业的潜力巨大。如何有效提高巴西旅游资源开发和利用的效率，吸引越来越多的中国游客前往巴西，为巴西带来经济、政治、社会方面的效益成为了一个值得研究的问题。因此，本文基于网络文本分析方法探究游客在旅游过程中凝视的内容，了解游客的各项需求，为巴西国际旅游景区的保护和开发提供建议。

二、文献回顾

（一）旅游凝视

国内较早涉及"旅游凝视"理论的学者刘丹萍（2007），对厄里提出的"旅游凝视"理论进行了梳理，并对"旅游凝视"的发展历程进行了详细的介绍。之后，许多国内学者开始以"旅游凝视"理论作为基础，针对游客群体进行不同方面的研究。首先有学者以游客自身作为研究的起点，结合"旅游凝视"理论，利用定量研究方法详细分析了影响游客摄影行为的因素（阳梨和赵玉燕，2011）。之后，学者们将"旅游凝视"理论延伸到游客的体验上，针对游客凝视行为的研究开始大量出现，主要有以下两个方向：一是探讨游客在旅途中凝视的特征（杨冬梅，2012），二是分析游客在旅途中主要的凝视物（代改珍，2014）。早期的凝视理论强调了游客作为凝视主体，在给凝视对象附加了旅游价值的同时，也会促使旅游目的地开展系列措施以满足或迎合游客不断变化的凝视需求，以期收获更多的经济效益。国外的学者在对游客进行研究时，发现游客的凝视往往受到旅游指南、游客评价的影响，东道主的凝视使游客下意识地按城市期待（如城市官网旅游手册）进行旅游体验（McGregor，2000）。而事实上，游客与其凝视对象之间存在相互作用。Maoz（2006）在研究的过程中提出了"双向凝视"理论，解释了游客与不同主体之间复杂的相互凝视行为，他们之间并不是简单的单向凝视，而且每一种凝视对其他凝视都会产生影响。随着凝视理论的不断完善，"旅游凝视"理论已经被学者们广泛用于促进旅游目的地发展的相关研究，为旅游景区的改善提供了科学的建议（Stone and Nyaupane，2018）。

（二）网络文本分析

近年来，越来越多的学者开始引用网络文本作为数据源来进行研究。网络文本大部分是游客基于自身旅游体验发布在相关的网站和软件中，真实地反映了游客对于游览地的感受，具有良好的借鉴价值。鉴于此，学者们充分利用了网络文本的有效性和快捷性的优势，利用各种定量研究方法，尝试探究游客对旅游地的形象感知和旅游地在游客心中的优劣程度（付业勤、王新建和郑向敏，2012）。在旅游发展与规划的过程中，学者们渐渐意识到科学考量游客体验质量评价是一个景区可持续发展及提高游客满意度的重要保障。因此，有学者为了分析游客的体验质量评价，把网络文本分析方法应用于研究之中，从而构建了游客体验质量评价模型，为景区的开发与设计提供了科学的依据（林开淼、郭伟锋和邵俊利，2019）。挖掘景区的文化内涵，对景区的可持续发展具有重要意义。旅游的主题众多，有的学者为发挥佛教景区的优势，利用网络文本分析方法，总结归纳出游客在佛教景区的凝视感知，并对如何提高佛教景区游客量以及传播佛教文化提出相关建议（白玫、赵鹏宇和宋强，2017）。正如以上所述，网络文本分析方法有助于学者抓住游客的关注点，探索如何让景区能够更好地在游客心中传播，从而提高游客的出行意愿。通过研究发现，基于网络文本分析的出境旅游研究还相对较少，因此，本文结合网络文本分析方法对中国游客前往巴西旅游景点这一行为进行了深入探究，为巴西开拓中国旅游市场，促进"一带一路"沿线国家之间的合作和交流做贡献。

三、研究设计

（一）研究对象

巴西是一个多民族、自然和文化资源丰富的国家，除了足球、桑巴舞、热带雨林等，还有三座世界闻名的古城市，分别是里约热内卢、圣保罗和巴西利亚。而位于里约热内卢的基督山，更是游客来到巴西的必去景点，是巴西的代表性景点之一。基督山通常被称为耶稣山或者驼背山，正式名称为科科瓦多山，山顶上是世界新七大奇迹之一的里约热内卢耶稣像。巨大的耶稣塑像耸立在这座高山山顶，无论白天还是夜晚，从市内的大部分地区都能看到，是巴西人们心中最自豪的国家标志之一。基督山在疫情暴发之前，每年可以吸引超过千万的游客前来游览，全年游客访问量在巴西旅游景点中名列前茅。同时，基督山一直都是巴西政府官方评选的国家必去景点之一，并且当地政府一直采取各项积极措施鼓励各大电影公司前来基督山进行取景拍摄，是巴西重点推广的世界性景点。因此，本文选择巴西基督山为研究对象，探究该景区游客的凝视内容。

（二）数据来源

网络的高度发达使游客可以在各种旅游网站或者软件上获取有价值的信息、发表评价和相互沟通。与其他的研究方法相比，使用网络文本分析方法的优势是，在收集数据的过程中会更加客观真实、方便快捷。利用网络文本中的文字、照片和音频等内容，可以深入地了解游客对某个景区的真实感受，减少其他因素造成的干扰。在携程网的游记板块中，以"耶稣山""基督山""驼背山""科科瓦多山"为关键字，共收集到了网络游记285篇，其中部分游记为纯文字笔记，部分游记为包含照片的文字笔记。为保证样本数据的客观有效，需要进行筛选工作。筛选工作遵循三大原则：①时效性。选择样本时间为2016年1月1日至2021年1月30日，保证样本是较新的。②实用性。剔除包含广告推广之类的宣传游记和与景区无关的照片，保证样本数据是有效可参考的。③完整性。删除10个字以下的游记，以及一些诗歌、抒情散文等，这样可以保证样本内容的全面性和完整性。经过人工筛选剔除无关的文本和照片后，得到有关巴西基督山的228篇有效游记和286张关于巴西基督山的有效照片。

（三）研究方法

1. 内容分析法

为了归纳总结游客凝视的对象，采用内容分析法对收集得到的照片进行处理。内容分析法最早是由美国学者贝雷尔森提出的，被广泛应用于与社会学相关的学科内容的研究。内容分析法主要分为五个步骤：①提出研究问题；②抽样；③编码；④分析数据；⑤报告研究结果。对从上述步骤中收集得到的286张有效照片进行编码工作，为了减少主观因素的影响，邀请两位编码人员对每张照片进行浏览之后，对照片中的内容制定主题。经两人共同商讨、研究之后，制定统一的类目并最终对照片进行分类、合并、剔除。

2. 信度检测

为了让建构的分类具有严谨性，需要进行信度检测。邀请两位编码人员开展信度检测工作。从游记中随机选取80个研究样本作为对象，两位研究人员对其进行编码工作，然后根据编码结果计算双方编码结果的相互满意度：R＝2M/（N1＋N2）。其中，M为两位编码人员编码结果相同的次数；N1为第一位编码人员的编码次数；N2为第二位编码人员的编码次数；R为相互满意度，若R>0.8，说明编码结果可以使用。最终建构出三个主类目，即景区标志、风景环境和交通方式。

四、研究结果

（一）照片分析

游记中的照片能够直观地体现游客在巴西基督山选择的凝视对象，基于上述的数据处理工作，对照片进行总结归纳。表1是携程网上286张关于巴西基督山照片的对比分析。其中 132 张为景区标志物照片，122 张为风景环境照片，32 张为交通方式照片。

表 1 携程网 286 张巴西基督山照片比较分析

照片类别	照片内容	照片张数（张）	照片比例（％）	总比例（％）
景区标志	耶稣像	132	46	46
风景环境	登山景观	34	12	43
	山顶景观	88	31	
交通方式	徒步登山	12	4	11
	景区火车	20	7	

从表 1 可看出，景区标志物的照片占总数的 46％，说明来到巴西基督山的游客的关注点多数集中在景区的耶稣像上，对耶稣像具有浓厚的兴趣。而风景环境的照片所占比例为 43％，是来到巴西基督山游客的第二凝视对象，在景区的开发中具有很大的潜力和可能性。有关上山交通方式的照片只占 11％，说明游客来到巴西基督山时，往往会忽略景区的交通方式，景区的交通方式不会在游客心里留下深刻的印象。

（二）笔记分析

游记中的笔记能够清楚、直观地反映游客对于巴西基督山景区的了解程度和景区在游客心中的评价优劣，游客在笔记上描述得越多，说明景区展示的效果越好。为了分析游客在巴西基督山对凝视对象的评价优劣，在 228 篇有效游记中随机抽取了 12 位游客的游记笔记内容制作成表 2，并对游客进行编号，分别为 1～12，表 2 从笔记的角度总结了游客的凝视内容。

表 2 游客对于巴西基督山的凝视

凝视内容	游客编号	游记内容	内容分析
耶稣像	1	总是在电视上面看到，当自己真的站到了这个耶稣像的脚下的时候，那种震撼还是非常强烈的，我觉得晚上的那种感觉更好，有一种神秘又宏伟的感觉。	当游客 1 亲眼看到耶稣像时，被耶稣像的宏伟震撼，游客 1 的游记中可以体现出游客 1 对耶稣像的赞赏

续表

凝视内容	游客编号	游记内容	内容分析
耶稣像	2	当夜幕降临的时候，耶稣像上会亮起白色的灯光，配合山下璀璨若繁星的城市景致，迷幻而庄严。	从游记中可以看出游客2是晚上去的耶稣山，配合着炫丽灯光的耶稣像深深地吸引着游客2，反映出耶稣山能给游客带来优秀的体验效果
	3	里约的基督圣像是标志性建筑，不管在市内哪个位置都能看到，它是世界新的七大奇迹之一，里约的港口也是世界三大天然良港之一。所以里约第一站，我选择了这里。	游客3由衷地对基督像表达了自己的赞美之情，并且表达了自己去里约热内卢的第一个景点就是基督山
	4	巴西著名景点，很多电视宣传会看到这里，也是走了最多的地方。景色不错。	从游客4的游记中可看出耶稣像是世界闻名的景点，经常出现在世界各国的电影之中，也侧面表现出了巴西政府对于耶稣像宣传的重视
山顶景观	5	耶稣山是巴西著名的景点！在里约热内卢的最高点！可以俯瞰整个里约城！几乎是所有游客到巴西的必打卡拍照景点！	当游客来到耶稣山顶时，可以清晰地看到里约热内卢的城市面貌
	6	巴西特色景观值得一看，可惜我们去时有雾，只能欣赏朦胧美。	从游客6的游记可看出山顶景观会随着天气的不确定性而影响游客对景观的欣赏
登山景观	7	山上古木参天，郁郁葱葱，怪石悬崖，流泉飞瀑，云雾缭绕，景色奇绝。	耶稣山绿化环绕，生机勃勃，游客上山时会被其吸引
	8	不像国内传统的景点，商业氛围没那么浓。上山要途经壮观的贫民窟，沿途军警帅气！	与国内景区相比，基督山景区商业开发还处于初步阶段
徒步登山	9	山还算好爬，只是有些路面不平，需要体力和毅力，是锻炼身体的好去处。时间不充足，好多地方未到。	游客9对景区供游客徒步登山的路线感到不满，认为部分路面存在缺陷，需要改善
	10	世界七大奇迹之一，去里约绕不开的地方，上山的火车票略贵，于是我选择了徒步，1.5~2小时可以到基督像，游人非常多，典型的热门旅游地。	游客10觉得另一上山交通工具——火车的价格偏贵

续表

凝视内容	游客编号	游记内容	内容分析
景区火车	11	门票26雷亚尔，上山的小火车需要提前从网上预订，可以俯瞰里约城，景色很美。	游客11的游记体现了耶稣山景区销售门票的智能化和便捷性
	12	天气好景色还可以，就是排队比较久，可坐小火车上山。	游客12对乘坐火车上山排队时长感到不满

1. 景区标志

标志物是指能够让游客清楚识别、对游客具有重要意义，且具有代表性的属于景区的物品，而耶稣像毫无疑问就是基督山的标志，甚至是整个里约热内卢乃至巴西的标志。在表2中，游客1、游客3和游客4在来到耶稣像面前时，都会为耶稣像的宏伟和庄严所震撼。在巴西更有一句经典的名言："上帝花六天创造世界，第七天创造了里约。"这句话更是凸显了里约热内卢这座城市和基督山在世界人民心中的地位，因此耶稣像时至今日依然出现在众多的电影和电视节目当中，吸引着无数的游客前来。游客2提到了晚上的基督山，晚上的基督山会打开炫丽的灯光，耶稣像在灯光的渲染之下显得更加神秘和宏伟，给夜晚前来游览的游客一种极佳的视觉效果，让游客心中不由自主地发出感叹与赞美。在分析游客对于巴西基督山标志物的凝视时可以发现，游客们在看到耶稣像时，心里都会产生赞美之情，正在游览的游客对基督山景区充满崇敬，结束游览的游客对景区充满感叹。在收集的有效游记中，对耶稣像凝视的游客都无一例外地展现出了对耶稣像的喜爱之情，并且深深地被巴西基督山晚上的灯光吸引，景区的相关部门应该继续围绕基督山加强展示能力。

2. 风景环境

一个景区的风景往往是最能代表一个景区特色的符号，不同地方的景区风格往往也会有所差异。而游客到达一个景区，风景环境自然也会成为他们想要凝视的对象。巴西基督山随着耶稣像的建成在20世纪30年代正式成为一个世界闻名的国际旅游景区，景区的一草一木都凝结了当代人民的心血和智慧。表2中，游客5、游客6、游客7和游客8都把凝视点放在了风景环境上，基督山的风景环境主要可以分为山顶景观和登山景观。游客5从基督山山顶看到了整个里约城的城市景观，基督山山顶是整个里约城的绝佳观赏风景的地点。由于天气的不确定性，游客6在登上基督山山顶时，想要欣赏山顶风景却被浓浓大雾阻隔，这种现象往往会让游客充满期待而来，怀着失望而归。游客7和游客8则把凝视的重点放在了登山景观上，从山脚到山顶所走的路程中，沿途的生态环境让游客7赞叹不已。基督山拥有出色的天然生态绿色环境，不仅因为其下方就是奇久卡国家森林公园，而且巴西政府一直注重国内森林的保护工作。政府的有效监督，维护了森林最原始、最自然的状态，使游客上山路上充满了生机，让上山游客都能够感受到大自然的奥妙。游客8提到了基督山景区的商业氛围与国内景区相比还处于初步阶段，同时，上山路上沿途会有军警保证游客的安全，体现了景区能够为游客提供足够的安全保障，增加游客的安全感。景区部门应该继续健全相关的规章制度，防止工作人员和游客做出破坏生态环境的举动，同时，景区应该引入相关的技术及时让游客了解到基督山上的天气情况，告知是否适合观赏耶稣像，让来到巴西基督山的新游客有一个更好的体验。

3. 交通方式

每一个景区的交通方式通常也会成为游客凝视的对象，巴西基督山的交通方式主要分为徒步上山和乘坐景区火车。表1显示，有11%来到巴西基督山的游客将选择交通方式作为凝视的对象。交通方式不仅是将游客运送到目的地的工具和载体，往往还可以影响游客的旅游体验。对于基督山的交通方式，结合收集到的有效文本分析，游客通常选择两种交通方式上山：徒步登山或者乘坐景区小火车。从游客9的游记中可以看出，游客9对景区供游客徒步登山的路线感到不满，认为部分路面崎岖不平，影响着游客上山的安全性，存在需要改善的可能性。从游客10和游客11的游记中可以看出，虽然景区火车订票服务智能快捷，但是对于部分游客来说，景区火车票的价格偏高。景区部门应该关注游客对于票价的态度，考虑开展相关的优惠及促销活动。游客12在上山的过程中，认为排队等候火车上山的时长过长，并对此表达了自己的不满。由此可以看出，景区的交通方式缺乏灵活性，应该根据实际的客流量安排上山的交通班次，以做到在不浪费成本的同时提高游客的体验性。

五、研究结论与展望

（一）研究结论

基督山具有独特的文化内涵，已经超越了传统意义上以游山玩水为主、以休闲娱乐为目的的旅游，它更是一种让游客的精神和心灵受到洗礼的旅游。然而，在对基督山等国际景区的保护以及开发上，仍然有许多值得改善的地方。一方面，部分工作人员和游客缺乏环保意识，以至于生态环境在无意中受到了破坏。另一方面，景区的管理开发工作还有待优化。利用景区自身的优势，开发独特的景区资源，才能吸引更多的游客。对此，可以从以下三方面着手：

（1）加强景区展示能力。景区的标志物是一个景区的牌子，各个景区都有自己独特的标志物。耶稣像作为基督山景区甚至巴西的标志，提高耶稣像的展示效果是发展景区的重要环节。在当今科技发达的时代，基督山景区可以利用各项新技术，让游客不仅在视觉上得到满足，同时在其他感官上得到满足，以提高游客的体验感。除了目前现有的灯光效果，景区还可以把 VR 技术应用于耶稣像中，提高游客欣赏耶稣像的趣味性，同时，景区应该挖掘更多的文化素材，建立相关的信息库，提供对应的二维码，方便游客了解关于耶稣像背后的故事与细节，以满足想了解耶稣像有关知识、背景的游客，并吸引更多年轻的游客。

（2）提升景区美学品位。景区的风景环境是游客的第二关注点，对其进行美化工作有利于吸引更多的游客。在山顶，游客可以欣赏到整个里约城的美景，但是由于天气的不确定性，往往会导致部分游客失望而归。景区应该借助新媒体平台，运用方便、高效的网络手段让更多的游客及时了解到基督山山顶的天气情况，避免游客错失观赏美景的最佳时机。同时，基督山景区应该制定并强化景区环境保护工作的规章制度，形成全面的管理体系。例如，工作人员应该秉持可持续发展的宗旨，对景区的生态环境进行保护和美化工作，避免在开发旅游的同时，过度开发自然资源。改善景区的风景环境，有利于提升景区在游客心中的形象，增强游客重游的意愿。

（3）健全景区交通管理。景区交通不仅是游客的代步工具，更是游客去景区游玩的重要一部分。景区应该定期进行路线和交通工具的检查工作，首先在游客徒步的路线上，景区工作人员应该以游客安全保障为前提，定期对其存在陡峭、不平的路线进行修整，保证徒步上山的游客不会出现路面状况及危险。其次，针对基督山游客提到的交通票价贵、排队时间长的问题，基督山景区应该灵活安排景区的交通班次，定期开展促销活动。对于节日或者周末游客多的时候，景区应该灵活加开上山下山的火车班次，以避免游客排队等待时间过长而引起消极情绪。同时，景区应该思考游客反映的交通票价过高问题，定期开展促销活动，让游客感受到基督山之旅是性价比极高的一次旅行，提高游客的推荐意愿和重游意愿。

（二）研究展望

网络文本分析如今已经受到了我国越来越多学者的重视，其真实性及有效性已经得到了众多学者的认可。今后，若从网络文本类型的角度进行分析，网络文本分析的数据源应该不仅仅局限于文字和图片，音频、视频等多媒体内容也应逐步被学者们采纳及应用。另外，从研究领域来说，网络文本分析这种高效的方法并不是只能用于旅游研究中，各领域的学者们还能利用其丰富的数据源，将其运用到所在领域中，并结合科学的软件及工具，一定能让研究进行得更加真实以及深入。

本文虽将网络文本分析方法运用于国际景点研究中，但对于我国学者来说，也可将其运用于中国景点研究中。以中国景点为出发点，运用网络文本分析技术，对外国游客的游记进行收集及筛选，从中挖掘外国游客对于中国景点的凝视重点，更有利于各个景区了解外国游客的真实想法，克服中外交流的障碍，以吸引更多的国外游客前来，开拓更大的国外市场，让中华文明更远、更有效地传播到世界的每一个角落。

参考文献

［1］刘丹萍. 旅游凝视：从福柯到厄里［J］. 旅游学刊，2007（6）：91-95.

［2］阳梨，赵玉燕. 旅游者摄影行为及对旅游地形象的表征研究——以凤凰古城旅游者为例［J］. 三峡论坛（三峡文学·理论版），2011（3）：61-66，148.

［3］杨冬梅. 旅游凝视视角下 798 艺术区旅游行为的深度阐释［D］. 东北财经大学硕士学位论文，2012.

［4］代改珍. 游客对历史街区传统民俗文化符号的凝视研究——以北京什刹海的游客体验为例［J］. 管理观察，2014（9）：113-118.

［5］McGregor A. Dynamic Text and Tourist Gaze：Death Bones and Buffalo［J］. Annals of Tourism Research，2000，27（1）：27-50.

［6］Maoz D. The Mutual Gaze［J］. Annals of Tourism Research，2006，33（1）：221-239.

［7］Stone L. S.，Nyaupane G. P. The Tourist Gaze：Domestic versus International Tourists［J］. Journal of Travel Research，2019，58（5）：877-891.

［8］付业勤，王新建，郑向敏. 基于网络文本分析的旅游形象研究——以鼓浪屿为例［J］. 旅游论坛，2012，5（4）：59-66.

［9］林开淼，郭伟锋，郜俊利. 基于网络文本的影视主题公园游客旅游体验质量研究［J］. 西昌学院学报（自然科学版），2019，33（4）：31-36.

［10］白玫，赵鹏宇，宋强. 游客对于佛教景区的凝视——以五台山为例［J］. 忻州师范学院学报，2017，33（6）：21-25.

广东凉茶商品属性在阿根廷的翻译与传播

王燕利　刘　柳[*]

摘　要：广东凉茶历史悠久，民俗内涵丰富，是中国传统凉茶文化的代表。随着凉茶配制技艺于 2006 年被列入第一批国家级"非物质文化遗产"名录，广东凉茶产业发展迅速，效益增加。众多凉茶品牌的销售屡创新高，不仅供应国内市场，更出口到海外市场。传播是保护非物质文化遗产的有效途径，在文化"走出去"的大背景下，承载着岭南文化和中医药文化的广东凉茶或成为中国非遗走向拉美的一张文化名片。本文试从中阿两国的饮茶习惯、中医在阿根廷的影响以及中阿关系三方面讨论广东凉茶在阿根廷传播的可行性，并着重探讨一些常见术语的翻译问题，以期通过翻译手段跨越文化藩篱，达到更好的传播效果。

关键词：非物质文化遗产；广东凉茶；马黛茶；中医

一、引　言

广东凉茶起源于数百年前，是当地民众在长期预防疾病与保健的过程中，以中医养生理论为指导，以中草药为原料，通过长期实践总结出的富含民俗文化底蕴、具有多重功效的日常饮料。实际上，凉茶不"凉"，也不是"茶"。凉茶以药性寒凉或能消解内热的中草药为原料煎水作饮料喝，以消除夏季人体内的暑气，或冬日干燥引起的喉咙疼痛等疾患，故谓之"凉"。随着茶饮的发展，一些用药煎煮或冲泡的代茶饮料，即使没有茶叶，只要能够达到保健防病的目的，也可谓之"茶"。另一说为粤人忌"药"，故婉称此中草药饮品为"茶"（周颖，

* 王燕利，广东外语外贸大学西方语言文化学院西班牙语系硕士研究生；刘柳，广东外语外贸大学西方语言文化学院西班牙语系讲师，硕士生导师。

2007）。广义上，凉茶是传统中草药植物性饮料的通称，泛指一切清凉的汤药；狭义上，凉茶仅指药方中加有茶叶的清凉汤剂。

本文选择阿根廷为凉茶的传播对象国，原因有三：其一，中阿两国都有饮茶的习惯，挖掘分析两者的相似之处，寻找两者的文化同质性，有助于加深受众国民众对该非遗项目的兴趣。其二，自 1972 年中阿建交以来，双边关系发展顺利，各领域互利合作日益深化，两国在国际事务中保持着良好合作。友好的外交环境为中国文化在阿根廷的传播提供了土壤。其三，中医在该国的传播历史悠久，中医文化已被主流文化认同和接受，凉茶与中医养生文化间密不可分的关系有利于阿根廷民众准确地理解中国传统文化，对中国文化在阿根廷的传播起到积极作用。

翻译是传播的有效工具，因此非遗项目的对外传播必须要考虑到翻译的重要性。由于缺乏一套成熟的文化翻译机制，中国非遗项目在译介的过程中时常遭遇水土不服的尴尬，导致可持续传播动力不足。因此，高质量的翻译对广东凉茶在阿根廷的传播不容忽视。根据西班牙语美洲的民族语言特点，本文将对一些常用的术语的翻译方法进行讨论，提供译文，以便有关机构在对外传播该项目时参考借鉴。

二、广东凉茶概述

（一）广东凉茶的起源与发展

广东凉茶历史悠久，最早的记载是在元代。据元僧人继洪修撰的《岭南卫生方》记载，当时的广东时常瘴疠成灾。"其年余染瘴疾特甚，继而全家卧疾……二仆皆病。胸中痞闷烦躁，一则混不知人，一则云，愿得凉药清利膈脘。余辨其病，皆上热下寒，自言胸膈清凉。得良药而然。"（朱钢，2010）这里的"凉药"就是今天的凉茶，在当时是指专门用来治疗广东地区的瘴疠的药茶，主要功效是祛热清凉。公元 306 年，东晋医药家葛洪来岭南，当时瘴疠流行，他悉心研究各种温病医药。葛洪所遗下的医学专著以及后世岭南温派医家总结劳动人民长期防治疾病的丰富经验，形成了岭南文化底蕴深厚的凉茶，其配方、术语世代相传。"凉茶"的说法则是在清代乾隆年间何梦溪的《医碥七卷》中才明确提出，书中记载："按薛立斋治一老人肾虚，火不归精……或时喉间如烟火上冲，急饮凉茶少解。"

最初的凉茶是各家各户单独熬制饮用。随着凉茶的功效越来越受到广泛认可，凉茶的市场需求逐渐扩大。有人开始在繁华集市的道路旁设置类似现在的凉茶铺的茶寮，专门供应凉茶，虽收取一定的费用，其目的还是为人提供方便。此后，一些熟药行开始出售配好的凉茶原料，这些熟药行就是广东最早的凉茶铺。

长期以来，凉茶铺是凉茶经营的主要方式。凉茶铺的兴衰史反映了凉茶的发展历程。自清朝道光年间，王老吉创始人"药侠"王泽邦在广州十三行靖远街开设第一家凉茶铺，经营水碗凉茶。20世纪30年代，凉茶铺纷纷涌现，如黄振龙、罗耀堂等。这些老字号凉茶的发展都以凉茶铺为依托，随后逐渐传入我国港澳等地区。20世纪50年代初，王老吉药号分成两支：一支留在内地，主要生产颗粒产品；另一支到了香港，建立香港王老吉国际有限公司，主要从事凉茶铺连锁经营。

公私合营的时候（1953~1956年），王老吉合并了八家中成药厂，组成了王老吉联合制药厂。当时大药厂基本放弃了凉茶铺的经营。而黄振龙等以经营水碗茶为主的凉茶铺，相对于大药厂而言，缺乏药材加工技术和设备，在种种因素的影响下，后来也被迫关闭。凉茶行业进入了历史性萎缩期。

20世纪七八十年代，市场上陆续出现了一些个体凉茶铺，支凉茶摊经营凉茶。改革开放后，国外饮料的进入给凉茶的生存发展造成了巨大压力。此外，随着西医体系的健全发展，加上社会上长期以来对中医药的认识匮乏，中医不断萎缩，凉茶铺随之陷入困境。

20世纪90年代后，凉茶铺开始逐渐走出困境。新时期的凉茶铺开始尝试连锁经营，实行统一管理，形象大为改变。从前，广州地区的凉茶铺风格简单朴实，两三平方米的小铺面，两个半人高的葫芦状的大铜壶，一列青花瓷大碗，墙上挂着火炭毛、水瓜壳等干草药物，还有几张待客桌椅（朱钢，2010）。新时期的凉茶铺在店铺装饰上独具匠心，装修精美。

2003年，"非典"暴发，全国防治"非典"的用药目录中，有相当一部分药方来自广东，许多清热解毒类药品被列入其中。因此，广东凉茶被消费者广泛认识。此后，凉茶进入大规模的工业化生产。工业化凉茶饮料也顺利在全国范围内普及开来。

如今，凉茶品牌荟萃，各领风骚，如王老吉、邓老、潘高寿、黄振龙、金葫芦等。凉茶行业巨头王老吉更是积极开拓国际市场，传播中国传统凉茶文化。在众多凉茶品牌中，王老吉在全球的销售获得巨大成功，目前它已在海外建立起完善的产品贸易体系，销售网络覆盖全球五大洲60个国家和地区。

（二）广东凉茶的分类

凉茶分类的方法有许多，根据凉茶的功效强弱和使用目的可分为三类：食品类、保健食品类和药品类（罗友华、黄亦琦和杨辉，2006）。目前大部分凉茶都属于普通食品类，一般不限服用人群、服用时间和服用量。作为保健食品上市销售的凉茶较少见，只能供特定人群服用，服用时间不宜太长，服用量也有规定。而作为药品来报批生产的凉茶只能由医生开处方给病人服用，或到药店购买，服用时间和服用量要根据病情轻重由医生或药师决定。作为药品性质的凉茶，在中成药品种中数量不少，如夏桑菊制剂、板蓝根制剂等。

根据剂型的不同，凉茶可分为三类：液体剂型、半固体剂型和固体剂型（罗友华、黄亦琦和杨辉，2006）。液体剂型如溶液剂（有易拉罐、聚酯瓶、利乐纸盒、复合膜等包装）等；半固体剂型如浸膏剂（膏滋）、果冻、雪糕等；固体剂型如颗粒剂（冲剂、速溶茶、泡腾颗粒）、袋泡剂、片剂（含片、泡腾片）、口香糖、冰棒等。根据功效的不同，凉茶可分为四大类：清热润燥茶、清热解表茶、清热化湿茶和解感茶。

三、中阿饮茶文化的相似性

中阿两国都有饮茶的传统。中国是茶文化的发源地，中国人从神农时代就开始饮茶。马黛茶（Mate）与咖啡、茶并称为"世界三大茶"，阿根廷人有喝马黛茶的传统，当今约有90%的阿根廷家庭保留着喝马黛茶的习惯①。自2014年起，马黛节（11月30日）成为阿根廷全国性的节日。

广东凉茶是中国传统凉茶文化的代表，马黛茶是阿根廷流行的传统饮料。广东凉茶和马黛茶的广泛饮用反映了中阿人民都注重"药食同源"的养生理念。此外，传统的广东凉茶和传统的马黛茶味道都偏苦。更巧的是，两者皆以葫芦为标志。

1. 养生理念：药食同源

中医学自古以来就有"药食同源"的理论。这一理论认为，许多食物和药物之间并无绝对的分界线。如今，养生理念贯穿于中国百姓的日常生活中。

广东凉茶以中医养生理论为指导，以中草药为基础，恰恰践行了"药食同源"的养生理念。马黛茶是由木本植物马黛的叶子加工而成，按照东方文化对茶叶的理解，马黛茶应该不属于茶的范畴。之所以被称为"茶"，是因为它的生产工艺和炮制方式与中国茶叶相似，还承袭了传统茶叶的保健防病功效。马黛茶叶富含维生素、矿物质、食物纤维等，其主要功效有抗氧化、美容养颜、降低血糖血脂等。阿根廷人饮用马黛茶的习惯也反映了"药食同源"的养生理念。

---

① 阿根廷马黛茶国家研究所网站，https://yerbamateargentina.org.ar/dia-nacional-del-mate/，2020-09-10。

2. 传统味道：偏苦

传统的广东凉茶主要以中草药为原料，正所谓"良药苦口"，多数凉茶的味道偏苦。许多广东人喝凉茶时会自我调侃"自讨苦吃"。黄振龙出品的"癍痧凉茶"更是广东人心目中的苦味饮料之最。因为传统凉茶较苦，通常人们饮用后会含话梅、陈皮等解苦，可谓"苦尽甘来"。同样，传统的马黛茶主要以马黛叶为原料，有一股天然的清香，味道偏苦，所以人们经常伴以甜品享用。

3. 标志：葫芦

葫芦是广东凉茶的重要标志，这和凉茶与中医的关系密不可分。据史籍记载，古时候的行医者无论走到哪里身上都背着葫芦，如唐代药王孙思邈采药时就必挂一个药葫芦。而且，葫芦除了能盛药，本身也可为药。事实也证明，用葫芦装药比其他的容器如铁盒、陶罐、木箱等更好，因其有很强的密封性能，潮气不易进入，容易保持药物的干燥，所以又有"药葫芦"之说。葫芦逐渐成为了中医的标志。现在仍有不少行医者悬挂葫芦在诊室当作行医的标志，这种做法更被众多药店、制药厂等沿用。除此之外，早期熬制凉茶的容器就是葫芦状的大铜壶。今天的凉茶博物馆里仍摆放着大铜葫芦，市面上也有不少饮料的包装瓶是葫芦状的，意指天然、保健。广东凉茶品牌之一更是直接取名"金葫芦"。

至于马黛茶与葫芦的关联，最为人所知的、最直观的便是马黛茶的传统容器的原材料就是葫芦。即便如今马黛茶容器的材质已经不仅限于葫芦，也包括木头、金属等，但马黛茶的容器仍保留着葫芦的形状。此外，"mate"源自凯楚阿语（Quechua）"mati"，意思正好是"葫芦"。

两国饮茶文化的相似性构成了广东凉茶在阿根廷跨文化传播的优势，有助于该国民众对外来文化的吸收。此外，由于广东凉茶和中医、中医药有着密切的联系，在阿根廷推介广东凉茶时也应考虑中医在阿根廷的影响。

四、中医在阿根廷的影响

凉茶配方以中医理论为基础，凉茶以中草药为原料。凉茶的发展态势深受中医的发展情况的影响。中医的蓬勃发展助力凉茶行业蒸蒸日上。选择凉茶、凉茶文化的传播目的国的时候，需要切实考虑中医在该国的影响。随着我国政府、广大中医药者和社会各界人士的不懈努力，中医药相关法律不断完善，中医重新回归大众视野，并被广泛接受。中医在世界上的影响也不断扩大、加深。中医针灸于2010年被列入联合国非物质文化遗产名录。如今，中医推拿、拔罐等更是深受海内外广大群众追捧。2018 年英国著名学术期刊《自然》发布了一篇题为《为什么中医正在走向世界各地的诊所》的文章，提及世卫组织最高权力机构——世界卫生大会将于 2019 年推出该组织的第 11 版《全球医学纲要》，首次纳入中医传统医学的相关信息①。2020 年新冠肺炎疫情席卷全球，中医药在抗击疫情方面彰显了其独特的优势和作用，为全球抗击疫情贡献了中国智慧，得到了国际社会的广泛认可。

中医正逐渐走向世界，随着中阿在中医药领域的合作不断加深，中医在阿根廷的影响力也不断提升。2012 年 9 月，国家中医药管理局与阿根廷卫生部就中阿开展中医药领域的合作进行了会谈并签署了《关于在传统医学领域的合作谅解备忘录》，建立起了两国政府在传统医学领域的沟通交流机制和合作平台。2018 年 5 月 19~20 日，首届世界中医针灸论坛暨传统医药产业交流大会在阿根廷首都布宜诺斯艾利斯市召开，这为促进包括中医药针灸在内的传统医药在阿根廷乃至整个南美地区进一步发展提供了重要契机。新冠肺炎疫情更是促进了中阿在科技、生物医学领域的合作。广东凉茶借力中医东风，不仅能让阿根廷百姓更易于接受这一饮品，也能更好地传播中国传统凉茶文化，反过来也助力推动中医、中医药在阿根廷的发展进程。

五、中阿友好关系

广东凉茶要走向阿根廷，除了上述积极因素，还应考虑两国的关系。回顾中阿关系，自 1972 年中阿建交以来，双边关系发展顺利，双方高层接触频繁，政治互信不断加深，各领域互利合作日益深化，在国际和地区事务中也保持着良好合作。2004 年，时任中国国家主席胡锦涛和时任阿根廷总统基什内尔实现互访，中阿建立战略伙伴关系，双边关系进入全面发展的新阶段。2014 年 7 月，习近平主席对阿根廷进行国事访问，中阿宣布建立全面战略伙伴关系。而构建中阿命运共同体是两国关系发展的最高目标。

目前，阿根廷是中国在拉丁美洲的第六大贸易伙伴，而中国是阿根廷全球第一大贸易伙伴。此外，中阿签有科技、文化、教育、新闻等合作协议，在相关领域的合作不断增强。中阿友好关系为广东凉茶进驻阿根廷市场提供了一个良好的环境。

---

① Why Chinese medicine is heading for clinics around the world，https：//www.nature.com/articles/d41586-018-06782-7.

六、对外传播视角下广东凉茶的翻译

广东凉茶是中国传统凉茶文化的代表，是中国非物质文化遗产的组成部分。非物质文化遗产是一种极具民族性、以人为载体的知识和技能的文化传承。翻译是非物质文化遗产的重要保护手段之一，其落脚点是获得良好的传播效果，向全世界翻译传播文化遗产，使中华民族传统文化发扬光大，提升我国文化软实力。

非遗的翻译应以促进文化交流又不失源语文化为前提，遵循"效果为中心"原则、"读者第一"原则（邱敏，2018）。"效果为中心"原则是指在翻译过程中要充分考虑传播主体、传播内容、传播媒介、传播受众对传播效果的影响，译者必须协调好这几大要素，使译文在国外受众中获得较高的认同度，从而取得良好的传播效果。"读者第一"原则应用到非遗翻译中，即要做到以下三点：一是要反映我国非物质文化遗产的情况；二是所传播的非遗信息要满足国外读者的特定需求；三是要让所传播信息的文本结构和惯例贴近国外读者的思维习惯和阅读习惯。"读者第一"原则直接关系到译文是否能被目的语受众接受和认同，最终会影响到译文的传播效果。

基于这两大翻译原则，在下文中我们将探讨"广东凉茶"名称的翻译和其所涉及的常见术语的翻译。翻译过程中，由于可参考和借鉴的成功案例和资源有限，可以查阅的文献不多，因此参考了大量的网络资料来对一些术语进行解释。此外，在解释西语词汇时主要引用了《西班牙皇家学院辞典》和西班牙 SM 出版社的 *Clave* 词典中的释义。

1. "广东凉茶" 名称的翻译

"广东凉茶"名称翻译的难点在于如何翻译"凉茶"。"广东"可沿用汉语拼音 Guangdong，也可以使用其西班牙语 Cantón 进行翻译。需要注意的是，Cantón 既有"广东"的义项，也指"广州"，为了避免产生歧义，使用第一种译法更恰当。单纯的音译虽保留了民族特色，但不能为读者提供更多的信息，对"广东凉茶"缺乏了解的读者很难或者无法体会其特殊之处。因此，建议采用"音译+注释"的翻译方法。

目前，凉茶还没有统一的西班牙语译法，而英文译法则较为固定，一般译作 herbal tea（或复数形式 herbal teas），意思是"草药茶"，或 tisane，意思是"汤药，草药汤剂"，或 antipyretic tea[1]，意思是"退烧茶，退热茶"。其中使用频率

---

① 参见周颖（2007）。

最高的是 herbal tea，日常生活中和书面表达中皆更为常见。与之相较，tisane 的译法出现较晚，20 世纪才开始流行。antipyretic tea 的说法常见于书面表达，但其使用频率也低于 herbal tea。

随着茶饮的发展，一些用药煎煮或冲泡的代茶饮料，即使没有茶叶，只要能够达到保健防病的目的，也可谓之"茶"。从这一点来看，herbal tea 范围更广、更合适，tisane 的译法更符合传统凉茶的特点，而 antipyretic tea 则不太合适，因为 antipyretic 一词强调凉茶的主要功效为"退热"，未免以偏概全。

相应地，凉茶的西班牙语译法也有 té herbal（草药茶）、tisana（汤药，草药汤剂）或 té antipirético（退烧茶，退热茶）。与第一种译法相比，后两种译法的使用频率较高。需要注意的是，西班牙语中 té 通常指传统茶饮，即含茶叶的饮品，而有的饮品不含茶叶成分，但仍称之为 té，例如路易波士茶、马黛茶。有关词语的西班牙语释义详见下文。

（1）Infusión que se prepara con hojas de este arbusto，seca y ligeramente tostada，que tiene propiedades estimulantes y digestivas。[1]

翻译：茶是以灌木茶树的叶子为原料，经过干燥、微焙制成的能够提神和促进消化的饮品。

（2）Infusión de las hojas del té。[2]

翻译：茶指含茶叶饮品。

（3）El término té herbal se refiere comúnmente a infusiones de frutas o hierbas que no incluyen a la planta de té tales como el mate，la manzanilla y la tila entre otros。En este último caso se prefiere la denominación tisana para nombrarlas y evitar confusión con el auténtico té。

翻译：草药茶通常是指水果饮料或草药饮品，不包括茶叶成分，例如马黛茶、洋甘菊和椴树茶等。人们更倾向于用 tisana（汤药，草药汤剂）来命名不含茶叶成分的饮品，以避免与真正的茶饮混淆。

除了上述译法之外，笔者在搜集资料的过程中还注意到其他译法，比如 té de hierbas medicinal，中文同样可以理解为草药茶，而直译是"具有药用价值的草药茶"。这一译法与 té herbal 相似，将形容词 herbal 改为介词+名词 de hierbas，同时添加了形容词 medicinal，意思为"药用的，具有药用价值的"。这样的译法可能会引来争议，因为根据常识，茶具有保健防病的功效，而草药具有药用价值，

---

medicinal 未免画蛇添足。笔者认为，作为非遗文化专项的翻译，不应拘泥于固定搭配，medicinal 的使用实际上突出了凉茶的特性，但考虑到经济原则，更建议使用 té medicinal。

除了上述译法以外，广东凉茶的翻译还有 té de hierbas chino，直译为"中国草药茶"。两种译法相比较，第一种直接用 chino（意为"中国的"）来命名广东凉茶的做法欠妥。因为广东凉茶是中国传统凉茶文化的组成部分，不能直接将其等同于中国传统凉茶。

西班牙语中对"凉"的定义不一，因此凉茶的译法多样，如 té antipirético（退热茶，退烧茶），还有 té refrescante（清凉茶）或 té frío（凉茶，冷茶）。实际上，这三种译法都不能代表广东凉茶。前面两种译法所指代的茶都有具体的功能：té antipirético 的功效为清热解毒，té refrescante 的功能为提神醒脑。té frío 指的是冷泡茶。

此外，西班牙语中"茶"也拥有多种译法，除了前文提到的 té（茶）、tisana（汤药，草药汤剂），还可译为 bebida，意为"饮品，饮料"。三者中虽然 tisana 的译法不太常见，但上文引用的 té herbal 的释义却指出人们更倾向于用 tisana 来命名不含茶叶的饮品，以区别于真正的茶饮。bebida 的词义宽泛，既可泛指一切饮用的液体，也可特指酒精饮料。总而言之，té 可指含茶叶的饮品，亦可指不含茶叶的代茶饮料；tisana 特指草药汤剂；bebida 可泛指饮品，亦可特指酒精饮料。

笔者认为，凉茶中的"茶"译为 té 更合适，原因如下：

（1）粤人忌"药"，故婉称此中草药饮品为"茶"（周颖，2017）。翻译成西语时可同样采用婉约的说法，称其为 té，更能体现"广东凉茶"的文化内涵。

（2）Té 亦可指不含茶叶的代茶饮料，这和中文"茶"的语义范围相同。

（3）Bebida 词义过于宽泛，不够精准。

（4）阿根廷传统饮料马黛茶属于草药汤剂，不含茶叶成分，亦被称为茶，翻译时可借用此法。

有关词语的西班牙语释义详见下文：

（1）Tisana：bebida medicinal que se prepara cociendo en agua hierbas y otros ingredientes.①

翻译："Tisana"是草药和其他成分煮制而成的药用饮料。

（2）Tisana：bebida medicinal que resulta del cocimiento ligero de una o varias hierbas y otros ingredientes en agua.②

---

① http：//clave. smdiccionarios. com/app. php#，2020-03-20.

② https：//dle. rae. es/tisana？ m=form2，2020-03-20.

翻译："Tisana"是由一种或多种草药和其他成分加水稍煮而成的药用饮料。

（3）Bebida 1. líquido que se bebe. 2.（por antonomasia）bebida alcohólica. ①

翻译："Bebida"：1. 泛指饮用的液体；2. 特指酒精饮料。

（4）Bebida：líquido que se bebe o que se puede beber；consumo habitual y excesivo de bebidas alcohólicas. ②

翻译："Bebida"通常指饮用水或可饮用液体，也可指饮酒习惯或酗酒。

综上所述，建议将"广东凉茶"译为 té medicinal de Guangdong 或者直接音译为 Liangcha de Guangdong，然后加以解释说明，即 Liangcha de Guangdong, té medicinal。

2. 广东凉茶中常见中医术语的翻译

广东凉茶以中医养生理论为指导，其中不乏中医术语。此外，传播介绍广东凉茶的时候，凉茶的功效是一大亮点，也是人们主要的关注点之一。本小节仅选取前文所涉及的广东凉茶的主要功效这一部分的中医术语进行翻译探讨，即清热润燥、清热解表、清热化湿、解感。这四组术语尚无权威、统一的西语译法，只有个别词有较为固定的说法，例如"热"译为 calor，"燥"译为 sequedad，"湿"译为 humedad。这些词组的可供参考的英文译法也寥寥无几。本文将从术语的释义着手，在理解的基础上进行翻译。

（1）清热润燥：具有清热增液润燥作用，适用于温燥症的治疗方法。清热法：用药性寒凉、具有清热作用的方药治疗邪热所致病症的疗法。润燥法：用具有养阴、生津、润燥作用的方药，治疗燥症的治法。

（2）清热解表：清热法，同上。解表法：又称汗法，用发汗宣肺的方药祛除肌表之邪，治疗表征的治法。

（3）清热化湿：清热药与祛湿药并用，治疗湿热外感或湿热内感和湿热下注所致的暑湿、湿温、黄疸、热淋等病症的方法。

（4）解感："感"指外感，意为外来的刺激；感受外邪而引起的疾病和症候。

为避免增加读者阅读负担，影响阅读流畅性和兴趣，建议采取直译、意译等方法，并在条件允许的情况下适当解释，为读者提供更多有效信息，避免进行解释性的长篇翻译。另外，建议加注汉语拼音，一则是为了避免读者混淆类似的概

---

① https：//dle. rae. es/bebida？ m＝form2，2020－03－20.

② http：//clave. smdiccionarios. com/app. php#，2020－03－20.

念，二则为读者查阅中文资料深入了解提供便利。以下为参考译文：

（1）清热润燥：eliminar el calor e hidratar la sequedad

"清"为清除、祛除之意，西语中表示这个意思的词汇较多，常见的词汇有 eliminar、quitar、liquidar 等，建议使用第一个。主要原因是 eliminar 是医学术语，有排出、清空某物之意。而 quitar 和 liquidar 均较为口语化，前者意为从某人身上取走实实在在的物品，后者表示清除、消灭某物。"热"的译法比较固定，因中西文化中对"热"的定义相近，译为 calor，故"清热"可翻译为 eliminar el calor。相关词语的西班牙语释义详见下文①：

1）Eliminar：*med.* dicho del organismo：Expeler una sustancia.

翻译：Eliminar：【医】有机体：排出某物。

2）Quitar：tomar algo separándolo y apartándolo de otras cosas，o del lugar o sitio en que estaba.

翻译：Quitar：将某物取走和其他物品分开，或将某物从其原来所在的位置移开。

3）Liquidar：coloq. acabar con algo，suprimirlo o hacerlo desaparecer.

翻译：Liquidar：【口】解决、结束某事/某物，清除它或使它消失。

"润"为滋润之意，西语中表示这个意思的常见词汇有 hidratar、humedecer 和 mojar，建议使用第一个。因为根据这三个动词的西语释义，hidratar 的意思更贴近润燥之意，而另外两个词语的意思则比较笼统。"燥"即干燥，可采取目前较为普遍的译法 sequedad，故建议将"润燥"翻译为 hidratar la sequedad。三个词的西班牙语释义详见下文②：

1）Hidratar：proporcionar a algo，especialmente a la piel o a otro tejido，el grado de humedad normal o necesario.

翻译：Hidratar：提供给某物，尤指皮肤或其他组织正常或必要的水分。

2）Humedecer：producir o causar humedad en algo.

翻译：Humedecer：加湿、滋润某物。

3）Mojar：humedecer algo con agua u otro líquido.

翻译：Mojar：用水或者其他液体滋润某物。

---

① ② 词汇释义取自西班牙皇家语言学院西班牙语词典（2020-03-22）。

（2）清热解表：eliminar el calor y tratar el síndrome externo de viento y calor

"清热解表"指的是中医疗法，一是发散风热和解除表征，二是治疗里热和解除表征。"清热"在前面已经讨论过其译法，而"解表"指的是解除在表之邪，即通过服药使病人出汗祛风退热。值得注意的是，中医中"风"和"热"的译法一般采用直译，即 viento 和 calor，故"解表"可译为 tratar el síndrome externo de viento y calor。

（3）清热化湿：eliminar el calor y disolver la humedad

"清热化湿"的翻译难点在于"化"字的翻译。这里将其理解为湿气郁结，故须溶解湿气的意思，故选取 disolver 一词进行翻译。西班牙语释义详见下文①：

Disolver：referido a una sustancia，desunis sus partículas en un líquido de forma que queden incorporadas.

翻译：Disolver：在液体中分解某物质，使其融入该液体。

（4）解感：curar enfermedades externas；curar enfermedades causadas porestímulos externos

"感"指外感，意为外来的刺激或感受外邪而致的疾病。对于任一有机体而言，外来的刺激是永恒存在的，所以应取第二个含义，将其译为 enfermedades externas 或 enfermedades causadas por estímulos externos。"解感"则为 curar enfermedades externas 或者 curar enfermedades causadas por estímulos externos，第一种译法较为简洁，第二种译法则更加完整，提供了更多信息。实际抉择还应考虑受众的接受度，前者适用于向具备一定中医知识的读者解释凉茶的功效，而后者则面向广大普通读者。

七、结　语

中国非遗要"走出去"，必须做好海外翻译与传播工作。广东凉茶作为非物质文化遗产，在对外传播的时候应注重挖掘其文化内涵和现实价值，根据不同的受众国，不同的信息需求、接受心理、文化传统、语言习惯等情况调整传播策略和翻译方法。本文以阿根廷作为传播目的国，讨论了凉茶传播到该国的可行性，为广东凉茶的对外传播提供了参考案例，旨在为研究广东凉茶对外传播的学者提

---

① 词汇释义取自西班牙皇家语言学院西班牙语词典（2020-03-22）。

供一些启发。

通过对传播和翻译两个方面的研究，本文总结出在传播时应突出广东凉茶和马黛茶的共同点，并综合考虑中阿两国的关系、中医药在阿根廷的发展情况。在翻译凉茶相关术语时，应在充分理解的前提下进行，并遵循"效果为中心"原则和"读者第一"原则，灵活地运用音译+注释、直译、意译等方法。

随着中国经济地位和影响力的提升，其一举一动越来越受到外界关注。后疫情时期的中国必然会面临更复杂的国际舆论环境，中国文化的对外传播也将面临更大的挑战，如何通过有效的手段构建科学的文化精品外宣策略，让中国树立良好的国际形象，创造良好的外部环境，是目前亟待解决的问题。虽然本文对该问题进行了讨论并提出了一些观点和建议，但需要引起更多学者的关注。

参考文献

［1］周颖．"凉茶现象"与岭南传统文化［J］．五邑大学学报（社会科学版），2007（4）：7-11．

［2］朱钢．草木甘凉——广东凉茶［M］．广州：广东教育出版社，2010．

［3］罗友华，黄亦琦，杨辉．中草药凉茶研究概述［J］．海峡药学，2006，18（5）：95-98．

［4］邱敏．从传播学视角谈非物质文化遗产外宣翻译——以浙江非遗文本英译为例［J］．重庆广播电视大学学报，2018，30（1）：64-68．

［5］王萍，肖更生，张友胜等．广式凉茶研究进展［J］．食品科技，2010，35（2）：77-80．

［6］吴俊玲，高红莉，刘昭纯．马黛茶及有效成分研究概况［J］．山东中医杂志，2010（9）：650-652．

［7］张丽，李宝磊，李言郡等．马黛茶的研究进展［J］．饮料工业，2017，20（6）：52-53．

［8］冷东，肖楚熊．十三行与广东凉茶之兴起［J］．广州社会主义学院学报，2011（4）：82-84．

［9］刘晓，林太凤．药食同源中草药在功能饮料开发中的应用进展［J］．安徽农业科学，2015（10）：91-94，96．

［10］http：//tcmesh.org/．

［11］Diccionario de la Real Académica Española，https：//dle.rae.es/．

［12］Diccionario Clave，http：//clave.smdiccionarios.com/app.php．

拉美殖民帝国的建立与黑人奴隶的引入

贾海涛*

摘 要： 国际社会持续而频繁的移民活动始于地理大发现之后。1492 年哥伦布发现新大陆，世界成为一个体系，美洲被欧洲殖民者征服并进行殖民开发。随着美洲印第安人被屠杀殆尽，多达 1500 万的非洲黑人被掠卖到美洲为奴，从事繁重的体力劳动，备受压迫。这一跨大西洋的奴隶贸易由葡萄牙人发动，随后西班牙人、荷兰人、英国人、法国人、丹麦人、瑞典人、德国勃兰登堡人也纷纷加入，前后持续超过 3 个世纪之久。而美洲针对黑人的奴隶制也持续了将近 4 个世纪，直到 19 世纪末才落下帷幕。奴隶贸易保障了欧洲人在美洲殖民帝国的建立和持续发展，为欧洲殖民征服者积累了巨大的财富和资本，推动了欧洲的发展，保障了其数个世纪的强盛。

关键词： 奴隶贸易；奴隶制；殖民开发；殖民帝国

1492 年哥伦布发现新大陆之后开启了欧洲人向世界侵略、扩张的历程。这一扩张和征服的历史也是欧洲人殖民或移民的过程，其间大量的欧洲人移民到了他们征服的土地上，既包括所谓新世界，也包括亚洲和非洲。也就是说，欧洲人殖民扩张的过程首先是欧洲向全世界移民的过程，欧洲白人殖民者本身就是移民。实际上，殖民本初就有移民之意。据信，"殖民地"（colony）一词源自拉丁语，指的是古罗马移民在新的土地上代表罗马帝国建立的一块定居点①。随着欧洲人的殖民和移民，一种世界经济体系的循环也带动了殖民地原住民的迁徙和流动。这种迁徙和流动很大程度上也是国际性的，或者说是洲际的，其过程是被动的，和征服者的人口迁徙不可同日而语。后者是高奏着征服的凯歌，以主人和统治者的身份降临到殖民地或新世界的，至少是安全、踏实和有计划、有目标的，

---

* 贾海涛，博士，暨南大学历史系教授。

① Shiva Kumar Srinivasan, "Diaspora and Its Discontents", in Makarand Paranjape ed, In Diaspora：Theories, Histories, Texts. New Delhi：Indialog Publications PVT. LTD.

既扩张了领土、占有了巨大的人力与物质资源，也攫取了极大的利益。而前者的移民过程则完全不同，几乎完全是灾难降临和没法抵抗的被动接受，他们被当作奴隶或苦力强行贩卖到了新世界或异国他乡，为欧洲殖民统治者或奴隶主服务。其中，黑人移民就是典型。本文首先介绍欧洲殖民者对美洲的征服及由此带来的印第安人的种族灭绝，然后探讨黑人奴隶引入的原因及跨大西洋的奴隶贸易，最后分析这一奴隶贸易终止和美洲奴隶制灭亡的艰难过程。

一、欧洲人的殖民扩张与黑人的被动跨洲移民

达尔文的进化论终结了上帝造人说。研究者根据出土的人类骨骼化石推断人类起源于欧亚大陆的诸多地区，人类本土生成说（起源于各个不同的地区）曾经是普遍共识。然而，随着考古新发现的不断增多，特别是基因技术的发展，原来流行的人类起源多地区（multi-regional）说逐渐被动摇，非洲来源说逐渐形成，到了20世纪80年代逐渐开始流行并占据上风[1]。根据考古发现和对古人类骨骼的基因比对，科学家和考古学家发现人类起源于非洲，现今分布在全世界的人类都是10万年前出自非洲的智人（Homo sapiens）的后代。智人走出非洲征服全球，取代了此前也是从非洲移民到欧亚大陆和众多岛屿的其他类人动物，比如海德堡人（Homo heidelbergensis）、东亚直立人（Homo erectus）、尼安德特人（Neanderthals）和丹尼索瓦人（Denisova），定居到全世界的各个角落。[2] 这就是人类的"非洲来源"说及"走出非洲"说（out of Africa theory）。根据考古发现，非洲是人类的故乡，目前世界上所有的人类都称得上是非洲人的后裔，所谓African Diaspora。虽然学界仍有人对此持不同看法，但这已是学界的主流观点。

然而，今天我们所说的非洲族裔（African Diaspora）主要是指随着欧洲人的地理大发现产生的世界人口流动而离开撒哈拉沙漠以南的非洲的黑人及其后代。黑人作为一个种群，先期离开其非洲故土的过程是相当悲惨的，绝不像当年智人或其他早期类人种群的历史那样称得上可歌可泣的史诗。相反，他们是作为奴隶被卖出去的。只是后来，特别是后殖民时代，他们才有了较为自主或自由的移民活动。但是，对于非洲黑人而言，从非洲自由移民到世界其他地区也并非易事。

---

① F. H. Smith, J. Radovcic, G. Pope, D. W. Frayer, R. Eckhardt, G. Clark. Modern Human Origins, Science, 1988, 241（4867）: 722-724.

② Geoffrey Barraclough, Richard Overy（eds）, Complete History of the World. London: Harper Collins Publishers, 2007: 30-33.

从 15 世纪到第一次世界大战，世界移民的方向或趋势主要是从欧洲流向世界各地。欧洲人突破了欧洲原来狭小的生活空间，掌握、支配的资源及生存的空间增加数倍。据统计，1800 年，欧洲人控制了全球土地面积的 1/3；到 1878 年，已经控制了 2/3；到了 1914 年，则上升到了 4/5①。而英国人更是建立起了一个所谓的"日不落帝国"，成了殖民扩张的最大赢家。到 1900 年，全球土地面积的 1/5、人口的 1/4 掌握在英国人手中②。而在此以前，西班牙和葡萄牙也建立了全球性的所谓的"日不落帝国"，后来随着英国的崛起，它们衰落了。在欧洲殖民扩张时期，世界移民活动主要是欧洲殖民者发起、推动和掌握的。贩卖黑奴与输出华人和印巴次大陆的契约劳工等所谓的"移民"现象尽管也是这一时期全球移民活动的一部分，但与欧洲殖民者的殖民或移民活动相比完全不能同日而语。非洲黑人、华人和印巴人移民海外的过程本身是被动的，由白人殖民统治者或帝国主义国家的政府掌控、组织。我们不难发现，这一时期的全球移民现象有以下几个特点：

（1）殖民时代的国际移民大致可分为两种：殖民统治者与奴隶和准奴隶（包括黑人奴隶和华人与印度人契约劳工）。他们的移民方式、结果和目的天差地别。

（2）殖民时代的国际移民活动主要由欧洲人发起、组织并掌握，无论是殖民者自己的移民活动，还是对亚非奴隶或准奴隶的贩卖都是如此。在那一时期，非白人的移民活动较为被动，移民的自由度有限，或者说，他们从一开始就没法享受自由的跨国移民。

（3）殖民统治者向海外的殖民或移民，以及贩卖奴隶活动，给殖民地的人民和被掠夺与征服的地区（比如非洲和美洲）带来了巨大的灾难，因而殖民时代的国际移民既不合理，也不对称。而在后殖民时代，前殖民地国家和被掠夺、征服地区的人民因此有权向发达国家移民，以作为补偿或平衡。

（4）在后殖民时代，第三世界国家（前殖民地与半殖民地国家）的人民向发达国家（前殖民国家）的移民，是为了满足发达国家劳动力匮乏的需要。但这些移民仍受到歧视和刁难，无法充分享受应该得到的权利。

Diaspora 是国际学术界比较流行的描述国际移民群体的概念，中文一般翻译为散居者或族裔，比如犹太 Diaspora 或华人 Diaspora。非洲之外的黑人，无论按国别区分还是从总体上描述，也习惯上被称为 African Diaspora。毫无疑问，这是一个阵容极其庞大的群体。目前，国际社会或国际学界关于哪个海外移民群体或移居海外的散居者（Diaspora）群体人数最多是存在着极大的争议的。另外，由

---

① Jr. Charles W. Kegley, Eugene R. Wittkopf, World Politics [M]. New York：St. Martin's Press, 1997：104.

② Jr. Charles W. Kegley, Eugene R. Wittkopf, World Politics [M]. New York：St. Martin's Press, 1997：105.

于奴隶制度中白人对黑人的人身占有和后来的族际通婚，非洲裔美洲人普遍存在着混血现象。这也是研究移民及其 Diaspora 情节的学者值得注意的。当然，欧洲移民之间的混血及其与其他种族的混血也非常普遍。他们也因混血而在身份上变得模糊不定。

最新数据显示，非洲总人口 1338352245 人①，其中大部分为黑人。除去埃及的大约 1 亿人口、阿尔及利亚 4220 万人、摩洛哥 3650 万人、突尼斯 1178 万人、利比亚 688 万人②，非洲黑人总人口几乎高达 11.4 亿人。这一数字是相当庞大的，而且仍保持着快速增长的势头。而历史上非洲黑人的人口基数一直并不大，作为奴隶被贩卖到世界各地的人口数量在其总人口中的比例因此显得很高。将世界各地的黑人移民（尤其是美洲黑人移民）看作一个群体，当作一个学术研究的对象看待，在西方学术界尤其是美国学术界是非常重要同时也非常热门的一个话题。不过，国际学术界大多数学者往往以研究某个地区或某个国家的黑人移民群体（African Diaspora）为主，比如美国黑人或巴西黑人等。

如果黑人 Diaspora（族裔）的概念能够成立的话，其人口总量当然是相当大的，可能比海外华人和海外印度人都要多。美洲黑人大多是欧洲人殖民征服时期被卖到那里的黑人奴隶的后代。而其他地方的黑人移民，特别是欧洲，则以新移民为主。国际移民组织的移民报告告诉我们，自 1990 年以来，生活在非洲以外的非洲移民数量增加了 1 倍多，其中到欧洲的移民增长最为显著。2019 年，生活在非洲以外的非洲出生的移民大多数居住在欧洲（1060 万人）、亚洲（460 万人）和北美（320 万人）③。新的统计数据告诉我们，2019 年，生活在欧洲的来自撒哈拉以南非洲的国际移民人数为 494 万人。④ 相对来讲，黑人族裔（Diaspora）主要集中在美洲。毕竟，那里曾经有过持续 3~4 个世纪接纳大规模黑人移民的历史，尽管他们是被当作奴隶被动移民的。

根据 2005 年美国人口普查公布的数据，美国黑人人口是 3920 万人⑤。根据美国人口普查局 2019 年公布的最新数据，全美黑人已经上升至 4284.2 万人；如果包括交叉族裔或混血类别，黑人族裔可能超过 4740 万人。⑥ 当初拉丁美洲的非

①　United Nations，https：//www.worldometers.info/world-population/africa-population/.9 June 2020.

②　这 5 个北非国家的人口数据均来自中国外交部官方网站，https：//www.fmprc.gov.cn/web/gjhdq_676201/。

③　International Organization for Migration（IOM），World Migration Report 2020：54.

④　Population Division. Department of Economic and Social Affairs of United Nations，International Migration 2019：Report（ST/ESA/SER. A/438），2019：8.

⑤　法新社 2005 年 6 月 9 日电，《参考消息》2005 年 6 月 11 日。

⑥　United States Census Bureau. The Black Alone Population in the United States：2019，https：//www.census.gov/data/tables/2019/demo/race/ppl-ba19.html.

洲黑人移民的人口也是相当庞大的，其后裔不可能比美国少。事实上，在 1500~1900 年长达 3 个世纪的跨大西洋黑人奴隶贸易中，大部分黑人奴隶都被卖到了拉丁美洲（包括加勒比地区），其中巴西最多。黑人奴隶曾经是拉丁美洲许多地区的主要劳动力。拉美不少国家的混血人口在族群或种族认定方面是比较困难的，或者说他们对于其非洲血统的承认或认同不是很强烈。这造成了非洲裔社群相对弱势或身份感不强的状况。事实上，不少有黑人血统的拉丁美洲人口很难统计在黑人族裔的范畴之内。联美发展银行（Inter American Development Bank）早在 1996 年就估计，中美洲和南美洲有 1.5 亿黑人，占其全部人口的 1/3；有的国家黑人人口数字低是因为混血人口不把自己视为黑人①。这一数字加上北美的黑人人口，肯定已远远超过了 2 亿人，再加上散布在欧洲、亚洲和大洋洲的人口，散布在全世界的黑人族裔（African Diaspora）可能超过了 2.5 亿人。

二、美洲殖民帝国的建立及对印第安人的屠杀

众所周知，美洲曾经是印第安人的美洲。有美国历史学家认为，在哥伦布发现美洲大陆之时，中美洲和西印度群岛上生活着 700 万印第安人，南美洲的人口也大致是这个数字；在今天的美国和加拿大地区，人口较少，可能一共有约 100 万印第安人生活在那里，其中 80% 定居在今天的美国主体部分，而 20% 定居在今天的加拿大和美国的阿拉斯加。② 这是他们对欧洲人到来之前美洲人口的地理分布所做的全景描述，似乎全部包括在内。因而他们所说的中美洲可能也包括墨西哥的阿兹特克帝国的人口。这个数字称得上是一个比较保守的估计，成果或许略显过时。按照这个统计，欧洲人在 1492 年开始踏上美洲土地之前，整个美洲及毗邻岛屿一共有 1500 万人。然而，欧洲殖民者铁蹄所至，那里的印第安文化就惨遭毁灭，人民也遭受灭顶之灾。在短短的半个世纪之内，美洲的印第安人几乎被屠杀殆尽。当时的西班牙传教士巴托洛·梅德拉斯·卡萨斯写给西班牙国王和教会的信中曾经揭露，在新大陆发现的头 40 年间，有 1200 万~1500 万印第安人惨遭欧洲殖民者杀害。③ 按照他的这个粗略的估计，美洲的原住民几乎被杀光

① Horace Campbell. Julius Nerere: between State‐Centred and People‐Centred Pan‐Africanism, in Chambi Chachage & Anar Cassam, Africa's Liberation: The Legacy of Nyerere, Kampala: Pambazuka Press, 2010: 44‐60.

② Richard B. Morris, William Greenleaf, Robert H. Ferrell, America: A History of the People. Chicago: Rand McNally & Company, 1971: 4.

③ ［西］巴托洛·梅德拉斯·卡萨斯. 西印度毁灭述略 ［M］. 孙家堃译. 北京: 商务印书馆, 2018: 7.

了。不过，也有学者估计仅墨西哥的阿兹特克帝国就有 1500 万人口，而秘鲁的印加帝国则有 600 万人口。^① 如此，加上其他地区的印第安人，整个美洲的人口可能就有近 2500 万。然而，整个美洲的人口主要集中在墨西哥的阿兹特克帝国和秘鲁的印加帝国，其他地区，无论是现在的美国、加拿大还是南美的丛林地带（主要在巴西等地）和草原地区（主要在现在的阿根廷），人口都非常有限。在西班牙人开始其殖民征服之际，中美洲曾经辉煌一时的玛雅文明已经衰落，政治与经济上都受控于北方的阿兹特克帝国。人们常说的阿兹特克帝国往往也包括尤卡坦地区和中美洲。从某种程度上来说，正是阿兹特克人的侵略导致了玛雅城市文明的崩溃和人口的不断减少^②。据信，玛雅帝国曾经覆盖的墨西哥尤卡坦地区和中美洲曾经生活着数百万人，有多达 60 个独立王国及数百座小型城镇和村落存在过。^③ 然而，在西班牙人从墨西哥南下征服尤卡坦和中美洲地区的时候，那里的印第安人仍生活在浓密的丛林中，只有小村落的存在，人口已大幅度减少，处于极其原始的状态。但他们桀骜不驯，比位于墨西哥的庞大而强盛的阿兹特克帝国还难以征服，给西班牙人带来了较大的伤亡。

相对于美洲原住民 1500 万~2500 万的总人口，抵达美洲的欧洲殖民者在开始阶段的人口总量是非常有限的。西班牙殖民者用于美洲的人数和兵力往往只有数百人。他们征服阿兹特克帝国和中美洲玛雅文化地区及后来印加帝国的兵力开始往往只有 100 多人，整个过程中前后补充的西班牙人加在一起可能也不超过千人。但他们有着印第安人没见过的火炮、战马、铁制的兵器。除此之外，他们还有着杀伤力最大的秘密武器——天花及其他印第安人缺乏免疫能力的旧大陆的传染病。所以说，印第安文化及印第安人种群的灭绝也并非全部为欧洲人屠杀所致，传染病可能更具杀伤力。当然，欧洲人抱着征服的目的，对自然充分了解，具有的征服自然与开发自然的能力及掌握的相关技术也的确远远优于印第安人。这就决定了欧洲人和印第安人的不公平的命运。印第安人是英勇善战的，失败绝非因为种族的先天劣势，将美洲本土文明灭绝的根源归结为印第安种族进化的落后与文化发展的劣势绝非一种合理的解释。西班牙殖民初期，较早随西班牙殖民者在新西班牙（西班牙的美洲帝国）传教的巴托洛·梅德拉斯·卡萨斯神父一方面承认印第安人好战、不怕死^④，有人身体强壮^⑤，但又不厌其烦地将他们描

①　Merrill Jensen. The Colonial Phase, in C. Vann Woodward, A Comparative Approach to American History [M]. Washington D. C.: Form Series, 1968: 24.

②　[美] 肖恩·蒙特乔伊. 玛雅：消失的世界和神秘的文明 [M]. 许群航, 柴君洋译. 上海：上海科技文献出版社, 2017: 45.

③　[美] 吉尔·鲁巴卡尔巴. 玛雅诸帝国 [M]. 郝明玮译, 北京：商务印书馆, 2019: 5.

④　[西] 巴托洛·梅德拉斯·卡萨斯. 西印度毁灭述略 [M]. 孙家堃译. 北京：商务印书馆, 2018: 54.

⑤　[西] 巴托洛·梅德拉斯·卡萨斯. 西印度毁灭述略 [M]. 孙家堃译. 北京：商务印书馆, 2018: 70.

述为天生的孱弱、身体单薄、瘦弱异常①。这种自相矛盾的描述实质上是缺乏科学精神的偏见造成的，总体上对印第安人是蔑视的，也标志着一种误会和不屑。这种偏见和误解一度完全主导了欧洲人对印第安人的印象，以至于远在西班牙的伊莎贝尔王后也认为印第安人体质单薄，毫无自卫能力②。受这类信息的影响或误导，终生躲在书斋里的大哲学家黑格尔也曾武断地认为："美洲土人体质既然这样孱弱，又加上缺少文明进步所必需的各种工具，他们缺少马，缺少铁，别人就用马和铁来做征服他们的重要工具。"③ 然而，曾经参与远征墨西哥并与印第安人血战多次的卡斯蒂略在其回忆录中却从来没有对印第安人的血性和战斗力表示丝毫的藐视。他认为西班牙人对阿兹特克人的胜利纯属侥幸，主要得益于他们的统帅科尔特斯的所谓智谋④。的确，这些西班牙冒险家没有全军覆没，最后竟然征服了整个美洲大陆的大部分地区，实乃天幸！重温历史，岂能不为印第安人的败亡、覆灭而扼腕叹息？

美洲在被欧洲人发现时，除了墨西哥地区的阿兹特克帝国、中美洲所谓的玛雅文化地带和秘鲁地区的印加帝国，都尚处于未开化状态。加利福尼亚湾地区的印第安人尚没有农业，仍处于完全的渔猎和采食状态⑤。这也是南北美洲大部分印第安部落所处的社会状态。在这种状态下，只有阿兹特克帝国和印加帝国统治或影响的范围内有奴隶制的存在，其他部落仍停留在食人的蒙昧状态。美国史学家普雷斯科特指出："在欧洲人发现美洲大陆时，位于这个大陆的许多国家当中的两个最强大和最开化的国家，无疑是墨西哥和秘鲁。"⑥ 即便在阿兹特克帝国、玛雅帝国和印加帝国，食人、活人祭或生人祭、人殉也是非常普遍的。墨西哥征服者、西班牙冒险家贝尔纳尔·迪亚斯·德尔·卡斯蒂略在其回忆录里多次谈到他所走过和听到过的关于印第安部落的习俗和生活状态。

前面说过，在西班牙人征服墨西哥地区和印加帝国之前，那里已经有了奴隶制。或者说，无论是在阿兹特克帝国还是印加帝国，蓄奴已经是常态。但在这两个地区，奴隶制可能不发达，没有达到古希腊和古罗马的水平。因为生产力水平依然过于低下，美洲这两大帝国无论是手工业还是农业都还达不到大规模生产的

① [西] 巴托洛·梅德拉斯·卡萨斯. 西印度毁灭述略 [M]. 孙家堃译. 北京：商务印书馆，2018：5.

② 奥尔加·坎波斯为《西印度毁灭述略》所写"导言"第 8 页.

③ [德] 黑格尔. 历史哲学 [M]. 王造时译. 上海：上海书店出版社，2001：85.

④ [西] 贝尔纳尔·迪亚斯·德尔·卡斯蒂略. 征服新西班牙信史 [M]. 江禾，林光译. 北京：商务印书馆，2018：53.

⑤ [西] 贝尔纳尔·迪亚斯·德尔·卡斯蒂略. 征服新西班牙信史 [M]. 江禾，林光译. 北京：商务印书馆，2018：642-643.

⑥ [美] 普雷斯科特. 秘鲁征服史 [M]. 周叶谦，刘慈忠，吴兰芳，刘方译. 北京：商务印书馆，2007：29.

水平，无法保留太多的奴隶，因此杀掉为食或献祭就成了一种风俗。这也是对敌对部落实施"减丁"的必要手段，以减少威胁和挑战。种种残暴的杀戮和献祭遏制了人口的增长。不过，美洲大陆 1500 万以上的总体人口相对于数量微不足道的欧洲征服者来说仍然是一个惊人的天文数字。单靠力量的对比和战火的杀戮，欧洲征服者应该无法战胜并控制美洲印第安人，更谈不上种族灭绝。有史家指出，"欧洲殖民者引入美洲的疾病之一是天花，先是在 1518 年重创伊斯帕尼奥拉岛，紧接着在 1520 年侵袭了墨西哥。后来，天花向南传播至秘鲁，并且在西班牙轻松征服美洲的过程中起了重要的作用"①。是西班牙人带到美洲的天花几乎导致印第安人灭绝。西班牙人的确灭绝了印第安人的本土文化或文明，但印第安人人种也勉强得到了保全，甚至依附于部落社会的印第安人的民间文化也不绝如缕，仍有传承。从欧洲人在拉丁美洲建立的殖民帝国的经济发展的角度来看，他们是需要印第安人作为奴役和压榨的对象的。在西班牙人登陆的一些地区，疾病导致了印第安人的灭绝，他们不得不引入黑人奴隶，补充劳动力的短缺。巧合的是，重创阿兹特克帝国的天花的传染源似乎是一位随西班牙殖民军的舰队短暂登陆墨西哥的黑人。这只舰队由西班牙古巴总督迭戈·贝拉斯克斯派遣，由潘菲洛·德·纳瓦埃斯率领，企图跟已经在墨西哥立足的阿兹特克帝国的征服者埃尔南多·科尔特斯作对并夺取其胜利果实。然而，潘菲洛·德·纳瓦埃斯并无建树，很快被埃尔南多·科尔特斯击败，其部下也被收编，但那位在海滨短暂停留并很快死去的黑人却将天花传染给了阿兹特克人。② 与西班牙人大战在即，阿兹特克人新推举的王还没来得及上任就被天花夺取了性命。③ 随后，在征服印加帝国的过程中，天花也产生了很大的影响。

　　然而，天花或许并非如不明真相的人所渲染的那样是西班牙人征服阿兹特克人的制胜法宝。西班牙人最初的成功与胜利，首先在于他们的奸诈和伎俩，而不是他们的勇猛和战力——"他们充分利用了阿兹特克帝国内部存在的政治纷争"④。彼时，天花尚未发挥其威力。天花固然灭亡了印第安人大量的人口，却从来不是他们失败的根本原因。他们的败因在于组织的低效率和上层的无能。不难发现，弗朗西斯科·皮萨罗在秘鲁的胜利也得益于印加帝国内部爆发的严重政

　　① ［英］菲利普·德·索萨. 极简海洋文明史［M］. 施诚，张珉璐译. 北京：中信出版集团，2016：110-112.

　　② ［西］贝尔纳尔·迪亚斯·德尔·卡斯蒂略. 征服新西班牙信史［M］. 江禾，林光译. 北京：商务印书馆，2018：337.

　　③ ［西］贝尔纳尔·迪亚斯·德尔·卡斯蒂略. 征服新西班牙信史［M］. 江禾，林光译. 北京：商务印书馆，2018：384.

　　④ ［英］菲利普·德·索萨. 极简海洋文明史［M］. 施诚，张珉璐译. 北京：中信出版集团，2016：110.

治冲突①。西班牙人的胜利除了残暴、勇气和毅力之外，主要靠的是在印第安人中结盟，寻找帮手。总之，西班牙人赢在出色的组织能力和强大的后援，并非如人说的那样夸张，靠一百多人，加上天花，就征服了墨西哥的阿兹特克帝国和秘鲁的印加帝国。事实上，最早被西班牙人传染上天花的恰恰是他们的印第安盟友。②不过，西班牙人自始至终也没有把他们的盟友当朋友对待，他们最后全部都沦为了被征服者，遭受西班牙人的屠戮和奴役。

印第安人的政权被颠覆之后，殖民者很快将印第安人作为取之不尽的劳动力加以利用："殖民者及王室官员把原住民和后来输入的黑人奴隶组织起来，形成一支劳动力，供殖民主义者役使。"③ 然而，由于疾病、饥饿、过于繁重的工作和非人道的待遇的重创，原住民人口迅速下降，跨大西洋的贩卖非洲奴隶的贸易便应运而生，补充了这一人口损失。④跨大西洋的黑奴贸易由葡萄牙人开启，立即为西班牙人所仿效⑤。早在 1500 年，葡萄牙人就开始向美洲贩卖黑奴，西班牙人也开始加入这一贸易，遂导致跨越大西洋的黑奴贸易猖獗长达 4 个世纪之久。开始，这些黑人奴隶是葡萄牙人从非洲掠卖到伊比利亚半岛的黑人奴隶及其后人。在西班牙殖民者最早一批征服美洲的军队中，就有黑人士兵，除了那位天花传播者是黑人之外，还有一位黑人吉拉德留下姓名，载入史册。⑥ 或许还有其他黑人参加了对美洲的征服，但不为人知。他们两个或许曾是被掠卖的非洲裔奴隶。后来也曾有逃亡的黑人奴仆的身影见诸墨西哥被征服全过程的亲历者贝尔纳尔·迪亚斯·德尔·卡斯蒂略的笔端⑦，甚至还有两个黑白混血女人被提及⑧。上述一切只是想说明，黑人奴隶一直被欧洲殖民者用作征服美洲和开发美洲的工具；非洲黑人虽然也为欧洲殖民者征服和开发美洲立下了汗马功劳，但却没有能够享受到美洲新主人的待遇，相反，地位一落千丈，每况愈下，甚至还不如新大陆的被征服对象印第安人。

① [英] 菲利普·德·索萨. 极简海洋文明史 [M]. 施诚，张珉璐译. 北京：中信出版集团，2016：112.

② [西] 贝尔纳尔·迪亚斯·德尔·卡斯蒂略. 征服新西班牙信史 [M]. 江禾，林光译. 北京：商务印书馆，2018：371-384.

③④ [英] 菲利普·德·索萨. 极简海洋文明史 [M]. 施诚，张珉璐译. 北京：中信出版集团，2016：114.

⑤ J. A. 略论特. 美洲恰帕斯教区主教巴托洛梅·德拉斯·卡萨斯教士生平// [西] 巴托洛·梅德拉斯·卡萨斯. 西印度毁灭述略 [M]. 孙家堃译. 北京：商务印书馆，2018：104-106.

⑥ [西] 贝尔纳尔·迪亚斯·德尔·卡斯蒂略. 征服新西班牙信史 [M]. 江禾，林光译. 北京：商务印书馆，2018：334.

⑦ [西] 贝尔纳尔·迪亚斯·德尔·卡斯蒂略. 征服新西班牙信史 [M]. 江禾，林光译. 北京：商务印书馆，2018：482.

⑧ [西] 贝尔纳尔·迪亚斯·德尔·卡斯蒂略. 征服新西班牙信史 [M]. 江禾，林光译. 北京：商务印书馆，2018：562.

三、跨大西洋的黑人奴隶贸易及其终止

事实上，奴隶贸易从西班牙人抵达加勒比海沿岸不久、征服墨西哥和中美洲之前就已经开始了。从哥伦布 1492 年抵达美洲到科尔特斯 1519 年登陆墨西哥之前，西班牙人只是征服了加勒比海群岛。在此不到 20 年的时间里，由于遭受西班牙殖民统治者残酷的屠杀和奴役，加上天花等传染疾病，整个加勒比地区的原住民几近灭绝。西班牙殖民者开始从非洲进口奴隶来填补空缺。① 1509 年，第一批定期船舶装载的奴隶被运往圣多明哥，到西班牙控制的金矿做苦力②。1518年，神圣罗马帝国皇帝查理五世颁发了皇家许可证，允许从非洲进口奴隶到加勒比地区，在一定程度上是为了应对由瘟疫和屠杀导致的原住民人口的大幅度下降。③ 另一个原因是当时西班牙殖民统治者认为黑人普遍比印第安人身体强壮，更吃苦耐劳，也更适合各种繁重的体力劳动，特别是从事农业生产。④ 一开始，大西洋的奴隶贸易为葡萄牙人所控制，商人拥有官方允许的垄断性贸易线路，西班牙人竞争不过他们。到 17 世纪，英国、法国和荷兰随后加入殖民竞争和贩奴贸易。17 世纪后期，伴随着英国商人和海上舰队的崛起，北美东南沿海地区和非洲间的奴隶贸易也急剧增长⑤。实际上，横跨大西洋的奴隶贸易最早由葡萄牙人发起，随后西班牙人、法国人、荷兰人、英国人争相效仿。他们在非洲疯狂地抢掠黑人，然后将他们用船贩卖到美洲。葡萄牙人于 16 世纪初将奴隶从非洲带到美洲，其中大多数奴隶被带到拉丁美洲和加勒比地区。后来，随着其他国家的加入，一场残酷的竞争持续经年。在 17 世纪，荷兰商人垄断了贸易。在美洲殖民地的每个港口，荷兰奴隶贩子的身影处处可见。他们从奴隶贸易中获得了巨大利益。到了 17 世纪后期，英国的奴隶贩子逐渐开始接管并垄断了贩卖黑人的生意。根据约翰·霍普·富兰克林的说法，"1672 年，英王对皇家非洲公司这家已经垄断奴隶贸易 10 年的重组商业集团委以特许。在将近半个世纪的时间里，这

---

① ［以］哈拉瑞. 人类大历史 ［M］. 林俊宏译. 台北：远见天下文化，2014：325-326.

② ［英］菲利普·德·索萨. 极简海洋文明史 ［M］. 施诚，张珉璐译. 北京：中信出版集团，2016：185.

③ ［英］菲利普·德·索萨. 极简海洋文明史 ［M］. 施诚，张珉璐译. 北京：中信出版集团，2016：198.

④ J. A. 略论特. 美洲恰帕斯教区主教巴托洛梅·德拉斯·卡萨斯教士生平// ［西］巴托洛·梅德拉斯·卡萨斯. 西印度毁灭述略 ［M］. 孙家堃译. 北京：商务印书馆，2018：104-106.

⑤ ［英］菲利普·德·索萨. 极简海洋文明史 ［M］. 施诚，张珉璐译. 北京：中信出版集团，2016：184-187.

家公司主导了英国的奴隶贸易……"① 实际上，该公司经营的贩奴贸易中只有不到1/3 的奴隶被卖到了北美，其他的则出售给了美洲其他的殖民地。奴隶贸易给英国带来了巨大的利益，使之成为英国经济的基石，解决了北美种植园劳动力短缺的紧急状况。蓬勃发展的制糖工业与海上贸易活动中臭名昭著的奴隶贸易联系在了一起。奴隶参与地中海和近东的制糖工业由来已久，但是大西洋甘蔗种植业爆发式增长无疑是以买来的奴隶为动力的，其奴隶制种植园模式也是以奴隶贸易为基础的②。

不可否认，奴隶贸易自古以来就有着广阔的空间和历史背景。欧洲人从事的跨大西洋黑人奴隶贸易并不是独立的现象。据信："此时大西洋的奴隶贸易并不是唯一的奴隶贸易。印度洋和地中海区域的奴隶贸易彻底退回到古代，而且在一些地区一直持续到20 世纪。在16 至17 世纪遍布地中海的众多港口里，还有可供使用的穆斯林和基督徒奴隶。总之，在几千年的历史中，旧大陆的奴隶贸易涉及数以百万的奴隶。"③ 葡萄牙人之所以能够在横跨大西洋的奴隶贸易中抢得先手或是成为其他西欧国家的负面榜样，是因为他们早在15 世纪中叶就已开始大规模从事黑人奴隶贸易④。只是他们那时掠夺的黑人奴隶并不是卖到美洲。随着新世界的发现与欧洲殖民狂潮的兴起，以葡萄牙和西班牙为首的欧洲国家开始大规模地进行跨越大西洋的奴隶贸易，以缓解美洲劳动力短缺的困境。随后，荷兰人、英国人、法国人、丹麦人、瑞典人、勃兰登堡人也纷纷加入，竞争激烈。有学者指出："据估计，在15 至17 世纪的两百年中，约有50 万至60 万非洲奴隶被贩卖到巴西，有45 万人到达非伊比利亚人占领的加勒比地区，另有40 万到达西班牙占领的美洲地区。这一时期北美是一个小型的进口地，但是从1701 年到大西洋奴隶贸易正式被终止的1808 年，有惊人的600 万人口被强行掳到穿越大西洋的贩奴船只上。"⑤ 这是一个相对保守的数据。有人认为，在15~19 世纪，超过1100 万的黑人奴隶被跨越大西洋的贩奴贸易卖到美洲，其中大约80%是18~19 世纪完成的。⑥ 如果横跨大西洋的奴隶贸易按3 个世纪算，就有大约1000

① John Hope Franklin. From Slavery to Freedom: A History of African Americans [M]. New York: McGram-Hill, Inc., 1967: 52.

② [英]菲利普·德·索萨. 极简海洋文明史 [M]. 施诚，张珉璐译. 北京: 中信出版集团，2016: 184.

③ [英]菲利普·德·索萨. 极简海洋文明史 [M]. 施诚，张珉璐译. 北京: 中信出版集团，2016: 187.

④ J. A. 略论特. 美洲恰帕斯教区主教巴托洛梅·德拉斯·卡萨斯教士生平// [西] 巴托洛·梅德拉斯·卡萨斯. 西印度毁灭述略 [M]. 孙家堃译. 北京: 商务印书馆，2018: 92.

⑤ [英]菲利普·德·索萨. 极简海洋文明史 [M]. 施诚，张珉璐译. 北京: 中信出版集团，2016: 187-188.

⑥ Ronald Segal. The Black Diaspora: Five Centuries of Black Experience outside Africa, 1995: 4.

万~1500 万的非洲黑人以奴隶的身份被贩卖到美洲。① 其中从巴西运来的黑人奴隶最多，高达 400 万，几乎全是葡萄牙人的"功劳"；西班牙在美洲的殖民地进口了 250 万名黑人奴隶，占整个跨大西洋奴隶贸易总量的 35.4%；英属西印度群岛进口 200 万；法属西印度群岛进口 160 万；英属北美进口 50 万；荷属西印度群岛进口 50 万；丹麦西印度群岛进口 2.8 万。② 凭借着奴隶贸易，西班牙人和葡萄牙人在拉丁美洲建立了庞大的殖民帝国。而随后英国人在与葡萄牙人、西班牙人、荷兰人和法国人的竞争中则成了北美最大的赢家。

由于葡萄牙人早在新大陆发现之前就已经开始了贩卖黑人奴隶的贸易，因此在跨大西洋的贩奴贸易中具有先发优势，曾长期居于领先地位。研究发现，在 1440~1640 年，葡萄牙人垄断了黑人奴隶贸易。根据粗略估计，在长达四个半世纪的跨大西洋的贩卖黑人奴隶的贸易中，葡萄牙人独占了近 40%，超过 450 万人。不过，英国人颇有后来居上的架势。18 世纪是跨大西洋黑奴贸易的高峰时期，有 600 万名黑人奴隶被从非洲卖到美洲，其中英国人就经手了 250 万。③ 奴隶贸易和奴隶制成就了欧洲人在美洲的种植园经济，保证了北美洲和西印度群岛中殖民地的繁荣。仅在 18 世纪，跨大西洋掠卖到美洲的大约 650 万名非洲奴隶中，大约 35 万被卖到北美，超过 200 万被卖到英属加勒比地区，大约 100 万被卖到加勒比地区的法属岛屿，主要是圣多明克，即今天的海地，还有大约 100 万人死在穿越大西洋的航程中。④

从非洲到美洲的跨大西洋奴隶贩卖活动是人类历史上最大规模的强制性移民，所涉及人口的数量是那个历史阶段各种样式的洲际迁徙——自由迁徙和被迫迁徙中最多的⑤。据信，在 1800 年以前来到美洲的移民，大约有 3/4 是非洲人。这占总移民 75% 的非洲移民几乎全部是奴隶⑥。横跨大西洋的奴隶贸易与欧洲殖民者在美洲维持的奴隶制有关。当美洲的黑人劳动力趋于饱和而非洲逐渐沦为欧洲列强的新的殖民地的时候，大规模的奴隶贸易走向终结也就成了顺理成章的事

①　David Brion Davis. Slavery. in C. Vann Woodward, A Comparative Approach to American History. Washington D. C.: Form Series, 1968: 132.

②　Hugh Thomas. The Story of the Atlantic Slave Trade: 1440-1870 [M]. New York: Simon & Schuster, 1997. 转引自网站: https://www.scaruffi.com/politics/slavetra.html.

③　Alistair Boddy-Evans, "The Trans-Atlantic Slave Trade: A review of the triangular trade with reference to maps and statistics"(Updated January 26, 2018), https://www.thoughtco.com/the-trans-atlantic-slave-trade-44544.

④　Fara Dabhoiwala. Speech and Slavery in the West Indies, The New York Review of Books, 3 Aug. 2020.

⑤　David Eltis. African and European Relations in the Last Century of the Transatlantic Slave Trade, in Oliver Petre-Grenouilleau, ed., From Slave Trade to Empire: Europe and the Colonisation of Black Africa 1780s-1880s, London and New York: Routledge, 2004: 21-46.

⑥　https://news.harvard.edu/gazette/story/2020/02/vincent-brown-traces-tackys-revolt-during-a-r-t-salon-series/.

情，但美洲奴隶制的废除却又一拖经年，甚至在美国引发了血腥的内战。当然，黑人奴隶贸易和奴隶制最终的废除还是源于黑人奴隶的抗争和起义。① 这是决定性的因素。现在都在说英国人带头废除奴隶贸易和奴隶制，这其实都是谎言。英国在西印度群岛的殖民地曾发生过多次奴隶起义，其中 1760~1761 年发生在牙买加的起义规模较大，比较惨烈，极具代表性②。有研究认为，此次起义对英国海外殖民帝国的震撼仅次于北美的独立战争③。尽管每次起义都被残酷镇压，但黑人奴隶的反抗从未停歇。在牙买加，除了 1728~1739 年和 1795~1796 年白人殖民统治者与自由的黑人马容人（Maroons）之间有过旷日持久的全面战争外，小冲突与各类斗争持续不断。在 1673 年、1676 年、1678 年、1685~1687 年、1690 年、1745 年、1760 年、1766 年、1776 年、1791~1792 年、1808 年、1815 年、1819 年、1823~1824 年和 1831~1832 年都曾爆发过程度不同的黑人奴隶起义和有组织的抗争行为，分别涉及数百名或数千名黑人奴隶。④ 这种持续不断的反抗在其他地区几乎是不可能发生的。英国人不得不在当地保持人数众多的驻军，在 18 世纪 90 年代就高达 8 万人⑤。这种成本是极其昂贵的。有人认为，"实际上法国人早在 1794 年就废除了奴隶制"⑥。不过，这也是因为在海地爆发了反抗法国殖民统治的起义，并不是因为法国人有多高尚。而且，它并没有停止奴隶贸易。当海地黑人起义成功并建立了独立的共和国之后，英国殖民者曾多次攻打海地，企图复辟当地的奴隶制。而海地在 1804 年建立自由的黑人共和国之前，黑人奴隶的抗争和起义可能导致冲突各方高达 35 万人死亡。⑦ 实际上，从殖民统治的角度，奴隶贸易的终止最关键的因素是经济方面的，而非政治原因或出于道义与殖民统治者的良心。

真正的历史动力来自欧洲生产力的提升和生产模式的转换。19 世纪初，全球经济体系的转变使新大陆对奴隶劳动力的依赖不断减少。对于走向工业化的英国、美国和其他部分欧洲国家来说，奴隶劳动力因消极反抗和怠工效率并不高，而且政府维护奴隶制的成本在增加。因此，美国和英国政府不得不开始认真考虑

① See Tom Zoellner, Island on Fire: The Revolt That Ended Slavery in the British Empire, Cambridge, Massachusetts, London: Harvard University Press, 2020.

② 关于这场起义的详情，可参阅: Vincent Brown, Tacky's Revolt: The Story of an Atlantic Slave War, Cambridge, Massachusetts: Belknap Press, 2020.

③ Michael Craton. Testing the Chains: Resistance to Slavery in the British West Indies, Ithaca, New York: Cornell University Press, 1982: 125-139.

④ Fara Dabhoiwala. Speech and Slavery in the West Indies, The New York Review of Books, 3 Aug. 2020.

⑤ Seymour Drescher. Abolition: A History of Slavery and Antislavery, Cambridge: Cambridge University Press, 2009: 205.

⑥ Richard Ennals. From Slavery to Citizenship, Bicentennial: John Wiley & Sons, Ltd., 2007: 2.

⑦ Fara Dabhoiwala. Speech and Slavery in the West Indies, The New York Review of Books, 3 Aug. 2020.

废除奴隶贸易。1807年，英国废除了奴隶贸易，并向其他从事奴隶贸易的欧洲国家施加压力，迫使它们也废除了奴隶贸易。而在此之前，美国已早于英国3个星期宣布废除奴隶贸易。1807年3月3日，美国总统托马斯·杰斐逊（Thomas Jefferson）签署的一项终止奴隶贸易的法案（Slave Trade Act）由国会通过，"禁止将奴隶进口到美国管辖范围内的任何港口或地方"①。3个星期后的25日，英国上议院通过了《废除奴隶贸易法》（*Act for the Abolition of the Slave Trade*）。尽管英国不是第一个废除奴隶贸易的国家，但它的行动对其他国家的政策产生了前所未有的影响。1817年，西班牙与英国签署了一项条约，同意在19世纪20年代废除奴隶贸易；19世纪20年代，荷兰、瑞典和法国也通过了反对奴隶贸易的法律。但是，这些法律并没有立即阻止奴隶贸易，各种或明或暗的对奴隶的需求依然非常强烈，奴隶买卖依然利润丰厚。事实上，由于执行的力度不够，直至19世纪60年代跨大西洋的奴隶贸易才基本上真正得以废除。② 最早废除跨大西洋奴隶贸易的英国和美国，其新法规都没有立即结束国际奴隶贸易的意思。在英国，新法令直到5月1日才生效。在整个19世纪，英国的船舶和造船商都依然极深地卷入奴隶贸易，而不是洗手不干。极具讽刺意味的是，正是在废除奴隶贸易之后，英国在其殖民地的蓄奴数量达到了最高峰③。而在美国，1783年《宪法》第一条第9款明确规定，在1808年之前不得禁止国际奴隶贸易，废除奴隶贸易的法案直到1808年1月1日才生效。直到1860年，非洲黑人仍然源源不断地被运到美国各地，沦为奴隶。④ 事实上，美国虽然立法禁止从外国进口黑人奴隶，但在本国的奴隶买卖并没有禁止，而非法的进口黑人奴隶的买卖也一直在进行。巴西一直是新世界最大的非洲奴隶进口国之一，黑人奴隶制一直是巴西经济和社会的基石，已有200多年的历史。长期以来，巴西的奴隶人口需要通过贸易进行定期补充。然而，在巴西脱离葡萄牙独立期间，尽管英国宣布巴西奴隶贸易为非法，但它并没能阻止巴西继续进口黑人奴隶。巴西的奴隶贸易也几乎持续了整个19世纪。⑤ 这都与美洲普遍存在的针对黑人的奴隶制有关。有奴隶制度存在，就会有奴隶贸易。奴隶贸易的废除与奴隶制的废除还不是一回事。英国在其殖民地废除奴隶制

---

① Wayback 档案：https：//wayback. archive-it. org/13235/20200727201752/http：//abolition. nypl. org/home/.

② 大英百科全书：https：//kids. britannica. com/students/article/Atlantic-slave-trade/602896.

③ See Roger Norman Buckley. Slaves in Red Coasts：The British West India Regiment 1795-1815, New Haven：Yale University Press, 1979.

④ Wayback 档案：https：//wayback. archive-it. org/13235/20200727201752/http：//abolition. nypl. org/home/.

⑤ Leslie Bethell. The Abolition of the Brazilian Slave Trade：Britain, Brizail and the Slave Trade Question 1807-1869, Cambridge University Press, 1970.

始于 1838 年，法国始于 1848 年，美国直到 1865 年才开始废除奴隶制，巴西、古巴和波多黎各做出的改变则更为迟缓。①实际上，整个拉丁美洲是奴隶制的顽固堡垒，西班牙和葡萄牙建立起来的殖民体系从政府到民间都非常反动，进步力量极其薄弱，而巴西更是其中的典型。那里无论是终止奴隶贸易还是废除奴隶制都举步维艰。相比其他美洲殖民地的民主革命和独立运动，巴西在独立后非常罕见地建立了帝制，而非民主制共和国。这也是其奴隶制废除的主要障碍之一。巴西直到 1888 年才废除了奴隶制，第二年也终于结束了帝制。巴西的废奴历程可谓历尽艰辛，阻力很大，多有反复。其重要原因是巴西社会进步力量薄弱，靠自身废除奴隶制动力不大，而需要借助于外部的力量。②好在自 19 世纪以来，废奴已成为国际共识和世界潮流，奴隶贸易和奴隶制度已不得人心，遭到了全世界人民的唾弃。

四、结　论

跨大西洋的奴隶贸易前后持续了 3 个多世纪，而美洲的奴隶制则持续了更长的时间，几乎有 4 个世纪之久。奴隶贸易保障了欧洲人在美洲殖民帝国的建立和持续发展，为欧洲殖民者积累了巨大的财富和资本，推动了欧洲经济的发展和长达数个世纪的强盛。可以说，欧洲的崛起和强盛与其奴隶贸易和奴隶制是分不开的。而现在，跨大西洋大规模的奴隶贸易已成为历史，在奴隶贸易和奴隶制中黑人奴隶经历的种种苦难和白人的残暴与残酷剥削也都已成为过去。然而，奴隶贸易的影响和黑人奴隶的贡献却从未消失。将近 4 个世纪的横跨大西洋的罪恶的奴隶贸易及奴隶制不应该被轻易忘记。我们需要弄清这段历史并承认黑人奴隶及其后代对美洲乃至全世界经济发展和历史进步所做的贡献。这也是理解黑人在美洲的历史地位和现实权利的前提，这一点是被严重忽视的。当前，在不少拉美国家，原住民的经济状况和文化发展较受关注，而黑人似乎依然是外来户，比印第安人还更加被边缘化。至今，黑人在美洲的经济状况并不理想，甚至仍未获得应有的政治地位和足够的尊严。在不少国家，他们的生活水平依然远远低于平均水平。相对于他们漫长的被奴役和压迫的历史，他们获得自由或略微平等的时间还非常短。美洲国家有必要对他们进行补偿和提供长期的帮助。

---

① ［英］菲利普·德·索萨. 极简海洋文明史［M］. 施诚，张珉璐译. 北京：中信出版集团，2016：188-190.

② Seynour Drescher. Abolition：A History of Slavery and Antislavery［M］. Cambridge：Cambridge University Press，2009：348-371.

附录
《2020~2021 年拉丁美洲蓝皮书》
英文摘要汇总
Appendix
Summary of the English
Abstracts for 2020−2021 Blue
Book of Latin America

Introduction: Report on Latin America's Foreign Relations and Environmental Resources

Zhang Tuo

Abstract: This report is written based on the lectures given by Ambassador Zhang Tuo at the Guangdong Public Diplomacy Seminar in China in 2020. It collects the author's many years of experience in diplomatic work in Latin America and his independent views on the evolution of Latin American diplomatic affairs spanning from history to reality. Through analysis of the major Latin American countries, especially a macro analysis of the factors that have impacts on the overall diplomatic trend of Latin America, and through straightening out the relevant characteristics of Latin America's development resources and geopolitical structure, this report provides penetrating illustration and reasonable deduction on issues concerning Latin America's diplomacy and its resources and environment. In the end, the report points out that, "China-Latin America relations, China-U. S. relations, and U. S. -Latin America relations are no longer intertwined. In fact, they are now three independent relations. Therefore, the development issues of Latin America will certainly be an important pivot point for the long-term and stable development of China's foreign relations."

Key words: International Pattern; Latin American Diplomacy; Latin American Resources; U. S. -Latin America Relations

Economic and Industrial Development Reports of Major Latin American Countries during COVID-19 Pandemic

Chen Siting, Li Yongning

Abstract: The COVID-19 pandemic between 2020 and 2021 has made an enormous impact on the global economy with the economic development of many countries in the world fell into stagnation. Over the past few years, as emerging economies, Latin America and the Caribbean region have attracted much attention worldwide. Unfortunately, the COVID-19 pandemic has generated a catastrophic impact on the economy and people's livelihood of the entire region. Some scholars believe that the COVID-19 pandemic's impact on the economy of Latin America will be more far-reaching than that on Asia, the Middle East, Europe, and other regions. This article reviews the situation of the major Latin American countries under the COVID-19 pandemic last year and reveals the influence of the pandemic on major Latin American economies by observing and comparing the economic fluctuations and related industries in these countries before and after the pandemic. The article mainly covers the following four parts: ①Review the COVID-19 pandemic in Latin America and governments' response; ②Analyse and compare the economic growth, unemployment rate, inflation rate and government debt ratio of the five major economies in the region before and after the pandemic; ③Observe the impact on the three major industries in Latin America during the pandemic; ④Summarise the socioeconomic issues faced by Latin America after the outbreak of the COVID-19 pandemic and the possible turnarounds after the crisis.

Key words: COVID-19 Pandemic; Latin American Economy; Industry Observation; Development Opportunities

Research Report on Latin American Governments' Debt under the Impact of the COVID-19 Pandemic
—Taking Argentina and Brazil as Examples

Li Cuilan

Abstract: Under the impact of the COVID-19 pandemic, Argentina and Brazil were unable to repay government debts on time. Thus, they have become bankrupt countries in the world successively. Based on the review of the spread of the pandemic in the two countries, this article analyses the impact of the pandemic on the two countries' economies from five aspects including economic growth rate, industry impact, balance of payments scale, currency devaluation, and unemployment rate; Based on the fiscal policy measures taken by the two governments in response to the pandemic, the analysis concludes that the large-scale increase in fiscal expenditure of the two governments after the pandemic is the direct cause of their debt crisis; For many years, the economic structures of Argentina and Brazil have been incomplete, and their social welfare expenditures have been excessive, and this is the underlying cause and the origin of their debt crisis. In the end, the article summarises the lesson we can learn from the debt crisis of the two countries.

Key words: COVID-19 Pandemic; Government Debt Crisis; Fiscal Policy; Fiscal Space

Challenges and Countermeasures:
Report on Carbon Neutrality Policies and Practices in Latin American Countries

Huang Lei, Song Huihao, Ding Hao

Abstract: As carbon compensation system becomes perfected day by day, and carbon market gets more and more regulated gradually, carbon neutrality, being an effective environmental protection and control mechanism, has gradually obtained the support of the international community and the people all over the world. Many countries around the world have joined in carbon reduction plans and signed a series of temperature control and environmental protection agreements, which represented a key step towards realising global emission reduction goals. In practice, many developed countries and regions like the European Union could always lead the world in carbon emission reduction and have accumulated plenty of experience and lessons in both policies and practices. Latin America is an integral part of the Third World and boasts rich natural resources. Latin American countries, with geographical closeness, cultural affinity, and strong economic drivers, have also made some achievements in the field of carbon neutrality. However, Latin American countries still have huge development potential compared to their counterparts in the rest of the world. Their performance in the field of carbon neutrality will generate a profound impact on the entire international community. This article analyses carbon neutrality and its related concepts by viewing the world's latest documents and research papers on carbon neutrality. On this basis, the article also analyses the current international practices in carbon neutrality, especially those in the EU and some developing countries, and its future trend. Combined with Latin America's progress and weaknesses in terms of carbon neutrality policies and practices, the article tries to provide feasible suggestions to Latin American countries on formulating and implementing carbon neutrality policies.

Key words：Carbon Neutrality；Low Carbon Emission and Reduction；Carbon Trading；European Union；Latin American Countries

China-Latin America:
Post-Pandemic Opportunities for
Shared Prosperity

Mario Quintros

Abstract: The main idea which this paper intends to convey is that, though coopera-
ration and trade between China and Latin America is already quite developed and
intense (China is, for example, already the second most important trading partner of the
region), there is still an ample scope for joint endeavours between the two sides—parti-
cularly involving private sector companies—with important possibilities of mutual benefit
for the partners directly involved and certainly contributing to the building and consoli-
dation of the Community of Common Destiny for Mankind.

Key words: Trade Partner; Cooperation Space; Community with a Shared Future
for Mankind

The Experience and Lessons of Mexico in Response to Public Health Emergencies

Zhang Xinyu

Abstract：There have been many major public health emergencies in the history of Mexico. On the one hand, public health emergencies have caused great economic losses to Mexico, on the other hand, they have become an important driving force to promote the reform of Mexico's public health system and strengthen regional and international cooperation. This article describes Mexico's prevention and control measures for public health emergencies and analyzes their effectiveness from the three aspects of government management, disease surveillance, and intervention measures. To the end, this paper puts forward suggestions to improve the public health emergency management ability in China from the aspects of improving the national emergency response mechanism for public health emergencies, improving the disease surveillance and early warning system, strengthening the comprehensive intervention ability combined with drug and non−drug measures, and establishing the risk communication and social trust restoration mechanism, establishing a drill and training system and strengthening regional and international cooperation.

Key words：Public Health Emergency; Emergency Governance; Developing Countries; Mexico

Analysis of Venezuela's Basic Condition from 2019 to 2020

Huang Zhong

Abstract: From 2019 to 2020, Venezuela's economic situation continues to deteriorate, with a shrinking economy, high inflation, an increase in government budget deficits, a decline in imports and exports, and a sharp depreciation of the currency. In all, the country's overall economic competitiveness is weak. Politically, some Venezuelan opposition parties reached a compromise with the government and abandoned Guaido. In the field of social governance, many infrastructures of the country have collapsed, people's basic lives are difficult to maintain, the social order is in chaos, a large number of people had no choice but to migrate abroad, and its national order has also been severely affected by COVID-19 pandemic. Diplomatically, the international community has formed two opposing camps around Venezuela—The United States continues to exert extreme pressure on Maduro's regime, Guatemala has broken off diplomatic relations with Venezuela, Cuba and Russia firmly support Maduro, and the China-Venezuela strategic partnership has been developing steadily.

Key words: Venezuela; Situation; Outlook

Perspectives on Brazil's Structural Racism

Liang Yuxi, Yang Jing

Abstract: Brazil abolished slavery in 1888 and was the last country to do so on the American continent. In Brazil's history, there hasn't been a system of apartheid similar to that imposed by the United States. The country ensures on the legislative level that blacks have equal rights with whites in all aspects including marriage, education, employment, medical care, and politics, so as to allow for greater freedom of class mobility. Based on this, many scholars and politicians have come to the over-optimistic conclusion that "Brazilian racism has never existed". However, according to relevant data and social surveys, although Brazil has made racism illegal through legislative procedures, which has effectively curbed explicit and individual racism, structural racism has always existed in the country. The outbreak of the COVID-19 pandemic in Brazil in 2020 has exacerbated the structural inequality among different races. This article collects and analyses relevant data, illustrating Brazil's distribution of social resources and differences in the survival and development of different races from four aspects including education, employment income, access to medical resources, and justice. It is found that Brazilian society, in fact, has a serious long-term structural racial inequality, and the contradiction is bound to get worse due to the deliberate ignorance of mainstream discourse.

Key words: Brazil; Structural Racism; Racial Inequality

Game Analysis of Food Market Safety Supervision and Violation in Chile and Mainland China

Ma Feixiong, Hu Yueqian

Abstract: Through the game analysis of food market safety supervision and viola-
tions in Mainland China, this article shows: Whether market participants (producers or
sellers) violate the regulations depends on the profits obtained from violating the regula-
tions and potential losses resulting from violations being punished. Namely, the greater
the penalties, the smaller the possibility for market participants (producers or sellers) to
violate the rules. If information is asymmetric, food market supervisors' past handling of
the violations will have a demonstrative effect—Market participants (producers or sellers)
will constantly adjust their judgments on supervisors' credibility by observing how did
the supervisors handle the past violations, thereby anticipate how will the supervisors
handle future violations, and decide whether they are going to violate the rules or not.
There is a learning mechanism in this game.

Key words: Food Market; Safety Supervision; Violation; Demonstration Effect;
Learning Mechanism

Observation and Prospect of Mexico's Basic Education during the Pandemic and in the Post-pandemic Era

Zhao Xi, Chen Xing

Abstract: The outbreak of the COVID-19 pandemic has brought unprecedented challenges to the education sector. Different countries in the world have adopted different education models to maximize the continuity of education during the pandemic. Latin American countries are no exception. This article will take Mexico's "study at home" project as an example to study the country's basic education model during the pandemic, evaluate this model at multiple levels of educational dynamics, and point out the main problems and challenges faced by Mexico's basic education during the pandemic; finally, from the dimensions above, look forward to Mexico's education model during the pandemic and in the post-pandemic era.

Key words: COVID-19; Basic Education; Distance Education; Mexico

Brazil's Primary and Secondary Education Crisis under the Pandemic

Yang Jing, Mariana Ramos

Abstract: Although Brazil has enacted legislation to protect the right of all people to receive basic education since the mid-20th century, education inequity has been a long-standing major contradiction in Brazilian society. Insufficient national financial appropriations, serious bureaucracy in functional departments, weak educational infrastructure, and insufficient teacher training have all constrained the development of primary and secondary education in the country. After the outbreak of the COVID-19 pandemic in 2020, Brazilian governments at all levels quickly issued "city lockdown" and stay-at-home orders, closing all educational institutions, and turning primary and secondary school education online. Because the pandemic cannot be alleviated, Brazil has become the country with the longest school shutdown hours in the world. Additionally, many unfavourable conditions have made it very tough for Brazil's primary and secondary education under the pandemic. This article collects and analyses a large amount of data on Brazil's educational infrastructure, illiteracy and dropout rates, teachers and students' mental health, and education for disabled people before and after the pandemic, thereby probe into the difficulties and challenges faced by Brazil's basic and secondary education (primary and middle school education) during the pandemic.

Key words: Brazil; COVID-19 Pandemic; Primary and Secondary Education; Educational Equity

Discourse Analysis of Self-built Corpus of Mexico's Milenio Newspaper's Report on the Outbreak of the COVID-19 in China

Chen Yi, Chen Ning

Abstract: At the beginning of 2020, a case in Wuhan, China, was diagnosed as COVID-19. Subsequently, same cases were found in many places around the world and the number of cases continued to increase. By the beginning of 2021, COVID-19 still had not been effectively controlled in many countries and regions. The outbreak of COVID-19 in China as well as its subsequent effective control measures had made China a hot spot in the news media of many countries for quite a period. This article is based on Mexico's Milenio newspaper's news reports on China and COVID-19 from January 1, 2020, to September 31, 2020. The article builds its own corpus and analyses critical discourse through the number of reports, trends, subject headings, index lines, and discourse rhyme, so as to probe into the attitude of Mexico's Milenio newspaper towards China and analyse the underlying causes that determine this attitude.

Key words: COVID-19; Mexico; Critical Discourse Analysis; COVID-2019 Self-built Corpus

Development Status and Trend of China-Brazil Economic and Trade Cooperation during the COVID-19 Pandemic

Fu Qiongfang, Wang Zhaoyi, Zhu Wenzhong

Abstract: China and Brazil are two influential developing countries. Thus, the rapid development of bilateral trade between the two countries has attracted the attention of the world. During the COVID-19 pandemic-Brazil's oil exports to China in April 2020 set a new record high. This article will focus on discussing the trend of China-Brazil economic and trade cooperation which is reflected in the continued growth of Brazil's oil exports to China even during the pandemic from three aspects: The history of China-Brazil trade, the status quo of China-Brazil trade, and the future of China-Brazil trade. Firstly, China-Brazil trade began in the 1960s, developed gradually during the late 1970s, and made a huge leap at the end of the 1990s. This all reflects the long and profound history of bilateral trade between China and Brazil; Secondly, the analysis of the trade environment and trade data statistics during the pandemic strongly proves the necessity and sustainability of bilateral trade between China and Brazil; Thirdly, the outbreak of the pandemic has, to some degree, reflected the weaknesses of Brazil's development, but it also provides new ideas and directions for China-Brazil bilateral trade in the future; Finally, Based on the history and current situation, we analyse and predict that in the future, the development of China-Brazil bilateral trade and cooperation will maintain a long-term good trend.

Key words: COVID-19 Pandemic; China-Brazil Trade; Economic and Trade Cooperation

Analysis of China's Investment Environment and Prospects in Ecuador

Yu Qingyi, Sun Xiuli

Abstract: Through analysis of the investment status of Chinese-funded enterprises in Ecuador, it is found that the investment scale is continuously expanding, and the invested industries are relatively concentrated. Ecuador's economic growth, good infrastructure, and the sound momentum of the bilateral trade and cooperation between China and Ecuador are favourable conditions for promoting investment by Chinese-funded enterprises in Ecuador, while Ecuador's bad government governance, poor environmental and labour conditions, and nationalization risks inhibit Chinese enterprises' investment. At last, from both the government and enterprise sides, the article puts forward suggestions and strategies for Chinese enterprises' further investment in Ecuador.

Key words: China; Ecuador; Investment Environment

The Status Quo, Problems and Countermeasures of China's B2C Cross-Border E-Commerce in Brazil
—Taking AliExpress as an Example

Zhu Wenzhong, Yao Ruowen, Fu Qiongfang

Abstract: In the context of globalization and informatization, the cooperation and trade between China and the rest of the world are getting increasingly developed and intense. With the rapid development of the Internet, cross-border e-commerce has gradually entered the lives of people all over the world. Brazil, as the world's eighth-largest economy, has very close economic and trade relations with China. Many Chinese B2C e-commerce platforms and merchants have made it into Brazil, catering for the needs of the local people and carrying out friendly economic and trade cooperation with the country. However, due to the different consumer habits in Brazil and China, competition with the local e-commerce businesses, difficult customs clearance, and challenges posed by the costs and efficiency of logistics and other aspects, China's cross-border e-commerce in Brazil still have a long way to go. Therefore, this article takes Alibaba's B2C cross-border e-commerce platform "AliExpress" in Brazil as an example to analyse the current situation and problems of China's B2C cross-border e-commerce businesses in Brazil and also, put forward several countermeasures and suggestions in the aspects of e-commerce companies, platforms and policies for reference.

Key words: Cross-border E-commerce; E-commerce; B2C

Analysis on the Legitimacy of China Railway Construction International Consortium in Mexico's High-speed Rail Project

Wang Xiuzhi, Yang Xiaoyan

Abstract: The successful "going global" of Chinese-funded enterprises will touch on the interests of many parties in the host country. We not only need to maintain sound relationships with the local governments, in the context of a specific country, the influences of international non-profit organisations and the public are also crucial and are something we should pay attention to. In 2014, China Railway Construction Co., Ltd. led the international consortium, and bid for the Mexico high-speed rail project but failed. This is a typical case. This article studies the case and analyses the underlying reasons that led to the failure of China Railway Construction's bid for the Mexico high-speed rail project based on the theory of organizational legitimacy. The article holds that the key lies in the project's important stakeholders' legitimacy perception of the China Railway Construction International Consortium. It further proposes a specific suggestion which is that if Chinese-funded enterprises are to run businesses successfully in Mexico, they are going to need to construct regulatory legitimacy, normative legitimacy, and cognitive legitimacy for different stakeholders. Firstly, build regulatory legitimacy-Chinese-funded enterprises should properly handle their relationships with the Mexican government, parliament, and courts; Secondly, establish normative legitimacy - Chinese-funded companies can try to partner with prestigious professional institutions, industry associations, and companies in Mexico; Thirdly, construct cognitive legitimacy-be careful in choosing cooperating international non-profit organizations in Mexico.

Key words: China Railway Construction Corporation Limited; Organizational Legitimacy; Mexico; International Non-profit Organization

Research on Didi Travelling's Strategic Optimisation in Brazilian Market in the Post-pandemic Era

Li Yingtong, Wu Yiming

Abstract: As a unicorn of China's shared travelling companies, Didi Travelling, since implemented its global strategy in 2015, has scored phased achievements in the international market, with a market share of nearly 50% in Latin America. In the future, with the advancement of China's "Belt and Road" initiative and the further development of China-Latin America economic and trade cooperation, Didi Travelling will continue to increase its investment in Latin American market. Over the past few years, the shared travelling industry in Latin America has been developing rapidly, and Latin American market has become an important battleground for major shared travelling companies all over the world. Under the pressure of both domestic and foreign competition as well as the impact of the COVID-19 pandemic, how to adjust its international market strategy so as to strengthen its core competitiveness and gain a place in the international market is an important issue that Didi Travelling needs to consider at the moment. This article focuses on Didi Travelling's operations in Brazilian market. Combining Porter's five forces model and the STP model, it conducts an in-depth analysis and puts forward suggestions on market strategy optimisation to counter the development problems and challenges faced by Didi Travelling in the post-pandemic era, thereby providing examples and lessons for its operation in other Latin American countries.

Key words: Didi Travelling; Online Car-hailing Services; Brazilian Market; COVID-19 Pandemic; Strategic Optimisation

A Study on Tourists' Gaze Behaviour in the International Tourist Attraction of Monte Cristo in Brazil

Li Yinghua, Yang Xiaoyan

Abstract: Brazil is crowned as a tourist paradise in South America for its abundant tourism resources. This article aims at increasing the attractiveness of Brazil's scenic spots to Chinese tourists and probe into Chinese tourists' gaze during their travelling in Brazil. It adopts the online text analysis method, taking the Monte Cristo of Brazil as an example, and selects 228 travel notes and 286 photos on Ctrip. com as the data source. The article found that: ①46% of the photos have landmarks of the tourist attraction, and most of the tourists' gaze was on the statue of Jesus; ②43% of the photos show the scenic environment of the tourist attraction, and the second most-gazed are mountaineering and mountaintop landscapes; ③11% of the photos show the transportation means in the tourist attraction most of which are scenic train or walking up the mountain. Based on the above research results, this article puts forward suggestions on strengthening the display capacity, improving the aesthetic taste, and enhancing the traffic management of the scenic area for its better development.

Key words: Monte Cristo of Brazil; Tourist Gaze; Online Text Analysis

The Translation and Dissemination of Guangdong Herbal Tea's Commodity Property in Argentina

Wang Yanli, Liu Liu

Abstract: Guangdong herbal tea has a long history and rich cultural connotations, representing China's traditional herbal tea culture. Since herbal tea's producing techniques were included in the first batch of national "intangible cultural heritage" lists in 2006, Guangdong's herbal tea industry has developed rapidly with increasing profits. Being sold in both domestic and overseas markets, the sales of many herbal tea brands have constantly hit record highs. Dissemination is an effective way to protect intangible cultural heritage. In the context of cultures going global, Guangdong herbal tea, which carries Lingnan and Traditional Chinese Medicine culture, could become a cultural card of Chinese intangible cultural heritage in Latin America. This article probes into the feasibility of the dissemination of Guangdong herbal tea in Argentina from three aspects: The tea-drinking habits of China and Argentina, the influence of Traditional Chinese Medicine in Argentina, and the relationship between China and Argentina. The article focuses on the translation of some common terms, aiming to break down cultural barriers through translation, thereby achieve better dissemination results.

Key words: Intangible Cultural Heritage; Guangdong Herbal Tea; Yerba Mate; Traditional Chinese Medicine

The Establishment of Latin American Colonial Empires and the Introduction of Black Slaves

Jia Haitao

Abstract: The continuous and frequent migration activities of the international community began after the Great Geographical Discovery. In 1492, Columbus discovered the New Continent, the whole world merged asone system, and the America continent were conquered and colonized by European colonists. With the slaughter of American Indians, as many as 15 million African blacks were looted and sold to the Americas as slaves, engaged in heavy manual labor, and were ruthlessly oppressed. This trans-Atlantic slave trade was initiated by the Portuguese, followed by the Spanish, Dutch, British, French, Danish, Swedes, and Brandenburgers and it lasted for more than three centuries. And slavery against blacks in the Americas also lasted for nearly four centuries, and it only came to a close at the end of the 19th century. The slave trade guaranteed the establishment and sustained development of European colonial empires in the Americas, accumulated huge wealth and capital for European colonial conquerors, promoted the development of Europe, and guaranteed its prosperity for centuries.

Key words: Slave Trade; Slavery; Colonial Development; Colonial Empires

附录
《2020~2021年拉丁美洲蓝皮书》
西班牙语摘要汇总
Apéndice
Compendio de todos
los resúmenes en español del
Libro Azul de América Latina 2020-2021

Introducción: Informe sobre las relaciones exteriores de América Latina y su entorno de recursos

Zhang Tuo

Resumen: Este informe se basa en la conferencia impartida por el embajador Zhang Tuo en 2020 en el taller sobre la Diplomacia Pública celebrado en Guangdong, China. El texto reúne la experiencia del autor acumulada en el área de la diplomacia en América Latina durante estos años, así como sus puntos de vista independientes sobre la evolución de los asuntos exteriores latinoamericanos desde la historia hasta la realidad. A través de un macroanálisis de las principales potencias de América Latina, especialmente de aquellos elementos que incidan en el conjunto de las tendencias diplomáticas de la región, y un repaso de las características relevantes en cuanto a los recursos de desarrollo y la composición geopolítica, el informe ofrece un relato incisivo y una deducción razonable de la relevancia entre la diplomacia latinoamericana y el entorno de recursos. El informe concluye con la afirmación de que "las relaciones entre Estados Unidos, China y América Latina se han convertido en tres líneas paralelas no relacionadas: las relaciones entre China y América Latina, las de entre China y Estados Unidos, y las de entre América Latina y Estados Unidos no se interactúan entre sí. De hecho, actualmente se han formado tres tipos de relaciones, por lo que la cuestión del desarrollo de América Latina será también, sin duda, un importante punto de apoyo para el desarrollo estable a largo plazo de las relaciones exteriores de nuestro país".

Palabras claves: panorama internacional; diplomacia latinoamericana; recursos latinoamericanos; relaciones entre Estados Unidos y América Latina

Informe sobre el desarrollo económico e industrial de los principales países latinoamericanos durante la pandemia de la COVID-19

Chen Siting, Li Yongning

Resumen: La pandemia de la COVID-19 durante 2020 y 2021 ha tenido un enorme impacto en la economía mundial, y muchos países del mundo se enfrentan a un estancamiento o una recesión de su desarrollo económico. En América Latina y el Caribe, una región de economías emergentes que ha recibido mucha atención en los últimos años, la pandemia de la COVID-19 ha ejercido una influencia catastrófica en la economía y la vida de toda la región. Algunos expertos creen que el impacto de la pandemia en las economías de América Latina puede ser más profundo que el que han sufrido Asia, Oriente Medio y Europa. En este artículo, examinaremos el impacto de la pandemia en los principales países de América Latina comparando las fluctuaciones económicas y las industrias de estos países antes y después de la COVID-19 para enunciar cómo ha afectado la pandemia a las principales economías en esa región. El artículo consta de las siguientes cuatro partes: ①una reseña de la situación de la COVID-19 en América Latina y las medidas adoptadas por parte de los gobiernos; ②un análisis que compara el crecimiento económico, el desempleo, la inflación y el endeudamiento de los gobiernos en cinco grandes economías antes y después de la COVID-19; ③un examen del impacto en los tres principales sectores de América Latina durante la pandemia; ④un resumen de los problemas económicos y sociales a los que hace frente América Latina después de la pandemia y las posibles oportunidades tras la crisis.

Palabras claves: pandemia de la COVID-19; economía latinoamericana; observación de la industria; oportunidades de desarrollo

Estudio de la deuda pública en América Latina bajo el impacto de la COVID-19 —los casos de Argentina y Brasil

Li Cuilan

Resumen：Argentina y Brasil son los primeros dos países que han declarado la quiebra soberana a consecuencia del impacto de la COVID-19 y del incumplimiento de los pagos de la deuda pública. Tomando como base la evolución de la COVID en los dos países, en este artículo analizamos el impacto de la pandemia sobre sus economías en términos de tasa de crecimiento económico, nivel de ser influido de las industrias, balanza de pagos internacional, devaluación de la moneda y tasa de desempleo. Un análisis de las medidas fiscales adoptadas por los dos gobiernos contra la pandemia lleva a la conclusión de que el aumento masivo del gasto fiscal de los dos gobiernos a raíz de la COVID-19 fue una causa directa de la crisis de la deuda pública, que la incompleta estructura de las economías de Argentina y Brasil y el gasto excesivo en bienestar social a lo largo de los años son las causas subyacentes y la raíz de la actual crisis de la deuda pública en ambos países. Por último, concluimos extrayendo las lecciones de esta crisis de la deuda en ambos países.

Palabras claves：pandemia de la COVID-19；crisis de la deuda pública；política fiscal；espacio fiscal

Desafíos y respuestas: informe sobre las políticas y prácticas de neutralidad de carbono en los países de América Latina

Huang Lei, Song Huihao, Ding Hao

Resumen: Con la creciente mejora del mecanismo de compensación de carbono y la gradual normalización del mercado de carbono, la neutralidad de carbono como mecanismo de control eficaz para la protección del medio ambiente cuenta cada vez más con el apoyo de la comunidad internacional y los pueblos del mundo. Múltiples países se han sumado a la reducción de las emisiones de carbono y han firmado una serie de acuerdos para el control de la temperatura y la protección del medio ambiente, lo cual ha desempeñado un papel crucial en la realización de los propósitos de reducción de las emisiones globales. En las prácticas, muchos países y regiones desarrollados, como la Unión Europea, han sido capaces de liderar la reducción de emisiones en el mundo, adquiriendo y acumulando una buena experiencia y lecciones tanto en la política como en la práctica. La región latinoamericana es una parte importante del Tercer Mundo y dispone de recursos naturales muy ricos. Con una ubicación geográfica similar, genes culturales parecidos y un fuerte desarrollo económico, los países latinoamericanos también han logrado cierto éxito en el campo de la neutralidad de carbono. Sin embargo, en comparación con otros países y regiones, todavía hay mucho margen de mejora y desarrollo en América Latina. El desempeño de los países latinoamericanos en términos de neutralidad de carbono tendrá un profundo impacto en la comunidad internacional. Este artículo identifica el concepto de neutralidad de carbono mediante la revisión de las referencias y las investigaciones internacionales más recientes sobre el concepto. Sobre esta base, analizamos las prácticas actuales y las tendencias futuras de la neutralidad de carbono en el ámbito internacional, especialmente en la Unión Europea y en algunos países en desarrollo, e intentamos ofrecer sugerencias viables para la formulación e implementación de políticas de neutralidad de carbono en los países latinoamericanos, teniendo en cuenta los avances y las deficiencias de las políticas y prácticas en este aspecto en la región.

Palabras claves: neutralidad de carbono; reducción de las emisiones de carbono; comercio de carbono; Unión Europea; países latinoamericanos

Informe sobre el desarrollo de la cooperación para la prosperidad compartida entre China y América Latina en la era postpandemia

Mario Quintros

Resumen：La idea principal que se pretende transmitir en este trabajo es que, aunque la cooperación y el comercio entre China y América Latina ya está bastante desarrollada y es intensa (China es, por ejemplo, ya el segundo socio comercial más importante de la región), todavía existe un amplio margen para realizar esfuerzos conjuntos entre ambas partes—en particular, con la participación de empresas del sector privado—con importantes posibilidades de beneficio mutuo para los socios directamente implicados y, sin duda, de contribuir a la construcción y consolidación de la comunidad de destino común para la humanidad.

Palabras claves：socios comerciales；espacio de cooperación；comunidad de destino de la humanidad

Emergencias de salud pública en México y sus experiencias de gestión y lecciones

Zhang Xinyu

Resumen：México ha experimentado a lo largo de su historia muchas emergencias de salud pública graves. Por un lado, las emergencias de salud pública han causado grandes pérdidas económicas para México, y por otro lado, se han convertido en un importante motor para promover la reforma del sistema de salud pública mexicano y fortalecer la cooperación regional e internacional. El artículo analiza y evalúa las experiencias de México en la gestión de las emergencias de salud pública, desde los aspectos de la gestión del gobierno, la vigilancia de enfermedades, las medidas de intervención, así como las medidas de prevención y control de la COVID-19 tomadas por el país. Al final, teniendo en cuenta las experiencias y lecciones aprendidas en la respuesta de México a las emergencias de salud pública, el artículo propone sugerencias de política para mejorar la capacidad de gestión de las emergencias de salud pública de China, desde los aspectos de la mejora e implementación del mecanismo nacional de respuesta a emergencias de salud pública, la mejora del sistema de vigilancia y alerta de enfermedades, el fortalecimiento de la capacidad integral de intervención que combinan medidas farmacológicas y no farmacológicas, el establecimiento del mecanismo de comunicación de riesgos y de restauración de confianza social, la construcción del sistema de simulacros y formación en respuesta a estas emergencias, la intensificación de la cooperación regional e internacional en esta materia, etc.

Palabras claves：emergencias de salud pública; estrategia de gestión; México; países en vías de desarrollo

Análisis de la situación general de Venezuela 2019-2020

Huang Zhong

Resumen: Durante 2019 y 2020, la situación económica de Venezuela continúa deteriorándose, con la economía en contracción, la alta inflación, el creciente déficit presupuestario del gobierno, la disminución de las importaciones y exportaciones, la devaluación significativa de la moneda y la escasa competitividad económica integral nacional. En el terreno político, una parte de la oposición venezolana ha llegado a un compromiso con el gobierno y ha abandonado a Guaidó. En la gobernanza social, muchas infraestructuras se han colapsado, lo que ha dificultado el mantenimiento de la vida básica del pueblo y ha causado el desorden social, obligando a gran número de ciudadanos a abandonar el país. Al mismo tiempo, el COVID-19 ha tenido grandes impactos al orden nacional. En la diplomacia, la comunidad internacional ha formado dos equipos opuestos en torno a Venezuela: Por un lado, los Estados Unidos siguen ejerciendo presión extrema sobre el gobierno de Maduro y Guatemala rompió las relaciones diplomáticas con Venezuela; por otro lado, Cuba y Rusia apoyan firmemente a Maduro y la asociación estratégica entre China y Venezuela ha mantenido el desarrollo estable.

Palabras claves: Venezuela; situación; perspectivas

Análisis del racismo estructural en Brasil

Liang Yuxi, Yang Jing

Resumen: Brasil abolió la esclavitud en 1888, y fue el último país en hacerlo en el continente americano. En la historia de Brasil no surgió ningún sistema parecido a la segregación adoptada por los Estados Unidos. El Estado ha garantizado a nivel legislativo los derechos iguales entre los negros y los blancos en los aspectos del matrimonio, la educación, el empleo, la sanidad y la política, permitiendo una mayor libertad de movilidad de clase. En este sentido, muchos académicos y políticos han llegado a algunas conclusiones optimistas, como "no existe racismo en Brasil". Sin embargo, los datos y las encuestas sociales relativos muestran que, Brasil ha contenido efectivamente el racismo explícito e individual a través de la legislación por la que se considera el racismo ilegal, pero el racismo estructural siempre existe. El brote del nuevo coronavirus en Brasil en 2020 ha agudizado la desigualdad estructural entre las razas. Este artículo recopila y descifra los datos concernientes para analizar las diferencias en la distribución de recursos sociales y en la situación de supervivencia y desarrollo entre las razas de Brasil desde los aspectos de la educación, los ingresos laborales, el acceso a los recursos médicos y la justicia, y descubre que no solo en la sociedad brasileña existe la grave desigualdad estructural permanente entre las razas, sino que también esta contradicción se agravará debido a la ignorancia deliberada del discurso dominante.

Palabras claves: Brasil; racismo estructural; desigualdad racial

Análisis de la supervisión y control de la seguridad y juegos de infracción del mercado alimentario en los mercados de Chile y China Continental

Ma Feixiong, Hu Yueqian

Resumen: El análisis de la supervisión y control de la seguridad y juegos de infracción del mercado alimentario de China Continental en el presente artículo muestra que, el hecho de que un participante en el mercado (productor o vendedor) viole la ley depende de la comparación entre los beneficios obtenidos por la infracción y las pérdidas por el mismo motivo, es decir, existe una relación inversa entre el grado de las sanciones y la probabilidad de infracción de un participante en el mercado (productor o vendedor). En condiciones de información asimétrica, el resultado de la investigación y el castigo de una infracción por parte del regulador del mercado alimentario tiene un efecto de demostración. Existe un mecanismo de aprendizaje por el que los participantes en el mercado (productores o vendedores) toman decisiones sobre las infracciones observando los castigos anteriores aplicados por los reguladores, revisando constantemente sus juicios sobre la credibilidad de los reguladores y especulando sobre la forma en que investigan las futuras infracciones.

Palabras claves: mercado alimentario; supervisión y control de la seguridad; infracción; efecto de demostración; mecanismo de aprendizaje

Observaciones y perspectivas sobre el modelo de la educación básica en México durante la pandemia y post-pandemia

Zhao Xi, Chen Xing

Resumen：El brote de la pandemia de la COVID-19 ha creado desafíos sin precedentes en el sector educativo. Todos los países, incluidos los latinoamericanos, aplicaron distintos modelos educativos en un intento de maximizar la continuidad de la educación en la era de pandemia. Tomando como ejemplo el proyecto "Estudiar en casa" de México, en el presente artículo investigaremos el modelo de la educación básica del país durante la COVID-19, evaluándolo desde distintas dimensiones de la dinámica educativa e identificamos los principales problemas y retos a los que se enfrenta la educación básica en México en el contexto de la pandemia. Por último, presentamos las perspectivas sobre el modelo educativo en México durante la pandemia y post-pandemia desde las dimensiones arriba mencionadas.

Palabras claves：COVID-19；educación básica；educación a distancia；México

Crisis en la educación primaria y secundaria de Brasil ante la pandemia

Yang Jing, Mariana Ramos

Resumen: A pesar de la legislación que garantiza el derecho a la educación básica para todos los brasileños desde mediados del siglo pasado, la desigualdad en la educación ha sido durante mucho tiempo una gran contradicción en la sociedad brasileña. La insuficiente financiación estatal, el arraigado burocratismo en los departamentos funcionales, escasas infraestructuras educativas, y la falta de capacitación de los profesores han obstaculizado el desarrollo de la educación primaria y secundaria en el país. En el año 2020, tras el estallido de la COVID-19 en Brasil, los gobiernos de todos los niveles publicaron con rapidez las órdenes del "cierre de las ciudades" y el confinamiento en casa, cerrando todas las instituciones educativas, y llevando la enseñanza primaria y secundaria a la educación en línea a distancia. Debido a que la pandemia no detuvo, Brasil se convirtió en el país con el mayor número de semanas de cierre de escuelas en el mundo. Además, las múltiples condiciones adversas dificultaron el avance de la enseñanza primaria y secundaria brasileña en el entorno de pandemia. En el presente artículo, recopilamos y desciframos múltiples datos de Brasil antes y después de la pandemia en materia de la infraestructura educativa, las tasas de analfabetismo y de abandono escolar, la salud mental de los profesores y estudiantes, así como el acceso a la educación de las personas con discapacidad en Brasil, con el fin de explorar las dificultades y los desafíos que afrontan la educación básica y secundaria (la enseñanza primaria y secundaria) en el contexto de la pandemia.

Palabras claves: Brasil; la COVID-19; la educación primaria y secundaria; la igualdad de educación

Análisis discursivo de un corpus lingüístico autoconstruido de noticias sobre la pandemia en China publicadas en el periódico mexicano Milenio

Chen Yi, Chen Ning

Resumen：A principios del año 2020, se diagnosticaron casos aparecidos en Wuhan, China, como la neumonía causada por el nuevo coronavirus. Posteriormente, se detectaron casos del mismo tipo en muchos lugares del mundo y siguieron aumentando. Hasta principios de 2021, aún no se han controlado eficazmente en muchos países y regiones. Tanto el brote como el posterior control efectivo de la pandemia, convirtieron a China en un enfoque del reportaje de los medios de comunicación de varios países durante un período de tiempo. En este trabajo, utilizamos las noticias sobre China y la COVID-19 publicadas en el periódico mexicano Milenio desde el 1 de enero de 2020 hasta el 31 de septiembre de 2021 como objeto de un corpus lingüístico autoconstruido, y las analizamos a través del análisis del discurso crítico, en términos del número y tendencias del reportaje, palabras temáticas, líneas de índice y el significado del lenguaje, con motivo de explorar la actitud tomada por Milenio hacia China y analizar las razones profundas que deciden esta actitud.

Palabras claves：COVID-19；México；análisis del discurso crítico；COVID-19 corpus lingüístico autoconstruido

Situación actual y tendencias del desarrollo de la cooperación económica y comercial entre China y Brasil en medio de la pandemia

Fu Qiongfang, Wang Zhaoyi, Zhu Wenzhong

Resumen：El rápido desarrollo del comercio bilateral entre China y Brasil, dos países influyentes en vías de desarrollo, ha atraído la atención del mundo. Durante la pandemia—en abril de 2020—las exportaciones de petróleo de Brasil a China alcanzaron un nuevo récord. En este sentido, el presente artículo se centrará en la tendencia de la cooperación económica y comercial entre China y Brasil desde tres aspectos：La historia del comercio sino-brasileño, su situación actual y del futuro. Entre ellos, la historia del comercio entre China y Brasil, desde su inicio en los años sesenta del siglo pasado, su desarrollo a finales de los setenta hasta su salto a finales de los noventa, refleja la larga historia del comercio bilateral entre ambos países. En segundo lugar, el análisis del entorno comercial y de las estadísticas comerciales durante la pandemia ha demostrado con rotundidad la necesidad y la sostenibilidad del comercio bilateral entre China y Brasil. En tercer lugar, el estallido de la pandemia ha reflejado en cierta medida las deficiencias del desarrollo de Brasil, pero también ha proporcionado nuevas ideas y direcciones para el futuro comercio bilateral entre ambas partes. Por último, basándonos en la situación histórica y actual, analizamos y predecimos que el comercio bilateral mantendrá una buena tendencia de cooperación y desarrollo a largo plazo en el futuro.

Palabras claves：COVID－19；el comercio sino－brasileño；la cooperación económica y comercial

Análisis del entorno y las perspectivas de inversión de China en Ecuador

Yu Qingyi, Sun Xiuli

Resumen: Por medio del análisis de la situación actual de la inversión de las empresas chinas en Ecuador, descubrimos algunas características como el aumento creciente de inversión y la concentración de los sectores. El crecimiento económico de Ecuador, el alto nivel de infraestructuras, así como la buena tendencia de la cooperación comercial bilateral constituyen las condiciones favorables para fomentar las inversiones de empresas de capital chino en este país, mientras que el nivel de gobernanza, las condiciones ambientales y laborales, y los riesgos de nacionalización de Ecuador ejercen un efecto adverso sobre las inversiones chinas. Por último, planteamos varias sugerencias y respuestas para facilitar la continuidad de las inversiones chinas desde las perspectivas tanto del gobierno como de las empresas.

Palabras claves: China; Ecuador; entorno de inversión

Situación actual, problemas y soluciones del comercio electrónico transfronterizo B2C de China en Brasil —El caso de AliExpress

Zhu Wenzhong, Yao Ruowen, Fu Qiongfang

Resumen: China sigue ampliando los medios de cooperación y profundizando los intercambios comerciales con otros países en la corriente de globalización e informatización. Con el profundo desarrollo del Internet, el comercio electrónico transfronterizo ha capturado gradualmente la mirada de los pueblos del mundo y ha penetrado en sus vidas. Siendo la octava economía mundial, Brasil tiene relaciones económicas y comerciales muy estrechas con nuestro país. Un gran número de plataformas y empresas de comercio electrónico B2C de China se han establecido en Brasil para satisfacer las necesidades de los habitantes locales y desarrollar una cooperación comercial amistosa. Sin embargo, el comercio electrónico transfronterizo de China todavía tiene un largo camino por recorrer debido a los distintos hábitos de los consumidores brasileños, la competencia con las empresas locales, las dificultades en el despacho de aduanas, el coste y la eficiencia de la logística, entre muchos otros desafíos. Por lo tanto, en este trabajo tomamos como ejemplo AliExpress, plataforma de comercio electrónico transfronterizo de Alibaba en Brasil, para analizar la situación actual y los problemas relacionados con el comercio electrónico transfronterizo B2C de China en los intercambios comerciales con Brasil, y presentar varias soluciones y sugerencias de referencia en torno a las empresas de comercio electrónico, las plataformas y políticas.

Palabras claves: comercio electrónico transfronterizo; comercio electrónico; B2C

Análisis sobre la legitimidad del Consorcio Internacional de CRCC en un proyecto de tren de alta velocidad en México

Wang Xiuzhi, Yang Xiaoyan

Resumen: El éxito de "salir al exterior" de las empresas chinas afectará a los intereses de diversas partes en el país anfitrión, por lo que tienen que tratar bien las relaciones no solo con el gobierno local, sino también con las organizaciones internacionales sin fines de lucro y con el público porque ellos son cruciales en el contexto de un país específico. En 2014, China Railway Construction Corp (CRCC) lideró un consorcio internacional para competir en la licitación de un proyecto ferroviario de alta velocidad en México, y su fracaso fue un ejemplo típico. En este trabajo, tomamos el caso como objeto de estudio, basándonos en la teoría de la legitimidad organizacional, y analizamos las razones profundas que llevaron al fracaso la oferta de CRCC, argumentando que la clave está en la percepción de la legitimidad de este consorcio por parte de los interesados importantes del proyecto. Además, proponemos que las empresas chinas necesiten construir una legitimidad regulatoria, normativa y cognitiva para diferentes actores interesados, a fin de llevar a cabo con éxito los negocios en México. En primer lugar, para construir la legitimidad regulatoria, deben conceder importancia a la gestión adecuada de las relaciones con el gobierno, el parlamento y los tribunales mexicanos; en segundo lugar, para establecer la legitimidad normativa, pueden optar por las instituciones profesionales, asociaciones industriales y empresas de renombre en México para desarrollar la cooperación; en tercer lugar, para construir la legitimidad cognitiva, deben elegir con prudencia las organizaciones internacionales sin fines de lucro en México para la cooperación.

Palabras claves: China Railway Construction Corp (CRCC); legitimidad organizacional; México; organizaciones internacionales sin fines de lucro

Estudio sobre la optimización estratégica de DiDi en el mercado brasileño en la era post-pandemia

Li Yingtong, Wu Yiming

Resumen: Como una empresa unicornio de la industria de movilidad compartida de China, DiDi ha logrado importantes éxitos en el mercado internacional desde la implementación de su estrategia de globalización en 2015, con una cuota de mercado de casi el 50% en América Latina. En el futuro, con el avance de la iniciativa china "La Franja y la Ruta" y la profundización de la cooperación económica y comercial entre China y América Latina, DiDi seguirá aumentando su inversión en el mercado latino-americano. En los últimos años, la movilidad compartida en América Latina se ha de-sarrollado rápidamente, y el mercado latinoamericano se ha convertido en una necesidad para las principales empresas de esta industria de todo el mundo. Ante las presiones competitivas nacionales e internacionales y el impacto de la pandemia de la COVID-19, el modo en que DiDi ajusta su estrategia en el mercado internacional para reforzar su competitividad básica y afianzarse en el mercado global es una cuestión importante que debe ser considerada en la actualidad. El presente trabajo se centra en las operaciones de Didi en el mercado brasileño, combinando el modelo de las cinco fuerzas de Porter y el modelo STP, realiza un análisis en profundidad, y propone las correspondientes recomendaciones para la optimización de estrategias de mercado con el fin de abordar los problemas y desafíos que afronta DiDi en su desarrollo en la era post-pandemia, y pro-porcionar una referencia para sus operaciones en otros países de la región.

Palabras claves: DiDi; servicio de coche online; mercado brasileño; pandemia de la COVID-19; optimización estratégica

Estudio de la mirada turística en la zona turística internacional de Cristo Redentor de Brasil

Li Yinghua, Yang Xioyan

Resumen: Conocido como el paraíso turístico de Sudamérica, Brasil cuenta con una gran cantidad de recursos turísticos. Con el objetivo de mejorar la atracción de los lugares turísticos brasileños a los turistas chinos y explorar lo que miran al viajar en Brasil, en el presente artículo seleccionamos en el sitio web https://www.ctrip.com/ 228 relatos de viaje y 286 fotos como fuente de datos, utilizando la metodología de análisis de textos en sitios web, tomando Cristo Redentor como ejemplo, y descubrimos: ①en el 46% de las fotos figura la estatua de Jesús, símbolo de esta zona turística, en la cual se centra principalmente la mirada del turista; ②el 43% de las fotos muestran el paisaje y el entorno de la zona, siendo el paisaje del senderismo y de la cima el segundo objeto de mirada turística; ③el 11% de las fotos indican los medios de transporte, sobre todo el tren de la zona y la caminata por la montaña. Basado en las conclusiones arriba mencionadas, formulamos por medio del presente texto algunas sugerencias, como reforzar la capacidad de exhibición de la zona turística internacional de Cristo Redentor, mejorar su gusto estético y completar su administración del transporte, en aras de promover el desarrollo de esta atracción turística.

Palabras claves: Cristo Redentor de Brasil; la mirada turística; el análisis de textos en sitios web

Estudio de la difusión y traducción de *Liangcha* de Guangdong en Argentina

Wang Yanli, Liu Liu

Resumen: Con una larga historia y ricas costumbres folklóricas, *Liangcha* de Guangdong es la representación de la cultura tradicional china de *Liangcha*. Tras la inclusión de las técnicas de su preparación en el primer grupo de la lista nacional del "Patrimonio Cultural Inmaterial" en 2006, la industria de *Liangcha* de Guangdong experimentó un rápido desarrollo, así como un aumento de beneficios. Muchas marcas del sectorestán vendiendo a niveles récord, abasteciendo no solo el mercado nacional sino también exportando sus productos a los mercados extranjeros. La difusión sirve de un medio efectivo en cuanto a la protección del patrimonio cultural inmaterial. En el contexto de "salir al exterior", *Liangcha* de Gaungdong, portador de la cultura *Lingnan* y de la medicina china, puede convertirse en una tarjeta cultural que facilite la entrada del patrimonio inmaterial chino en Latinoamérica. En el presente artículo, intentamos analizar la viabilidad de la difusión de *Liangcha* de Guangdong en Argentina desde tres aspectos: Los hábitos de consumo de té en China y Argentina, la influencia de la medicina china en Argentina y las relaciones entre los dos países, centrándonos en la traducción de algunos términos comunes, con el fin de superar las barreras culturales mediante los métodos de traducción y logarar mejores efectos de difusión.

Palabras claves: Patrimonio Cultural Inmaterial; *Liangcha* de Guangdong; el mate; la medicina china

La fundación del imperio colonial latinoamericano y la introducción de esclavos africanos

Jia Haitao

Resumen: Las continuas y frecuentes actividades migratorias de la comunidad internacional comenzaron a raíz de los Grandes Descubrimientos Geográficos. En 1492, Colón descubrió el Nuevo Continente. De este modo, el mundo se convirtió en un sistema y el continente americano fue conquistado y colonizado por los colonos europeos. Con la masacre de los indios americanos, hasta 15 millones de africanos fueron saqueados y vendidos a las Américas como esclavos, dedicados a trabajos manuales pesados, y fueron oprimidos sin piedad. Esta trata transatlántica de esclavos fue iniciada por los portugueses, seguida por los españoles, holandeses, británicos, franceses, daneses, suecos y brandeburgueses, y duró más de tres siglos. Además, la esclavitud de los negros en América también duró casi cuatro siglos, y solo llegó a su fin a finales del siglo XIX. La trata de esclavos garantizó el establecimiento y el desarrollo sostenido del imperio colonial europeo en América, acumulando enormes riquezas y capitales para los conquistadores coloniales europeos, lo cual promovió el desarrollo de Europa y garantizó su prosperidad durante siglos.

Palabras claves: comercio de esclavos; esclavitud; explotación colonial; imperio colonial